ERNESTO GUEVARA,

CONNU AUSSI COMME

LE CHE

Du même auteur
dans la même collection

Ernesto Guevara, connu aussi comme le Che, tome I

aux Éditions Rivages

Ombre de l'ombre
La Vie même
Cosa fácil
Quelques nuages
À quatre mains
La Bicyclette de Léonard
Le Rendez-vous des héros
Pas de fin heureuse
Même ville sous la pluie
Le Trésor fantôme
Jour de combat

aux Éditions Métailié

Le Rendez-vous des héros
De passage
L'année où nous n'étions nulle part

chez d'autres éditeurs

Sentant que le champ de bataille..., Actes Sud
Mais tu sais bien que tout est impossible, Labor

PACO IGNACIO TAIBO II

ERNESTO GUEVARA,
CONNU AUSSI COMME
LE CHE

Tome II

MÉTAILIÉ / PAYOT

Traduction de Florence Bourgade, Béatrice de Chavagnac, Corinne Gobin, Delphine Peras et René Solis.

Titre original : *Ernesto Guevara, también conocido como el Che*

Éditions Métailié, 5 rue de Savoie - 75006 Paris
Éditions Payot & Rivages, 106 Bd St-Germain - 75006 Paris

CHAPITRE 29

Playa Girón, dans la baie des Cochons

Décembre 1960.

Le 23 février 1961, le gouvernement cubain crée le ministère de l'Industrie pour gérer les entreprises nationalisées qui étaient sous le contrôle du département de l'Industrialisation de l'INRA mais auxquelles s'étaient ajoutées, durant les semaines précédentes, des centaines d'autres. Ernesto Guevara est nommé ministre.

Manresa, son secrétaire, raconte : « Quand nous sommes arrivés au bureau du département de l'Industrie que nous avait préparé Oltuski, le Che s'est appuyé sur un classeur et m'a dit :

— *On va passer cinq ans ici et, ensuite, on s'en va. Avec cinq années de plus, on peut encore être capable de faire une guérilla.*

Il m'avait raconté qu'il avait passé un accord avec Fidel, qu'il collaborait avec la révolution cubaine mais qu'après un certain temps il faudrait le laisser libre de continuer la révolution ailleurs. »

Par-delà ses intentions futures, le Che ne perd pas de temps. Le lendemain de sa nomination, il constitue le Conseil de direction du Ministère. Le Che incorpore à ce groupe Orlando Borrego, Enrique Oltuski (comme directeur de l'organisation), Gustavo Machín, Alberto Mora et Juan Valdès Gravalosa qui exerçait la fonction de secrétaire. Il y ajoute ses « Chiliens », Julio Cáceres (El Patojo) et Manresa comme secrétaire personnel.

L'organisation prend modèle sur celle du département de l'Industrialisation : un Conseil de direction qui se réunit une fois par semaine et quatre vice-ministres : Industrie de base (l'industrie lourde), Industrie légère, sous-secrétariat économique (planification) et Construction. Dans chacune de ces quatre directions générales, les entreprises sont « consolidées » par branche de production. Une direction est en outre chargée des relations avec l'industrie privée qui, à ce moment, est déjà très réduite. Restent hors de son contrôle les industries agro-alimentaires, qui continuent à dépendre de l'INRA, et *le ministère des Travaux publics qui avait à sa charge les industries connexes de la construction.*

Le choix d'une structure centralisée est une réponse à la pénurie de cadres moyens. La gestion financière est également centralisée, sans autonomie pour les « patrons-administrateurs », *comme on procède dans quelques pays socialistes.* Le Che installe une « hérésie socialiste ».

Des années plus tard, il reconnaîtra que *tout cet appareil fut créé en méconnaissance des charges réelles, et des conflits surgissent constamment à l'intérieur de l'appareil d'État.*

Parmi les problèmes dont il hérite, il y a celui de devoir gérer de très nombreux petits ateliers, appelés à Cuba les « chinchales », qu'on maintient en fonctionnement pour ne pas augmenter le chômage. *Nous recevions le cadeau pas très agréable d'un hangar où travaillaient sept ouvriers, sans services sanitaires, sans la moindre trace de mécanisation, sans le plus petit sens de l'organisation mais où il y avait sept hommes qui avaient besoin de travailler.* Il devra aussi gérer des industries artisanales impossibles à rationaliser, comme celle de la chaussure avec ses 15 000 travailleurs, qu'il n'était pas possible de mécaniser sans conduire au chômage des milliers d'artisans, ou encore celle du tabac. Main-d'œuvre en excès dans les usines et en déficit pour la coupe de la canne ou la récolte du café.

En principe, il faut maintenir en fonctionnement une industrie dépendante et bloquée qui doit approvisionner un pays qui demande chaque jour davantage.

Le Che s'installe au neuvième étage de l'édifice A, place de la Révolution, dans un bureau qui, selon le journaliste Luis Pavón, ressemblait à un campement. Il essaye de recruter des administrateurs fiables en même temps qu'il est confronté à un manque de techniciens et qu'il bute contre l'imminente crise portuaire. D'après Boorstein : « Tout le système portuaire de La Havane était conçu pour recevoir le ferry de Palm Beach et le Train Sea de La Nouvelle-Orléans, qui en cinq jours, après un appel téléphonique, débarquaient ici pour une réparation. Beaucoup de produits arrivaient ici par wagons depuis les entreprises américaines et, à partir du port, roulaient directement par chemin de fer jusqu'à l'usine cubaine. » Le port n'avait jamais reçu de bateau de plus de cinq mille tonnes. Il fallait maintenant tout changer, il n'y avait pas d'espace de stockage suffisant, etc. Les Soviétiques durent trouver un détergent pour laver les citernes des bateaux pétroliers à La Havane avant de les renvoyer en URSS avec du sucre.

Pour les techniciens, les choses sont encore pires. Par exemple, le Che ne dispose que de deux géologues cubains ; un an plus tard, il en disposera de 200, si l'on tient compte des volontaires latino-américains, russes et polonais, mais il lui en fallait 2 000. *Nous étions absolument des orphelins de la technique.*

Pendant les premiers jours de travail au Ministère, le Che fixe quelques règles : *discussion collective, responsabilité unique* ; les réunions hebdomadaires d'analyse du Conseil de direction pouvaient durer entre quatre et cinq heures, on pouvait y raconter des blagues, mais elles devaient commencer à l'heure. Gravalosa raconte que ceux qui arrivaient avec cinq minutes de retard, dix minutes selon Borrego, devaient rester dehors. De plus, pour qu'il soit clair qu'il s'agit là de quelque chose de fondamental pour lui, le Che organise immédiatement un groupe de travail volontaire au sein du Ministère.

C'est à ce moment-là que le Che se rapproche de Gravalosa et lui demande s'il connaît un instituteur qui pourrait donner des cours accélérés de sciences et de lettres. Gravalosa lui recommande son vieux professeur, le socialiste Raúl Arteche. Celui-ci devient alors le professeur de l'escorte, sous le regard paternel ou furieux du Che : Coello, Hermes Peña, Tamayo, Castellanos, Villegas (qui sera ensuite envoyé à l'école des administrateurs d'industrie) étudient dans un salon près des bureaux du Che, soumis aux engueulades du chef.

Tamayo se souvient que le Che payait le professeur de sa poche et que ces cours posaient des problèmes car, tandis que ses gardes étudiaient, le Che montait dans sa Jeep et s'en allait sans eux. Tamayo se vit obligé de tirer les choses au clair : « Che, si vous ne voulez pas d'escorte, dites-le-moi tout de suite, j'en parle avec Ramiro et je lui explique votre situation », et le Che, qui devait craindre les colères de son vieil ami et subordonné, alors chargé de la Sûreté de l'État, se justifiait en disant qu'il fallait étudier, que ce n'était pas la question...

Contrôler son Ministère donnait moins de travail au Che que de contrôler son escorte. Villegas et Castellanos manquent des cours pour apprendre à piloter des avions et sont collés. Le Che prend des mesures drastiques. Il punit ces deux-là en leur faisant labourer et semer un terrain vierge au cri de : *Vous êtes des bœufs, vous voulez rester des bœufs, vous ne voulez pas vous améliorer.* Les punis se procurent un tracteur mais le Che leur dit qu'il n'en est pas question, ni non plus un attelage de bœufs, il faut pousser la charrue à la main. Cette histoire se termine par une bonne récolte d'ail, de tomates et de choux.

Le 26 février 1961, trois jours après avoir inauguré son poste de ministre de l'Industrie, le Che publie dans *Verde Olivo* un récit intitulé « Alegría de Pío », qu'il avait sans doute préparé durant sa tournée diplomatique. Quinze jours après, paraît « Combate de La Plata » et peu à peu, en une rapide succession, paraissent ses « Mémoires révolutionnaires » auxquels on donne le titre de *Souvenirs de la guerre révolutionnaire*. La revue est vite épuisée. Ses récits déclenchent les passions des lecteurs cubains. Durant les trois années qui suivent, faute de temps, les autres livraisons s'espacent. Il s'agit dans tous les cas de reconstructions très minutieuses de sa vision de la révolution cubaine à partir de ses journaux et de souvenirs d'autres combattants. Sa technique de narration est la suivante : il dicte une première version fondée sur ses notes au magnétophone ; Manresa la met au propre, le Che révise plusieurs fois la rédaction en cherchant un style plus fluide et plus précis. Ensuite, il rencontre, toujours avant l'aube, dans un salon du ministère de l'Industrie, des camarades qui ont participé à ces actions pour revoir ensemble le texte. Au milieu des plaisanteries et des souvenirs, le Che prend à nouveau des notes et fait des croquis. Parmi ces vétérans, on retrouve Fernández Mell, Alfonso Zayas, Harry Villegas, Alberto Castellanos, Ramón Pardo, Joel Iglesias et Rogelio Acevedo.

Oltuski est un des lecteurs des versions finales et plus d'une fois la polémique éclate. Oltuski sent bien que le Che n'accorde dans ses textes qu'une place secondaire à la lutte urbaine, et le Polonais trouve en effet qu'il ne la perçoit que comme recrutement, propagande et récolte de fonds. Et le débat tourne au vinaigre car le Che reproche à son ami de ne pas écrire sa version.

Quoique Oltuski eût probablement raison, les histoires du Che avaient une grande vertu de précision, de simplicité, d'audace pour traiter des thèmes toujours épineux, de la sincérité et surtout la capacité d'évoquer, de recréer et de construire tant les atmosphères que les personnages. De nouveau, le Che puisait dans les ressources de l'écrivain pour forger ses meilleures vertus d'analyste.

Ainsi, tandis qu'il commence à publier des fragments de ce qui sera son second livre et que, par les hasards de la politique-fiction, son premier livre, *Guerre de guérilla,* est traduit et publié en URSS, le Che trouve encore le temps de cumuler les tâches asphyxiantes du Ministère avec de nouvelles occasions de travail volontaire. Le 29 février, il coupe la canne à la centrale agricole Orlando Nodarse avec un groupe de femmes volontaires, des employées de bureau, dans un champ qui a été brûlé par des saboteurs. La menace de l'invasion est dans l'air, à Cuba on vit dans la sensation de l'encerclement, en attente.

Le 13 mars, un nouveau rationnement est décrété sur la viande, le lait, les chaussures et le dentifrice. Oltuski raconte : « Quelqu'un critiqua le manque de nourriture et le Che lui répondit que ce n'était pas vrai et que chez lui, on mangeait raisonnablement.

— Peut-être reçois-tu un supplément de ration ? Je lui ai dit mi-sérieux, mi-blagueur.

Le Che fronça les sourcils, s'approcha du téléphone qui se trouvait sur une petite table à trois mètres de son bureau et appela chez lui.

Le lendemain, il nous appela pour nous dire :

— *C'était vrai, jusqu'à hier nous recevions un supplément de ration.*

Et il avertit son secrétaire Manresa :

— *À partir d'aujourd'hui, dans ma maison, on ne mange plus que ce à quoi le livret donne droit.*

Portant l'affaire bien plus loin, il impose cette règle au sein de son Ministère. Manresa rapporte : « Il m'obligea à aller m'entretenir avec Manuel Luzardo, le ministre du Commerce intérieur, pour vérifier qu'il y avait à manger pour toute la population et ce qu'elle avait à manger, et pour s'assurer qu'on lui octroierait strictement la même chose. Pour moi, c'était un foutu problème. Cet homme travaillait vingt heures par jour, il avait de l'asthme, il ne pouvait manger ni œufs ni poisson à cause de ses allergies. Quelquefois, je le trompais en améliorant son régime. Les fruits et, plus encore, le blanc de poulet et la viande de bœuf lui plaisaient beaucoup comme à tout Argentin. Pour lui, parfois, j'organisais une *parillada* mais il fallait que je lui rende des comptes là-dessus. Alors j'inventais que quelques camarades latino-américains désiraient nous offrir quelque chose et, sur le toit du ministère de l'Industrie, je montais, vite fait, une *parillada.* »

Le 23 mars, le Che s'adresse aux ouvriers du sucre à Santa Clara. Il a choisi les ouvriers des sucreries parce que, *en ces moments de danger que vit la république,* il est symbolique de commencer l'émulation par un secteur qui, bien qu'il ait été systématiquement réprimé, conserve toujours intact son esprit de révolte. La récolte est en train de s'achever, elle sera vendue aux pays socialistes. On essaye d'obtenir un haut rendement lors du broyage de la canne afin de récupérer des terrains pour développer d'autres cultures. On essaye de développer la concurrence et l'émulation. *De petits stimulants matériels et de forts stimulants moraux,* des fanions pour les provinces les plus productrices et, en plus, soixante voyages touristiques pour un ouvrier de chaque raffinerie de sucre.

Le Che aborde dans son discours le problème des petites misères. *La réalité sans ambages, sans crainte et sans honte. La vérité n'est jamais un mal. C'est bien de le dire honnêtement, il manque certaines choses et dans les prochains mois d'autres choses encore viendront à manquer.* Il explique qu'en moins de vingt-quatre heures, 75 % du commerce extérieur ont été réduits à néant à cause du blocus ; que pour se procurer le nécessaire au raffinage du pétrole qu'on achetait auparavant aux États-Unis, on s'est adressé en vain à la France, à la Belgique et au Canada, car les entreprises américaines font pression sur leurs filiales étrangères et même sur les autres entreprises qui ont toutes des accords avec les États-Unis.

Il décrit l'état de la vieille industrie cubaine qui était une industrie dépendante, habituée à fabriquer peu de produits. Quand on avait besoin de quelque chose, il suffisait de le commander dans le New Jersey sur catalogue : étant donné l'état habituel de surproduction américain, on avait toujours la possibilité de l'obtenir. Aujourd'hui se présentent non seulement le problème des distances énormes entre Cuba et ses nouveaux fournisseurs (un mois de bateau depuis la Chine ou l'URSS) mais aussi les terribles problèmes de stockage.

Mais cette situation de pénurie ne peut être traitée que d'une seule façon et le Che sera très applaudi quand il répétera son message égalitaire : *Tout ce que nous avons, nous allons le répartir entre nous, tous autant que nous sommes. [...] Dans les prochaines étapes de la lutte révolutionnaire, il n'y aura pas de gens qui recevront plus que d'autres, il n'y aura pas de fonctionnaires privilégiés ni de latifundiaires. Les seuls privilégiés à Cuba seront les enfants.* Et il annonce de sévères punitions pour les spéculateurs qui tenteraient de faire monter les prix ou de faire des affaires en jouant sur la pénurie de marchandises.

Cinq jours plus tard, il prononce à Santa Clara un autre discours dont tout Cuba retient une phrase : *À l'impérialisme, il faut lui en foutre plein la gueule.* Il commence aussi une guerre quasi personnelle contre la bureaucratisation de la nouvelle administration et pour un nouveau style de direction. Il publie un article, intitulé « Contre le bureaucratisme », dans le numéro d'avril de la revue *Cuba socialista.*

Le Che pensait, de façon idyllique, qu'on se trouvait devant une distorsion temporaire du centralisme, dans un projet social qui concentrait au sein de l'administration centrale la plus grande partie de l'agriculture, de l'industrie et des services. *La bureaucratie ne naît pas de la société socialiste et n'en est pas une composante obligatoire.* Il attribuait trois causes au phénomène : le manque de conscience, le manque d'organisation et le manque de connaissances techniques.

Il n'hésitait pas à critiquer la direction économique de la révolution dans laquelle il était directement impliqué, en particulier le Comité central de Planification (Juceplan) qui centralisait sans avoir les moyens de diriger, et il proposait une série de solutions qui n'allaient pas à la racine du problème : motivation, éducation, conscience, meilleure connaissance technique, organisation, libération des énergies.

Car le Che croyait que le grand antidote à l'irrationalité bureaucratique, produit de la centralisation et de la hiérarchie, était la réaction sociale et la conscience. Et cette thèse était confirmée par un phénomène : *Lorsque toutes les forces du pays étaient tendues pour résister à l'assaut de l'ennemi, la production industrielle ne tombait pas, l'absentéisme disparaissait, les problèmes se résolvaient avec une rapidité insoupçonnée* et en résumé : *Le moteur idéologique a fonctionné grâce au stimulant de l'agression étrangère.*

Lors de sa première campagne de lutte contre la bureaucratie, il propose des actions répressives à l'égard des fonctionnaires, de sévères sanctions et la mise en place de mécanismes de contrôle. Ce n'est pas sa première attaque contre la bureaucratie : deux mois auparavant, alors qu'il n'était pas encore ministre de l'Industrie, il avait critiqué, à deux reprises, les administrateurs placés dans les usines par le gouvernement. Les travailleurs les assimilaient à des patrons et le Che avait poussé à la création d'un mécanisme de contrôle ouvrier, les « conseils d'assistance technique », pour qu'une pression venant de la base puisse se maintenir sur les directions manufacturières.

Dans une certaine mesure, il ne se trompait pas quand il pensait que la révolution avait créé une pression sociale, une impulsion forte qui faisait que des milliers de travailleurs brisaient les cercles de la bureaucratisation et impulsaient le projet révolutionnaire par conviction et non pour des raisons de stimulation matérielle. Ainsi un groupe d'agents de méthode tchécoslovaques fut très surpris en découvrant que dans les usines cubaines, les travailleurs augmentaient leur cadence quand on leur disait qu'on était en train d'établir une nouvelle norme de production, alors que dans d'autres endroits, dans pareille situation, le rythme de production diminuait.

Mais les problèmes se mettent à s'accumuler au Ministère, le Che n'est pas seulement confronté à l'émergence de la bureaucratie mais aussi au manque de pièces de rechange et de réserves sans lesquelles les machines commencent à être paralysées. Bientôt un nouveau problème apparaît : les réserves et les stocks de matières premières existant au début de la révolution ont été utilisés, y compris les énormes ressources gaspillées avant la révolution dont on a depuis lors profité. En diminuant le nombre de chômeurs, en créant des milliers de bourses d'études pour les enfants des ouvriers et des paysans, en arrêtant l'importation de produits de luxe, une grande quantité d'argent se retrouve sur le marché, pour acheter des biens de consommation, ce qui engendre la pénurie.

Le Che ouvre un nouveau front, comme s'il en manquait. Quelques jours après la publication de « Contre le bureaucratisme », dans un nouvel article pour *Verde Olivo,* intitulé « Cuba, exception historique ou avant-garde dans la lutte anticolonialiste », il lance un premier appel à la généralisation de la révolution en Amérique latine, combattant l'idée que les conditions exceptionnelles qu'on a trouvées à Cuba ne peuvent pas se répéter.

À 6 heures du matin, le 15 avril 1961, des avions B-26 américains, pilotés par des Cubains entraînés par la CIA, bombardent les bases aériennes de Santiago, de San Antonio de los Baños et de Ciudad Libertad. C'est le prélude à l'invasion attendue.

En accord avec un plan stratégique prévisionnel, le Che se rend, comme il l'avait déjà fait à l'occasion d'autres alertes rouges, à Pinar del Río, dans l'ouest de l'île, pour prendre en charge l'armée occidentale, Raúl Castro se chargeant de l'armée de l'est et Almeida de celle de la partie centrale. Quelques heures plus tard, le commandant Guevara parle devant une assemblée de miliciens qui revenaient après avoir combattu des bandes de la « contra », au cours de ce qu'on avait appelé « le nettoyage de l'Escambray ». Les photos montrent des milliers de fusils dressés tandis que le Che parle : *Il est réconfortant de savoir qu'au moins un avion ennemi a été abattu et s'est écrasé en flammes... Ce matin encore, nous avons vu le commandant Universio Sánchez qui a été blessé par un éclat de mitraille, qui prenait des mesures pour que l'attaque ne se répète pas... Ces nouveaux nazis, couards, félons et menteurs...*

Et pour conclure : *Nous ne savons pas si cette nouvelle attaque sera le prélude à l'invasion annoncée de ces cinq mille « gusanos »... Sur les cadavres de nos camarades tombés, sur les décombres de nos usines, chaque fois avec une plus grande détermination : Patria o Muerte !*

Le lendemain, le Che se trouve à La Havane, à l'enterrement des victimes de l'attaque aérienne. Le cortège funèbre emprunte la 23e Rue, encadré par des milliers de miliciens armés ; les batteries antiaériennes protègent la manifestation depuis les édifices les plus hauts.

Fidel, lors de son intervention, va démentir qu'il s'agissait d'avions cubains comme la propagande de la CIA voulait le faire croire, il voit clairement que l'objectif de cette opération était de détruire l'aviation cubaine à terre pour faciliter l'attaque qui viendra par la mer. Ce sera dans cette logique d'affrontement final, du tout ou du rien, de la patrie ou de la mort, que Fidel décrétera le caractère socialiste de la révolution cubaine.

Que se passe-t-il alors dans la tête du Che ? Finalement, c'est son projet et les faits semblent le confirmer. Avec la terrible sensation que la guerre est de retour, y a-t-il un espace pour dessiner le futur ? Durant toute l'année écoulée, il a pensé plus d'une fois que la révolution cubaine risquait de dissoudre son radicalisme social dans le jeu des compromis et de la politicaille. Pour un homme qui aime, dans sa vie personnelle, laisser derrière lui une terre brûlée, pour qui les métaphores des caravelles ou des ponts brûlés derrière soi sont si agréables, le moment où un pays fait le choix d'ouvrir la porte soit vers le ciel, soit vers l'enfer, en fermant toutes les autres, ne peut laisser d'être un moment de gloire.

Quelques heures plus tard, il sera de retour à Pinar del Río : Fidel pense que l'invasion viendra par l'Ouest, par les côtes de l'île les plus proches du continent. Le Che se trouve donc dans la zone où les renseignements cubains attendent le premier affrontement. Il sera à la tête du commandement de l'Ouest, à Consolación del Sur, lorsque l'après-midi se produit un accident étrange qui provoque d'abondantes rumeurs. En faisant un mouvement brusque, son ceinturon tombe, son pistolet armé percute le sol et le coup part. Le tir lui provoque une plaie en séton. Les sources diffèrent : à la joue, au cou ? Ce que toutes confirment c'est que si la balle avait dévié de deux centimètres, elle serait entrée dans le crâne. Il est immédiatement transporté à l'hôpital où on lui dispense les premiers soins sans anesthésie, par crainte qu'une réaction allergique ne provoque une crise d'asthme qui le paralyserait. Aleida vient de La Havane pour le voir.

Cette même nuit, vers 23 h 45, un groupe de miliciens se heurte à l'avant-garde de la force d'invasion, des hommes-grenouilles repèrent le point de débarquement : Playa Girón, dans la baie des Cochons. Une zone proche de la Ciénaga de Zapata, sur la côte sud de la partie centrale de l'île. Moins d'une heure et demie plus tard, la nouvelle parvient au commandement de la révolution. Cette même nuit, une manœuvre de diversion orchestrée par la CIA simule un débarquement dans la zone de Pinar del Río qui est sous les ordres du Che. Des équipements électroniques embarqués sur des radeaux pneumatiques parviennent à simuler la présence, à proximité de la côte, de péniches de débarquement. Le commandant Guevara quitte l'hôpital.

Au cours de la nuit, Fidel lui-même organise la mobilisation de bataillons de miliciens, recourant à tout ce qu'il a à portée de main, y compris l'École des responsables des milices de Matanzas. Il s'agit d'empêcher que s'établisse une tête de pont. Les dirigeants de la révolution redeviennent des guérilleros : le ministre du Travail, Martínez, se rend sur la zone des opérations, tout comme Aragonés, Ameijeiras, le chef de la police, et Fernández Mell.

À 8 heures du matin, le Che entre en communication avec Fidel et apprend qu'il y a déjà des combats, que les envahisseurs ont pris deux petits villages dans les environs de la Ciénaga de Zapata, que les premiers affrontements ont eu lieu. Fidel et le Che pensent cependant qu'il ne s'agit encore que d'une diversion et que la véritable invasion se produira sur un autre point de l'île. Le Che demande des moyens de transport et des hommes capables d'utiliser des mortiers de 120. Fidel les lui fait parvenir.

Le plan de l'opération, au-delà des continuelles sous-estimations politiques de la CIA, n'est pas mauvais : créer une tête de pont, un « territoire libéré » dans l'île où installer une piste d'aviation, y transporter le « gouvernement en exil » et le faire reconnaître immédiatement par les États-Unis et par d'autres gouvernements latino-américains. Les États-Unis sont impliqués dans cette opération mais aussi le Nicaragua de Somoza et le Guatemala d'Ydígoras qui fournissent les camps d'entraînement. Seule la logique démentielle de la guerre froide peut rendre compréhensible l'amitié entre un gouvernement libéral tel que celui de Kennedy et deux des dictatures les plus sinistres du continent américain.

La rapidité de réaction de la toute petite aviation révolutionnaire cubaine, qui fait des prouesses techniques pour maintenir en l'air une demi-douzaine d'avions, porte le premier coup à l'invasion. La résistance des miliciens, pauvrement armés, empêche que le débarquement progresse et que l'ennemi consolide ses positions. Et, surtout, la magie de Fidel dirigeant la bataille par téléphone dans le moindre détail et tissant un piège sans issue.

Les anecdotes, les milliers de témoignages permettent de reconstruire cette course de 3 000 à 4 000 hommes vers Playa Girón. Il semble que l'urgence à venir tirer sur l'adversaire se communiquait comme une épidémie virulente. Laissant derrière ceux qui traînent, ceux qui sont en retard et les tanks inadaptés, les bataillons que Fidel a mis en marche commencent à se rapprocher et à affronter les envahisseurs immobilisés. Un climat d'émulation entre le Galicien Fernández, Duque, Aragonés, Ameyeiras et René Rodríguez, pour voir lequel arrivera le premier en première ligne et ensuite aux plages, va marquer le premier jour de contre-attaque. Et cette attitude n'est pas exceptionnelle. Les miliciens se battent comme des lions, arrêtant les tanks, avançant sous les feux de l'artillerie. Le 17 avril, les envahisseurs non seulement sont freinés mais aussi acculés à la défensive dans un siège qui se referme.

La propagande des États-Unis donne une version toute différente des faits : *Je m'étais tiré une balle, j'avais échoué comme communiste, tout était détruit. Fidel, je crois, avait demandé l'asile ou avait été blessé dans un combat aérien. Raúl était perdu, enfin les troupes avançaient et avaient pris le « port » de Bayamo...*

Dans la nuit du 17 au 18, Fidel, qui s'est rapproché de la zone de combat, revient à La Havane car il est informé que, dans la zone du Che, un débarquement semble imminent. Du côté de Mariel et Cabañas en effet, on avait repéré de nombreux vaisseaux de guerre.

Le Che a pris des dispositions défensives. Une fois qu'il fut clair qu'il n'y aurait pas de seconde invasion, Fidel mobilisa les forces antiaériennes et les premiers tanks vers la baie des Cochons. Pour un homme impatient comme le Che, l'attente a dû être terrible.

Démoralisés et confrontés à une résistance populaire généralisée, les envahisseurs se replient sur la Playa Larga et là, à Girón, les coups les plus définitifs sont portés. Le 19 avril, à 5 heures de l'après-midi, l'armée rebelle reprend Girón, l'invasion a échoué. Des navires américains ont réussi à repêcher une petite partie des brigades d'invasion mais plus de 1 500 combattants sont prisonniers et près de 200 ont été tués. Fidel en personne arrive jusqu'à la mer sur un camion portant un canon.

Plus tard, faisant un bilan très simple, le Che dira : *On ne peut pas demander à un homme, qui possédait d'énormes propriétés terriennes héritées de son père et qui revenait ici simplement faire acte de présence pour qu'on les lui restitue, qu'il vienne se faire tuer face à un paysan qui ne possède rien sinon une furieuse envie de le tuer ; parce qu'on va lui enlever sa terre.*

Les chiffres de Fidel, confirmant la version du Che sur ce qui s'était vraiment joué à la baie des Cochons, offriront cette statistique *sui generis* à partir des propriétés des envahisseurs capturés : « Il s'agissait de récupérer 371 930 hectares de terre, 9 666 immeubles, 70 usines, 10 raffineries de sucre, 3 banques, 5 mines et 12 cabarets. »

CHAPITRE 30

Pas le droit d'être fatigué

Joueur d'échec impénitent, le Che participa à de nombreux tournois lorsqu'il était ministre de l'Industrie à Cuba et gagna même lors de parties simultanées avec quelques grands maîtres.

La victoire de Girón donne à la révolution cubaine la respiration dont elle a besoin pour passer à l'étape de reconstruction de l'économie, tout cela au milieu d'un climat de large participation populaire. Peu après la défaite de l'invasion, *les camarades de la Fédération du sucre formulèrent la consigne : « Pour le 1er mai : six millions de tonnes de sucre. » Quand j'appris la nouvelle, j'en suis resté ahuri car je sais précisément ce qu'est une récolte de canne. J'ai appelé l'administrateur général des raffineries [...], le camarade Menéndez, qui me dit qu'il s'agissait d'une initiative ouvrière et qu'il n'avait pas été consulté. [...] Mais c'est impossible à atteindre.* Le Che s'indigne car ni la rhétorique, ni la démagogie et les promesses impossibles à tenir ne lui plaisent.

Le 24 avril 1961, il reprend la présidence des réunions de Conseil de direction au ministère de l'Industrie, rentrant directement de Pinar del Río.

Au sein du Conseil, un accord encouragé par le Che stipule que chacun des membres doit faire deux visites par mois dans les usines et ateliers afin de conserver une vision proche de la réalité et de ses problèmes ; en cas de manquement à ce devoir, une amende d'un jour de salaire sera appliquée. Les cadres de direction ont bien essayé de protester en faisant état de leur surcharge de travail. Le Che est censé visiter la fabrique de crayons Mitico Fernández à Batabanó au moment où il est à Pinar del Río. Gravalosa raconte : « Tout le monde était dans l'expectative au sein du Conseil, on pensait qu'il n'avait pas pu remplir cette tâche », mais le Che sort un petit papier plié en deux d'une des poches de son uniforme et s'excuse de ne pas avoir pu dactylographier son rapport. Plus d'un, ce jour-là, perdit son pari.

Le Che n'apporte pas seulement son rapport, comme il le fait d'habitude, il pose aussi sur la table un petit livre vert, tiré de la poche de sa chemise, cette poche éternellement remplie de petites broutilles, et se met à lire ses notes, observations et critiques, que les camarades présents (et lui-même d'ailleurs) avaient surnommées, ses « décharges ». Quand ce petit livre apparaissait, tout le monde tremblait ! Avec le livre, le Che manipulait un autre petit mystère : un porte-mine à mines de plusieurs couleurs et dont il changeait la couleur selon la note. Le fait que personne n'osa jamais lui demander à quoi cela rimait est assez exemplaire de la panique affectueuse qu'il causait parmi ses assistants, jusqu'à ce que Valdès Gravalosa n'y tienne plus : « Je n'en pouvais plus et je le lui demandai. Quel con j'étais ! Il m'éclaircit directement ce mystère :

— *C'est une clé que j'utilise. Quand j'écris en rouge, c'est un problème dont je dois discuter avec Fidel ; quand j'écris en vert, c'est pour le Conseil des ministres, et ainsi de suite...* »

Ce jour-là, le Conseil était confronté à une question qui paraissait revenir, de façon obsédante, lors de chaque réunion : la paralysie des industries par manque de pièces de rechange et de matières premières. Mais ce jour-là aussi le Che constatait que, en dépit des événements chaotiques de ces derniers temps, la production avait augmenté. Boorstein précise : « La production industrielle de 1960 a été dépassée, les problèmes futurs ne devraient pas provenir de l'administration mais des héritages du passé et de l'embargo. »

Le 30 avril, le Che parle à la télévision. Et, avec sa franchise habituelle, il entre dans le vif du sujet, en impliquant les auditeurs dans les problèmes de l'économie nationale : *Nous apprenons dans l'action et, naturellement, l'apprentissage se fait avec des erreurs.*

Il explique comment on avait établi une planification sur la base d'illusions : qu'il ne manquerait pas une école, qu'on aurait une flotte marchande dans les cinq ans, qu'il ne faudrait pas acheter d'avions dans les cinq ans, et vite on dut constater que c'était impossible. Cependant, se laissant piéger lui-même par la prévision irréaliste, le Che annonce que Cuba aura ses usines de construction automobile pour 1965. Il explique encore les raisons qui, dans les premiers temps, ont conduit le ministère de l'Industrie à élaborer une « planification de laboratoire » : on n'a pas discuté avec les ouvriers dans les usines, les mille et un problèmes possibles n'ont pas été répertoriés. On est parti aussi de l'idée qu'il n'y aura pas de pénurie de matières premières et de pièces de rechange. *Aujourd'hui, nous le voyons clairement, les masses n'ont pas participé à la conception du plan. Et un plan auquel les masses n'ont pas participé est sérieusement menacé d'échec.* Cependant, ce plan qui avait échoué à 75 % avait engendré des résultats stupéfiants dans quelques secteurs, tel celui de la sidérurgie dont la production s'était accrue de 75 %.

Avec son franc-parler habituel, le commandant Guevara donne dans ce discours la liste des techniciens venant des pays socialistes qui étaient alors à Cuba, rattachés à son Ministère, quelque 140 personnes. Et il plaisante sur les Chinois qui avaient laissé à Cuba les machines exposées lors de la récente exposition industrielle avec dix techniciens pour les monter. *Nous essayerons qu'ils se marient ici pour qu'ils restent.*

Par ailleurs, le Che réplique à la polémique lancée par *Voz Obrera,* le journal du groupe trotskiste cubain Voz Proletaria, qui *faisait la critique des conseils d'assistance technique [...] et disait qu'ils avaient été créés par cette petite bourgeoisie timorée qui est au gouvernement, avec l'intention d'offrir quelque chose aux masses qui réclament la direction des usines, sans rien donner en réalité.* Ce qui, d'un point de vue théorique, est une absurdité et d'un point de vue pratique une infamie ou une méprise monumentale. Précisément, le défaut qu'ont ces Conseils, c'est qu'ils n'ont pas été créés sous la pression des masses, qu'ils ont été une création bureaucratique venant d'en haut pour donner aux masses un instrument qu'elles n'avaient pas demandé, et c'est là que se trouve le vrai péché des masses.

Ce n'est pas là la seule référence au groupe trotskiste, dans ce débat. Quelques minutes auparavant, le Che avait plaisanté : *Et le plan de l'éducation qui comprend, depuis les plus basses sphères...* (et il corrige) *non, nous n'allons pas nous mettre à diviser cela en sphères, cela aussi est un réflexe petit-bourgeois, comme disent les camarades trotskistes...* La direction révolutionnaire ne sera pas aussi généreuse et aussi ouverte avec ce petit groupe trotskiste car si, pour le Che, il s'agissait d'une polémique, pour les autres dirigeants il s'agit de réprimer. Quelques mois plus tard, la police détruira les films de l'ouvrage classique de Trotski, *La Révolution permanente*, qui était alors en cours d'impression. Le Che le désapprouvera lors d'une entrevue avec Zetlin : *Ce fut une erreur commise par un fonctionnaire de second rang. On a cassé les plaques. Ça n'aurait pas dû avoir lieu.* Mais cela a eu lieu.

Ce qui préoccupe alors le Che, c'est que le climat d'agressivité né après la baie des Cochons ne transforme en persécution le débat entre les différentes forces au sein de la révolution. Aussi, il émet une circulaire du ministère de l'Industrie qui interdit explicitement qu'on organise dans les centres de travail des interrogatoires qui comporteraient une investigation sur l'idéologie des travailleurs.

Et ce terme de socialisme commence à résonner après l'utilisation initiale de Fidel. Le Che l'introduit dans un discours télévisé pour définir l'objectif de la révolution comme la volonté de créer *une société socialiste qui soit absolument démocratique.* Fidel, le 1er mai 1961, parle déjà de « notre révolution socialiste ».

Le 8 mai, le Che partage sa journée entre un discours en hommage à Guiteras, le révolutionnaire cubain historique des années trente auquel il s'identifiait et une journée de travail volontaire, le déchargement des matières premières sur les quais de la Machína. Une photo le montre, en compagnie d'un groupe de camarades parmi lesquels on distingue Vilo Acuña, tirant sur une corde avec un air de félicité absolue. Ils semblent s'amuser vraiment.

Et bien que l'économie souffre de graves problèmes, « cependant, tout paraissait fonctionner, même si peu de personnes étaient capables d'expliquer comment », comme le faisait remarquer avec lucidité le Polonais K.S. Karol. Se cumulaient sans doute l'inertie révolutionnaire, les ressources accumulées durant les dernières années du régime de Batista et qui avaient été mises sur le marché, l'impulsion du changement, la virulence de la volonté, l'esprit de sacrifice... Le mélange de tous ces éléments fonctionnait, bien que, de façon souterraine, un affaiblissement de l'économie prît forme. Dumont remarque que la consommation de bétail était passée de 750 000 têtes en 1959 à 1 million en 1960-1961, et la demande de produits agricoles croissait plus vite que la production, ce qui engendrait une pression inflationniste. La demande de produits laitiers croissait dans la même proportion et, comme les poulets étaient importés à raison de 1,5 million par mois des États-Unis, bien que la production nationale de ce bien augmentât, elle ne parvenait pas à couvrir la demande depuis le blocus ; la production de bananes croissait aussi mais la consommation des zones de production faisait qu'elles n'arrivaient pas à La Havane.

Le Che était conscient de cette pression sur une production insuffisante exercée par les milliers de parias qui pour la première fois à Cuba avaient été intégrés à la société de consommation.

Ce n'est pas le seul problème qui découle de la manière dont on administre l'agriculture. Dumont critique de façon acerbe l'irrationalité de Núñez Jiménez, à la direction de l'INRA, et ses graves erreurs. D'un autre côté, la juste préoccupation que la révolution cubaine a pour le plein emploi crée une inflation de personnel dans les entreprises (le Che confesse qu'à la Banque il conserve 100 employés qui ne sont pas nécessaires).

Et, si la solution se trouve dans une industrialisation vertigineuse, le chemin impulsé par le Che se heurte à une multitude d'obstacles : les machines obtenues par l'Europe socialiste qui restent dans les hangars des docks, dans un climat malsain et salin, par manque d'installations pour les recevoir, le rythme de construction des usines étant plus lent que celui de l'arrivage des machines.

Karol signale que les experts russes ne freinent ni le gaspillage ni le désir des Cubains qui exigent des usines pour lesquelles ils ne disposent pas de matières premières. Les techniciens sont dépendants, ils ont une faible marge de décision et, dans la majorité des cas, sont habitués à la structure soviétique verticale. Les Cubains se plaignent de la qualité des machines qui leur ont été vendues au prix du marché mondial et les Russes se plaignent du peu de gratitude de la part de ces clients qui ont acheté avec des crédits à taux modéré.

À ceci s'ajoutent les difficultés pour trouver des cadres techniques capables de faire fonctionner les implantations industrielles. Boorstein se souvient que le Che donne la direction d'une de ces usines à un barbu de vingt-trois ans parce qu'il paraît courageux ; la Procter & Gamble est dirigée par un médecin qui a quelques notions de chimie, la mine de cuivre de Matahambre par un géologue américain qui ne sait rien des mines et n'a pas la moindre idée de la façon dont on les ventile.

Une analyse de la CIA de 1965 signale que le projet d'industrialisation avait été « exagéré et prématuré ». Et cela, faute de ressources humaines et d'équipements, faute d'expérience dans le secteur de la construction lourde, ainsi que d'une discipline suffisante en matière de planification. L'industrie de la construction à l'époque prérévolutionnaire était d'origine nord-américaine et avait fonctionné avec ses propres techniciens et ses outils. Il faut en plus ajouter la fuite des ingénieurs et le fait que les dessins et les plans industriels conçus par les pays communistes n'étaient pas adaptés aux régions tropicales, qu'ils étaient déficients et d'une faible longévité.

Un an et demi plus tard, le Che confesse au journaliste uruguayen, Eduardo Galeano que : *Ce fut une folie que de se presser autant avec l'industrialisation. Nous avons voulu remplacer toutes les importations d'un coup, en fabriquant nous-mêmes des produits finis, [...] nous n'avons pas vu les énormes complications qu'impliquait l'importation de produits intermédiaires.*

Au mois de mai 1961, le Che s'entretient avec K.S. Karol dont la vision extrêmement critique à l'égard du modèle soviétique va s'exprimer au cours de la conversation. Ils parlent en français : « Le Che utilisait facilement cette langue, poussant la coquetterie à s'inquiéter de temps à autre si le vocabulaire qu'il employait n'était pas excessivement hispanique. » Le premier thème sera le socialisme. *Ici, les gens s'éduquent dans l'action et on n'en est encore qu'au début... Moi-même, j'ai parlé quelquefois avec quelques camarades qui me disaient que cette histoire de « socialisme » ne leur plaisait pas beaucoup ; je leur demandais alors : « Vous n'êtes pas d'accord avec la réforme agraire ? ou avec la réforme urbaine ? ou avec l'expropriation des Yankees ? ou avec la nationalisation, la justice sociale et le droit de chacun de profiter des fruits de son travail ? » Et ils juraient que non, que tout cela leur plaisait tellement qu'ils étaient prêts à sacrifier leur vie pour le défendre. Alors, je leur disais que, s'ils étaient pour tout cela, ils étaient précisément pour le socialisme et ils s'en allaient tranquillisés.*

Karol lui demande s'il ne lui semble pas dangereux de lâcher, au milieu de ce vide idéologique, la bêtise doctrinale soviétique, toute cette vacuité dogmatique des manuels. Le Che ne semble pas les connaître et lui demande ce qu'il lui conseille. Karol se sent incapable de s'expliquer. Les deux expériences sont absolument différentes : un homme de gauche formé dans les contradictions entre le discours et la pratique autoritaire et répressive du stalinisme, et un Latino-Américain radical formé dans l'expérience révolutionnaire directe avec un vernis idéologique marxiste et une vision de l'histoire réelle du socialisme très limitée. Le Che semblait vouloir dire à Karol que la scolastique marxiste *était un phénomène marginal dont l'éducation politique de Cuba ne dépendait absolument pas*. Il tentait d'expliquer que le stalinisme ne se développerait pas à Cuba, que la réforme agraire collectiviste se déroulait en accord avec la volonté paysanne et non contre elle, que l'industrialisation ne se ferait pas sur la base de sacrifices, que l'encerclement capitaliste qu'on avait imposé à l'URSS n'était plus possible. Il disait qu'il était essentiel de profiter de l'expérience de l'Europe orientale dans la construction du socialisme, surtout en matière de qualification des jeunes techniciens.

Par la suite, Karol résume ainsi son impression : « Je mentirais si je disais aujourd'hui qu'en mai 1961 les arguments du Che m'avaient convaincu. Sa forte personnalité et son charme intellectuel s'imposaient immédiatement mais j'avais l'impression qu'il fermait les yeux sur une certaine réalité du monde socialiste parce que cela l'arrangeait. Il est impensable qu'un homme de cette intelligence et doté d'une telle sensibilité puisse ne pas s'inquiéter des nombreux déséquilibres et insuffisances qu'il a dû remarquer dans les sociétés socialistes qu'il venait de découvrir. Au contraire des véritables croyants, il ne répétait pas furieusement les slogans simplistes de la propagande soviétique. »

La pression américaine ne cessait d'augmenter, et, de même, la présence soviétique croissait, donnant aux Cubains l'oxygène nécessaire pour survivre mais leur offrant aussi un modèle économique. Le 2 juin, l'URSS octroiera un nouveau crédit de 100 millions de dollars, chiffre insignifiant mais significatif.

Le Che continuait à combiner les difficultés de la gestion de l'Industrie (où il essayait d'éviter le modèle soviétique) avec l'exemple du travail volontaire (il construisait alors une école à El Vedado), sans négliger l'étude. Le Che avait organisé un séminaire sur *Le Capital*, auquel participaient Oltuski, Alvarez Ron, García Valls, Mario Zorrilla, Borrego et Juan Manuel Castiñeira et que coordonnait l'Hispano-Soviétique Anastasio Mancilla. Tous les mercredis, de 20 heures à minuit, Mancilla faisait un exposé et le Che mettait tout en doute et embrouillait tout avec des questions, des critiques et des discussions.

Karol n'avait pas tort quand il faisait remarquer

que le vide politique de la révolution cubaine, qui s'était en apparence rempli avec la déclaration du « socialisme », tendait à être occupé par la bureaucratie et par un marxisme scolaire, ce qui permettait aux cadres les plus dogmatiques du PSP de prendre l'avantage.

En juin, un débat fut lancé sur l'art et la littérature, dans le cadre de sessions à la Bibliothèque nationale : il reflétait les tensions existantes entre l'équipe du supplément « Lunes » du journal *Revolución* et les cadres du PSP qui dirigeaient l'appareil culturel, en particulier Edith García Buchaca.

Ce ne sont pas seulement les projets révolutionnaires les plus éclectiques qui tombent sous la mire des vieilles orthodoxies et des nouveaux convertis. Il semblerait, selon Karol, que le style hypercritique du Che dérangeait certains des cadres de la vieille bureaucratie du PSP, comme Escalante ou Roca, car il était incontrôlable. La même source indique que, en coulisses, on faisait campagne contre le Che pour « gauchisme ». Or, paradoxalement, ce sont le Che et Raúl qui ont ouvert la porte de l'espace révolutionnaire aux marxistes primaires. Un an plus tard, le Che reconnaît *qu'on avait eu une confiance aveugle dans l'autorité du PSP en matière d'organisation, abandonnant les critiques à leur égard... et qu'une période noire commençait.*

Entre-temps, le Che se préoccupe principalement de maintenir l'épine dorsale industrielle de l'île et il remporte un succès considérable. Le site producteur de nickel de Moa commence à fonctionner. Un ingénieur cubain, Demetrio Presille, avait trouvé les solutions techniques pour mettre en marche la technologie moderne que les experts russes ne comprenaient pas. Cette entreprise, au moment de la nationalisation, *n'avait alors pas un seul Cubain au niveau des chefs de département de la mine, ils étaient tous nord-américains.*

Presille avait promis au Che de relancer l'usine s'il trouvait un débouché commercial pour le nickel. Le Che avait obtenu les contrats lors du voyage en URSS et depuis il visitait Moa chaque semaine pour observer les progrès du projet, en résolvant au passage les plaintes des ouvriers à propos du manque d'eau, de lumière ou de logement. En juin, l'entreprise commence à produire du sulfure de nickel et le Che se rend à Moa pour féliciter les travailleurs. Dans le local syndical, il se retrouve nez à nez avec une de ses photos et il déclare avec mépris que *ce type ressemble à Cantinflas.*

Durant les premiers jours d'août, le Che part pour l'Uruguay pour participer à la conférence du CIES, un organisme de l'OEA, qui s'occupait des relations économiques interaméricaines. L'avion dans lequel il voyage doit atterrir à Río de Janeiro, à cause du brouillard. La délégation se rend à l'ambassade mais dans la rue les gens reconnaissent le Che et l'acclament. *On aurait dit qu'ils avaient vu un fantôme*, dira-t-il à l'ambassadeur. Le Che était déjà une figure emblématique en Amérique latine. Le 5 août, il arrive enfin à Montevideo, accueilli par une liesse populaire mémorable. La foule l'attend à l'aéroport en scandant : « Guevara débarque, fini la mascarade ! » Depuis l'aéroport de Carrasco jusqu'au centre ville, dix mille personnes avec des drapeaux crient : « *Cuba sí, yanquis, no.* »

À Punta del Este, une station balnéaire de luxe fréquentée par l'oligarchie uruguayenne et chilienne, la délégation cubaine a loué tout un étage de l'hôtel Playa où, selon les souvenirs de Ricardo Rojo, « ils avaient reproduit l'organisation habituelle des services du Che à La Havane : un mélange de bivouac et de ministère, les dactylos côtoyant les gardes de l'escorte, mitraillettes sous le bras. Les uns font la cuisine, les autres parlent au téléphone, tous se déplacent avec une synchronisation surprenante ».

Le 7 août, le Che est invité à déjeuner à la résidence d'Eduardo Haedo, le président uruguayen : il échange des piques avec son hôte sur la qualité des tabacs cubains. Le lendemain, il intervient à la session plénière du Conseil interaméricain économique et social (CIES).

Il entame son propos de manière polémique par une citation de Martí : « Le peuple qui veut être libre doit avoir un commerce libre », et établit son droit de parler de politique, au-delà du masque technique de la réunion en affirmant que l'un des objectifs de la conférence doit être de juger Cuba. *C'est une longue chaîne qui nous amène ici* : les avions pirates qui partent des aéroports américains, les bombardements des champs de canne, l'explosion du navire *Le Courbe,* en 1960 les compagnies pétrolières qui refusent de raffiner le brut soviétique, en décembre 1960 la rupture définitive de l'accord sucrier, la baie des Cochons, la tentative d'attentat contre Raúl Castro depuis Guantánamo. *C'est à cause de tout ce que je viens de dire que je considère que la révolution cubaine ne peut pas venir à cette assemblée de techniciens illustres pour parler de problèmes techniques.*

Il présente la révolution cubaine comme une révolution agraire, antiféodale et anti-impérialiste, qui s'est transformée en révolution socialiste sous *l'emprise* de *son évolution*. Il parle de ses réussites : la réforme agraire, l'égalité de la femme, la non-discrimination de la population noire, le succès de la campagne d'alphabétisation. Il oriente ensuite ses batteries contre l'Alliance pour le progrès (Alpro), le grand projet de développement de Kennedy pour l'Amérique latine, qu'il qualifie d'entreprise contre Cuba et contre l'extension de la vague révolutionnaire. *N'avez-vous pas un peu l'impression qu'ils se fichent de nous ? Ils donnent des dollars pour construire des routes, ils donnent des dollars pour faire des chemins, ils donnent des dollars pour construire des égouts […]. Pourquoi ne donnent-ils pas de dollars pour des équipements, pour des machines, pour que nos pays sous-développés puissent devenir des pays industriels-agricoles d'un seul coup ? C'est réellement triste.* Se moquant, il donne la clé de l'Alpro : *Cuba est la poule aux œufs d'or. Tant que Cuba est là, on nous en donnera.*

Un des moments les plus forts de cette intervention fut cette déclaration : *Les experts suggèrent le remplacement des latifundia et des minifundia par des propriétés agricoles bien équipées. Nous, nous disons : Vous voulez faire une réforme agraire ? Prenez la terre à celui qui en a beaucoup et donnez-la à celui qui n'en a pas. Nous ne nous opposons pas à ce qu'ils nous laissent en dehors de leur répartition de crédits, mais nous nous opposons à ce qu'on nous marginalise dans notre participation à la vie culturelle et spirituelle de tous les peuples latino-américains. […] Ce que nous n'admettrons jamais c'est qu'on vienne limiter notre liberté de commercer et d'établir des relations avec tous les peuples du monde...*

Son message a une portée énorme. Il n'ébranle peut-être pas les représentants professionnels des dictatures, des démocraties de carton-pâte, des oligarchies locales, mais le Che ne s'adresse pas à ceux qui sont présents, il cherche l'attention des absents, cette nouvelle gauche latino-américaine qui pense que la révolution cubaine a inauguré l'ère des transformations profondes dans un continent affligé par l'inégalité.

Le 9 août, il tient une conférence de presse à Montevideo et, après avoir déclaré aux journalistes : *Demandez ce que vous voulez mais ensuite écrivez ce qu'on vous répondra,* Guevara passe deux heures sous un flot de questions, répondant avec plus ou moins de bonheur à un questionnaire qui touche :

• Les prisonniers de Girón et leur sort : *Nous avons proposé un échange contre Albizu Campos ou contre des tracteurs.*

• Les pirateries aériennes : *Les Américains gardent les avions qui ont été détournés de Cuba.*

• Son travail volontaire à la récolte de la canne ou au déchargement de bananes sur les quais : *Ce que je dis est la vérité, il ne faut pas me regarder avec cet air dubitatif.*

• Les élections : *Quand le peuple les demandera en assemblée populaire.*

• Le rationnement : un journaliste péruvien : Dernièrement on raconte qu'à Cuba une ration de 700 grammes de viande par semaine est un des coups les plus durs reçus par le peuple cubain. Le Che : *Je ne suis pas au courant de ce rationnement. Nous avons dû prendre quelques mesures concernant la consommation de viande pour répartir de façon équitable ce qu'il y a, mais la consommation de viande par tête d'habitant est infiniment supérieure à celle du Pérou. Dans les pays comme le Pérou, le rationnement se fait différemment : celui qui a de l'argent achète et le pauvre Indien meurt de faim. Vous ne pensez pas que cela soit ainsi ?* Le journaliste péruvien : « Il me semble que oui mais il y a une chose... » Le Che : *Qu'on ne vous entende pas !*

• La nationalisation des écoles catholiques : *Aujourd'hui, ce sont simplement des écoles.*

• Les trotskistes : *Nous avons décidé qu'il n'était pas prudent que le trotskisme continue à appeler à la subversion.*

• L'Église : *Nous sommes un gouvernement qui ne fait pas de religion et qui permet la liberté de culte.*

• À propos de *Listen Yankee* de Wright Mills : *Il y a, de notre point de vue, quelques erreurs mais c'est un livre écrit avec une sincérité absolue.*

• Sur la possibilité de nouvelles révolutions socialistes en Amérique latine : *Elles se développeront, simplement, parce qu'elles sont le produit des contradictions entre un régime social qui est arrivé au bout de son existence et le peuple qui est au bout de sa patience.*

• Ce qu'il mange, boit et fume et si les femmes lui plaisent : *Je cesserais d'être un homme si les femmes ne me plaisaient pas. Maintenant, je cesserais d'être révolutionnaire si je manquais à un seul de mes devoirs, et à mes devoirs conjugaux, parce que les femmes me plaisent […]. Je travaille peut-être seize à dix-huit heures par jour et je dors six heures, quand j'y arrive […]. Je ne bois pas mais je fume. Je ne pratique aucun divertissement d'aucune sorte et je suis convaincu que j'ai une mission dans le monde. En raison de cette mission, je dois sacrifier mon foyer […], tous les plaisirs de la vie quotidienne.*

• Son « argentinité » : *Je possède le substrat culturel argentin mais je suis aussi cubain que le plus cubain.*

Il sort de ses gonds une seule fois, quand un journaliste argentin (Luis Pedro Bonavista) lui parle de son « ex-patrie ». Le Che, indigné, lui répond : *Monsieur, j'ai une grande patrie, beaucoup plus grande, beaucoup plus digne que la vôtre, c'est toute l'Amérique, monsieur, et vous, vous ne connaissez pas ce type de patrie.*

Le 16 août, il fera une seconde intervention à l'Assemblée plénière de la CIES. Il justifie le vote d'abstention de la délégation cubaine avec l'argument que, d'après le schéma proposé par l'Alliance pour le progrès, *les pays sous-développés devraient attendre cinq cents ans pour atteindre le même revenu par habitant que celui des pays développés.* En plus, on n'avait pas répondu aux questions sur la façon d'accéder aux ressources de l'Alpro, et si Cuba y avait droit. *Il n'est pas possible d'appuyer une alliance dans laquelle l'allié ne va participer à rien.* Ces discours, prévoyant l'échec de l'Alliance pour le progrès, seront par la suite connus comme « la prophétie du Che ».

Le lendemain, il s'entretient en privé avec Richard Goodwin, le conseiller de John F. Kennedy, grâce à l'entremise des Brésiliens. *Un entretien personnel entre deux hôtes d'une tierce personne.* Aucun des deux n'était autorisé à avoir un échange officiel. Le Che ne parle pas l'anglais, ni Goodwin l'espagnol, un Brésilien sert de traducteur. Quoique Goodwin, des années après, continuera à attacher de la valeur à cette rencontre, il semble que pour Guevara elle n'eut pas une importance majeure.

Deux jours plus tard, le Che prend la parole à l'université de Montevideo sur le développement économique à Cuba centré sur la réforme agraire. Il passe les dernières heures avec sa mère et d'autres parents venus le retrouver depuis l'Argentine. L'université est attaquée par des groupes d'extrême droite avec des gaz, et la conférence se tient dans une salle remplie d'étudiants et d'une horrible odeur de chlore.

Partant d'une vérité latino-américaine : *Le droit de manger est un droit pour tous*, le Che explique les rationnements à Cuba dus au blocus : sur toutes les graisses, la viande et les chaussures. Il insiste sur l'idée que l'indépendance économique doit passer par l'industrialisation, pour le bon fonctionnement des 205 usines planifiées. Il termine par une des phrases les plus heureuses de son discours : *Cette lutte, qui prend une forme si exceptionnelle qu'elle divise parfois les membres d'une même famille, bien sûr qu'elle permet une construction plus rapide du pays, bien sûr qu'elle fait avancer notre pays à un rythme accéléré mais elle laisse aussi des séquelles qui, ensuite, coûtent cher à réparer. Et ce n'est ni bon, ni bien, mais nous avons dû le faire et nous n'avons pas à nous en repentir.*

À la sortie de cette conférence, la police tire sur les participants et tue un professeur de l'université. Le lendemain, le Che sera accusé d'avoir tenu un « meeting politique ».

Le 18 août, il se rend en secret à Buenos Aires, invité par le président argentin Frondizi. Au cours d'une réunion privée sont abordés trois thèmes. Tout d'abord, les voies du développement : à ce propos, le Che précise qu'il n'y a rien à faire avec la voie des investissements nord-américains car elle soutire plus qu'elle n'apporte. Ensuite, ils parlent d'une question qui préoccupait Frondizi, l'éventuelle adhésion de Cuba au pacte de Varsovie, à laquelle le Che répond : *Nous autres, nous n'encourageons pas cette voie.* Frondizi tâte aussi le terrain sur la possibilité d'un processus électoral à Cuba. Le Che lui répond que cette porte est pour l'instant fermée. À l'issue de la réunion, l'épouse de Frondizi l'invite à manger un steak !

La nouvelle de cette réunion secrète a filtré tant par des agences de presse que par l'appareil gouvernemental. Le ministre des Affaires étrangères Adolfo Mugica est ridiculisé car il a démenti la réalité de cet entretien et il démissionne le lendemain. L'après-midi de la rencontre, le Che, après avoir rendu visite à sa tante María Luisa, s'envole à nouveau vers Montevideo. *Un entretien cordial,* dira-t-il aux journalistes qui n'en tireront rien d'autre. Le 19 août, il est à Brasilia avec le président Janio Quadros. Une brève réunion qui se termine par une déclaration publique de Quadros où il soutient Cuba et le droit des peuples à disposer d'eux-mêmes.

Au cours des quelques mois qui suivirent, les deux pays qui avaient manifesté à Montevideo une certaine indépendance à l'égard des États-Unis et de l'Alliance pour le progrès, le Brésil et la Bolivie, et les deux présidents qui avaient reçu en privé le Che, Quadros et Frondizi, furent victimes de coups d'État militaires. Ces années-là, le Che était quelqu'un de dangereux à rencontrer en Amérique latine.

En dépit de l'image apparente et trompeuse d'une Alpro en faveur du développement et de la démocratisation, l'alternative semblait bien plus se jouer entre la petite révolution cubaine radicaliste et la botte militaire soutenue par les États-Unis.

À son retour à Cuba, confirmé comme un des dirigeants de la nouvelle révolution latino-américaine, le Che se retrouve face à une augmentation du rationnement et à la poursuite de la pénurie de biens alimentaires : poulet, viande, fruits et légumes, beurre. C'était la première fois que la situation était aussi sérieuse car, au printemps de la même année, la disparition de dentifrice ou de boissons n'avait été que sporadique. Fidel attribua ces pénuries à l'augmentation brutale de la consommation et aux erreurs de planification. Mais il devenait évident qu'il y avait autre chose. Ce fut sous la pression de cette réalité que se tint la première réunion nationale de Production à La Havane à partir du 27 août. Devaient y assister 3 500 cadres gouvernementaux, les organisations de producteurs, le personnel de la structure économique nationale et locale, le nouveau parti politique qui avait émergé de l'intégration du Mouvement du 26 juillet, du Directoire et du PSP : les Organisations Révolutionnaires Intégrées, les ORI.

Le Che fut chargé de présenter un des discours clés. Avec son habituelle franchise et sa capacité de critique sévère, il parle de son ministère : *Il faut mettre l'accent sur les erreurs. L'important n'est pas de justifier les erreurs mais d'empêcher qu'elles se reproduisent.*

Bien que le solde soit positif, le sens premier de la réunion c'est d'analyser les erreurs. Il révèle qu'au moins dans l'industrie, malgré la situation de grande dépendance des produits d'exportation, il y a peu de chômage technique dans les entreprises et que leur fréquence a diminué. Des quarante entreprises consolidées, seules une ou deux ont atteint les objectifs du plan mais toutes ont augmenté leur production. *Il y a deux points critiques :* on travaille sans stocks et dès lors n'importe quel petit accident peut paralyser les usines, et reste *l'éternelle crise des pièces de rechange.* Avec orgueil, il signale le grand succès des comités de base qui ont fabriqué de nouvelles pièces de rechange et ont adapté les machines, réinventant les mécanismes à partir de trombones et d'épingles.

Il annonce les problèmes de pénurie de savon à cause du stockage anticipé et du manque général de matières premières, et de chaussures à cause de l'augmentation de la production destinée aux alphabétiseurs, aux boursiers... Une crise grave pour les pneus a été résolue de justesse. Il annonce aussi le manque de dentifrice : les réserves sont épuisées sans que de nouvelles matières premières arrivent... on en produit bien un meilleur mais il durcit au bout d'un mois (ce qui le fit rire car les accapareurs sont baisés). La bière et les sodas viendraient également à manquer à défaut de matières premières pour des raisons absurdes : plus de bouteilles, administrateur inefficace, matières premières étrangères... *Pour les sodas nous avons connu un de nos principaux échecs. Le Coca-Cola, qui est une des boissons les plus consommées a aujourd'hui un goût de sirop pour la toux* (déclaration qui lui vaudra des déboires avec les travailleurs de l'usine). Et il ne s'arrête pas là. Il revient encore et encore sur ses propres erreurs, ses propres faiblesses et sur celles des autres : *Il* y *a des entreprises qui identifient la qualité à la contre-révolution et qui considèrent que la qualité est un vice capitaliste, qu'à cette époque de socialisme il n'y a plus à se préoccuper de la qualité. [...] Pour affermir l'économie, pour assurer la production, on sacrifie constamment la qualité. [...] Nous sommes en train d'en discuter ; ce n'est pas suffisant, nous devons insister, [...] le développement socialiste et le développement d'un pays dirigé de façon juste se font pour l'homme et non pour une quelconque abstraction. [...] La beauté n'est pas brimée par la révolution. Fabriquer un objet d'usage courant, laid, alors qu'on peut le faire beau, c'est réellement une faute,* et c'est ici qu'il lance la dynamite : *parce que les camarades considèrent parfois qu'on peut donner n'importe quoi au peuple, que si on lui donne quelque chose de mauvais, [...] qu'on ne s'occupe pas correctement de l'approvisionnement [...] et que le peuple proteste, c'est qu'il est contre-révolutionnaire ! C'est archifaux, le peuple n'accepte pas certaines choses désagréables et c'est pour cela que nous tenons cette réunion. [...] Il n'est pas correct qu'il y ait du savon à La Havane s'il n'y en a pas à la campagne ; s'il n'y en a pas à la campagne, il ne doit pas y en avoir à La Havane.*

Et tout le monde sait que le Che ne parle pas pour parler, qu'il dit des vérités, qu'il croit que les problèmes ne se résolvent pas en les cachant. S'il annonce des pénuries, il annonce aussi un partage égalitaire. Le Che poursuit en passant en revue les problèmes : des jours de chômage technique dans les forges et dans les fabriques de câbles de cuivre par manque de matériaux. Et il y a encore des failles très graves dans la planification. Il critique le ministère du Commerce extérieur tout en reconnaissant que, dans de nombreux cas, les dirigeants d'entreprises ne fournissent pas des spécifications claires ; il critique aussi ces mêmes dirigeants qui utilisent les quais du port de La Havane comme si c'était leur entrepôt et émet une critique acerbe à l'égard des services du Commerce intérieur : *Moins qu'ailleurs il est possible de justifier certaines choses qui se sont produites.* Il arrive enfin à l'armée qui mobilise de façon inutile des miliciens qui ont une importance stratégique pour l'industrie et réquisitionne des moyens de transport car *chaque petit lieutenant ou capitaine s'arroge le droit absolu de saisir tout ce qu'il a à portée de main.* Le panorama dans l'industrie n'est pas tragique : on enregistre en moyenne des augmentations de production de 120 à 130 %, avec une diminution dans le textile, une légère augmentation pour les cimenteries et le doublement de la production de chaussures sur les six premiers mois de 1961. Le Che mêle applaudissements et critiques, certaines féroces comme celle des allumettes : *L'allumette est une des plus grandes hontes que nous ayons au ministère de l'Industrie ; il n'y a personne qui puisse oublier le ministère de l'Industrie quand, plusieurs fois par jour, on frotte une allumette.*

Boornstein rapporte : « La voix du Che se faisait chaude quand il examinait les succès de la production de médicaments pour laquelle il n'y avait pas de pénurie pour l'année 1961, malgré les difficultés et la nécessité de rationaliser la production et de ne pas ralentir les efforts. » Le Che conclut en disant que le peuple devait savoir, que ces choses devaient être débattues par le gouvernement (il était clair qu'il l'invitait à un débat public et transparent) et, se faisant l'avocat de l'égalité de la femme dans le travail, il annonce que, bientôt, elles rejoindront massivement la production.

Cependant, malgré les vertus d'un débat, ouvert et public, sur les grands problèmes économiques, quelque chose ne cadrait pas bien avec l'optimisme qui clôture la réunion : les succès escomptés d'une croissance de 10 à 15 % ne seraient pas atteints. Les pénuries perdureraient, bien que, sans conteste, le niveau de vie ait augmenté de 60 % en 1961 par rapport à 1959. Et, comme l'avait rappelé le commandant Mora, peu de pays étaient aussi dépendants de l'étranger que Cuba car tous les produits nationaux, y compris le sucre, étaient strictement sous dépendance.

Les interventions du Che étaient publiées quasi immédiatement dans les *Obras revolutionarias* et Guevara disait que c'était utile pour que le peuple puisse contrôler ce que le gouvernement racontait, mais plus tard, il signalera : *Nous avons organisé une assemblée de critique et d'autocritique à la fin de 1961 et je crois qu'il fallut un an et demi pour réunir les conclusions de cette réunion qui finalement n'ont jamais été analysées. Ça a été en réalité un échec bureaucratique, […] on y traitait d'une série de problèmes qui étaient indicateurs des malaises qui existaient, des déficiences et on n'en a rien tiré.*

Au-delà des effets immédiats de ces débats, le Che poursuit sa campagne de transparence de l'information et le 6 octobre il donne une conférence au ministère de l'Industrie qui démarre sur une autocritique, expliquant comment sa formation de guérillero militariste s'est transmise à son ministère. *De l'exécution péremptoire à l'obéissance sans discussion. Ensuite, un travail abrutissant, […] il y a toujours de nouvelles tâches qui vous occupent pratiquement toute la journée et qui continuent à se manifester durant les heures de sommeil ; on ne fait rien d'autre que de penser à son travail. Tout ceci vous amène peu à peu à l'abstraction de la réalité et de l'homme comme individu ; on ne considère plus les gens comme des gens, comme des relations personnelles, mais comme des soldats, comme des numéros dans une guerre qu'il faut gagner et qui est acharnée, qui est permanente. L'état de tension est lui aussi permanent et tout ce qu'on aperçoit encore sont les grands objectifs finaux. Face à ceux-ci, on oublie peu à peu la réalité quotidienne et naturellement tout ceci m'est arrivé comme c'est arrivé à de nombreux autres. [...] Nous devons faire quelque chose pour que cet organisme administratif soit un peu plus vivant, pour qu'il ne soit pas aussi déshumanisé.*

Ensuite, l'autocritique passe à la colère : *L'autre jour, après être resté assez longtemps sans le faire, j'ai décidé de parcourir le Ministère. J'ai commencé par le huitième étage* où il provoqua un remue-ménage, tout le monde était en réunion, quelques-uns écoutaient la radio. *On trouve toute sorte d'absentéisme : l'absentéisme direct de ceux qui n'ont pas envie de venir travailler et ne viennent pas, l'absentéisme de celui qui arrive tard mais s'en va à l'heure, de celui qui s'en va plus tard mais trouve alors des prétextes pour arriver aussi plus tard le lendemain parce qu'en vérité il ne se fatigue pas au travail, l'absentéisme de celui qui va prendre son casse-croûte matin et soir et retrouve ses amis ici en bas. [...] À un des étages, j'ai trouvé un camarade lisant le journal. Ne vous faites pas de souci, j'ai oublié son visage.*

À cette époque, le Che s'enferra dans un curieux débat. Il écrit le 7 octobre à *Revolución,* en se plaignant de ce que le maître José Luis Barreras avait posé un problème très facile dans les énigmes de jeux d'échecs du journal. Barreras, piqué au vif, propose aussitôt dans l'édition suivante un problème difficile, un « mat en trois coups ». Dans la semaine, une note d'un certain « Incognito » lui parvient où le problème se trouve résolu avec la description de toutes les variantes, et peu après le Che l'appelle au téléphone.

Ce n'est pas, durant cette période, son unique intervention dans le jeu d'échecs, *l'unique vice* qu'il se permet : quelques mois auparavant, il avait participé au tournoi d'échecs à la Cité sportive où le même Barreras avait qualifié son style « d'audacieux, de jeu actif et non de position, jouant à gagner ou à perdre ». Il gagne alors une partie contre Rogelio Ortega, avec une variante connue sous le nom de « Fianchetto de la dame » qu'il avait légèrement modifiée et qu'il appelait entre amis la « Guevarovsky ».

Le joueur d'échecs Guevara consacrera la fin de l'année 1961 à ses tâches au ministère de l'Industrie et également à encourager l'ultime étape de la campagne d'alphabétisation, un des grands efforts dans lesquels s'était engagé le gouvernement révolutionnaire. Le 16 décembre, il plante le drapeau rouge et blanc symbolisant le territoire libéré de l'analphabétisme sur la base militaire de San Julian, à Guane, et participe le 23 décembre à la cérémonie de clôture de cette campagne. Les résultats sont spectaculaires : 707 000 alphabétisés, il ne reste plus que 3,9 % d'analphabètes dans la population. Un chiffre impressionnant après seulement deux ans de révolution et une seule campagne massive.

La révolution célèbre son anniversaire le 1er janvier 1962 sur la place de la Révolution à La Havane. Le Che emprunte à un photographe de presse son appareil à téléobjectif 300 mm, un Zénith russe, et se met, heureux, à faire des photos, notamment une photo de Fidel. Le lendemain, sans que ce soit rendu public, le Che se trouve dans l'avion leader de l'escadron des dix-huit avions qui fait dans le ciel le V de la victoire et on le laisse piloter après que la formation se fut rompue.

Depuis la fin de 1959, le Che avait appris à piloter avec son pilote personnel, De la Campa. Il estimait que son étoile de pilote était l'unique insigne qui pouvait accompagner son étoile de commandant.

On ne lui connaît pas de vie sociale et culturelle, en dehors de son habitude d'aller de temps en temps au cinéma en plein air, en voiture, avec Aleida et son escorte. Confronté chaque fois au petit problème que les guichetiers ne veulent pas qu'il paye et lui, il dit :

— *Mon gars, ce n'est pas à toi, c'est au peuple. Pourquoi ne veux-tu pas que je paye ?*

Le 6 janvier, il fait un discours pour une assemblée de travailleurs portuaires auxquels il explique le problème des importations, de leur substitution, de la nécessité de se techniciser, la dépendance dans laquelle est plongé le pays, *non pour son développement mais pour qu'il survive.* Il lance un appel à l'accroissement de la productivité, non sur la base de considérations nationales mais au nom de la solidarité envers les autres ouvriers, envers les chômeurs et les paysans : *Créer un excédent pour les autres. Les autres.* Il semblait avoir abandonné le discours paternaliste des premiers jours pour parler entre pairs assujettis aux mêmes obligations. Il fallait expliquer à ces ouvriers que les marchandises qu'ils débarquaient avaient un but, une destination, un sens. Faire chaque jour quelque chose qui améliore le minuscule effort. C'était sans doute le message qui transparaissait. Il conclut évidemment sur un appel au sens collectif : *La tâche est immense, si grande que personne ici ne pourrait la résoudre, nous la résoudrons tous ensemble ou pas du tout.*

Durant ces jours, il écrit aussi un texte pour ordonner ses propres idées qui s'étaient modifiées ces derniers mois, il l'intitule « Tâches industrielles de la révolution pour les années à venir ». Après avoir tracé l'histoire des conflits rencontrés en chemin, il parle de la planification comme d'un jouet neuf, un plan qui rationalise et coordonne, et qui s'adapte *aux possibilités de production de matières premières et à notre capacité réelle d'importation.*

Ce texte consacre l'abandon de la première démarche d'industrialisation rapide, fondée sur le remplacement des importations au moyen d'usines fournies par les pays d'Europe orientale et prévoit un développement industriel plus lent, centré sur les priorités obligées de la révolution sociale : transport, santé publique, éducation, agriculture (la consommation des biens agricoles a augmenté énormément) et aussi, bien qu'il ne le mentionne pas, le matériel de guerre. Il définit les axes du développement industriel-chantier naval, métallurgie, électronique et chimie du sucre.

Et il pose comme un des grands problèmes qu'il faudra résoudre dans le futur immédiat les disparités salariales qui font qu'à qualification égale, les salaires diffèrent en fonction des capacités revendicatrices de chaque secteur. Égaliser vers le bas reviendrait à renier la juste conquête des uns, égaliser vers le haut engendrerait un surplus monétaire qui alimenterait l'inflation.

Un peu plus tard, lors d'une réunion du ministère de l'Industrie, il revient sur ce problème en expliquant que s'il existe une si grande pression des travailleurs pour égaliser les salaires vers le haut, c'est qu'en fusionnant les entreprises, on s'était retrouvé avec des différences terribles entre des ouvriers qui grâce à la force syndicale avaient bénéficié dans le passé de cette pression revendicative et ceux des ateliers ou de secteurs en retard qui touchaient de bas salaires.

Mais le Che refuse l'égalisation salariale vers le haut. Il considère que l'absentéisme vient du fait que cela n'a plus d'importance d'avoir de l'argent, parce que l'argent a perdu de sa valeur à cause de la pénurie de biens. Ce qu'il faut donc faire, c'est diminuer les salaires, mais qui oserait prendre une telle mesure ? *Moi, je ne prends pas cette responsabilité...* Le salaire ne correspond pas à la réalité et provoque le marché noir, *les spéculateurs, le pourrissement de tout cela. Nous ne pouvons pas mettre en circulation une masse monétaire si nous n'avons pas les produits pour dépenser cet argent.*

Ce sera au début de 1962 que les tensions entre les nouveaux alliés augmenteront. L'ambassadeur soviétique, si on en croit Franquí, n'était pas très apprécié par Fidel ; les techniciens russes ne cadraient pas avec le style cubain et, pour couronner le tout, les chefs de rédaction des journaux russes les plus importants, la *Pravda* et les *Izvestia,* interviewent Fidel mais publient une version censurée de l'entretien. *Revolución* réplique avec la version complète dans laquelle, au lieu de parler de « coexistence pacifique » comme la bureaucratie soviétique, Fidel déclare qu'il n'y a pas de coexistence possible avec les Yankees.

Les relations avec les Soviétiques se dégradent ; le gouvernement Kennedy s'efforce d'en finir avec cette révolution. À partir de février, le général Landsdale dirige l'opération Mangouste qui fixait un calendrier d'actions incluant des actions de guérillas en territoire cubain pour août et septembre 1962 afin de déclencher une révolte ouverte dans les deux premières semaines d'octobre, celle-ci devant déboucher sur la mise en place d'un nouveau gouvernement à la fin du même mois. Dans ce « projet Cuba », la question de savoir si une intervention militaire directe est à écarter est posée, avec comme réponse : « La décision vitale est encore à prendre. » Le fait est que, de février à août, 716 sabotages organisés par la CIA se produisent à Cuba, avec des centaines de millions de pesos de dégâts matériels et des pertes en vies humaines.

Le Che, au-delà des pressions, poursuivait sa guerre personnelle pour établir un nouveau style et une nouvelle culture solidaire du travail. Lors d'une réunion du Conseil de direction du ministère de l'Industrie, il fixe ses positions sur l'émulation ouvrière : les stimulants matériels (prix divers ou argent) sont-ils plus importants que les stimulants moraux ? *En général, dans les pays qui sont aux premières étapes de leur révolution et où l'effervescence révolutionnaire est très forte, le stimulant moral est supérieur au stimulant matériel. Les deux sont étroitement unis. Nous ne sommes pas en train d'exclure le stimulant matériel, simplement nous sommes en train de décider qu'il faut lutter pour que le stimulant moral reste, le plus longtemps possible, le facteur déterminant de l'action des ouvriers. Faire du stimulant matériel qualitatif...* Et il cite l'exemple d'ouvriers qui ayant dépassé les normes de production fixées ne recevraient pas un supplément de salaire mais seraient envoyés dans une école technique pour améliorer leur qualification et au retour recevoir un salaire plus élevé correspondant à leur nouvelle qualification. À cette même réunion, il annonce qu'on va vers une étatisation complète de l'industrie : *C'est déjà annoncé. Mais il faut maintenant être le plus humain possible.* Il parle notamment de l'usine d'un petit patron employant quinze à trente ouvriers. *Ce n'est pas un danger social.* Il suggère d'incorporer ce type de patrons comme conseillers, profitant de leur expérience et de tout l'amour qu'ils ont pu mettre dans leur petite fabrique.

Parlant de son style au travail, il déclare : *Ma manière de fonctionner, c'est de toujours dire la vérité. Personnellement, je crois que c'est la meilleure de toutes.* Il se plaint que, travaillant dix-sept heures au Ministère, happé par les problèmes concrets, il n'a que peu de temps pour les tâches de direction nationale, les ORI, la commission économique des ORI, le comité central de planification, dont il est membre.

C'est peut-être pour cela que, quand il parle de la situation politique, il retient comme un des plus grands avantages du moment l'existence à Cuba d'une unité de la direction révolutionnaire. *Personne ne se dispute la moindre parcelle de pouvoir...*, une vision un peu naïve qui correspond peut-être à son double mépris du pouvoir en lui-même, mais qui sans doute ne lui permet pas de remarquer, absorbé dans les problèmes de l'industrie, ce qui se passe autour de lui. La bureaucratie du PSP, avec à sa tête Aníbal Escalante, s'est en effet emparée des ORI où sectarisme et autoritarisme se substituent souvent au débat et au dialogue, des cadres paysans du Mouvement du 26 juillet sont remplacés par des bureaucrates marxistes et les arrestations sans jugement, les razzias d'homosexuels, la répression illégale et les abus arbitraires commencent. Le journaliste italien Saverio Tutino notait : « Autoritarisme et sectarisme durant ces derniers mois, occupation de maisons par des fonctionnaires, utilisation d'automobiles personnelles, transformation des églises en magasins, les bureaucrates du PSP (avaient) une mentalité de fonctionnaires plus que de révolutionnaires... On avait remplacé des cadres paysans prétextant leur bas niveau politique. »

Cependant, le Che doit sans doute percevoir que quelque chose va mal dans le parti unifié car il fait faire une enquête auprès des ouvriers primés et, quand on leur demandait s'ils étaient miliciens, presque tous l'étaient, mais quand on leur demandait s'ils étaient membres du Parti, presque personne ne l'était.

Oltuski, qui alors collaborait avec le Che au sein du Comité central de planification, se souviendra plus tard du climat malsain qui régnait : En plein sectarisme et en sa présence, un extrémiste attaqua le

Mouvement du 26 juillet. Et après avoir réfléchi j'ai osé dire : « C'est certain que nous n'étions pas marxistes et que nous n'appartenions pas au Parti, mais c'est peut-être grâce à cela que nous avons renversé Batista. Et il me donna raison [...]. Quand, à l'inverse, c'était moi qui étais sectaire en attaquant injustement un vieux communiste, le Che me remettait à ma place. »

En janvier 1962, le poète argentin Juan Gelman participe à un entretien collectif d'un groupe d'Argentins, journalistes et syndicalistes, avec le Che : « À 4 heures du matin, au ministère de l'Industrie. Certains étaient très enthousiasmés par la révolution. Le Che apportait des nuances, il ne voulait pas qu'on idéalise : *Nous n'avons jamais été plus de deux mille, quelques-uns étaient de très bons révolutionnaires et au milieu de la lutte ils abandonnaient la guérilla parce que leur mère leur manquait, parce que l'eau ne leur plaisait pas...* Quelqu'un parla de l'héroïsme des guérilleros qui combattaient debout. Je dis à un camarade argentin à voix basse : " Le plus sûr, s'ils te mitraillaient depuis le ciel, c'était d'être debout. " Le Che m'entendit : *Oui, mais n'empêche qu'il fallait le faire*. Le Che à cette époque était confronté au grand problème du manque généralisé de cadres. Il disait qu'il enviait les Chinois qui avaient fait une guerre beaucoup plus longue grâce à laquelle ils avaient pu former des dizaines de milliers de cadres. Il demandait avec insistance que nous lui fassions des critiques. Un délégué de base dans une grande entreprise argentine s'étonna de ce que les ouvriers textiles avaient peu de machines sous leur surveillance, qu'il ne s'agissait pas de chercher à les surexploiter comme cela se passe en Argentine, mais il lui semblait qu'on pourrait augmenter la productivité s'ils s'occupaient de plus de machines. Le Che lui répondit que, quand ils étaient à La Havane en 1959, lors des négociations pour renforcer le mouvement, ils avaient conclu un pacte avec les dirigeants syndicaux et accepté une série de revendications maximalistes sans discuter parce qu'ils n'avaient aucune expérience en la matière. Une des conséquences c'était la faible productivité. Il raconta alors l'anecdote suivante : quelques jours auparavant, alors qu'il supervisait les travaux de réparation du bâtiment du Ministère, il rencontre le contremaître qui lui fait ce commentaire : “ C'est très bien, mon commandant, les gens sont déjà quasiment en train de travailler comme en régime capitaliste ”. »

En dépit des problèmes occasionnés par la culture du travail et par les multiples erreurs, la ferveur révolutionnaire avait eu assurément une influence sur la production car dans une situation critique, durant les trois premières années de la révolution, le secteur industriel, en excluant les raffineries de sucre, avait vu sa production croître de 23 %, *ce qui était très impressionnant*.

Le 23 janvier, un samedi après-midi, recueillant un maximum d'audience, le Che fait à la télévision une intervention très dure, annonçant l'échec de la prochaine récolte de la canne. Il parle des volontaires qui tentent de suppléer le manque de main-d'œuvre pour la coupe de la canne et signale que cette fois les brigades d'ouvriers qui se rendront aux champs pour quinze jours seront remplacés par leurs propres camarades de travail pour maintenir le niveau de production. Il lance un appel à une meilleure organisation du travail volontaire, rappelant le chaos qui s'était produit dans les transports lors de la récolte de 1961 par manque de planification ou les problèmes créés par les coupeurs volontaires qui coupaient la canne trop haut, faisant perdre leur force aux futures repousses.

Lors de cette intervention, il calcule qu'à cause de la sécheresse et du manque de main-d'œuvre (il ne mentionne pas la perte de terrains découlant de l'effort de diversification des cultures) on récolterait avec un peu de chance environ 5,2 millions de tonnes. Le Che n'était pas loin de la réalité, il avait prévu correctement une forte diminution de la récolte qui fut finalement de 4,8 millions de tonnes, soit 2 millions de moins que l'année précédente.

Reprenant ses critiques antérieures, l'agronome français René Dumont notait que le travail volontaire ne se payait pas, mais que souvent les coûts de transport étaient supérieurs aux gains produits ; de plus, les volontaires, par manque d'expérience détruisaient le plant qui devait servir aux futures récoltes et, lorsqu'ils restaient longtemps à la coupe, percevaient leur salaire industriel qui était de loin supérieur à celui d'un vrai « machetero ». Dans le cas du café, les étudiants de la province de l'Oriente récoltèrent seulement 7,8 % de la récolte : ils ramassaient un peu plus d'une caisse par jour quand les ouvriers agricoles en remplissaient sept. Dumont soutenait en outre que l'effet pédagogique de l'opération était mis à mal par la paresse de ces cueilleurs. Cette vision était sans doute très généralisatrice et fortement influencée par les détracteurs du travail volontaire qui se trouvaient surtout parmi les promoteurs, au sein de l'INRA et des ORI, de la philosophie soviétique de la rationalisation du travail fondée sur des stimulants matériels.

Le 4 février, Fidel promulgue, lors d'un discours public, la 2e Déclaration de La Havane. Il s'agit d'un document programmatique qui reprend, avec force, de nombreux points de vue du Che sur la nécessité de la révolution en Amérique latine. Peu de temps après, le 25 février, se crée la Commission économique de la direction nationale des ORI dirigée par un triumvirat : Dorticós, Carlos Rafael Rodríguez (INRA) et le Che.

Une de ses premières tâches est d'intervenir dans le débat sur la future politique salariale. Adversaire du Che à cette époque, Carlos Rafael Rodríguez se souvient : « Les problèmes concernant le débat salarial auquel participa activement le ministre du Travail, Augusto Martínez Sánchez, furent finalement résolus par le triumvirat. Au moment d'instaurer un système de prix et de primes, une chose préoccupait le Che : Que pas un travailleur, parce qu'il aurait dépassé la norme de production, ne gagne plus que celui de la catégorie immédiatement supérieure (pour les forcer à étudier et à changer de catégorie pour gagner plus) et le Che défendait son point de vue avec pas mal d'ardeur. » Pour Rodríguez, la priorité était d'augmenter la productivité, il fallait donc récompenser économiquement le dépassement de la norme et si l'ouvrier gagnait plus, qu'il le gagne, sinon un certain volume de travail « que les gens n'étaient pas disposés à faire sans recevoir en retour une augmentation salariale, était perdu ». Le Che défendait les stimulants moraux et l'offre d'accès à la formation professionnelle. « Nous avons adopté la position du Che. »

Finalement, la crise politique qui couvait toujours trouva une issue. Le 8 mars, on rend publique la liste des militants qui composaient la Direction nationale des organisations révolutionnaires intégrées (ORI). Le processus entamé dès décembre 1961 arrivait ainsi à son point culminant : le PSP obtenait une représentation démesurée au regard de son importance dans le processus révolutionnaire. Une manière de payer l'aide soviétique ? Le Che fait partie de la direction aux côtés de Fidel, de Raúl, de Ramiro, d'Osmany Cienfuegos, de Carlos Rafael, de Haydée Santamaría, d'Aragonés, de

Hart, du président Dorticós, entre autres, parmi les vingt-cinq membres. Un seul membre, Faure Chomón, était du Directoire révolutionnaire. À l'échelle locale, la prédominance des membres du vieux PSP sera encore plus forte (Fidel dira plus tard : « Les seuls qui se soient organisés dans le pays sont les hommes du PSP ; dans toutes les provinces, il se passe la même chose : Qui a été nommé secrétaire provincial des ORI ? L'ancien secrétaire provincial du PSP ! »). Cependant, le triomphe de ce nouvel appareil sera éphémère.

Le 10 mars, en réunion avec la direction du ministère de l'Industrie, le Che raconte qu'il a passé ses trois derniers jours à la direction des ORI sans comprendre l'objectif de cette réunion et il transmet une série de remarques aux cadres du PSP sur le manque de critiques de ce parti et ses tentatives de vouloir tout contrôler, suivant le modèle du parti soviétique. *Un organisme de contrôle qui se change en organe exécutif. C'est la fin de la critique.* Il raconte que Fidel a donné l'ordre aux membres de la direction de se soumettre au rationnement ; *on ne mange plus de viande dans nos maisons* (le Che avait déjà imposé chez lui le rationnement depuis longtemps mais il ne le mentionne pas). Il était vraiment furieux des erreurs commises dans le secteur agraire : *Premier pays socialiste d'Amérique, avant-garde de l'Amérique, phare de l'Amérique, et il n'a pas de malanga*[1]*, il n'y a pas de manioc. Ici (à La Havane), le rationnement fonctionne encore plus ou moins, mais allez à Santiago où on n'a que 100 grammes de viande par semaine ; tout manque là-bas, il n'y a que des bananes et un peu de matières grasses.*

Le Che critique la chasse aux sorcières des ORI et il poursuit : *Les ORI confondent tout, messieurs, les ORI n'ont pas à répartir le ciment, les ORI ne doivent pas*

1. Plante avec des tubercules comestibles. *(N.d.T.)*

devenir des bureaux de placement, elles n'ont pas à distribuer la viande : l'ORI est le moteur de la révolution, ce n'est pas l'exécutant de l'acte administratif. Il termine par une phrase énigmatique : *Bon, mais bientôt cela changera.*

Ce que le Che venait de déclarer ne devait pas être très clair pour ses camarades de la direction du Ministère. Peut-être trouve-t-on l'explication dans un bref paragraphe d'un article écrit par un de ses vieux amis du temps de la Sierra, le journaliste Carlos María Gutiérrez, qui raconte que le Che faisait partie d'une commission d'enquête secrète qui étudiait les effets de la monopolisation du pouvoir par Aníbal Escalante et un groupe de cadres du PSP, en particulier des cadres des Relations extérieures, de la Sûreté de l'État, de l'INRA, de l'armée rebelle et de l'Éducation.

Ses exhortations pouvaient de même paraître obscures : *La révolution, il faut la faire à un rythme violent, celui qui se fatigue a le droit de se fatiguer mais n'a pas le droit d'être un homme d'avant-garde.*

Trois jours après cette discussion du Che au Ministère, Fidel intervient au cours d'une cérémonie à l'université pour critiquer une intervention précédente où on avait tronqué une citation du dirigeant du Directoire disparu, José Antonio Echeverria, qui parlait de la faveur de Dieu. Fidel, acerbe, utilise pour la première fois le terme de « sectarisme » pour caractériser la tendance qu'il critiquait. Trois jours plus tard, le 17 mars, lors d'un discours devant les alphabétiseurs, il fait à nouveau une sortie contre le sectarisme.

Le 22 mars, un communiqué donne la composition du secrétariat des ORI : il compte alors seulement un membre du PSP, Blás Roca, tous les autres étant des membres du 26 juillet, y compris le Che. Fidel et Raúl accèdent aux charges de premier et de second secrétaires. C'était la première mesure. Le 26 mars, Fidel paraît à la télévision et s'attaque au sectarisme au sein des ORI, annonce la mise à l'écart d'Aníbal Escalante qu'il accuse d'avoir construit un parti d'inconditionnels auxquels il faut demander la permission pour tout. Avec Aníbal, un groupe d'autres communistes se retrouvent marginalisés des ORI. Hans Magnus Enzensberger déclara qu'il n'y avait pas d'autre façon de stopper les tendances autonomistes de la bureaucratie du PSP.

Mais le processus en cours, la militarisation, la nécessité de vigilance contre les agressions quotidiennes et la verticalisation de l'appareil dirigeant participaient à créer à Cuba une structure de pouvoir politique sans contrepoids, dont les défauts ne pouvaient être seulement attribués au style autoritaire des vieux staliniens.

C'est en ces jours que le Che apprend une mauvaise nouvelle : la mort de son ami El Patojo, tué au combat au Guatemala. Peu après, il reçoit une valise qui contient quelques effets de son ami et un carnet de poèmes. Il écrira : *Il y a quelques jours, en parlant des événements du Guatemala, un télégramme a apporté la nouvelle de la mort de quelques patriotes dont, notamment, Julio Roberto Cáceres Valle.*

Dans le pénible métier de révolutionnaire, au milieu des luttes de classes qui convulsionnent le continent entier, la mort est un accident fréquent. Mais la mort d'un ami, compagnon des heures difficiles et camarade de rêves de temps meilleurs, est toujours douloureuse pour qui reçoit la nouvelle, et Julio Roberto fut un grand ami.

Depuis notre arrivée à Cuba, nous avons presque toujours vécu dans la même maison, comme il sied à une vieille amitié. Mais l'ancienne confiance mutuelle ne pouvait se maintenir dans cette nouvelle vie et j'ai seulement deviné le choix d'El Patojo quand parfois je le découvrai à étudier avec acharnement l'une des langues indigènes de son pays. Un jour il m'a dit qu'il s'en allait, que l'heure de faire son devoir était venue.

El Patojo n'avait pas d'instruction militaire, simplement il sentait simplement que son devoir l'appelait et il partit lutter sur la terre de ses ancêtres, les armes à la main, pour répéter, sous une forme ou sous une autre, notre guérilla. Nous eûmes une de nos rares longues conversations de cette époque cubaine : je me suis limité à lui recommander instamment trois choses : une mobilité constante, une méfiance constante et une vigilance constante. [...] C'était la synthèse de notre expérience de guérilla. Rien que cela et une poignée de main fraternelle, c'était tout ce que j'avais à offrir à mon ami. Devais-je lui conseiller de ne pas partir ? De quel droit ? Alors que nous avions tenté l'aventure cubaine quand on croyait qu'elle n'était pas possible et qu'aujourd'hui il savait que c'était possible.

Reste une fois de plus le goût amer de l'échec.

Et ce goût intime resterait pour le Che, cette sensation qu'en Amérique latine un devoir restait à accomplir.

Malgré le bref interlude créé par la lutte contre Escalante, chaque jour qui passait le voyait se concentrer davantage sur l'activité économique, pressé par la nécessité d'assurer le ravitaillement d'une population dont les besoins avaient crû de façon énorme.

En mars 1962, les pénuries de produits s'étendirent au secteur industriel : dessous féminins, chemises d'hommes, chaussures. Les pluies avaient été fortes, la pression du consommateur sur de nouveaux produits augmentait et le manque d'un bien en entraînait d'autres, du fait du report de consommation. Les enfants avaient droit à un verre de lait par jour alors que les adultes n'en recevaient qu'un par semaine. En échange, des dizaines d'étudiants dans les écoles publiques recevaient des rations alimentaires supplémentaires. Boorstein témoigne : « Il est certain que la plus grande partie de la population de Cuba mangeait beaucoup mieux qu'en 1959, malgré les rationnements, cependant les travailleurs des villes et les classes moyennes avaient vu leur situation empirer, même s'ils pouvaient compenser la pénurie en allant au restaurant. »

En colère, le Che constatait : *Nous avons maintenu au travail une quantité de gens qui ne produisent toujours pas et il y eut le développement considérable de la bureaucratie [...]* puis, *celui des investissements mal conçus et mal organisés, les gaspillages somptuaires que nous avons faits. Et tout cela s'est transformé en salaire, les gens ont de l'argent et ils consomment, nous avons mangé toute la viande, aujourd'hui il n'y a plus de malanga mais une centaine de casse-tête à résoudre... C'est nous les coupables, il faut le dire franchement. [...] La classe ouvrière désire nous condamner pour tout cela ? Mais qu'elle le fasse, qu'elle nous remplace, qu'elle nous fusille, qu'elle fasse quelque chose. Mais le problème reste là.*

Peut-être bien que le Che s'accablait de reproches de façon excessive, les erreurs avaient été les conséquences normales de l'inexpérience. La politique d'investissement avait été dominée par l'urgence de remplacer l'ancienne dépendance en matière d'importations, et les usines provenant d'Europe orientale avaient besoin de matières premières qu'on ne trouvait pas à Cuba dans la majorité des cas ; mais l'industrie existante avait été maintenue en fonctionnement, ce qui paraissait une tâche impossible à remplir avec le blocus et les pénuries. Finalement, les priorités sociales avaient été couvertes en santé publique et en éducation. Les priorités pour 1962 avaient été correctement fixées et on était en passe de tenir tête au chaos de la structure salariale. On avait empêché la consolidation du parti stalinien qui s'était développé dans les ORI ainsi que sa dictature sur l'ensemble de la société. Tout était difficile, tout était extrêmement compliqué mais le Che, comme le déclarerait Rossana Rosanda des années plus tard, dans sa logique de « communisme sans parti », avait trouvé des ressorts de participation très importants dans les entrailles de la société cubaine.

Le 13 avril se clôtura l'assemblée plénière sur le sucre. *Sans crainte de ce que dira l'ennemi nous devons dire que nous avons eu une mauvaise récolte.* Le principal obstacle a été la sécheresse terrible, mais l'échec provient aussi de ce que *nous avons travaillé de façon particulièrement inefficace* et, en outre, *il y a un conflit entre le secteur agricole et le secteur industriel... Je crois que le secteur agricole est le plus coupable du faux pas que nous avons fait.* L'unique note positive, le Che la trouve à Matanzas où la réaction populaire est spectaculaire face aux attaques des bandes de la contra et aux incendies des plantations.

Deux jours plus tard, à l'issue du Conseil de la CTC, le Che se demande pourquoi les initiatives, pour l'essentiel, venaient toujours d'en haut, du Ministère : *Quelle est l'origine de cette apathie ? Pourquoi les grandes tâches, les énormes tâches qui sont du ressort de la classe ouvrière doivent-elles toujours prévenir de l'initiative bureaucratique ?* Pour lui, il s'agit d'un phénomène hérité de la période du sectarisme, du divorce entre direction et mouvement, quand les organismes d'expression des masses étaient bureaucratisés et fonctionnarisés. Adolfo Gilly reprit ce problème deux ans plus tard quand il caractérisa le syndicalisme cubain comme une structure bureaucratique et verticale, incapable d'exprimer les besoins des ouvriers : intégré à l'État, il ne formait pas l'avant-garde mais bien l'arrière-garde.

Le 30 avril, au théâtre García Lorca, le Che participe à une réunion avec des ouvriers où on offre quarante-cinq maisons aux travailleurs qui se sont le plus distingués dans chaque branche industrielle. Un des ouvriers renonce à son cadeau en disant qu'il a déjà une maison, qu'on n'a qu'à la donner à un autre. Le Che le félicite publiquement. Il est paradoxal qu'au cours d'une cérémonie consacrée à la célébration de la stimulation matérielle, il félicite justement la seule personne qui repousse ce type d'avantage. Paradoxe normal cependant pour quelqu'un qui n'avait jamais un franc en poche.

CHAPITRE 31

L'envie de tirer sur les avions

La grotte de Los Portales où s'était installé le commandement pendant la crise d'octobre 1962.

Le 4 mai, le Che s'entretient, au ministère de l'Industrie, avec des délégations syndicales étrangères qui sont venues pour le 1er mai. L'ambiance est peu formelle : assis sur la table, le béret vert olive en arrière, il dresse un panorama de la situation très sombre. L'industrie dépend fondamentalement de l'importation et la capacité d'importer dépend de celle d'exporter, l'augmentation de la production agricole est engloutie par l'énorme croissance de la capacité de consommation du peuple cubain. Malgré une première année de rationnement, la consommation n'a jamais été aussi importante. La production de sucre a chuté et, situation grave, on a négligé la replantation. À cause du déséquilibre entre la masse monétaire en circulation et le niveau de production, il y a une poussée inflationniste et l'argent a perdu de sa valeur ; l'anarchie salariale héritée du passé se poursuit. C'est une conversation entre amis, claire, transparente, sans propagande, particulièrement critique sur l'état de l'économie cubaine.

Une semaine plus tard, il réalise un des rêves de sa vie de joueur d'échecs : il joue lors du tournoi de Capablanca une partie simultanée avec Boris Spasski. Il participera aussi à de nombreux autres tournois et parties simultanées au sein du ministère de l'Industrie, notamment à une partie simultanée contre le maître argentin Miguel Najdorf, qui joua en aveugle contre dix adversaires. Le Che, qui réussit quelques nulles, avait un cigare en bouche qui, selon les témoins, « paraissait d'autant plus délicieux qu'il était petit ». Cela ne lui plaisait pas qu'on lui concède une partie nulle dans des parties simultanées car les grands maîtres, quand ils jouaient en aveugle, avaient l'habitude de ne terminer qu'avec les rivaux les plus forts. Le Che refusa une partie en douze coups et finit par en accepter une en dix-sept coups, parfaitement étranger au fait qu'au même moment la CIA avait mis en route un plan pour les empoisonner, lui et Fidel. Un plan qui comme tant d'autres n'aboutira pas.

Il donnera aussi une conférence pour les membres de la Sécurité d'État qu'il transforma, plus tard, en article : « Táctica y estrategia de la revolucion latino-americana », qui ne fut publié qu'après sa mort. C'est un texte de qualité moyenne, assez orthodoxe dans son langage et polémique contre la voie pacifique pour la révolution en Amérique latine.

L'Amérique est aujourd'hui un volcan, elle n'est pas un immense vacarme souterrain qui annonce l'éruption. L'Alliance pour le progrès est *la tentative impérialiste de retarder les avancées révolutionnaires des peuples en distribuant une petite quantité des gains aux classes exploitantes locales.*

Il en arrive à deux conclusions : la guérilla comme moyen de détruire l'armée conventionnelle et *le caractère continental de la lutte. Pourrait-on concevoir cette nouvelle étape de l'émancipation de l'Amérique comme la confrontation de deux forces locales luttant pour le pouvoir sur un territoire donné ? Évidemment, non [...]. Les Yankees interviendront parce que la lutte en Amérique est décisive.* Deux idées qui auront à voir avec sa pratique future.

Dans ce même discours, il touche à un autre thème épineux en relation avec la Sûreté de l'État. Il critique fortement les excès de la direction partisane à Matanzas, tout comme la dégradation des Comités de défense de la révolution qu'il accuse d'être un repaire d'opportunistes, antipathiques à l'égard du peuple, s'étant isolés de lui alors qu'ils étaient nés de la chaleur de la défense populaire de la révolution. Il prévient les membres de la Sûreté qu'ils pouvaient eux aussi emprunter le chemin qui les coupe du peuple mais qu'ils n'oublient pas alors que, *pour nous, il est beaucoup plus important d'avoir des malangas que de vous avoir vous. Est contre-révolutionnaire celui qui lutte contre la révolution mais aussi celui qui se sert de son influence pour obtenir une maison, puis deux voitures, puis pour violer le rationnement et finit par avoir tout ce que le peuple n'a pas.*

Qui combat-il à ce moment ? L'appareil bureaucratique d'Escalante et les vieux PSP ont été mis hors course. Qui sont alors les nouveaux bureaucrates anti-égalitaires ?

Le 20 mai naît son premier fils, Camilo, il aura peu de temps pour célébrer cet événement, de grandes commotions approchent. La tension entre la révolution cubaine et les États-Unis sera à deux doigts de déboucher sur un affrontement nucléaire mondial. Deux jours avant la naissance de son fils, le Che avait lâché dans un discours : *L'impérialisme ne sait pas de quoi est capable l'Union soviétique pour nous défendre, [...] s'ils se trompent, ils détruiront l'impérialisme jusqu'à ses racines mais, de nous, il ne restera plus grand-chose non plus : donc nous devons être des combattants convaincus pour la paix.*

Qu'est donc capable de faire l'Union soviétique ?

Le 30 mai, le Che est convoqué par Fidel à une réunion très restreinte. Il n'y avait que le président Dorticós, Fidel et Raúl Castro. Fidel les informa que la veille, il avait discuté avec le maréchal soviétique Biryuzov, porteur d'une proposition de Nikita Khrouchtchev de renforcer les défenses cubaines, notamment avec des missiles nucléaires. Fidel les prévient que la décision doit être prise à cette réunion.

Il n'existe aucune trace de ce qui fut discuté, ni des

convergences ni des divergences d'opinion. Bien plus tard, en 1992, Fidel déclarera : « Ces fusées ne nous plaisaient pas, elles ternissaient l'image de la révolution en Amérique latine. Les missiles nous transformaient en une base militaire soviétique ; par contre, nous pensions que cela renforcerait le bloc socialiste. » Le fait est que les participants a cette réunion se décidèrent en faveur de l'offre russe. Cuba se nucléariserait donc.

Les anecdotes poursuivaient le Che. On racontera que, une nuit au volant d'une Chevrolet sur la route de Fomenta, il avait heurté une bicyclette sur laquelle un petit vieux transportait un bout de bois fixé à la selle. Il s'arrêta et s'approcha du vieux qui était dans le fossé en train de vérifier s'il était entier.

— *Vous avez quelque chose ?*

Le vieux, levant les yeux, reconnut le Che.

— C'est vous qui m'avez renversé ?

— *Oui.*

— Quelle chance j'ai ! Quand je dirai à ma vieille que vous m'avez renversé.

On raconte aussi que, pendant une réunion du Juceplan, en arrivant, Fidel jeta devant le Che un couteau suisse avec des dizaines de petits ressorts, d'engins et de lames.

— Regarde, Che, ce qu'on m'a offert.

Les gens étaient installés autour d'une longue table rectangulaire. Fidel s'assit face au Che. Au début de la réunion, le Che joua avec le couteau tandis qu'il écoutait, tirant des petits ciseaux, des lames, des limes et des tire-bouchons. Soudain, il laissa le couteau au centre de la table, entre Fidel et lui, mais peut-être plus proche de lui de quelques millimètres.

Fidel le prit et se mit à jouer avec ; finalement il l'abandonna au centre de la table, entre eux deux, mais cette fois plus près de lui que du Che.

Pendant toute la réunion, qui dura quatre à cinq heures, ce même jeu se répéta. Puis, Fidel mit fin à la rencontre et se leva Le couteau était resté au centre de la table. Fidel s'avançait vers la porte, puis soudain, se rappelant le couteau, revint sur ses pas. Le Che était resté assis, les bras croisés, à regarder le départ du Premier ministre. Fidel le regarda, prit le couteau et se disposait à sortir, quand il se ravisa. Il aurait dit alors avec réticence :

— Prends-le, espèce de con, il est à toi.

Le Che leva les yeux et prit le couteau. Celui qui rapporte l'histoire ne dit pas si le Che avait souri.

À la mi-juillet, le Che est confronté au sein du Ministère au problème des entreprises de produits pharmaceutiques. La commission économique des ORI avait réalisé une enquête qui montrait qu'il existait des stocks excédentaires de certaines matières premières, alors qu'une entreprise en réclamait encore l'importation. Le style de la commission d'enquête avait été néfaste : on avait insulté les enquêtes.

À la réunion du Conseil de direction, le Che dit qu'on ne pouvait pas sanctionner les directions des entreprises parce qu'elles ne connaissaient pas les inventaires, le problème était général. Mais on allait les sanctionner pour avoir refusé d'accepter la vérité même si elle venait d'une bande d'idiots. Le directeur de l'entreprise fut donc sanctionné et le Che continua : *Nous avons la moins mauvaise des administrations étatiques mais pas la meilleure.*

À cette même réunion, il s'attaque aux syndicats : *La plupart des dirigeants syndicaux n'ont pas l'appui des masses.* Alors, ils passent leur temps à transmettre la pression du bas et les pressions d'en haut. Ils n'ont été capables de donner l'exemple en rien. Un mois plus tard, au congrès de la CTC, sur un ton beaucoup plus doux, il déclare : *Beaucoup de camarades ont cru ne plus avoir de devoirs mais avoir acquis des droits.*

Avec son sens habituel de l'autocritique parfois excessive, il signale : *Nous sommes dans une période difficile. Nous ne pouvons pas nous offrir le luxe de punir les erreurs, peut-être que dans un an nous pourrons le faire. Qui va mettre à la porte le ministre de l'Industrie qui a signé un plan en novembre dernier prédisant une production de 10 millions de chaussures et d'autres énormités ?*

Il passe en revue les investissements qui avaient été faits : par exemple, une fabrique de levure achetée aux Polonais, qui avait besoin de 200 ouvriers pour produire une quantité pour laquelle, en Europe occidentale, il n'en fallait que 27 à coût égal ! *Une usine allemande dont des camarades ici nous avaient dit qu'on pouvait faire mieux et nous ne les avions pas crus, pensant qu'ils se laissaient aller à l'anticommunisme*, mais ils avaient raison, la technologie de l'Est était mauvaise.

Le Che était de plus en plus surpris du retard technologique des pays socialistes. Le Caterpillar américain était *meilleur que n'importe quel tracteur soviétique. Pourquoi ? Parce que, dans la logique de concurrence capitaliste, deux kilomètres/heure de vitesse en plus, ça compte, une amélioration du système hydraulique ou une force motrice de quatre chevaux en plus, ça compte.*

Il recommandait de descendre dans la rue pour écouter, observer et apprendre. *Nous ne pouvons pas faire de diagnostic sur ce qui se passe du haut de notre neuvième étage.*

Le ministre de l'Économie, Regino Boti, rapporte à Karol : « À peine avions-nous comblé une brèche qu'il nous fallait déjà courir précipitamment vers une autre plus profonde. »

En juillet 1962, la direction des ORI charge le Che de dynamiser le Comité central de planification et surtout de faire respecter la planification. Oltuski, qui avait été nommé sous-secrétaire de l'Industrie, passe aussi à la Juceplan comme vice-président. Sa nouvelle charge n'empêche pas le Che de continuer le travail volontaire. Le 31 juillet, au moulin à blé José Antonio Echeverría, les ouvriers invitent le Che à participer à une course pour battre le record de production. Il apprend vite à remplir et à coudre les sacs de farine, mais l'air plein de farine provoque une crise d'asthme. Il la calme avec son inhalateur et poursuit le travail jusqu'à coudre le sac numéro cent mille. Il remercie les travailleurs de lui avoir permis de participer à ce record et de permettre à un ministre de retourner au travail physique.

C'est à ce moment qu'il joue au golf pour la première fois à Cuba, dans une partie amicale contre Fidel et Núñez Jiménez, au club de Las Colinas de Villarreal, aux alentours de La Havane. Il remporte la partie. Il dira plus tard : *Je savais déjà tout du golf*, en se souvenant qu'il avait été caddie à Altagracia ; de toute façon, le résultat était indéniable : dans un parcours au par 70, le Che fit 127 et Fidel 150.

Le 13 août, l'ambassadeur soviétique Alekseiev remet à Fidel l'accord de gouvernement sur l'implantation des bases de missiles. Fidel le contrôle et le transmet au Che pour l'apporter en URSS.

La situation évolue rapidement. Le 27 août, le commandant Guevara débarque à Moscou avec Emilio Aragonés, sous le prétexte d'une visite pour discuter « d'affaires économiques ». Le 30, ils s'entretiennent avec Nikita en Crimée, dans sa datcha. Bien que le Che insiste pour que l'accord soit rendu public, Nikita refuse. Et il ne le signe pas ! Sans doute pour empêcher que l'information ne soit diffusée par les Cubains. L'accord nucléaire se conclut ainsi sans la signature d'une des parties.

Le 31 août, on annonce que le Che a signé un accord de collaboration technique sur le plan agricole, sidérurgique et militaire, sans donner plus de renseignements sur le contenu ; trois jours plus tard, des informations seront communiquées sur les parties concernant l'industrie. Le 2 septembre, le Che quitte Moscou pour la Tchécoslovaquie et à Brno il visite les installations d'une foire industrielle. Le 5 septembre, il est de retour à Cuba. Trois semaines seulement s'écoulent pendant lesquelles la préparation d'installation des futures bases a été entamée ; ce qui n'est pas passé inaperçu pour les services de renseignement américains. Durant la dernière semaine d'août, les vols espions des U-2 paraissent confirmer qu'on est bien en train de construire des bases de lancement.

McNamara en informe Kennedy qui estime qu'il s'agit d'armes défensives. Cette conversation au sommet coïncide avec l'évaluation négative du projet Mangouste qui était supposé atteindre à ce moment-là la phase finale de renversement du gouvernement cubain. Les bandes de la contra appuyée par la CIA avaient été décimées une à une, et les sabotages permanents, malgré les dommages causés, étaient loin d'avoir provoqué l'effondrement de l'économie.

Le gouvernement américain organise alors une campagne dénonçant la présence d'armes soviétiques à Cuba. Les Russes réagissent le 11 septembre par une déclaration de l'Agence Tass spécifiant que les armes sont défensives. Quatre jours avant, le Pentagone avait donné le feu vert à la préparation d'un plan pour la fin du mois, qui prévoyait une attaque aérienne combinée avec un débarquement à Cuba. Le 15, *Poltova*, un cargo russe, arrive à Mariel avec le premier missile et est transporté en secret à la base de San Cristóbal. À l'ONU, Gromyko accuse les États-Unis de provoquer une hystérie de guerre.

En marge de cette tension croissante, le 28 septembre le Che intervient dans une des réunions du Conseil de direction du ministère de l'Industrie, très anxieux sur les problèmes de la qualité. *Il n'y a pas de qualité fondée sur le gaspillage. Il faut être exigeant pour tous les objets de consommation populaire. Il faut faire le mieux possible... On s'arrache les cheveux pour allumer une allumette, puis on allume un cigare, et il s'éteint...* La qualité et le gaspillage : *Il y a plus d'un an, je suis passé par Nuevitas. Il y avait des machines en plein air, à un kilomètre de la mer, laissées à l'abandon. Terrible colère. On a changé d'administrateur. On n'avait rien déplacé car il n'y avait pas de grue... Avec quelques troncs d'arbres, on aurait pu les déplacer. Les Égyptiens ont construit leurs pyramides avec ce système et c'étaient des pierres immenses qu'ils ont fait bouger, qui sait sur combien de kilomètres ! Résultat : à Cuba, on construit le socialisme mais on est incapable de faire bouger une pierre qui ne pèse même pas une tonne.*

Le 6 octobre, le Pentagone active le Plan opérationnel 312-314 et les variantes du 316 pour l'invasion de Cuba qui devrait commencer par une attaque aérienne massive. Pendant ce temps, le Che, qui par mesure de sécurité déménage à nouveau, se retrouve cette fois logé au numéro 772 de la 47e Rue, entre les rues de Conill et Tulipán, dans le quartier du Nuevo Vedado.

Le 13 octobre, Chester Bowles s'entretient avec l'ambassadeur soviétique Dobrynin et lui déclare qu'il a la preuve qu'il y a à Cuba des fusées nucléaires. L'ambassadeur, qui n'est pas au courant, nie. Grâce aux vols espions des U-2, les Américains découvrent à San Cristóbal les éléments d'une base MRM, avec des missiles sol-sol d'une portée de 1 500 milles ; cependant, aucun élément ne permet de penser qu'il y a des têtes nucléaires dans cette zone. Un analyste de la CIA pense que les fusées ne sont pas prêtes à voler. Évaluant la situation, l'ambassadeur américain à l'ONU, Adlaï Stevenson, déclare le 17 octobre à Kennedy que ces fusées russes sont comparables aux bases américaines en Turquie. Quelles sont dès lors les bases morales qui permettent de remettre en cause le droit de Cuba à installer ces fusées ?

Ce même jour, le Che reçoit à La Havane son ami Ben Bella. Par-delà la solidarité mutuelle entre les jeunes révolutions algérienne et cubaine, le Che et Ben Bella passeront des accords, comme on le verra par la suite, pour appuyer d'autres projets révolutionnaires.

Au cours de cette même semaine, Kennedy repousse les options les plus risquées conçues par ses conseillers, comme celle de l'attaque aérienne, et décide une politique de blocus naval. Il demande a un de ses conseillers de trouver les bases légales pour l'établir. Les pressions politiques vont et viennent. Durant la visite du ministre des Affaires étrangères Andrei Gromyko aux États-Unis, les Russes insistent sur le caractère défensif des armes offertes aux Cubains. Selon des sources soviétiques, il y avait bien alors des têtes nucléaires dans l'île mais elles n'étaient ni installées ni montées sur les missiles.

Deux jours plus tard éclate ce qui sera connu comme « la crise des missiles ». Le 22 octobre, à 7 heures du soir, le président Kennedy s'adresse à la nation dans un message télévisé de dix-sept minutes pour annoncer « l'évidence indiscutable des bases à Cuba », il déclare qu'il va mettre en place une politique de quarantaine et d'encerclement de l'île. En réponse immédiate, les navires soviétiques en chemin vers Cuba reçoivent l'ordre d'ignorer le blocus.

Le lendemain, on décrète à Cuba « l'alarme de

combat ». Le journaliste argentin Adolfo Gilly écrira : « Ce fut comme si une immense tension contenue se relâchait, comme si tout le pays réagissant comme un seul corps se disait : Enfin. » Le Che est désigné comme chef de l'armée occidentale et envoyé à Pinar del Río. Selon son assistant Tamayo, le Che pensait que la guerre éclaterait d'un moment à l'autre et que cette fois l'invasion se ferait par cette zone. Il établit son quartier général dans la grotte de Los Portales, au pied des collines qui entourent la vallée de San Andrés de Caiguanabo, au bord du fleuve San Diego. Cette grotte naturelle avait été arrangée de façon minimale à l'époque prérévolutionnaire par un propriétaire de latifundia, Cortina, qui avait construit quelques marches d'escalier et agrandi la gloriette. La grotte était majestueuse mais l'intérieur était aménagé de manière terriblement austère en compartiments, communications, quelques lits, deux foyers et une table avec une grande dalle posée sur deux piliers de pierre. Stalactites et hirondelles le jour, chauves-souris la nuit.

À toute vitesse car il pense que la guerre est imminente, le Che commence à organiser des dépôts de munitions dans les grottes et les montagnes aux alentours, parcourt les tranchées et les cantonnements, discute avec les gens et leur remonte le moral. Le plan était d'installer une première ligne de défense, selon l'expérience tirée de la baie des Cochons et ensuite, au cas où l'invasion réussirait à créer une tête de pont, de se replier pour mener une guerre de guérilla dans la Sierra de los Organos. Pendant ces quelques jours d'alerte, le Che parcourt la zone qu'il commande et la nuit, il lit et joue aux échecs.

Le 24 octobre, Khrouchtchev adresse à Kennedy un message urgent : l'URSS interprète le blocus comme une agression et ne donnera pas l'ordre à ses bateaux de dévier leur route. Mais, au cours des premières heures du matin, les navires soviétiques en route pour Cuba commencèrent à ralentir leur allure, à rejoindre des ports ou à modifier leur course. Seul un tanker, le *Bucarest*, continue à avancer vers la ligne de blocus. Est-il chargé de tester les menaces américaines ?

Fidel envoie une note urgente à Khrouchtchev deux jours plus tard : « L'agression est imminente, elle se produira dans les prochaines vingt-quatre à soixante-douze heures. Le plus probable c'est une attaque aérienne avec un objectif limité aux cibles qu'ils veulent détruire. Ensuite l'invasion. Nous résisterons à tout type d'attaque. » Fidel suggère qu'en cas d'invasion et d'attaque nucléaire on réplique aussitôt par l'arme nucléaire. Ce jour-là, Kennedy donne son accord à l'augmentation de la fréquence des vols d'observation.

Le lendemain, Fidel ordonne qu'on tire sur les vols pirates. Vers midi, un avion U-2 qui survolait le territoire cubain est détruit par un projectile SAM, tiré à l'initiative des commandants russes d'une des bases. La tension est à son comble. Alors, sans avertir les Cubains, Khrouchtchev propose à Kennedy le démantèlement des bases en échange d'une promesse américaine de ne pas envahir Cuba et la négociation du retrait des missiles américains de Turquie pointés sur l'URSS. Kennedy accepte la proposition dans son principe. À nouveau, les Cubains ont été utilisés dans le jeu géopolitique de la guerre froide.

Le 28 octobre, à la rédaction de *Revolucíon*, le directeur du journal Carlos Franquí reçoit un câble de l'AP qui annonce que Nikita retire les fusées. Le directeur du journal contacte aussitôt Fidel. C'est une nouvelle aussi pour le dirigeant cubain. Fidel lâche un chapelet d'injures : « Crétins, fils de pute, salauds. » Le jour suivant, *Revolución* titre : « Les Soviétiques retirent leurs fusées » ; dans la rue on chante :

« Nikita mariquita, lo que se da no se quita » (« Nikita, pédé, ce qu'on donne, on le reprend pas »).

Un jour plus tard, Fidel reçoit de Khrouchtchev une partie de l'information. Le dirigeant soviétique lui dit qu'il a négocié sur la base de la promesse de Kennedy de ne pas intervenir à Cuba. Fidel déclare publiquement qu'il s'oppose à des contrôles à Cuba, justifie la destruction de l'avion américain et répond à Khrouchtchev : « Le danger ne nous impressionne pas car il nous menace depuis longtemps. D'une certaine manière, nous nous y sommes habitués. »

Les jours suivants, la tension ira en diminuant. Hilda Gadea, en revenant de son travail, trouve le Che chez elle : « J'ai trouvé Ernesto tout sale, les bottes pleines de boue, en train de jouer avec la petite [...], de jouer aussi avec le chien. » Devant la proximité de la mort, le retour à la vie.

Dans un article écrit durant ces jours et publié après sa mort, peut-être à cause de sa dénonciation de l'attitude soviétique, « Tactique et stratégie de la révolution latino-américaine », le Che tire un bilan amer de la crise : *C'est l'exemple étonnant d'un peuple qui est prêt à s'immoler par l'atome pour que ses cendres servent de ciment à des sociétés nouvelles et au moment où il le fait, un pacte décide du retrait des fusées atomiques sans qu'il ait été consulté et ce peuple ne soupire pas de soulagement, il ne remercie pas pour cette trêve. Il saute sur la scène pour donner de la voix, sa voix personnelle et unique, pour clamer sa position de combattant, personnelle et unique et au-delà sa volonté de lutter même seul.*

Comme toujours quand il est furieux, le Che s'enferme dans un mutisme éloquent sur l'URSS et la crise, et se consacre totalement aux tâches industrielles.

Saverio Tutino, alors correspondant du journal communiste italien *L'Unita* cherche à l'interviewer et rencontre un triple refus. *Non parce qu'il est communiste, parce qu'il est italien et, pis, parce qu'il est journaliste.* Tutino rapportera plus tard : « Il y avait une aura de mystère qui dérivait de son silence, de ses positions de gauche, de son renoncement aux privilèges, de son travail nocturne... Le bruit courait que le Che avait voulu tirer sur les avions américains pendant la crise. »

CHAPITRE 32

Le Che ne pouvait pas toujours être comme le Che

1962, travail volontaire.

Les Soviétiques, pour apaiser un peu l'amertume de leurs alliés cubains, enverront sur l'île leur seul atout possible, Anastas Mikoyan. Il rencontre le 5 novembre Fidel, Raúl, Dorticós, Aragones, Carlos Rafael et l'ambassadeur soviétique Alexeiev, le seul fonctionnaire soviétique pour lequel les Cubains paraissaient avoir un certain respect et dont on disait qu'il avait pleuré de désespoir quand les fusées avaient été retirées unilatéralement. Les raisons pour lesquelles le Che n'a pas été invité sont évidentes. L'atmosphère de la rencontre était glaciale et aucun communiqué public n'en sort. Le lendemain, l'envoyé du Kremlin retrouva les hauts fonctionnaires cubains à l'occasion de l'anniversaire de la Révolution d'Octobre sans que l'ambiance se dégèle. Mikoyan, pour détendre l'atmosphère, prononce des discours gauchistes anti-américains et affronte les critiques des étudiants de l'université de La Havane, sans recueillir une plus grande attention officielle.

Ainsi passa le mois de novembre. Alors que le gouvernement cubain refusait tout contrôle, pour une question de dignité nationale, Kennedy arrêtait le blocus naval et les Soviétiques démontaient les bases.

Le 4 décembre, le Che donnera à un journaliste du journal communiste *Daily Worker* une interview dont les propos semblent avoir été adoucis à la publication car le Che avait attaqué le libéralisme de Khrouchtchev. Le commandant Guevara ne cultivait pas la bonne humeur. Une semaine plus tard, il ouvre une polémique publique avec le journal *Revolucíon* à propos de la publication d'un de ses récits de l'invasion retouché par *un M. de Santa Clara qui a voulu ajouter des prouesses au moyen d'adjectifs. Le peu de valeur que pourraient avoir ces notes s'évanouit quand elles perdent leur authenticité.* Il se plaignait, en plus, de ce que, dans cet article, on disait que pour lui, dans l'Escambray, la guerre était quelque chose de secondaire, ce qui, dit ainsi, était tout bonnement absurde. Il était aussi en colère parce que Ramiro y était désigné comme « un proche collaborateur », alors qu'en réalité c'était le deuxième chef de la colonne. *Il me semble que si tu avais révisé le texte, de telles erreurs auraient été évitées*, faisait-il remarquer à Franquí, en ajoutant en outre que le journal se laissait aller au sensationnalisme dans le choix des titres.

Le directeur de *Revolución* répondit qu'il y avait bien eu une erreur dans la légende d'une photo et que les notes du journal étaient celles préparées pour un numéro de *Revolucíon* du temps de la clandestinité : « Nous ne savions pas qu'on avait ajouté quelques adjectifs. » Franquí défendit les titres, considérant que l'impact de la révolution est renforcé quand on utilise des titres forts et agressifs. Et il ajoute : « Il ne nous reste plus qu'à te souhaiter la malédiction gitane pour qu'un jour, quand les années auront passé et que tu auras connu le succès dans toutes les tâches que t'aura assignées la révolution, on te nomme directeur d'un journal révolutionnaire. »

À nouveau le Che se replie sur les tâches de l'industrialisation, constate que la productivité a augmenté durant la crise... malgré la mobilisation des miliciens, les alertes, la réquisition des transports... Une seule explication : la conscience des travailleurs dans les moments de crise s'élève au-dessus des problèmes ; la tension politique, ce facteur de conscience, fait la différence avec ce que toute norme, contrainte ou récompense peut obtenir. C'est la leçon de sa propre vie : la grande dynamo c'est la conscience sociale, la volonté.

Il travaille dans son petit bureau austère du 9e étage, décoré parcimonieusement d'une photo de Camilo, d'un diplôme obtenu en reconnaissance de ses activités de travail volontaire, d'un dessin de mineur au travail, de deux horribles fauteuils dorés, d'une carte industrielle de Cuba, d'un petit téléviseur et de deux cendriers. C'est là qu'il reçoit un de ses nouveaux collaborateurs, l'économiste cubain Miguel Alejandro Figueras, qu'il recrute pour s'occuper de la Direction de la planification à long terme et qu'il lui confie que l'avenir passera par le développement de l'électronique, de la sidérurgie et des ordinateurs, thèmes qui n'avaient encore jamais été abordés à Cuba.

Tous les lundis se tenait une double réunion du Conseil de direction et l'après-midi on examinait le cas d'une entreprise en particulier. Le Che ne dirigeait pas la discussion mais il était là avec le rapport sur l'entreprise qu'il avait souligné et annoté. À quelle heure avait-il lu ce rapport ? Il y avait plusieurs contradicteurs à ces réunions car, selon un de ses assistants, le Che aimait que ses idées soient discutées, la servilité ne lui plaisait pas, il n'écrasait pas celui qui lui opposait des arguments et empêchait les vice-ministres de le faire.

Durant ces jours, le Che présente au Conseil des ministres le document « Tâches générales pour 1963 », où il propose de concentrer les tâches du Ministère sur : la consolidation de l'acquis, en abandonnant la politique d'investissement (ne pas acheter de nouvelles usines aux Soviétiques pendant qu'on installe celles déjà achetées en Europe socialiste) ; la résolution des disparités dans les politiques salariales ; l'encouragement de la lutte contre la bureaucratie, la qualification professionnelle et technique et le début de la bataille pour la qualité.

La lutte pour améliorer la qualification des travailleurs était déjà en marche : dans l'industrie, sur les 189 514 ouvriers qui dépendaient du Ministère, 34,4 % poursuivaient des études. Par ailleurs des travaux de recherche scientifique associés à l'industrie furent lancés. Figueras notera qu'entre 1963 et 1964 « ont été créés dix centres de recherche dépendant du Ministère et ce à un moment où il y avait le moins de personnel ».

Le Che continuait à être ce personnage difficile mais attachant, qui de manière brutale exigeait beaucoup de ses collaborateurs et gardait une éternelle réserve, difficile à briser. Oltuski raconte : « Nous nous sommes côtoyés lors de diverses rencontres, mais sans intimité ni amitié et même, durant les premiers jours de janvier, nous avons eu différents conflits. Un jour j'ai posé ma main sur son épaule en signe d'affection et il m'a dit :

— *Et alors la confiance ?*

Ma main est retombée. Les jours sont passés et un jour il m'a dit :

— *Tu sais ? Tu es moins fils de pute que ce qu'on m'avait dit.*

Nous avons ri et c'est ainsi que nous avons été amis. »

Les anecdotes sur le style particulier du Che se multiplient. Le 21 janvier, le Conseil de direction étudie le cas des entreprises pharmaceutiques. Le Che avait une Thermos de café à côté de lui et Gravelosa souhaitait ardemment qu'il l'ouvre et qu'on se serve. Mais la Thermos resta fermée pendant toute la réunion. Finalement, Gravelosa protesta : Des réunions sans café ! Le Che lui répondit : *S'il n'y a pas assez de café pour tous, il n'y en a pour personne.*

À Miguel Angel Figueras, il dira : *Vous savez que je ne suis pas très partisan des stimulants matériels mais je sais les remplacer par les déstimulants matériels. Comme une partie de votre travail est de visiter deux entreprises par mois et que vous n'avez pas accompli cette tâche, à partir d'aujourd'hui celui qui sera en retard ne sera plus payé jusqu'à ce qu'il se soit mis à jour.*

Malgré et à cause de sa dureté, faite d'un mélange d'austérité et d'exigence, le Che suscitait des sentiments de fidélité stupéfiante tout autant que de haine féroce et il allumait des amours impossibles parmi le personnel féminin du ministère de l'Industrie. Une travailleuse du Ministère, Yolanda Fernández, confiera : « La personnalité du Che et son allure attiraient l'attention de nombreuses femmes du Ministère ; certaines sont même tombées amoureuses de lui. C'était un homme gâté par la nature ; il était très viril, avait de beaux yeux, et très expressifs. »

Six ou sept ans après notre histoire, le poète Ernesto Cardenal visita Cuba. Tout au long de son voyage, il a recueilli des anecdotes sur le Che que tout le monde semblait aimer lui raconter, que personne ne pouvait garder pour lui : celle du ministre qui mangeait à la cafétéria du Ministère comme n'importe quel employé, faisait la queue avec son bol d'aluminium ; de cet homme qui ne dormait pas ; qui, après le travail, travaillait ; du ministre qui n'était chez lui les dimanches qu'après la journée de travail volontaire ; qui lisait des rapports debout, pour ne pas s'endormir, le dos appuyé sur le dossier d'une chaise. Petites histoires que résume cette brève conversation :

Cardenal : « Tout le monde ne pouvait pas être comme le Che... »

Haydée Santamaría : « Le Che ne pouvait pas toujours être comme le Che. Lui aussi se fatiguait, il arrivait épuisé chez lui et ne voulait plus qu'être seul avec ses enfants. »

C'est au début de 1963 qu'il dit à Figueras : *Toi, tu es un peu aventurier, moi nettement plus*. En février 1963, Ernesto Guevara cherche ses propres limites. À La Havane, la rumeur disait que le Che était devenu fou, que maintenant il ne s'imposait pas seulement du travail volontaire mais qu'il voulait couper toute la canne du pays à lui tout seul.

Le 3 février, on le voit à Camagüey sur les terrains de la centrale qui portait le nom de sa colonne pendant la guerre, Ciro Redondo, pour essayer une machine pour la coupe de la canne.

L'année précédente, il avait encouragé des projets de recherche pour remplacer la coupe debout et à la machette par une coupe mécanisée. Au prix de grandes difficultés, vu qu'il n'existait pas de machines adéquates à Cuba ni dans les pays socialistes, une équipe du secteur sucrier avait retourné la question dans tous les sens : depuis la tentative de copier une coupeuse de Hawaii qu'ils avaient vue dans un film, jusqu'à adapter une machine sud-africaine, en passant par la récupération d'une Thorton américaine qui avait été abandonnée dans le coin. Finalement, ils construisent un modèle expérimental. Le Che ordonne en mars 1962 la production d'un millier de ces moissonneuses qui devaient être tirées par un tracteur normal de cinquante chevaux, qui pourrait être ensuite réutilisé dans les travaux habituels des champs.

Il fallait essayer le prototype avant de le lancer dans la bataille de la récolte et le Che se rend à Camagüey et réunit la commission locale. « On était emmerdés », dira un des paysans de la commission d'équipement. Dans un petit champ qui relie la centrale Ciro Redondo à la route de Morón à Ciego de Avila, le Che s'installe, et à 4 heures du matin, le 5 février, il commence l'expérience. Derrière la machine venaient une dizaine d'ouvriers pour couper les cannes et les restes de tiges de ce qui était déjà passé à la machine, les « bûcherons » du Che. L'ingénieur Angel Guerra, qui avait eu la responsabilité d'industrialiser l'invention, et Miguel Iparraguire, qui devait effectuer les contrôles de cet essai et que le Che pressait continuellement de ne pas truquer les résultats, étaient là.

Après une journée abrutissante de neuf heures et demie de travail, la récolte du premier jour est de presque 69 tonnes. La moissonneuse avait perdu trois heures et demie à cause de diverses pannes ; à plusieurs reprises, le Che avait dû descendre du tracteur pour voir avec les mécaniciens ce qu'il y avait comme emmerdements.

Le Che essaye de le cacher à la presse mais finalement il doit céder a la pression de *Revolucíon* qui avait envoyé le journaliste José Vázquez et le photographe Alberto Korda. Durant toute la journée ceux-ci, timidement, avaient essayé de l'approcher. *Ce n'est pas de la propagande,* disait le Che, *nous n'allons pas nous mettre à faire des photos*. Finalement, il accepte que Korda et un jeune photographe du journal *Adelante* de Camagüey fassent quelques photos, à condition qu'ils prennent ensuite les machettes et qu'ils se mettent aussi à couper la canne. C'est que l'affaire était sérieuse : il ne s'agissait pas de travailler pour la photo mais de convaincre ceux qui avaient des doutes qu'il était possible de mécaniser partiellement la coupe de la canne. Les photos prises montrent un Che concentré, juché sur un tracteur ou bataillant avec des engrenages en compagnie des mécaniciens.

Des 69 tonnes du 5 février, on passa à 100 tonnes le 6. Le 8 février le journaliste de *Revolucíon* lui demande combien on avait coupé. Le Che, sec comme toujours, lui lance *115 tonnes et une patte*. Le journaliste transmet l'information telle quelle par téléphone. Le lendemain, le Che, en découvrant le journal traita le journaliste d'idiot et lui demanda *c'est quoi une patte ?*

— Peut-être bien qu'en argentin c'est comme ça qu'on dit « un chouïa », l'équivalent de un *pilón* à la mexicaine, un petit extra en plus, quoi.

— *Tu parles, oui !*

Le Che explique qu'en plus des tonnes de la récolte, il avait blessé avec les lames de la machine la jambe, *la patte*, du chef de son escorte qui s'était approché trop près. Que c'était de cette patte-là qu'il parlait.

Le 9, après une journée épuisante qui commence très tôt le matin, le Che prend un petit avion et s'en va à Camagüey, au théâtre Alcazar, à la première cérémonie de bilan de la récolte de la canne il y va dans sa tenue de travail couverte de la poussière de la coupe. Il avait coupé avec son équipe près de 696 tonnes.

Il annonce qu'on sortira les 1 000 moissonneuses, 500 sont déjà prêtes. Qu'il faut que les ouvriers les améliorent sur le tas. Karol dira : « Aucun pays au monde ne possède 1 000 machines comme ça mais aucun pays non plus n'aurait produit 1 000 machines sans prototype. »

Le Che raconte aux paysans et aux bureaucrates : *Maintenant, je vais faire mon bilan personnel ici. Lundi j'ai commencé à couper avec la machine ; au début, il est arrivé ce qui arrive toujours : les cardans cassent, quelque chose se casse par-ci, autre chose par-là, il y a même eu un accident avec des camarades qui n'avaient pas été prudents. […] La machine a coupé 46 tonnes de canne dans le champ où on l'a essayée […], et, dans la semaine, elle en a coupé 518 tonnes. […] Les machines peuvent couper 9 tonnes à l'heure dans les champs moyens, […] et je dirais que cette tâche nécessite non pas un mais deux ouvriers. […] On ne peut pas demander aux gens de rester douze heures sur un tracteur* (mais lui, n'y était-il pas resté treize heures ?). Pour terminer, il défend la machine bien qu'elle soit encore compliquée à utiliser, *parce que couper la canne est un boulot très dur, parce que couper la canne est un travail éreintant, pénible, qui n'offre aucun plaisir ; et, de plus, parce que, avec les plantations de canne, on n'en a jamais fini.* Ce qui provoqua les applaudissements sans fin de ceux qui écoutaient, qui savaient que c'était vrai, le travail dans les cannaies est interminable.

Après un jour de répit où il retrouve ses tâches de ministre et assiste à l'inauguration d'une usine de fils de fer barbelés, le 11 février, il retrouve son équipe à la coupe et bat son propre record avec 215 tonnes en neuf heures et demie. Une équipe de la télévision canadienne traînait dans le coin ; le Che répond mécaniquement à leurs questions pour s'en libérer au plus vite, ces journalistes ne se pas rendent pas compte du sérieux de la situation.

Son équipe se serait fait tuer pour lui. Le Che avait déjà fait preuve de son style habituel : il ne mange pas une nourriture différente, il ne prend pas de temps de pause différent ; s'il n'y a pas de café pour tous, il n'y en a pour personne. Une journée sans trop d'accidents, le 12 février, ils arrivent à un chiffre de récolte remarquable : 246 tonnes. Ému, il contrôle avec Iparraguirre : *À combien on est, maintenant ?* L'unique façon de l'arrêter c'est de se mettre devant le tracteur et de lui dire que les gens qui travaillent avec lui sont épuisés. Sur place, en plein champ et après s'être rafraîchi à l'eau froide, il reçoit le commissaire aux comptes de la banque de Moscou qui a l'air de ne pas comprendre pourquoi il doit venir discuter dans un champ de canne avec un ministre. En plus, il doit se farcir un exposé sur l'importance de la coupe mécanisée que lui fait le Che, un Che qui à son tour a l'air peu intéressé par la question des crédits de la banque de Moscou.

Le 14 février, on les prévient qu'un champ de canne non loin de là est en train de brûler. Le Che s'y précipite avec son équipe car si la canne n'est pas coupée, le sucre est perdu. Ses camarades essayent de l'en empêcher pour des raisons de sécurité : l'incendie est peut-être un acte de sabotage, les bandes de la contra peuvent avoir monté une embuscade.

Mais personne ne peut arrêter le Che qui crie : *On y va tous*. Couper de la canne brûlée est un vrai supplice : poussière fine et cendre flottent dans l'air. Le Che a une crise d'asthme. La respiration haletante, noir de la tête jusqu'aux pieds à cause des cendres de la canne brûlée et en sueur, le Che dirige le groupe.

Comme s'il n'avait encore rien fait, le 15 février il affronte, en concours d'émulation, Ibrahim Ventura, la star de la coupe de canne de la centrale Brasil, et il gagne : sa machine termine la journée presque sans freins. Le lendemain, il perd un autre concours contre l'ouvrier agricole Roberto González, à Blanquiazul, sur un terrain difficile, en pente et rempli de pierres. Ils travaillent alors dans les champs d'une zone où opèrent les guérilleros de la contra. Le Che n'en fait pas grand cas, ce qui rend fous les membres de son escorte il refuse toutes les mesures de sécurité. Le 17 février, il coupe 230 tonnes de plus pour la centrale Venezuela.

Le Che s'en ira de Camagüey en ayant coupé plus que les 1 500 tonnes qu'il avait promises. La machine fonctionne, sans aucun doute, mais un tiers du temps de travail est perdu à cause des pannes techniques qui rendent obligatoire la présence permanente d'un mécanicien pour arriver à maintenir le rythme de coupe. Quant aux thèses qui prétendaient que le travail volontaire coûtait plus cher que le travail normal, elles se trouvaient démenties car les coûts de l'équipe du Che étaient largement amortis par leur travail.

Malgré tous ces efforts dans la tentative de mécaniser la coupe, le Che devra reconnaître deux mois plus tard que *la récolte ne se passait pas aussi bien qu'elle l'aurait dû.* Les raisons en sont nombreuses : la toute première découle du démembrement des plantations de la canne en 1962, au nom de la diversification des cultures qui fit que le Che, bien qu'il soit l'ami de Carlos Rafael Rodríguez, s'affrontera violemment avec l'INRA ; la seconde tient au phénomène d'abandon de la canne par des milliers de paysans qui choisissaient soit de s'installer en ville soit de se consacrer à d'autres cultures dès qu'ils accédaient à la propriété de la terre. Ces gens ne sont pas partis pour Miami mais *sont resté à la campagne. Il y a moins de main-d'œuvre et on coupe moins, beaucoup de paysans ont fui la canne aujourd'hui qu'il y a de la terre et du travail.* La troisième raison c'est l'inégalité de la répartition du travail volontaire. Tandis qu'à Camagüey où il y avait traditionnellement un manque de main-d'œuvre, *les gens qui y allaient ne s'en sortaient pas et devenaient vite une gêne plus qu'une solution au problème. À La Havane, ça fonctionnait bien, ceux qui allaient comme nous le dimanche faire ce travail volontaire pouvaient voir que l'efficacité [...] avait augmenté. Pas mal de distingués bureaucrates se sont transformés en distingués coupeurs de canne.*

Jorge Risquet raconte que, dans la province de l'Orient, il avait proposé un stimulant matériel en offrant de petites maisons aux meilleurs brigadistes. Le Che lui avait demandé : *Ça ne te paraît pas trop de stimulant matériel ?* Risquet lui répond : « Merde Che, de toute façon, il faut donner des logements aux gens, alors offrir des petites maisons, ce n'est pas grand-chose, et en plus ça regroupe les coupeurs dans une zone, dix par dix. Non, ça ne me paraît pas trop. »

Le Che, après cette réussite personnelle dans une récolte qui avait été un véritable échec, retourne à son Ministère, pensant comme toujours que c'est par le développement de l'industrie que l'économie cubaine sortira de l'ornière. Le 24 mars, à l'assemblée de l'usine textile Ariguanabo, il discute avec les ouvrières de la formation organisée par le Parti Unifié de la Révolution socialiste et se plaint que le processus de sélection n'a retenu que cinq femmes sur les 197 ouvriers sélectionnés, pour une usine où la présence féminine est forte. Il émet deux hypothèses : *ou la femme ne s'est pas encore détachée d'une série de liens qui l'unissent à un passé déjà mort ou les hommes considèrent que les femmes n'ont pas encore atteint un développement suffisant et se servent de la majorité qu'ils détiennent.* Il raconte une anecdote du Ministère où il a fallu remplacer une fonctionnaire parce que son mari, un officier de l'armée rebelle, ne la laissait pas faire de tournée en dehors de la capitale. *C'est une manifestation grossière de discrimination envers la femme. [...] Le passé continue à peser sur nous.*

Il visite aussi la fabrique de sodas Marcelo Salado (l'ex-Coca-Cola de La Havane). Il y persécute les techniciens : déjà il avait déclaré à la télévision : *Pourquoi le Coca-Cola n'a plus le goût d'avant ?* Pancho Hernández, le responsable technique, se plaint des critiques publiques considérant qu'ils avaient fait beaucoup d'efforts.

— Écoutez, je le dis parce que c'est vrai que la boisson a le goût de sirop, de médicament. Est-ce qu'on ne peut pas faire un Coca-Cola semblable ou meilleur que celui des Américains ?

Il semble que non.

Le Che entrait toujours dans les usines par les ateliers, jamais par les bureaux. Le documentaire de Pedro Chaskel, *Constructeur chaque jour*, *camarade*, contient une multitude de témoignages de la présence du commandant Guevara dans les entreprises. On voit que le Che se métamorphose au contact des ouvriers : au milieu d'un discours, il fait de longues pauses pour sourire. On a le sentiment qu'il est chez lui, qu'il savoure les réactions de cet auditoire.

Mais parfois aussi, il discutait ferme avec eux, il exigeait, il critiquait. Le 31 mai, après une visite à l'atelier d'assemblage de motocyclettes à Santiago de Cuba, il enverra une note aux travailleurs pour leur sonner les cloches à propos de l'utilisation privée des produits de la fabrique et mettre les points sur les i : *Les ouvriers responsables de la production de n'importe quel produit n'ont aucun droit sur eux. Les boulangers n'ont pas droit à plus de pain, les ouvriers des cimenteries à plus de sacs de ciment ; et vous, à plus de motocyclettes*.

Au cours du second trimestre 1963, deux nouvelles affecteront sa vie. D'un côté, sa mère, Celia de la Serna, de retour en Argentine après un séjour en Uruguay, est arrêtée et accusée de transporter de la propagande communiste ; elle passe deux mois à la prison correctionnelle des femmes de Buenos Aires, avec de graves problèmes de santé. La vengeance contre le Che commence en Argentine. D'un autre côté, une photo de famille prise vers le mois de mai 1963 montre sa femme, Aleida March, enceinte, de façon déjà très avancée, de sa prochaine fille, Célia, le quatrième enfant du Che qui naîtra le 14 juin.

Le 20 mai 1963, à l'occasion de l'anniversaire de la revue *Hoy*, le Che prononce un discours très pauvre, porteur d'une vision très schématique du marxisme, plein de lieux communs et d'éloges à l'égard des vieux cadres du PSP. Dans l'introduction qu'il écrivit aussi à cette période pour le recueil *Partido marxista leninista* une sélection de textes de théorie du Parti mêlés à des discours de Fidel, il répète encore cette vision. Il est curieux que le Che, pourtant si critique envers la voie économique qu'avaient suivie les Soviétiques, ne perçoive en rien le désastre social, l'autoritarisme politique, le caractère policier et répressif de la société soviétique. Il restait prisonnier d'un marxisme néandertalien.

Cette cécité involontaire que constate à juste titre Karol et que remarque aussi Franquí l'empêchait d'avoir une vision globale du problème.

Curieusement, ce sera vers ce moment de son existence qu'il commence à polémiquer à propos de l'usage du marxisme soviétique dans la gestion de l'économie.

Le 1er juin paraît *Nuestra industria*, une revue de débats et de vulgarisation réalisée sur papier de bagasse de canne par le Ministère et qui s'ouvre par un article du Che : « Considérations sur les coûts de production comme base de l'analyse économique des entreprises assujetties à des budgets. » Sous un titre si diaboliquement formel, dans le cadre d'un article sur la méthode d'analyse des coûts de production, il ouvre en fait le débat par la bande. Dans l'introduction, sans polémiquer, le Che note que la voie soviétique « d'autogestion financière » des entreprises, était différente de celle des Cubains, centralisée et fondée sur les facilités qu'apportait un pays petit avec des communications faciles.

La réponse polémique ne viendra pas de ses opposants, les cadres du vieux PSP, mais d'un de ses « fils politiques », le flamboyant ministre du Commerce extérieur, le commandant Alberto Mora, qui en juin, dans la revue *Comercio Exterior*, répond par un article « À propos de la question du fonctionnement de la loi de la valeur dans l'économie cubaine actuelle ». Mora, sans préciser contre qui il ouvrait la polémique, commençait ainsi : « Certains camarades considèrent que la loi de la valeur ne fonctionne pas actuellement dans le secteur d'État de l'économie cubaine. » Le Che, sans tergiverser, s'engage totalement dans le débat en publiant en octobre, dans le n° 3 de *Nuestra Industria*, l'article de Mora et sa réponse : « Sur la conception de la valeur. En réponse à quelques affirmations sur ce sujet. »

Le Che entame l'article en repoussant les formules vagues du type « certains camarades » : ils avaient nom et prénom ; entre autres, on le trouvait lui, le ministre de l'Industrie, ainsi que Luis Alvarez Rom, ministre des Finances, comme défenseurs de ce qu'on pouvait appeler la ligne du financement du budget. *Il est bon de définir aussi bien ceux qui défendent les concepts que les concepts eux-mêmes.*

Après avoir développé un inextricable labyrinthe de citations et de contre-citations, le Che arrive au cœur de son raisonnement : la loi de la valeur *est régulatrice des rapports marchands dans le cadre du capitalisme et par conséquent dans la mesure où les marchés seront déformés par une cause quelconque* (la forte intervention de l'État par exemple), *l'action de la loi de la valeur subira également certaines distorsions.*

Mora considérait que la propriété d'État n'était pas encore de la propriété sociale (timide réplique car elle ne l'était pas et rien ne garantissait qu'elle le deviendrait nécessairement) et que ceci était évident dans les contradictions qui existaient entre les entreprises d'État. Le Che lui répondait que ces contradictions, qui concernaient tous les niveaux de l'industrie cubaine jusqu'à celui de l'atelier artisanal, étaient les contradictions de tout un processus.

En fin d'article, le Che saluait l'initiative de Mora d'ouvrir le débat et le félicitait pour la qualité de la revue du Commerce extérieur. Le ton était encore relativement amical et fraternel, bien que Mora ait été meurtri par l'article du Che qui avait été injustement dur. Mora et le Che étaient amis, mais, quand le Che se lançait dans une polémique, son ton ironique et railleur dominait tout.

Ce conflit inaugura à l'intérieur du gouvernement cubain l'affrontement entre deux tendances à propos de la gestion de l'économie. L'une, représentée par Alberto Mora, Rolando Díaz et Marcelo Fernández, (président de la Banque nationale), qui étaient tous des marxistes récemment arrivés à leur poste et qui, sans être membres du PSP, avaient pour les matières économiques des conseillers soviétiques. Cette ligne politique était soutenue par les vieux cadres du PSP au sein de l'INRA. L'autre tendance autour de la position du Che, qualifiée par Figueras de celle « d'un rebelle avec une cause », et derrière laquelle s'alignaient Alvarez Rom, des Finances, et Oltuski, du Juceplan, qui souhaitait ne rien copier de ce qui venait d'Union soviétique et affirmait que Cuba se trouvait dans des conditions qui lui permettaient d'agir différemment.

Les partisans des thèses soviétiques faisaient le pari de « l'autogestion financière » dans les entreprises avec un large recours au crédit bancaire, une certaine autonomie de gestion et les stimulants matériels comme outils principaux pour augmenter la production, ainsi que des salaires différenciés en fonction de la productivité. Le Che, lui, défendait la centralisation de l'industrie fondée sur l'idée que Cuba avait les meilleurs systèmes de comptabilité et de communication de toute l'Amérique latine et avait l'expérience, qu'il ne fallait pas perdre, des techniques de gestion des monopoles américains, surtout dans l'industrie ; en plus, le petit nombre d'usines (il y en avait moins dans tout Cuba que dans la seule ville de Moscou) et le manque de cadres rendaient obligatoire cette option.

Aller vers l'autogestion des entreprises pour encourager la concurrence entre elles signifiait, pour le Che, revenir au capitalisme du début du siècle ou s'orienter vers un socialisme qui se trompait de cap : la concurrence et non la collaboration. Le Che cherchait surtout à combattre l'idée d'entreprises se transformant en de petits monstres guidés, non par les intérêts sociaux, mais par le besoin de rentabilité.

Carlos Rafael, à l'INRA, avait dénoncé le « centralisme bureaucratique » en se référant à l'agriculture et aux désastres qui y avaient été commis durant la première période. Il était implicite que, soit le Che et lui acceptaient que ce qui pouvait être bon pour l'industrie ne l'était pas nécessairement pour l'agriculture, soit qu'ils ne souhaitaient pas s'affronter.

De toute manière, il ne s'agissait là encore que du premier round.

Dans les derniers jours de juin, le Che se rend en Algérie en visite éclair, pour renforcer les liens entre Ben Bella et la révolution cubaine. Il retrouve là-bas Carlos Franquí, le directeur de *Revolución* qui racontera des années plus tard, que le Che devenait très critique vis-à-vis de l'URSS. « Il acceptait quelques principes chinois : compter sur ses propres forces, sans rien espérer ni du capitalisme ni de l'Union soviétique et de son pouvoir hégémonique. »

Le Che retrouve là-bas son ami le journaliste Jorge Ricardo Masetti, l'homme du Che en Algérie.

Masetti avait dirigé l'agence de presse Prensa Latina pendant les premières années de la révolution, il avait renoncé à cette charge en mars 1961 en réaction au sectarisme et l'avait reprise au moment de l'invasion de la baie des Cochons où il participa à la contre-offensive en première ligne, avec ses communiqués de presse durant les trois jours de l'action ou en interrogeant les prisonniers. En octobre 1961, il part à Tunis, porteur d'un message de Fidel Castro qui offrait son appui au FLN algérien. En janvier 1962, le bateau cubain *Bahía de Nipe* fournit des mortiers et des fusils à la guérilla algérienne. Masetti supervise l'opération. Les armes sont transportées près de la frontière. Le bateau revint à Cuba avec des combattants algériens blessés au combat et des orphelins. À la fin de 1962, Masetti quitte à nouveau La Havane, après y être resté juste le temps nécessaire pour faire connaissance avec sa nouvelle petite fille, et disparaît. Au sommet de l'appareil cubain, le bruit courait qu'il était en Algérie pour aider à une opération que le Che dirigeait à distance et qui avait sans doute à voir avec la présence en Afrique du Nord d'un groupe de volontaires cubains et d'une équipe médicale qui aidait les Algériens dans leurs affrontements avec la monarchie marocaine. C'était vrai et le Che le retrouva en Algérie où, en 1963, ils ont eu une des conversations qui allaient marquer leur avenir à tous deux.

De retour à La Havane, vers la mi-juillet, le Che rencontre pour la première fois une délégation vietnamienne. Li van Sau se souvient : « C'était par un jour de juillet 1963, dans son bureau du Ministère ; nous avons parlé jusqu'au petit matin. Le Che nous expliquait ses positions sur la lutte que nous livrions contre les envahisseurs yankees, en insistant sur sa thèse qu'il fallait créer de nombreux Viêt-Nam. » C'est la première fois que le Che utilise le concept qui l'accompagnera durant les dernières années de sa vie :

la lutte contre l'impérialisme est une lutte à l'échelle internationale qui ne peut vaincre que par la multiplication du nombre de foyers révolutionnaires dans d'autres parties du tiers monde.

Le drapeau du FNL que lui offre la délégation vietnamienne et qu'il place sur sa table et un chien qui chiait dans les couloirs seront les deux nouveaux éléments de l'environnement d'Ernesto Guevara. À quel moment le Che s'attache-t-il à ce chien monstrueux qui se baladait dans les couloirs du ministère de l'Industrie comme s'il était chez lui ? Le chien en question s'appelait Muralla et assistait comme un collaborateur de plus aux réunions du Conseil de direction du Ministère, couché aux pieds du Che, qui de temps à autre le gratifiait d'une petite tape amicale ou lui grattait la tête. Un chien sans queue qui savait utiliser l'ascenseur pour monter au neuvième étage arrivait devant le bureau et grattait à la porte jusqu'à ce que le Che lui ouvre.

Muralla était le chien officiel mais le Che entretenait d'excellentes relations avec tous les chiens errants du voisinage, il vérifiait leur état, leur donnait à manger et ils l'accompagnaient dans ses déplacements. Il avait averti les types de la fourrière de ne pas les embêter.

Le 10 août, le Che explose lors d'une réunion du Conseil de direction du Ministère. Un an auparavant, il avait fixé un délai très bref pour que les administrateurs des usines aient au moins leur sixième degré de l'enseignement de base. Dure tâche car ils travaillaient comme des esclaves, étaient confrontés au manque de pièces de rechange et de matières premières et avaient des obligations politiques et militaires. C'était leur fixer un objectif irréalisable. Malgré sa rigidité le Che dut faire marche arrière et leur donner un délai supplémentaire d'un an. L'année écoulée, ils passent leurs examens, 132 sur 986 sont recalés et beaucoup ne se présenteront pas aux examens.

Le Che fut très dur ; il avait averti que ceux qui auraient des notes inférieures à cinq seraient mis à la porte ; ceux qui obtiendraient de cinq à six auraient une seconde chance tandis que ceux qui ne passeraient pas l'examen (260) devraient se représenter au plus tôt et en attendant leur salaire serait retenu.

La réunion sera particulièrement dure. Après avoir reconnu qu'il a des méthodes de travail explosives, le Che se remet en colère contre Edison Velázquez, un directeur général qui, prenant toujours tout au tragique, avait lâché de façon agressive : « Il n'y a pas de révolutionnaires à Cuba, il n'y a pas d'hommes ici » et accusait les présents d'être réfractaires à la critique. Le Che avait bondi de sa chaise : *Dire ici que nous sommes réticents à la critique, c'est mentir... Je ne sais pas quel intérêt tu as à présenter les choses avec une agressivité qui n'a pas lieu d'être, mon gars, malgré toutes nos déficiences, on ne tient pas ici une réunion de moutons. […] Jamais on n'a censuré une opinion : un type m'a un jour ici traité de révisionniste et a été viré d'une entreprise, j'ai engueulé tout le monde parce qu'il me semblait que c'était une méthode incorrecte que quelqu'un qui fait allusion à une attitude personnelle d'un ministre se fasse mettre à la porte. J'ai toujours défendu la liberté de dire ce qu'on pense de moi, […] pourvu qu'on fasse son travail. Mais je n'ai pas à supporter une critique avec laquelle je ne suis pas d'accord sans avoir le droit comme tous de le dire […].*

Et le ton continue à monter lorsque Gravalosa dit qu'il faut couper la tête des gens inefficaces, et que le Che lui réplique qu'il faudrait alors créer un système juste pour couper les têtes. Il fait remarquer que les choses les plus graves qui s'étaient passées dans le pays *n'étaient pas imputables à ce Ministère* et qu'on y avait au contraire réalisé les meilleures analyses et obtenu des succès. Il en vient ensuite au Juceplan qui pour le Che *est déconnecté de la réalité à un point impossible à imaginer* (à l'exception de Oltuski : *lui, il vient de partir à la campagne pour se renseigner et il en est revenu sage*). Et il continue l'autocritique : *Ces derniers mois, je me suis laissé aller à mon péché mignon dans des parties d'échecs qui m'ont volé un peu de temps, mais en général je consacre tout mon temps aux problèmes du pays.*

Les échecs sont son unique vice avoué qu'il prenait très au sérieux : *Quand j'ai quitté le Ministère, j'ai appelé ma femme pour lui dire : « Je vais voir ma seconde fiancée » et elle m'a répondu : « Oui, je sais, tu vas jouer aux échecs. »*

Un seul péché, pas plus. Il semblait plein de ressources et infatigable, courant les usines à des heures inhabituelles et sans prévenir, parlant avec les gens, travaillant, discutant, apparaissant comme un fantôme. Pourtant il y a parfois des réceptions spectaculaires et spontanées, comme le jour où il débarque au chantier naval de Gibara où les gens commencèrent à crier : « C'est le Che, voilà le Che ! » et personne ne peut les faire taire.

Vers la fin de l'année, l'Union des écrivains édite un recueil de son second livre *Épisodes de la guerre révolutionnaire*, dans une version incomplète à laquelle on ajoute des textes postérieurs. *Je ne voulais pas qu'on publie des fragments mais on n'en n'a pas tenu compte et je ne vois pas comment quelqu'un pourrait comprendre cette version sans déjà connaître intimement l'histoire de la révolution.* Ce livre pourtant eut un succès monstre, on faisait la queue dans les librairies de Cuba et, à l'étranger, les éditions furent vite épuisées.

Ce livre était sa réponse à la nostalgie de l'époque de la Sierra. Une manière, confie-t-il aux étudiants de Minas del Frio, de revenir sur les lieux : *Chaque fois qu'on passe près de la Sierra, on ne peut résister à la tentation d'aller revoir ces lieux.* C'était aussi une façon de lutter contre l'oubli, *les années passent et le souvenir de la lutte insurrectionnelle se dissout dans le passé sans qu'on fixe clairement les faits qui appartiennent déjà à l'histoire de l'Amérique.*

Dans le prologue, il invite les autres combattants *à raconter ce qu'ils ont vécu. [...] Nous ne demandons au narrateur que d'être strictement véridique. Même pour éclaircir une position personnelle, ou pour l'embellir, ou bien laisser entendre qu'il était à tel endroit, nous lui demandons de ne jamais dire quelque chose d'inexact. Nous demandons qu'après avoir écrit quelques pages dans la forme qui lui convient selon son éducation et ses capacités, chacun procède à une autocritique sérieuse pour en enlever tous les mots qui ne traduisent pas un fait rigoureusement certain, ou sur la certitude duquel l'auteur aurait le moindre doute.*

Après cette publication, le Che fut invité à faire partie de l'Union des écrivains, ce qu'il refusa parce qu'il ne l'était pas, même s'il aurait aimé l'être ; par ailleurs, il cède ses droits d'auteur pour les éditions qui se feraient dans les pays socialistes.

Il consacre les premiers jours d'octobre à parcourir les zones sinistrées par un cyclone dans la province de l'Oriente et à Camagüey. Les inondations ont été impressionnantes mais, heureusement, les dommages pour les hommes sont mineurs : 500 maisons détruites, du bétail tué, peu de dégâts dans les industries. Il se montre encore une fois fasciné par le degré d'initiative et d'organisation populaire, tout comme par le travail des brigades des travaux publics.

Il annonce à cette époque son retrait du Juceplan, et Fidel assume directement la direction de la planification. *Au Juceplan, il n'y a pas d'autorité. Aujourd'hui avec Fidel, il y en aura une mais, quand j'y étais, non ; je n'avais qu'une délégation [...], une commission économique fantôme qui ne prenait aucune décision.*

Il réfléchit aussi sur l'excès d'ambition des premiers moments de la révolution : *Nous voulions construire des écoles et nous les avons construites ; des hôpitaux et nous les avons faits. Nous avons fait des routes et des centres touristiques : des locaux pour ouvriers et des clubs. Les salaires ont augmenté. Et, en même temps, nous parlions de développement. C'était impossible, les mathématiques ne peuvent pas être forcées.*

Et les conflits permanents sur l'un ou l'autre des aspects de la gestion industrielle continuent. À la direction du Ministère, le Che fait remarquer que les livraisons venant de l'extérieur de Cuba ne sont pas honorées : *Nous, nous ne respectons pas les contrats passés avec les pays socialistes et ceux-ci, ensuite, ne respectent pas non plus leurs obligations, tranquillement.*

Il commence à montrer des signes de lassitude dans ses relations avec l'URSS et il fait une remarque très amère à propos du désastre agricole de l'Union soviétique. Il ne comprend pas qu'après quarante-cinq ans de révolution de telles failles puissent encore se produire. Quelque chose ne tourne pas rond. Il utilise le terme de *catastrophe agricole*. En se référant aux Soviétiques, il dira que non seulement il aurait fallu mettre en place un système plus juste qu'aux États-Unis mais qu'aussi il aurait dû être plus productif. De plus, les matériaux arrivant du bloc socialiste étaient de mauvaise qualité. Raúl Maldonado se rappelle : « On commençait à remarquer un certain désespoir devant la mauvaise qualité des produits et des machines qu'on recevait d'Europe de l'Est, c'était un reflet de ce qui pourrait se passer à Cuba. »

À Cuba, effectivement, le problème s'installait déjà. Le 11 novembre, le journaliste Severo Cazalis, dit « Siquitrilla », interviewera le Che pour le journal *La Tarde* :

— Pourquoi la qualité des chaussures baisse-t-elle ?

— *Le manque initial de certaines matières premières mais aussi la suppression de la propriété privée ont produit une terrible perte de conscience de la nécessité de la qualité. Mais c'est en voie de résolution et la chaussure en est un exemple immédiat... Vous, par exemple, l'autre jour, vous n'avez pas dit toute la vérité sur les différents prototypes de chaussures. Vous avez dit qu'ils étaient beaux et beaucoup sont très laids*.

Le même jour, le Che qui passait en revue le rapport de l'Institut cubain des ressources minières se laisse aller en parlant de Suárez Gayol, son camarade de guerre, qui *est un des rares à avoir comme qualité fondamentale d'exprimer la foi et l'enthousiasme et de les communiquer aux autres*.

Peut-être est-ce le niveau atteint par les cadres du Ministère qui le réjouit ? Dans un rapport au Conseil des ministres, le Che se félicite de l'équipe qu'il a mise en place : Orlando Borrego, son second, un personnage au caractère austère mais avec une énorme capacité de travail ; Tirso Saíz, un ingénieur chimiste ; le commandant Castiñeiros, qui avait conspiré dans la marine pendant la révolution et avait reçu fonction de vice-ministre de l'Industrie légère ; Mario Zorilla, que le Che considérait comme le cadre le plus prometteur ; le capitaine Angel Gómez Trueba, qui, malgré *sa tendance au commandement militaire et son attitude brusque, est un travailleur enthousiaste et infatigable;* Santiago Riera et Oltuski, transféré au Juceplan.

C'est probablement avec lui-même qu'il est le plus critique : *Parmi tous les défauts que chaque homme possède, les miens sont si évidents et s'expriment sous forme de contradictions violentes si fréquemment qu'il n'y a pas lieu de les analyser.* Quant à son travail ministériel, le défaut le plus grave auquel il devait penser, c'était le fait qu'il faisait toujours primer l'action sur la discussion (la suprématie de la pratique). Face aux dysfonctionnements de l'appareil d'État, le Che bousculait d'abord, questionnait après et ensuite on voyait ce qui se passait. Dans ce rapport, il reconnaît que c'est sur son initiative et sans discussion gouvernementale qu'on a imposé au ministère de l'Industrie la méthode du budget, qu'on a lancé la politique des stimulants, le travail volontaire (ce qui a été critiqué par Fidel) et l'émulation. Si on n'avait pas fait l'économie de la discussion *peut-être aurait-on eu plus de heurts à certains moments mais on aurait pu aussi clarifier les relations.*

En plus, il faut dire que les mauvaises relations entre le ministère de l'Industrie et l'INRA, les deux organismes les plus forts de la révolution, n'ont pas aidé le développement économique du pays et ont même été à l'origine de beaucoup de mauvaises habitudes qu'aujourd'hui nous tentons toujours de corriger. Il parle aussi de conflits avec les ORI et avec la centrale syndicale, la CTC.

Bien que le bilan qu'il fait du secteur de l'Industrie soit très positif (important saut de qualité dans la gestion du Ministère, augmentation record de la production et du développement industriels), le Che perçoit l'accroissement de la bureaucratisation dans l'ensemble de la société cubaine.

Tout au long de l'année, ce thème apparaît dans ses discours, dans ses interventions au Ministère et jusque dans sa correspondance privée : *Votre livre, sur le Laos, a été trituré par les dangereux engrenages de notre machinerie bureaucratique*, écrit-il à Anna Luisa Strong quand il l'invite à venir à Cuba et lui confie combien son livre sur les communes chinoises lui plaît. *Permettez-moi de vous avouer, dans notre pays, la bureaucratie est solide et bien ancrée, elle absorbe les papiers, les couve un temps et les fait parvenir à leur destinataire* (écrit-il encore à Peter Marucci, l'éditeur du *Telegraph* au Canada). *Nous avons copié mécaniquement les expériences de pays frères et c'est une erreur, pas très grave, ce n'est pas une des plus graves mais c'est une erreur qui freine le libre développement de nos forces et contribue dangereusement à l'un des phénomènes qui doit être fortement combattu dans une révolution socialiste : la bureaucratie.*

Il ne connaissait qu'une manière de combattre la bureaucratie : le contact direct, la relation personnelle entre les dirigeants et la base. Nous nous appuyons ainsi sur le témoignage de Lazaro Buria qui, à dix-sept ans, était chargé du magasin d'une entreprise métallurgique et qui, un dimanche, vit apparaître le Che, accompagné d'un groupe de cadres du Ministère. Le Che lui demande :

— *Vous êtes le chef ?*

Il reprend aussitôt :

— *Qu'est-ce qu'il faut faire ?*

— Vous êtes venus travailler ?

— *Oui, c'est une équipe de travail volontaire... Vous êtes le chef ? Bon, allons-y ! Qu'est-ce qu'il faut faire ?*

L'adolescent hésite puis charge le Che de mesurer des tringles de fer et de les compter.

Lors d'une visite aux mines de Matambre pour faire du travail volontaire avec Alberto Fernández Montes de Oca, qui était l'administrateur, le Che décide de descendre travailler dans le puits le plus profond. Sachant que l'asthme est réactivé par l'humidité, Montes de Oca, dès que le Che commence à haleter dans l'ascenseur, lui suggère de remonter mais le Che insiste : *Descendons*. Et, au niveau 42, il reste plusieurs heures à parler et à travailler avec les mineurs.

Pablo, un mineur, est en train de percer la veine à deux kilomètres sous terre lorsque quelqu'un lui touche l'épaule. C'est le Che, qui lui tend la main :

— Non, commandant, elle est trop sale.

Et le Che lui fait l'accolade. Il était sans chemise, avec un pantalon et des bottes de caoutchouc pour la chaleur. Il prend la foreuse électrique, demande comment ça marche et se met à forer pendant quelques minutes puis lui dit :

— *C'est épuisant ; je ne sais pas comment, toi, si petit, tu arrives à manier cet outil.*

Il disparaît ensuite dans l'obscurité, laissant Pablo incertain de ce qui vient de se passer.

L'asthme continue. Fernández Mell, son ami, camarade de guerre et médecin, contrôle ses expériences pour le combattre. Le Che ne trouve toujours pas les facteurs qui déclenchent les crises, bien que certaines causes d'ordre climatique, alimentaire et de contact aient été identifiées.

Il essaye un remède de cheval : « Le Che se mettait de l'adrénaline dans son nébuliseur, cela lui dilatait les bronches. L'adrénaline l'intoxiquait et provoquait des douleurs au ventre et de terribles maux de tête, il prenait en plus un sérum à la cortisone qui est un anti-inflammatoire et buvait beaucoup pour diluer l'adrénaline dans l'organisme. Elle était terrible, et en même temps étrange, cette maladie. Le Che était un baromètre : il pouvait deviner l'arrivée des fronts froids. Et la maladie l'avait marqué physiquement : les sinus frontaux enflammés du Che étaient le produit de ses difficultés respiratoires. »

C'est ce personnage qui inquiétait chaque jour davantage les services secrets américains. Le 30 décembre 1963, un dossier de la sécurité nationale qui circulait chez les cadres supérieurs de l'administration de Lyndon Johnson, soulignait l'augmentation des incitations à la révolution en Amérique latine dans les discours de Fidel, dans les interventions de Radio La Havane et dans les déclarations du Che.

CHAPITRE 33

L'année 1964 : les souterrains de la révolution

Lors d'une apparition à la télévision cubaine, il cultive sa ressemblance avec le comique mexicain Cantinflas comme une façon irrévérencieuse de casser les hiérarchies, 1961.

Au début de 1964, Guevara annonça un plan d'investissements pour l'Industrie de 180 millions, de 18 % inférieur au précédent. Le développement industriel ralentissait légèrement alors que l'accent était mis sur le développement agricole, plus particulièrement sur les infrastructures agricoles comme les routes vers les champs de canne ou les facilités de stockage.

Pour Miguel Angel Figueras, l'un des cadres du Che : « Le gouvernement avait fait le constat qu'un déficit commercial énorme s'était créé avec les pays socialistes et nous avons pensé qu'il fallait le stopper. On est arrivé à la conclusion qu'à court terme la seule façon c'était de mobiliser le potentiel de la production sucrière. » Tandis que le rythme de l'industrialisation baissait en dépit des succès rencontrés, *on créa de nouvelles capacités de travail et on rééquipa les petites et les moyennes entreprises du secteur de la mécanique, ce qui a permis de maintenir nos usines en fonctionnement quand le blocus nord-américain sur les pièces de rechange a fait sentir le plus durement ses effets.* Diminuer le rythme mais maintenir la tension pour corriger les erreurs.

Avec Regino Boti, ministre de l'Économie et secrétaire technique au Juceplan, le Che entretient un conflit permanent en accusant le Juceplan d'être l'antre de la bureaucratie. Sa correspondance avec Boti, avec lequel il polémiquait souvent tout en éprouvant pour lui de l'amitié et du respect, est pleine d'ironie. En octobre de l'année précédente, il lui avait écrit : *Je regrette que mon absence du Juceplan ait empêché toute consultation sur les problèmes de la production. Pour votre information, ni les bateaux de Camagüey ni ceux d'Oriente n'ont souffert du cyclone. Dans le cas d'un quelconque doute dans le domaine de la production ou dans d'autres domaines que je maîtrise (celui de la théorie de la valeur, par exemple) et, que ce soit par téléphone ou par écrit, je reste à votre service.*

Quelques mois plus tard, au début de février 1964, dans une lettre consacrée à un problème technique, il ajoute : *Je vous salue, camarade ministre, avec le cri de combat du Juceplan : Vive la guerre épistolaire. À mort le travail productif.* Le 12 juin, il répond à Boti qui lui demandait d'augmenter le tirage d'une revue médicale *(Revista Médica Panamericana). M'abritant derrière ma petite et peu édifiante expérience de médecin*, je dois dire que cette revue, c'est de la cochonnerie et que *les cochonneries ne remplissent aucune fonction politique.* Il répond, le 17 juin, à la requête d'un particulier que lui transmet Boti : *Les moyens de production de base ne sont pas des marchandises. Si vous avez des amis, trouvez-leur vous-même les moyens d'exploitation.*

À la fin de cette année 1964, le Che qualifiait le Juceplan de désastre à cause de *l'insécurité qu'il y a chaque fois qu'on signe un papier, de savoir si on signe quelque chose d'intelligent ou si on signe une absurdité à cause des systèmes de communication existants.* Cependant, le Che avait de l'estime pour Boti qu'il considérait comme *un type qui tombe bien et qui approfondit les choses, s'en préoccupe et sait mobiliser les gens*. Quand Boti quitta le ministère de l'Économie, au moment de son absorption par le Juceplan sous la direction de Dorticós et s'en alla travailler dans une usine, le Che le félicita.

Cette malice épistolaire ne se limite pas au Juceplan ; un jour il retourna un courrier au ministre des

Relations extérieures, Raúl Roa, avec la note suivante : *Je te rends la saloperie de lettre que tu m'as envoyée pour que tu apprennes qu'on ne peut pas signer quelque chose sans l'avoir lu.*

En plus de son interminable croisade contre la bureaucratie, le Che continuait à promouvoir le travail volontaire. Le 11 janvier 1964, il délivre des certificats de travail volontaire et reçoit celui qui le créditait de ses propres heures de collaboration.

Dans son discours, il souligne que la pression sociale était bonne mais que si on exerçait des pressions sur les gens pour le travail volontaire il perdait évidemment tout sens.

À plusieurs reprises, il est revenu sur le sens de la conscience dans la récompense, l'effort et la punition. Au début de l'année, le journaliste Severo Cazalis *(Siquitrilla)* avait soulevé le thème du camp de travail de Guanahacabibes. À la fin de l'interview du Che, celui-ci lui dit : *Je sais que vous n'êtes pas d'accord avec ce qu'on fait à Guanahacabibes.* Et devant l'absence de réponse, il lui demande : *Ça vous plairait d'y aller ?*

Ce thème était du domaine public, il avait suscité de terribles rumeurs et de sombres résonances ; l'idée de camp de travail était en effet historiquement associée à un euphémisme fasciste ou aux camps de concentration soviétiques. Le Che avait déjà discuté de cette question fréquemment au Ministère, par exemple en 1962, lorsque le directeur d'une entreprise de produits dérivés du cuir avait déclaré qu'on ne pouvait sanctionner personne en l'envoyant à Guanahacabibes sans discuter la sanction dans les organes de base du Parti, et le Che avait répondu que *Guanahacabibes n'était pas une sanction de type féodal. On n'envoie pas à Guanahacabibes les gens qui devraient aller en prison. On n'envoie que ceux qui ont manqué à la morale révolutionnaire en les sanctionnant simultanément par la privation de leur poste. Le travail est dur mais pas inhumain.* Quand il y a un vol, le voleur va en prison et le directeur qui l'a couvert est envoyé à *Guanahacabibes. Les gens que j'ai vus ne sortent pas de là amers et désespérés...* En résumé, *à Guanahacabibes va celui qui veut ; s'il refuse, il quitte le Ministère.*

Guanahacabibes, dont le nom rendait nerveux plus d'un fonctionnaire cubain, était un petit village, Uvero Quemado, au milieu d'un bois dans la péninsule de Corrientes, où il y avait, au milieu du néant, une scierie abandonnée. L'endroit avait été transformé tout d'abord en camp de travail pour les Forces armées, il était aussi utilisé par le ministère de l'Industrie.

En 1964, le Che va de nouveau au camp de travail, accompagné de Siquitrilla. Ils n'y arrivent pas à cause d'une tempête et doivent y retourner un peu plus tard.

— On dirait que nous sommes les seuls à nous acharner à vouloir à tout prix aller à Guanahacabibes, lui dit le journaliste.

— *Non, il y en a d'autres qui semblent aussi acharnés*, répond le Che qui pilote le Cessna.

À leur arrivée, le journaliste découvre une centaine de personnes dans le centre de réhabilitation, tous armés, comme partout à Cuba où la pratique des milices avait rendu normale dans la vie quotidienne la présence de fusils ; mais il n'y a pas de surveillance, ce n'est pas une prison.

Le Che questionne : *Y a-t-il ici quelqu'un qui n'est pas d'accord avec la sentence ?*

Personne ne répond. Ils sont là pour les motifs les plus divers, des étudiants, un commandant, des administrateurs d'industries. À l'arrivée on travaille comme bûcheron avant de passer à des tâches plus élaborées, dans une fabrique de battes de base-ball ou dans un élevage de volailles. Ils mènent une guerre permanente contre les vanneaux qui mangent les semis. Il y a une boulangerie, une école, on produit du miel. Certains se donnent mutuellement des cours. Cette communauté vit en autosubsistance. Tout est construit par ceux qui y travaillent. À côté, il y a un village de charbonniers.

Dans le cas du ministère de l'Industrie, le système fonctionnait de la manière suivante : en cas d'indiscipline ou de faute morale, de fautes dans le travail, le Ministère déterminait la sanction en nombre de semaines ou de mois de travail à Guanahacabibes. Le sanctionné pouvait faire appel, accepter la sanction ou la refuser. La sanction était habituellement accompagnée de la suspension temporaire du travail. À son retour du camp, le puni retrouvait son poste de travail. D'après Borrego : « Le Che insistait pour que, une fois la sanction accomplie, on ne puisse plus rappeler constamment au cadre en question le manquement qu'il avait commis parce que c'était un problème qui avait été résolu. »

Cette idée plaisait au commandant qui avait l'habitude de plaisanter ou de plaisanter à moitié avec son équipe, en la menaçant de « vacances » à Guanahacabibes. Manresa, son secrétaire, avoue que souvent le Che l'avait menacé de l'expédier à Uvero Quemado. Mais c'était un camp de travail particulier : alors que d'un côté le Che se rendait régulièrement au camp les dimanches pour partager le travail avec ceux qui avaient été sanctionnés, Guanahacabibes avait une réputation sinistre parmi les cadres moyens et les cadres de direction du Ministère. Un historien comme Draper, connu pour son antipathie pour la révolution cubaine, assurait que Guanahacabibes était un camp de concentration qui terrorisait les travailleurs. En mars 1964, alors que le Che discutait avec des ouvriers d'avant-garde, il leur demanda qui désirait devenir administrateur : l'un d'eux lui répondit que personne n'avait envie d'aller planter des eucalyptus à Guanahacabibes. Le Che continua à plaisanter en disant que, là-bas, il n'y avait pas d'eucalyptus mais *des moustiques et d'autres choses. Et si on devait y envoyer tous ceux qui se trompaient, il y aurait des gratte-ciel.*

Il existe un témoignage intéressant d'un sanctionné qui y a passé six mois à cause d'un problème amoureux alors qu'il était étudiant boursier en Russie, le dirigeant de la JC, Francisco Martínez Pérez. En discutant avec le Che, il lui dit que cette sanction lui paraissait injuste. Le Che lui demanda s'il lui semblait que cette expérience pouvait l'aider à se former comme révolutionnaire, et l'homme lui répondit que oui, sans doute. À Guanahacabibes, il travaillait comme charbonnier.

En février 1964, le Che revient à la charge dans le débat entamé un an plus tôt sur les divergences entre le modèle industriel soviétique et le modèle cubain, dans un article intitulé : « Sur le système budgétaire de financement. » Son idée était d'exposer simplement les différences qu'on présentait comme *obscures et subtiles*.

Pour les tenants du projet du Che, les entreprises formaient une unité de production tandis que pour les partisans de « l'autogestion financière » à la soviétique, elles constituaient un conglomérat de fabriques qui produisent des choses similaires.

Pour le Che, l'argent était simplement le moyen de mesurer la valeur d'une entreprise, tandis que, pour ses adversaires, l'argent fonctionnait comme un instrument de contrôle, comme une mesure du sens final.

Pour le Che, les normes de production mettaient des limites à la surproduction et quand un ouvrier les remplissait, gagnant en retour un supplément de salaire, il devait se former pour passer à une catégorie de qualification supérieure. Pour les partisans du modèle soviétique, il s'agissait de stimuler économiquement la production, et il n'y avait donc pas de limite au paiement de sursalaires ou à l'incitation à des heures supplémentaires pour ceux qui remplissaient les normes.

Les deux modèles étaient contrôlés par un plan général, mais, alors que dans le schéma du Che, on tendait à la centralisation et à la collaboration entre entreprises, l'autre prônait une décentralisation plus accusée pour favoriser la concurrence.

Le Che considérait que le stimulant essentiel à la production devait être la conscience, le travail volontaire et l'éducation ; pour les autres, ce qui comptait, c'étaient les récompenses au niveau des entreprises et des travailleurs et la distribution des bénéfices.

Le Che précisait : *Nous ne nions pas la nécessité objective de stimulants matériels*, mais ce n'est pas le levier fondamental. Les partisans du « calcul matériel » répondaient que ce type de stimulant se déprécierait devant l'augmentation des biens de consommation mais pour le Che, *stimulant matériel et conscience sont deux termes contradictoires*.

Il insistait : *Le travail doit cesser d'être une nécessité pénible pour devenir un impératif agréable. Les nouvelles relations de production doivent permettre d'accentuer l'évolution de l'homme vers le règne de la volonté.*

Sur la question des prix, le Che disait que ses opposants considéraient que c'est au marché de les fixer à travers une régulation de l'offre et de la demande ; quant à lui, *le ministère du Commerce extérieur se chargerait d'aligner le pouvoir d'achat de la population et les prix des marchandises offertes*, faisant baisser les prix des biens de base et forçant ceux des biens *superflus*.

En résumé, selon le Che lui-même, les vertus de son projet résidaient en une centralisation qui utilise rationnellement les ressources, rationalise l'appareil administratif, épargne la force de travail, unifie en un seul grand système le champ du travail, permet la mobilité sans conflits salariaux et simplifie le contrôle des investissements. Par ailleurs, il pensait qu'*il est encore très difficile de préciser quelles failles proviennent des faiblesses inhérentes au système et lesquelles découlent en substance du stade d'organisation actuelle* (pénuries et problèmes de matières premières, manque de cadres et de techniciens). Marcelo Fernández lui répondit, pour défendre le système de « l'autonomie financière », en utilisant deux arguments : celui de la discipline financière et du contrôle économique qu'elle entraîne et celui de l'amélioration des rapports entre producteurs et consommateurs, de l'amélioration de la qualité et de l'augmentation de la production qu'elle suscite. Les entreprises ne sont pas stimulées à encaisser l'argent de leurs marchandises, sauf si les salaires en dépendent... Fernández argumentait aussi qu'il détenait des registres bancaires qui prouvaient que les entreprises du ministère de l'Industrie se fichaient des transferts économiques, même s'il devait reconnaître que dans le chaos qui caractérisait le pays, les industries de l'INRA faisaient encore pire. Il démontrait que, bien qu'en théorie on ne recourait pas au crédit bancaire dans le « système budgétaire de financement », durant les années 1961 à 1963 les entreprises gérées par les hommes du Che avaient été déficitaires et avaient couvert ces déficits en faisant justement appel au crédit bancaire.

Le Che ne tarda pas à répondre à Marcelo Fernández dans un article pour *Cuoa socialista*, l'accusant de manque de profondeur théorique. *Cela fait longtemps que les partisans de l'autogestion se défendent avec de tels arguments.*

Les remaniements à l'intérieur de l'appareil d'État (destitution du ministre du Commerce extérieur, déplacement de Carlos Rafael Rodríguez de la direction de l'INRA et remplacement de son second, Severo Aguirre, par Curbelo) semblaient indiquer que les positions du Che s'affirmaient. De toute manière, il ne s'agissait que du second round de la polémique.

Le Che poursuivait par ailleurs ses guerres particulières à l'intérieur du ministère de l'Industrie. Le 22 février, au cours d'une réunion du Conseil de direction, il répète encore la nécessité d'étudier : *Jusqu'à ce que nous formions ici une équipe dont on puisse dire : tous ceux qui sont réunis là, au lieu d'être d'illustres improvisateurs comme nous le sommes aujourd'hui, sont maintenant des spécialistes chacun dans sa branche, avec l'université derrière et tout ce qui s'ensuit.*

Mais le thème qu'il trouvait le plus important c'était que *la participation des ouvriers dans la direction des usines, aujourd'hui, est nulle, bien que nous ayons donné une série d'instructions ; chaque fois que je vais dans une usine, je demande comment fonctionnent les assemblées générales de production [...] et l'administrateur de la fabrique me répond :* « Bon, oui, on fait les assemblées tous les mois mais l'ambiance est froide, peu de gens viennent, ils ne participent pas... »

Où est le problème de la participation des ouvriers ? Tout simplement ils vont à ces assemblées par devoir mais ils voient bien qu'on n'y résout rien.

Il voyait une circonstance aggravante dans l'insensibilité des administrateurs. Dans une usine de chaussures de Matanzas qu'il avait visitée, un ouvrier s'était plaint qu'il devait travailler dans un endroit où il y avait beaucoup de poussière et qu'il avait de l'asthme. Le Che, particulièrement sensible à ce problème, en parla au directeur de l'usine qui lui dit qu'il ne pouvait rien y faire parce qu'il ne pouvait pas placer un extracteur d'air ni rien. Comme le Che insistait, l'administrateur répondit : « Il n'a pas d'asthme, il a la tuberculose. » Il n'existe pas de rapport sur le chapelet d'injures que le Che lui sortit.

Le 23 février, le commandant Guevara coupait la canne pour la Centrale Orlando Nodarse avec une brigade du Ministère ; le chauffeur était resté dans le camion à l'ombre. Le Che, en colère, l'interpella :

— *Dis, camarade, et ta machette ?*

— Non, je ne suis pas venu couper la canne, je suis le chauffeur.

— *Écoute, ici, le chauffeur, ça peut être n'importe qui : alors, tu cherches une machette et tu te mets à travailler avec tout le monde ou tu t'en vas tout de suite. Et pour le camion, ne te préoccupe pas, à la limite, je conduirai pour le retour.*

Comme dans toutes les hagiographies, les vies de saints, la version de cette histoire nous est arrivée épurée ; que le lecteur mette dans le texte quelques *canos* et quelques *carajos* et il se rapprochera de la réalité, si on en croit ce qu'a raconté à l'auteur un proche collaborateur du Che.

Le Che continuait à pousser au travail volontaire, à l'émulation et à la compétition fraternelles. Lors d'une coupe de canne, Rosario Cueto, de la direction de la JC au Ministère, accepta son défi et ils formèrent deux équipes. Rosario raconte : « C'est la fois où j'ai coupé le plus de canne de ma vie [...] parce que nous ne pouvions admettre sous aucun prétexte qu'ils nous battent. Tout mon groupe était d'accord. [...] L'émulation, de part et d'autre, était semblable ; nous avons découvert que le Che envoyait de temps en temps un de ses gardes nous espionner et nous nous sommes mis à faire la même chose. Tout le monde était si acharné que je dois reconnaître avec douleur que quand on m'a prévenu que le Che avait une crise d'asthme, j'ai été heureuse parce que ça nous permettrait de prendre l'avantage. D'après les calculs de l'arbitre, ma brigade avait gagné. Le Che l'a accusé de m'avoir laissée gagner parce que j'étais une femme et il voulait prouver que j'avais été avantagée à cause de ça. C'était inadmissible pour moi et une terrible discussion commença. Il semblait être très ennuyé par sa défaite et il accusait l'arbitre d'avoir favorisé notre triomphe. [...] Peu de jours après, il y avait une réunion. Il était question de mettre en place une compétition entre le ministère de l'Industrie et l'INRA et on est venu me chercher de la part du Che. Ils étaient en pleine discussion et il me dit :

— *Je t'ai envoyé chercher, Rosario, pour que tu racontes ce qu'a été l'émulation entre nous.*

« J'étais nerveuse, mais j'ai raconté comment tout s'était passé dans les détails et j'ai avoué ma joie quand il avait eu sa crise d'asthme. Et lui, il était mort de rire en m'écoutant raconter cela. »

Le 20 février, le Che répond à une lettre de María Rosario Guevara de Casablanca et lui dit qu'il n'a aucune idée de quelle partie de l'Espagne pouvait venir sa famille. *Naturellement cela fait longtemps qu'ils sont partis de là, mes ancêtres avec une main devant et une main derrière ; et moi, si je n'ai pas gardé cette position c'est parce qu'elle était incommode. Je ne pense pas que nous soyons des parents très proches, mais si vous êtes capable de trembler d'indignation chaque fois que se commet une injustice dans le monde, nous sommes camarades et c'est ça qui est important.*

Six jours plus tard, il répond à une lettre de José Medero dans laquelle il revient sur les vertus des stimulants moraux : *Opposer l'inefficacité capitaliste à l'efficacité socialiste c'est confondre le rêve et la réalité. C'est dans la redistribution que le socialisme atteint des avantages indubitables ainsi que dans la planification centralisée. […] Vaincre le capitalisme à l'aide de ses propres fétiches auxquels on a enlevé la qualité magique la plus efficace, le profit, me semble être une entreprise difficile* (il se réfère aux stimulants matériels). *[…] Si ce point est très obscur (il est déjà passé minuit à ma montre), cette autre comparaison éclairera peut-être mieux mon idée. Le levier de l'intérêt matériel pour le socialisme, c'est comme la loterie de Pastorita ; il n'arrive pas à faire briller les yeux des plus ambitieux ni à mobiliser l'indifférence de tous les autres. Je ne prétends pas avoir fait le tour de la question ni encore moins avoir prononcé l'amen papal sur ce point et sur d'autres contradictions.*

En mars 1964, la direction révolutionnaire cubaine sera affectée par une nouvelle crise politique. Elle éclatera à cause d'une histoire mineure, le procès fait à Marcos Rodríguez, un membre du PSP qui avait infiltré, durant la révolution, les rangs du Directoire et avait dénoncé à la police de Batista de nombreux militants qui avaient participé à l'assaut contre le palais. Arrêté en 1964 au retour d'un séjour à Prague avec une bourse obtenue grâce à d'anciens membres du PSP, son procès provoqua un terrible affrontement.

L'affrontement se retrouvait de manière elliptique entre *Revolución* et *Hoy*. *Hoy*, l'ancien journal du PSP, ne publia aucune information durant la première semaine du procès. Tel Salomon, Fidel sanctionna les deux ailes du parti, il obligea Blás Roca à publier intégralement dans *Hoy* le discours de Faure, et sortant l'artillerie contre Severo Cazalis, dit « Siquitrilla », il l'accuse d'être « un jaune ». Celui-ci quittera le journal où De la Ossa avait déjà remplacé Franquí. Peu de temps après, deux cadres de la vieille garde communiste, Ordoqui et García Buchaca, seront marginalisés.

Les mémorandums des services secrets américains racontent ces faits en attribuant les divers remaniements ministériels à la nécessité pour Fidel de marquer son indépendance à l'égard des Soviétiques. Le Che, lui, semble être à dix mille lieues de la polémique. Le 10 mars, prenant exceptionnellement un peu de liberté, il va avec Aleida assister à un match de base-ball entre Industriales et Occidentales au Parc latino-américain.

Le 17 mars, il quitte Cuba pour participer à la Conférence de l'ONU pour le commerce et le développement. À Genève, il prononce un discours très agressif : *Nous comprenons clairement, et nous le disons en toute franchise, que l'unique solution correcte aux problèmes actuels de l'humanité, c'est la suppression absolue de l'exploitation des pays dépendants par les pays capitalistes développés.* Il dénonce les différents niveaux de blocus contre Cuba : les États-Unis n'autorisent pas l'importation sur leur territoire de produits manufacturés à partir de produits cubains même s'ils ont été manufacturés ailleurs ; ils ne permettent pas que des marchandises américaines soient transportées dans des bateaux qui auraient transporté des marchandises à Cuba ; ils ont interdit le transfert de dollars à Cuba et établi une longue liste de pressions sur d'autres pays : suspension de l'aide à la France, à la Grande-Bretagne... alors que les relations de Cuba avec la Chine et l'URSS se régularisaient.

L'île paraissait être le foyer sur lequel se concentraient les haines de l'empire.

La fascination que le Che exerce s'étend tant aux amis qu'aux ennemis. Lleras Restrepo, le futur président de Colombie, l'invite à manger, bien qu'une circulaire interdise à la délégation colombienne d'assister à toute cérémonie organisée par un pays avec lequel la Colombie n'a pas de relations.

Le Che profite de son voyage en Suisse pour étudier les contrôles de qualité appliqués dans les usines d'horlogerie et de plastique. Au retour, il fait escale en Algérie.

En avril, on connaîtra les chiffres du Juceplan sur la production industrielle cubaine de l'année précédente. Le Che peut être à l'aise : dans l'Industrie les plans prévus n'ont été réalisés qu'à 84 % mais les coûts ont été réduits de 4 %. Mais un problème l'inquiète particulièrement, c'est le manque de qualité : il l'identifie comme le résultat du manque de respect des administrateurs des entreprises envers la population. Lors d'une réunion du Conseil de direction au Ministère, il distingue parmi les produits ceux dont la qualité baisse par manque de matières premières et ceux qui chutent en qualité à cause de la bureaucratie, du culte du quantitatif, de l'absence de technologie ou du manque de discipline de travail. Il est franchement irrité et se met à sortir des objets et à les disposer sur la table : des poupées difformes *qui ressemblent à des petites vieilles*, un tricycle qui est *une vraie saloperie*, une chaussure qui, parce qu'elle n'a que deux des huit ou dix clous indispensables, perd son talon, une fermeture Éclair — pour braguette de pantalon — défectueuse qui s'ouvre toute seule *(et il y en a 20 000 de la sorte)* et qui est surnommée « Camilo » (à cause de sa réputation de Don Juan), un lit qui perd ses pieds, un shampooing qui ne lave pas les cheveux, des cosmétiques qui perdent leur couleur et de l'ammoniaque qu'il faut filtrer pour le rendre utilisable. La conclusion est tragique : dans les usines on produit des articles dont la qualité décline chaque jour davantage.

Le 9 mai, depuis le ministère de l'Industrie, il s'adresse aux jeunes. Ce ne sera pas un bon discours. Soudain, il se voit dans un miroir et ce qu'il voit ne lui plaît pas : *Ce ministère, qui est réellement froid, qui est assez bureaucratique, un nid de bureaucrates méticuleux et pesants, du ministre jusqu'à l'huissier, constamment en train de se bagarrer avec des tâches concrètes.*

C'est dans les usines que le Che trouve son rythme, son ton. Le 17 mai, il inaugure la fabrique de bougies d'allumage de Sagua la Grande. Quatre années avaient passé entre la négociation de son achat et son inauguration. *Créer la base industrielle d'un pays est un processus lent...* Il s'arrête devant une machine où une femme travaille à faire des anneaux. Il lui demande combien elle en fait et elle lui répond vingt à vingt-deux par minute. La femme s'appelle Angela Martín, le Che s'assied à côté pour la chronométrer, Angela n'arrive pas à tenir le rythme.

— Ça ne compte pas, parce que vous me rendez nerveuse, Che.

Et le Che se place devant la machine pour essayer d'y parvenir, lui. Impossible.

— *Toi aussi tu m'as rendu nerveux.*

En juin, il replongera dans la discussion sur la théorie de la valeur en intervenant dans le débat théorique entre Charles Bettelheim et Ernest Mandel.

Se déplaçant dans les méandres des œuvres marxistes classiques, confrontant des citations à d'autres citations (transformant le marxisme en approche biblique et interprétative où la référence est, chaque fois, moins la réalité que la pensée des « classiques »), le Che centre son intervention sur une seule idée : les conditions de développement des forces productives ne déterminent pas mécaniquement, dans la période de transition, les particularités des rapports de production. Autrement dit, la conscience et la volonté modifient les pressions du marché, les lois de l'économie.

C'est dans cette logique qu'il affronte en juin la centrale syndicale CTC. Pour le Che, *les syndicats doivent aussi comprendre que leur fonction n'est pas de faire des discours ni de se battre à propos de tout avec l'administration, mais qu'elle est précisément de travailler les masses pour les amener vers de nouvelles conceptions du travail.*

La question des salaires et de l'égalité était un point délicat et difficile à résoudre. Déjà, à la fin de 1963, le Che avait dû faire face au problème d'ouvriers qui avaient obtenu des diplômes d'auxiliaires en statistiques et de dessinateurs en mécanique : *N'allez pas penser que je suis si peu courageux que je n'ose pas affronter la classe ouvrière*. Il y avait alors 90 000 salariés et 25 types de classifications salariales : une situation folle, impossible à niveler par le haut à cause des risques d'inflation, et on ne pouvait pas réduire les salaires car ces augmentations avaient été obtenues par les ouvriers après de longues années de lutte syndicale.

Le Che considérait que ce qui était valable pour les ouvriers l'était aussi pour les fonctionnaires. Le 31 août, il écrit une lettre au président de la Commission d'extension universitaire déclarant qu'il se sentait offensé de l'offre qui lui avait été faite d'être payé pour donner une conférence. *Pour moi, il est inconcevable qu'on offre une rétribution financière à un dirigeant du gouvernement et du Parti pour un quelconque travail, de quelque type qu'il soit […]. Ne donnez à ma réponse d'autre importance que celle d'une plainte provoquée par ce que je considère comme une offense gratuite, qui n'en est pas moins douloureuse pour n'être pas intentionnelle.*

Le 11 juillet, à une réunion du Ministère le Che annonce quelques changements. Borrego se retrouvera à la direction du ministère du Sucre qui se séparait de celui de l'Industrie, Suárez Gayol devient vice-ministre du Sucre et Guzmán vice-ministre de l'Industrie primaire. Il renforce le Ministère avec un groupe de conseillers dont Harold Anders, Carlos Franco et Alberto Mora qu'il récupère après son départ du Commerce extérieur et malgré les divergences qu'il avait exposées dans sa polémique avec le Che *(pour qu'il nous démontre que nous nous étions trompés, ce qui ne peut pas être mauvais ou qu'il se montre à lui-même que c'était lui qui se trompait et ça aussi ça ne peut pas être mauvais ; dans un cas comme dans l'autre, on va enrichir une situation qui était assez pauvre)*.

Durant le premier semestre 1964, il a accumulé 240 heures de travail volontaire dans l'Industrie. Pratiquement, il avait travaillé tous les dimanches.

Le 9 août, il joue une partie de base-ball à Santa María del Mar avec l'équipe de Fidel, comme seconde base ; c'est la première fois de sa vie. Le journaliste uruguayen Eduardo Galeano lui reproche d'abandonner le football pour le base-ball : « Traître, vous êtes un traître. Je lui ai montré la coupure de presse du journal cubain où on le voit en train de jouer au base-ball. »

Ils se rencontrent au Ministère. Voici ce qu'en dit Galeano : « Le Che parlait et on avait l'impression qu'il était en train de s'échauffer le sang mais dès que je me mettais à prendre des notes, il contrôlait son enthousiasme. Alors, les yeux fixés sur le crayon qui dansait sur le papier, il préférait les commentaires malicieux et tranchants qu'il laissait échapper, entrecoupés de sourires et de denses bouffées de fumée bleue sortant de ses moustaches épaisses et de sa barbe claire. Quel dommage d'être journaliste. »

De temps à autre, sa fille Hilda l'accompagne au travail, le Che la place devant une pile de livres et lui demande de les lire ; parfois, il se couche sur le sol du bureau pour que la petite lui masse le dos.

Oltuski raconte que, quoique à cette période ils ne travaillaient plus ensemble, « je continuais à ressentir le désir de le voir et, de temps en temps, j'allais à son bureau et nous parlions interminablement. Manresa commandait du café. Lui s'allongeait par terre, sur un tapis, et fumait des cigares. Quand l'air conditionné était en panne, il ouvrait les fenêtres et ôtait sa chemise. Nous refaisions le monde ».

Préoccupé par le problème des vols et des détournements commis par des travailleurs mais aussi par la découverte de fraudes du côté des directeurs d'entreprises et des dirigeants de l'économie, il demande au gouvernement d'être sans pitié pour ceux qui utilisent leur fonction pour voler. Il reviendra à plusieurs reprises sur le thème, notamment sur le petit pillage par manque de surveillance dans les magasins de fournitures des entreprises.

Sa volonté de comprendre les cadres et de leur apporter son soutien n'affaiblissait pas du tout sa fermeté dans les méthodes de direction qu'il utilisait avec les dirigeants du ministère de l'Industrie. Le 12 septembre, il propose un plan, non de promotion mais de « dé-promotion ». Chaque dirigeant du Ministère devait passer un mois à travailler dans une usine dont il avait auparavant assumé la tutelle : *Il s'agit de se retrouver dans une usine pour voir ce que sont les choses que vous signez tous les jours.* Du ministre aux vice-ministres, des directeurs généraux aux administrateurs d'usines, tout le monde devait y passer. Ceux qui passent par la « dé-promotion » ne pouvaient pas faire des rapports, il ne s'agissait pas d'une inspection déguisée sinon *les gens allaient immédiatement commencer à percevoir ces camarades comme des lions affamés.*

On fixa comme règle pour ne pas affaiblir l'appareil de direction que pas plus de 25 % des cadres d'un même niveau ne pourraient y aller en même temps et que si quelqu'un était en stage de « dé-promotion », son second ne pourrait pas le faire simultanément. C'était une initiative personnelle du Che pour le ministère de l'Industrie car *ni les camarades ni le gouvernement dans son ensemble ne sont d'accord avec ce système, qui n'a pas été discuté.* Le plan prit forme en octobre dans un document appelé « Plan spécial d'intégration au travail » où furent précisés les mécanismes.

Lors de la même réunion du Conseil de direction, le Che s'embarque dans une discussion sur la morale, à propos d'une punition à donner à un directeur d'entreprise qui avait séduit sa chef de bureau alors qu'il était marié. L'affaire n'était pas si grave, selon le Che, l'homme en question était en train de divorcer et il ne s'agissait pas d'un cas où un directeur profitait de sa fonction pour promouvoir la femme dont il était amoureux, il n'avait pas non plus utilisé son poste pour harceler cette camarade. Sur ce point, le Che était en avance dans le débat qui allait surgir à partir des justes revendications féministes des années quatre-vingt. Cependant, il n'était pas possible de considérer cette affaire sous le même angle que celui de deux travailleurs simplement amoureux l'un de l'autre. Finalement, comme on en avait fait une telle histoire dans l'entreprise, on avait déplacé le directeur dans une autre usine mais sans le sanctionner. Le Che, lui, considérait que l'acharnement sur de telles questions n'était pas sain. *Personne n'a jamais établi que dans les relations humaines un homme devait vivre avec une même femme tout le temps.* Il pensait que la sanction était extrême et plaisantait en rappelant les relations extraconjugales de Frédéric Engels avec sa servante.

Le 28 octobre, il participe à un hommage à Camilo Cienfuegos. Il regrette que la routine vienne envahir le souvenir des morts, que la commémoration se change en événement disciplinaire et *c'est pour ça que souvent, je me suis personnellement dérobé à la commémoration de la mort de camarades qui avaient eu une signification très importante dans nos vies.* Et il remarque : *L'histoire des révolutions a une grande part souterraine, qui n'est pas exposée à la lumière publique. Les révolutions ne sont pas des mouvements absolument purs ; elles sont réalisées par des hommes et naissent au milieu de luttes intestines, d'ambitions, de méconnaissances mutuelles. Et tout cela, quand tout est surmonté, se transforme en une étape de l'histoire, qui, à tort ou à raison, se tait peu à peu et disparaît.*

Du 4 au 28 novembre, le Che part de nouveau en URSS pour participer aux festivités du 47e anniversaire de la Révolution d'Octobre. C'est le premier contact officiel des Soviétiques avec le Che depuis la crise des missiles. Volonté de réconciliation ? Sans doute est-ce l'intention de Fidel, mais le Che ne peut mettre de côté son esprit critique qui ne cesse de s'affûter. Lors d'une visite d'une usine soviétique qu'on lui présentait comme un modèle, il déclare, selon un de ses camarades de la délégation, que *c'est une usine capitaliste comme celles qui existaient à Cuba avant la nationalisation.* Il remarque des aberrations dans la planification et des duperies dans le système d'émulation parce que les dépassements de production sont déjà planifiés ! Il dira à ses camarades de délégation que les Soviétiques sont dans une impasse économique, avec un système largement dominé par la bureaucratie.

Lors de son séjour en URSS, il est interviewé par le correspondant du journal *El Popular* de Montevideo à propos des élections qui viennent de se dérouler aux États-Unis :

— Que pensez-vous de l'échec de Goldwater ?

— *Je répondrai à cette question par une lapalissade. L'échec de Goldwater signifie le triomphe de Johnson et... vous écrivez ?*

— Oui.

— *Et Goldwater me paraît pire que Johnson mais, pour ce que j'en sais, Johnson, ce n'est pas bien bon. Donc se réjouir parce que le moins mauvais a été élu, c'est avoir une grande capacité de consolation.*

À son retour à Cuba, il racontera à ses camarades de la direction du Ministère une rencontre avec les étudiants cubains à l'ambassade de Moscou : *Quand nous avons commencé à discuter ça a été assez violent, ils avaient une bible, un manuel (déjà que par malheur cette bible n'était pas* Le Capital *mais un manuel), et ils s'empoignaient sous divers angles, y compris avec quelques affirmations dangereusement capitalistes, de celles qui découlent d'une tendance au révisionnisme.* Avec les étudiants cubains, il parle de ses positions à propos des stimulants moraux et du désastre de « l'autogestion à la soviétique » et dit qu'il n'avait jamais eu un auditoire aussi lucide parce qu'ils comprenaient d'autant mieux la question qu'ils la vivaient. Dans le système soviétique, *il n'y a aucun lien entre les masses et les dirigeants*. Il arrivera à une conclusion brutale : *Quoiqu'on en dise, le bloc occidental des pays européens avance à un rythme supérieur à celui du bloc des pays des démocraties populaires. Pourquoi ?* Parce que au lieu d'aller au fond des choses, on en était revenu à la stimulation morale, à la concurrence, aux salaires différenciés *(les directeurs gagnent toujours plus)*.

J'ai eu là, à Moscou, quelques bagarres... parce qu'il semble qu'il avait appris la rumeur que les Russes faisaient circuler, selon laquelle il était trotskiste.

Le commandant Guevara disait à ses camarades : *J'ai exprimé des opinions qui peuvent être plus proches de la partie chinoise [...] et auxquelles peut se mêler du trotskisme. Les Russes disent que les Chinois sont fractionnistes et trotskistes et ils m'ont aussi fait porter le même san-benito*. Dans un voyage officiel, il représente le gouvernement, *je suis discipliné et je représente strictement la position du gouvernement*. Et sans doute, au sein du gouvernement cubain, malgré la position officielle de neutralité dans le conflit sino-soviétique *(neutralité absolue, ne nous mêler en rien à la polémique sino-soviétique)*, il y avait de fortes tendances prosoviétiques (Franquí se rappelle qu'en janvier Raúl s'était fâché avec lui et le Che, en les traitant de pro-chinois).

Le résultat de ce voyage, c'est que le Che commence à réviser lentement ses positions à l'égard de Trotski et du trotskisme : *L'opinion qu'il faut détruire à coups de bâton, c'est celle qui a l'avantage sur nous. Il n'est pas possible de détruire les idées à coups de bâton, c'est précisément ce qui tue le développement de l'intelligence. [...] Il est clair qu'on peut tirer une série de choses de la pensée de Trotski*... Quelles choses ? Il ne le dira pas. Il pensait qu'il fallait retourner aux prétendues hérésies du marxisme et les revoir sans préjugés, mais le Che n'avait pas eu d'autre contact avec la pensée de Trotski ou celle de l'anarcho-syndicalisme ou celle du conseillisme ou d'un quelconque autre versant de la gauche révolutionnaire européenne de la première moitié du XXe siècle, que celui qu'il avait pu tirer des versions données par la bureaucratie triomphante stalinienne.

De retour à Cuba, le 30 novembre, le Che se rendra dans la partie orientale de l'île pour inaugurer un combinat industriel pour lequel, en privé, il exprimait de l'irritation *(« le formidable » combinat est en fait une petite boutique de plus, en retard sur le plan technique)*. À cette cérémonie participent les familles des combattants assassinés pendant la résistance civile, ce qui l'émeut. Son discours est brillant, il passe en revue l'histoire de l'insurrection de Santiago quand ils sont arrivés avec le *Granma*, l'importance de la ville dans la révolution et la dette que la révolution a contractée auprès d'elle. Il termine en se félicitant de ce que la nouvelle usine va produire des objets utiles pour la population : des vis, des écrous, des rondelles métalliques, des couverts de table...

Le Che en profite pour donner un bref aperçu de la situation en Amérique latine mais aussi au Congo. Et c'est là qu'il prononce la phrase qui restera gravée pour toujours dans de nombreuses mémoires grâce à un documentaire de Santiago Alvarez : nous voyons un Che avec des sourcils plus protubérants que d'habitude, qui a perdu son accent et parle une espèce de cubain adouci par une bonne diction, sur lequel se greffe de temps à autre quelques structures syntaxiques argentines ou mexicaines. Le Che n'est pas un bon orateur, il ne l'a jamais été, son charisme se trouve ailleurs, pas dans un discours prononcé devant un micro. Il abuse des lieux communs. Il est étonnamment lent, il ne gesticule pas, ça n'en fait pas un orateur concentré sur sa phrase, il a l'air d'être en avance sur elle, plongé dans les idées qui vont la suivre. Soudain, une étincelle, parlant de l'assassinat de Lumumba : ... *à l'impérialisme, on ne peut pas se fier...* — il doute une fraction de seconde, se reprend, sourit — *même pas un tout tout petit peu [tantito]...* Un geste de la main indique la mesure, un clin d'œil, son « mexicanisme » se dissout comme s'il en avait honte.

Quand il parle de la future récolte de la canne, il est joyeusement sifflé par les femmes, à juste titre, et est obligé de corriger : *Naturellement, dans les travaux de coupe en général, les femmes n'ont pas un bon rendement...* (sifflements et exclamations) *en général, dis-je, en général. Un bureaucrate non plus n'a pas en général un bon rendement mais nous allons aussi couper la canne et nous apportons ainsi notre petite pierre [...], nous, les bureaucrates, nous couvrons nos frais, nous payons la nourriture consommée par notre travail. Je crois que les femmes peuvent aussi faire cela et sinon aider à beaucoup d'autres tâches.*

Le 5 décembre, réunion de nouveau au Conseil du ministère de l'Industrie. Il semble cette fois, comme jamais, avoir des dizaines de thèmes à aborder avec ses hommes et ses femmes de confiance. Il s'excuse car il revient à peine d'un voyage pour repartir tout aussitôt et ne va pas pouvoir faire l'analyse de ce qui s'est passé au Ministère au cours de 1964. *Pour l'avenir, tous les nouveaux investissements seront de nature à ce que la productivité du travail corresponde aux normes mondiales, [...] précisément le contraire de ce que nous avons fait jusqu'à maintenant où chacune des implantations industrielles que nous avons inaugurées sont des entreprises mécaniques et [...] chimiques aux technologies obsolètes, qui apportent peu à la productivité moyenne du pays.* Et surtout, *sacrifier ce qu'il faut sacrifier* pour obtenir la sécurité et l'hygiène dans le travail, élément qu'on avait négligé dans la bataille de la productivité. Dans un document de la même époque intitulé « Tâches fondamentales pour 1965 », ce thème est placé dans les priorités à côté des contrôles de qualité, de la qualification professionnelle, de la maintenance et de la fabrication des pièces de rechange.

Il prévient de nouveau des dangers de la bureaucratie et de l'une de ses nouvelles variantes qu'il qualifie pour plaisanter de « volante » : *Les choses ne dorment plus dans les tiroirs mais elles dorment dans un mouvement continuel qui est un système spécial de sommeil dans lequel elles sont transférées et déplacées et différées […], elles vont et viennent, et quand on les cherche elles sont dans un autre département et elles ne sont jamais résolues.*

Peu après, il donne une définition des cadres de direction de la révolution qui ressemble de façon manifeste à un autoportrait mais il le nie : *Ce n'est pas mon cas,* dira-t-il, mais *la vie d'un dirigeant de la révolution au niveau de la direction nationale est […] une vie qui, si elle n'avait pas la compensation de voir l'œuvre qui se construit […], serait réellement décevante. C'est le prix à payer, je crois, dans les conditions actuelles […]. Mes enfants disent papa aux soldats qui sont là, qu'ils voient tous les jours […]. Une vie comme celle que nous menons est une vie qui nous consume […]. Nous pouvons user la machine de telle manière que pendant cinq années elle rende le maximum et qu'elle se brise à la sixième […]. Même si on voit que les cadres sont fatigués, jamais personne, moi du moins, n'a dit à quelqu'un « Repose toi. » Trop souvent, nous laissons prendre racine au sentiment d'autoconservation qui découle de l'idée fausse de notre importance future. Et il conclut : Il faut abandonner une conception fausse de notre responsabilité qui nous amène à vouloir nous sauver pour le futur*. Est-ce un avertissement ? Le Che annonce qu'il ne compte pas se sauver.

Le 9 décembre, il s'envole pour New York pour prendre la parole à l'Assemblée générale de l'ONU.

CHAPITRE 34

À nouveau, l'Amérique latine

Avec Jorge Ricardo Masetti, fondateur de l'agence de presse Prensa Latina à qui l'unissait une très forte amitié. Avec Masetti, il imagina un projet de guérilla en Argentine qui conduisit le journaliste à la mort.

Au long de ces dernières années et en parallèle avec ses tâches de ministre de l'Industrie et les débats liés à la survie politique et économique de la révolution cubaine, Ernesto Guevara a développé dans l'ombre une série d'activités peut-être plus proches de ses objectifs personnels et de sa vocation de révolutionnaire (comme il l'écrit à Sabato en 1960 : ... *si les circonstances nationales et internationales ne m'obligent pas de nouveau à empoigner un fusil, perspective que je dédaigne en tant que gouvernant mais qui m'enthousiasme en tant qu'homme qui aime l'aventure*). Activités d'organisation d'infrastructures et de groupes, de préparation des conditions pour lancer un mouvement armé dans la cordillère des Andes, dont il dira en octobre 1962 *qu'elle était appelée à devenir la Sierra Maestra de l'Amérique*. Les centres de ces préparatifs sont principalement l'Argentine (où, après la chute de Frondizi, se succèdent les coups d'État militaires) et le Pérou.

Dans quels discours, dans quelles notes, dans quelles chroniques journalistiques, Ernesto Guevara a-t-il pu mettre en ordre, plus que des idées, des projets précis pour une future révolution latino-américaine ? Si ces écrits existent, ils doivent encore se trouver dans l'énorme réserve de matériau que sa veuve Aleida March et le gouvernement cubain n'ont pas rendue publique. Ce dont il reste par contre de larges traces, ici et là, au début des années soixante, c'est de son absolue conviction que la révolution cubaine n'est qu'un premier pas dans la future révolution en Amérique latine.

Le 9 avril 1961, il avait publié « Cuba, exception historique ou avant-garde de la lutte anticolonialiste », peu avant la baie des Cochons. C'était un article qui expliquait les variantes cubaines des théories marxistes orthodoxes sur la révolution comme tâche de la classe ouvrière et dans lequel il exposait pour la première fois sa thèse sur ce que serait la seconde vague latino-américaine : essentiellement la lutte armée, sous forme d'une guerre paysanne qui avancerait vers les villes, une réponse armée à la misère, aux abus, aux dictatures et aux injustices du continent.

Dans ce scénario, il prévoyait une intervention des États-Unis quasi immédiate, définitive et sanglante, il voyait les luttes électorales comme une voie pas absolument fermée mais extraordinairement loin d'obtenir des victoires, sans *mésestimer le potentiel révolutionnaire d'un processus électoral.* Il reviendra sur ce thème dans un écrit de 1962 rédigé pendant la crise des missiles, « Tactique et stratégie de la révolution latino-américaine », où il passait en revue les « formules limitées » du changement : *Quelque avancée électorale par ici, deux députés, un sénateur, quatre municipalités ; une grande manifestation populaire dispersée à coups de fusil ; une élection perdue pour moins de voix que la précédente ; une grève qu'on gagne, dix qui sont perdues ; on avance d'un pas, on recule de dix. […] Pourquoi dilapider les énergies populaires ?*

Dans ces mêmes textes, le Che déconsidère l'insurrection et la guérilla urbaines comme méthodes de lutte, facilement victimes de la délation, mais sans les exclure totalement *(nous n'oserions pas affirmer qu'elles ne sont porteuses que d'échecs).*

Ce qui semble clair c'est que le Che percevait qu'il y avait un chemin qui se dessinait à partir de l'expérience cubaine et que le moment approchait. Les tensions accumulées sur le continent pouvaient trouver une issue révolutionnaire, si quelqu'un leur en offrait l'occasion. Il dira aussi dans l'article de 1962 : *Une nouvelle conscience se répand en Amérique [...], la certitude de la possibilité du changement. Et les machettes, nombreuses, s'affûtent sur le continent.*

À partir de la fin de 1962, et peut-être même avant, le Che commence à consacrer une partie importante de son temps à ce projet, simultanément avec ses tâches au Ministère. Il participe à la création au sein du ministère de l'Intérieur d'une organisation appelée par quelques-uns « Libération », coordonnée par le vice-ministre Manuel Piñeiro, et qui recevait ses orientations politiques du Che et de Fidel. « Principalement du Che », confiera lors d'une interview l'un des cadres qui collaboraient à cette structure. La mission de « Libération » ne touchait pas à des tâches de renseignement mais à la réalisation de « missions opérationnelles » d'appui et de solidarité avec les groupes révolutionnaires latino-américains.

Au-delà des collaborations avec des groupes comme les Nicaraguayens qui commencent alors leur affrontement armé contre la dictature de Somoza et qui se transformeront plus tard en Front sandiniste, le Che focalise son attention sur la cordillère des Andes.

À la fin de 1962, il avait des conversations à La Havane avec des révolutionnaires péruviens, dont Hector Béjar et le poète Javier Heraud, sur la possibilité d'ouvrir un front de guérilla qui appuierait, dans la zone des vallées de la Convention, l'étonnant travail de Hugo Blanco, qui après avoir dirigé une puissante lutte paysanne locale dans l'une des zones du pays les plus frappées par la misère, se trouvait en fuite, accusé de l'attaque d'un commissariat de police. La coordination pratique de l'opération était à la charge de Manuel Piñeiro depuis le ministère de l'Intérieur.

Il fut décidé que la pénétration dans la zone des opérations de la future guérilla se ferait par la voie géographiquement la plus courte, à travers la frontière bolivienne, même si le Che doutait qu'une ligne droite à travers des kilomètres de forêt vierge soit la voie la plus indiquée. On raconte qu'il dit à Béjar que la CIA devait être au courant de l'opération et suggéra : *À ta place, j'entrerais par l'aéroport de Lima.* Pour collaborer avec les Péruviens, on fit appel au Parti communiste de Bolivie qui aida à constituer un réseau d'appui. Firent partie de ce réseau Luis Tellería, membre du Comité central du Parti, ainsi que des jeunes de la JC, comme Julio César Méndez (El Ñato), Orlando Jiménez, Loyola Guzmán. Le groupe de combattants péruviens pénétrera en Bolivie le 9 janvier 1963. Il y a une conjonction de situations qu'on pourrait avec condescendance qualifier d'étrange, comme la cécité volontaire du gouvernement du MNR de Paz Estensoro en Bolivie qui, en conflit avec la dictature militaire péruvienne, faisait semblant de ne pas voir que se préparait sur son territoire un mouvement armé contre le pays voisin, ou comme les réticences des partis communistes qui n'étaient pas très attirés, dans leur éternelle logique sectaire, par la solidarité avec quelqu'un taxé de trotskisme, comme le dirigeant paysan Hugo Blanco. Finalement, après avoir changé plusieurs fois leur point de pénétration au Pérou et divers retards, le groupe traversera la frontière par la zone de Puerto Maldonado.

La police péruvienne, alertée, repousse aussitôt les guérilleros. On échange des tirs. Javier Heraud meurt dans une situation confuse. L'opération est annulée et les survivants péruviens se replient vers la Bolivie. El Ñato (Julio César Méndez) guide une partie du groupe à travers la forêt bolivienne du Béni.

Parallèlement à la tentative de l'ELN péruvien d'établir un foyer de guérilla, il semble que le Che avait collaboré avec un intérêt extrême dans une opération coordonnée par l'un de ses rares amis intimes, le journaliste argentin Jorge Ricardo Masetti, une opération dont il commence à parler dès la fin de 1961.

Avec Piñeiro et le Che, Masetti organisa l'opération « Seconde Ombre » pour préparer un foyer de guérilla en Argentine. À l'automne 1962, Masetti retourne en Algérie où il avait collaboré avec la révolution pendant les deux années précédentes. Là-bas, après une discussion avec le Che, il commence un entraînement à la tactique de la guérilla urbaine, avec cinq membres de son groupe. « Il va déjà y avoir quatre mois et demi que nous attendons, avec une anxiété contrôlée mais qui nous dévore, le moment de passer notre examen », écrivait Masetti à sa femme au début de 1963.

Au printemps 1963, Masetti et ses compagnons partiront pour le Brésil avec des passeports diplomatiques algériens, comme membres d'une délégation commerciale. Ils traversent la frontière bolivienne, aidés à nouveau par des activistes de la JC bolivienne et en septembre ils arrivent en Argentine.

Il semble que le groupe porte le nom d'« Armée de guérilla du Peuple » (EGP), Masetti prend le pseudonyme de « Commandant Segundo » en mémoire du personnage de la poésie populaire argentine, le gaucho « Segundo Sombra » (Seconde Ombre). On dit que le Che appartenait comme « membre honoraire » à l'EGP et qu'il avait choisi comme pseudonyme Martín Fierro. Fidel, bien des années plus tard, confirmera que les efforts du Che dans cette opération allaient nettement plus loin que sa présence honoraire, qu'il s'agissait de « son » opération et on peut en déduire, selon le témoignage de plusieurs de ses camarades, qu'il avait prévu dans un deuxième temps de rejoindre le groupe. Dans le groupe de départ, aux côtés de Masetti, on trouvait deux Cubains, le capitaine Hermes Peña, qui fit partie pendant des années de l'escorte personnelle du Che, et Alberto Castellanos, qui fut son assistant et son chauffeur. On parla aussi du commandant Oscar Fernández Mell, un autre ami intime du Che, comme l'un des participants possibles au groupe mais, par la suite, on l'écarta du projet.

Ce n'est pas un hasard si chacune des deux guérillas, la péruvienne et l'argentine, commencent à opérer dans le courant de 1963. Elles faisaient sans aucun doute partie du « projet andin » que le Che avait élaboré.

Le 21 juin 1963, l'EGP s'installe dans une ferme appelée « Emboraza » et s'entraîne dans les provinces de Salta et de Jujuy, une zone que le Che avait parcourue en moto dans sa jeunesse. Un des survivants de la guérilla de l'EGP raconte en parlant de Masetti : « Il ne parlait jamais de sa vie personnelle. Nous savions qu'il avait une femme et des enfants parce qu'une fois il les avait mentionnés. Une fois, il a parlé de Masetti comme d'une autre personne. Mais j'ignorais que c'était lui et les photos qu'on m'a montrées après n'avaient que peu à voir avec lui. Quand je l'ai connu, il avait une grande barbe noire, presque bleue. Ce n'était pas simple de le tutoyer : il était imposant. » L'apparition du premier manifeste de l'EGP se produit à un mauvais moment politique, l'Argentine était alors dans une courte période civile après l'élection du président Ilía, élection dont les péronistes avaient été exclus.

En juillet arrive en Bolivie un homme qui était intimement lié aux projets latino-américains du commandant Guevara. Sa mission est de préparer un réseau d'appui frontalier pour les Argentins, il s'agit du capitaine du ministère de l'Intérieur cubain, José María Martínez Tamayo, aussi connu sous le nom de Papi ou de Ricardo. Son groupe d'appui était, une fois de plus, composé de militants de la Jeunesse communiste bolivienne comme les frères Roberto (Coco) et Guido (Inti) Peredo, Rodolfo Saldaña et Rodolfo Vázquez Viaña.

En août 1963, Luis de la Puente Uceda, dirigeant de la gauche de l'APRA péruvien, arrive à La Havane après sa sortie de prison et après avoir fondé le Mouvement de la gauche révolutionnaire (MIR), influencé par la révolution cubaine. Il avait été en exil au Mexique pendant les années cinquante, en même temps que le Che, et avait été un ami de sa première épouse Hilda Gadea, pourtant, curieusement, ils ne s'étaient jamais rencontrés. Il ne fait pas de doute qu'au cours de l'année 1963 il a dû discuter avec le Che de son projet de relancer la guérilla contre la dictature au Pérou sur la base d'une évaluation des expériences de Hugo Blanco. Dans une lettre écrite deux ans plus tard, le Péruvien décrivit les concepts clés en accord avec les idées du Che : une bataille continentale avec les pays les plus développés comme arrière-gardes, le Mexique, le Chili, l'Uruguay, l'Argentine. La connexion plus qu'idéologique des projets est inévitable.

En septembre 1963, Martínez Tamayo retourne à La Havane après avoir installé le réseau d'arrière-garde bolivien comme appui aux Argentins, Inti Peredo l'accompagne à l'aéroport de La Paz. L'impression qu'il emporte de ce petit groupe de collaborateurs est excellente, ce qui n'est pas le cas de l'appareil du Parti.

Entre-temps, la guérilla de Masetti se trouve dans une phase préliminaire aux combats : réalisation d'un travail politique avec les paysans de la région et entraînement physique. Masetti écrit à sa femme : « Nous avons, pour l'instant, parcouru plus d'une centaine de kilomètres sur la carte, bien que dans la réalité cela fasse beaucoup plus. Notre contact avec le peuple est à tout point de vue positif. Nous apprenons beaucoup des paysans et nous les aidons autant que possible. Mais le plus important, c'est qu'ils désirent se battre... Nous sommes dans une région où la misère et les maladies atteignent le maximum et même le dépassent. Il règne ici une économie féodale... Qui vient ici et ne s'indigne pas, qui vient ici et ne se soulève pas, qui peut aider quelqu'un d'une manière ou d'une autre et ne le fait pas, est une canaille... »

Les premiers jours de 1964, le poète argentin Juan Gelman, membre du jury du concours littéraire de la Casa de las Américas, apporte un message pour le Che de la part de Masetti qui lui avait été transmis à Buenos Aires par Ciro Roberto Bustos (connu comme le lieutenant Laureano ou El Pelado), membre du réseau urbain de l'EGP. Le Che le reçoit un matin dans son bureau du ministère de l'Industrie.

— J'apporte un message du lieutenant Laureano, il paraît que c'est le commandant Segundo de l'EGP qui l'envoie.

Le Che réagit avec une grande froideur, chose rare de sa part face à un poète.

— *Je ne sais pas qui est le lieutenant Laureano, ni le commandant Segundo, ni l'EGP, ni rien de ce que vous me racontez.*

— Nous allons supposer qu'il y a une armée de guérilleros à Salta, nous allons supposer que c'est le commandant Segundo qui la dirige, nous continuons à supposer qu'il existe un lieutenant Laureano de l'EGP qui m'a donné un message et que celui-ci est...

« Le Che fit un sourire moqueur. On ne revint plus du tout à cette question mais cependant il se mit à parler des difficultés de la lutte urbaine, de la difficulté de supporter la clandestinité, la menace de la torture... Soudain, il se mit à parler des PC argentin et bolivien, racontant que ces partis communistes envoyaient des armes à l'EGP et les faisaient payer. Le Che trouvait ça drôle. »

En mars 1964, un fait nouveau se produit dans cette affaire, le Che reçoit dans son bureau du Ministère à La Havane une jeune femme d'origine germano-argentine, Tamara Bunke, dite Tania, qu'il avait vaguement connue comme traductrice en décembre 1960 lors de son voyage à Berlin et qui, par la suite, avait été recrutée par les services cubains et soumise à un entraînement aux techniques d'espionnage pendant un an. Le Che parle longtemps avec Tania de la situation prérévolutionnaire en Amérique latine et finalement lui explique l'objectif de sa mission : « S'installer en Bolivie où elle devra établir des relations à l'intérieur des forces armées, de l'aristocratie locale et du gouvernement. Il l'avertit que sous aucun prétexte elle ne doit entrer en contact avec la gauche bolivienne, aucun contact, et elle doit attendre un contact direct de La Havane. » Un membre des services secrets cubains assiste à cette conversation, un homme qui sera aussi une pièce maîtresse de l'histoire et qui est connu indistinctement sous les pseudonymes de Iván et Renán ; c'est un ancien combattant de la révolution, José Monléon.

Le 9 avril 1964, Tania quitte Cuba. Mais Tania n'était qu'une des pièces d'un casse-tête complexe que le Che était en train de construire dans sa tête et qui n'était pas nécessairement infaillible et réalisable. Qui était l'homme ou la femme qui joua un rôle similaire à celui de Tania en Argentine ? Comment était prévue la future liaison entre les mouvements armés du Pérou et de ceux d'Argentine ? Quel rôle le Che réservait-il aux jeunes communistes boliviens ? Quel rôle se réservait-il à lui-même ?

La destruction de la guérilla de Masetti en avril 1964 modifiera tous les plans. Le groupe est infiltré en mars par la gendarmerie argentine et, lors d'un accident provoqué, « Diego » est blessé, ensuite le campement où se trouvent les provisions et quatre guérilleros tombe. Traqués et affamés, les guérilleros errent dans une zone semi-désertique. « Antonio » meurt dans un précipice. Le 18 avril, une partie du groupe est capturée. Quelques jours après, Hermes Peña et « Jorge » meurent au combat ou sont pris et exécutés. Trois autres combattants meurent de faim après s'être perdus. Le reste, dispersé, est peu à peu capturé par les forces de police. Parmi les prisonniers se trouvait Castellano qui garde sa couverture d'étudiant péruvien jusqu'à sa libération en décembre 1967.

Le romancier Rodolfo Walsh, collègue de Jorge Ricardo Masetti à l'agence de presse Prensa Latina, écrira : « Masetti ne réapparut jamais. Il s'est dissous dans la forêt, dans la pluie, dans le temps. Dans un endroit inconnu, le cadavre du commandant Segundo empoigne un fusil rouillé. Il est mort à trente-cinq ans. »

Quand le Che apprit-il la destruction de la guérilla de Salta ? Pourquoi refuse-t-il d'accepter la mort de son ami ? Au cours de l'année qui suit, il s'entretiendra avec des dizaines de personnes, dépêchera messagers et messages, organisera des recherches infructueuses, pour essayer de retrouver au moins le corps de Jorge Masetti, le commandant Segundo.

Quand, à la fin de l'année 1964, le Che s'envole pour les États-Unis, le projet argentin a échoué, le Pérou se trouve sous le joug d'une terrible répression et le destin de la guérilla du MIR est des plus incertains. Apparemment, le projet andin du Che est désarticulé. La situation de la lutte armée dans d'autres parties de l'Amérique latine n'est pas meilleure : la guérilla vénézuélienne sombre dans l'échec politique, des coups d'État militaires se sont produits au Brésil et en Bolivie ; quant à la Colombie, la révolution agraire est resté isolée en Marquetalie.

Les chemins paraissent tous temporairement fermés.

CHAPITRE 35

La redécouverte de l'Afrique

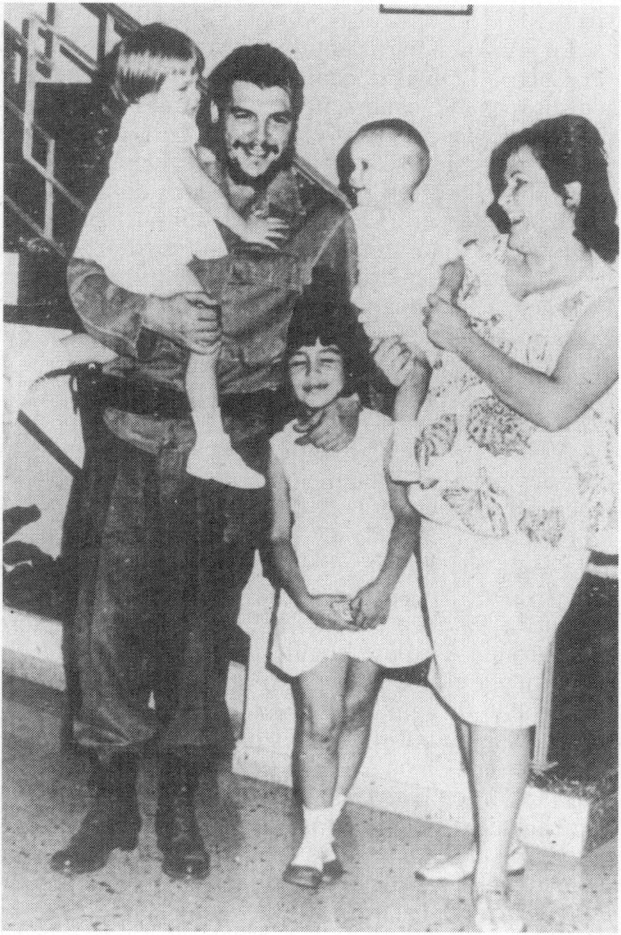

1963, en famille.

Le jour où il partit pour New York pour représenter Cuba à l'ONU, le commandant Ernesto Guevara n'avait pas de chaussettes. Ses vieilles chaussures étaient pleines de trous et sa carte de rationnement ne lui donnait pas droit à une autre paire avant un mois. Il ne lui serait pas venu à l'esprit de demander une nouvelle paire ; à la place, il utilisait des bottes hautes. Grâce au mouchardage d'un membre de son escorte, on lui en trouva une nouvelle paire et on l'obligea à les accepter. Ce qu'on ne réussit pas à faire, c'est à améliorer son uniforme vert olive qui était un véritable désastre parce que le pantalon, à force d'être lavé, avait une couleur différente de celle de la chemise.

À New York, le Che ne perdait pas ses habitudes et on pouvait le voir jouer aux échecs avec le policier américain qui gardait la porte de la délégation cubaine à l'ONU, au n° 6 de la 67e Rue Est. Il se déplaçait en ville avec une escorte minimale malgré les menaces qui pesaient sur sa personne. Ainsi, on avait arrêté devant le bâtiment de l'ONU une femme, membre d'un groupe d'exilés cubains, armée d'un pistolet et, alors qu'elle déclarait que son objectif était d'abattre le Che, elle fut remise en liberté. Quelques nuits plus tard, le Che fut informé, pendant qu'il était au cinéma, que la femme en question se trouvait devant la porte ; Guevara dit en plaisantant à un des hommes qui l'accompagnaient que *ce serait véritablement romantique de mourir des mains d'une femme*. Il quitta le cinéma en marchant vers elle et on dit que, d'un geste dominateur, il l'arrêta. En vérité, s'il y avait un peu de cela, il y avait aussi que les accompagnateurs du Che encerclèrent la femme et l'empêchèrent d'agir.

Le 11 décembre, il prend la parole devant l'Assemblée de l'ONU. Son discours est un grand règlement de comptes de la révolution cubaine avec les États-Unis et les dictatures latino-américaines. Il s'agit peut-être de son intervention la plus claire et de l'un des meilleurs discours de politique internationale de la gauche révolutionnaire dans les années soixante.

Après avoir déclaré que les vents du changement soufflent de toutes parts, il déplore que *l'impérialisme, et en particulier l'impérialisme américain, prétende nous faire croire que la coexistence pacifique est à l'usage exclusif des grandes puissances du monde*. Et de faire la liste : agressions contre le royaume du Cambodge, bombardements au Viêt-Nam, pressions turques sur Chypre, agressions contre le Panama, emprisonnement de Pedro Albizu à Porto Rico, manœuvres pour retarder l'indépendance de la Guyane britannique, apartheid en Afrique du Sud, intervention néo-coloniale au Congo à laquelle il consacre une bonne partie de son discours, plaçant au milieu une phrase emblématique *(tous les hommes libres du monde doivent être prêts à venger le crime commis au Congo)*. Après avoir exprimé son soutien à la demande de désarmement nucléaire, un des objectifs centraux de la conférence, il règle les comptes en recensant les agressions récentes contre Cuba et l'interdiction américaine de vendre à Cuba des produits pharmaceutiques. Il propose un plan de paix dans les Caraïbes qui comprend le démantèlement de la base américaine de Guantánamo, l'arrêt des vols, des attaques et des infiltrations de saboteurs organisés depuis les États-Unis et la cessation du blocus économique. Pour donner une idée de l'ampleur des agressions, il cita le chiffre de 1 323 provocations de tout type perpétrées en un an depuis la base de Guantánamo.

Il souligne l'appui des États-Unis aux dictatures latino-américaines et leur intervention indirecte au Venezuela, en Colombie et au Guatemala pour lutter contre les guérillas. À mille lieues du discours en usage alors sur la coexistence pacifique, le Che lance un défi et une menace : *Notre exemple portera ses fruits sur le continent.*

Son intervention, en plus de la réponse académique d'Adlaï Stevenson, provoque la colère des délégués du Costa Rica, du Nicaragua, du Panama, du Venezuela et de la Colombie.

Quelques heures plus tard, il remonte à la tribune, usant de son droit de réponse. Là, le Che dévoile toute sa valeur de polémiste et administre une raclée aux délégués, d'abord à ceux du Costa Rica pour ignorer la présence d'une base anticubaine dirigée par Artime sur leur territoire, à partir de laquelle s'organise la contrebande du whisky ; ensuite, à ceux du Nicaragua : *Je voudrais dire au représentant de ce pays que je n'ai pas très bien saisi toute la portée de son argumentation à propos des accents (je crois qu'il s'est référé à Cuba, à l'Argentine, à l'Union soviétique). Mais, quoi qu'il en soit, j'espère que le représentant du Nicaragua n'a pas entendu un accent nord-américain dans mon discours car ce serait dangereux. En fait, il se peut que, dans mon accent, on ait entendu un son argentin : je suis né en Argentine ; ce n'est un secret pour personne. Je suis Cubain mais je suis aussi Argentin et sans offenser l'illustrissime seigneurie d'Amérique latine, je me sens patriote de tous les pays d'Amérique latine. Au moment où ce sera nécessaire, je serai prêt à faire le sacrifice de ma vie pour la libération de n'importe quel pays d'Amérique latine sans rien demander à personne, sans rien exiger et sans exploiter personne. C'est dans cette disposition d'esprit, et pas seulement la mienne comme représentant transitoire du peuple cubain, que je me présente devant cette assemblée. C'est là l'état d'esprit du peuple cubain tout entier.*

Ensuite, il attaque Stevenson, qui s'était retiré de l'Assemblée, lui démontre qu'il ment quand il nie l'existence d'un embargo sur les produits pharmaceutiques, lui signale que c'était de la démagogie de donner l'asile aux envahisseurs de la baie des Cochons *(les États-Unis étaient prêts à offrir l'asile aux personnes qu'ils avaient eux-mêmes armées)*. Il lui rappelle qu'il a affirmé que les avions qui ont attaqué Cuba durant la bataille de la baie des Cochons venaient de Cuba alors qu'il s'agissait d'une opération dirigée par la CIA et il conclut : *Quoi qu'il arrive, nous continuerons à vous donner mal à la tête quand nous viendrons devant cette Assemblée, ou devant toute autre Assemblée, en appelant les choses par leur nom et les représentants des États-Unis les gendarmes de la répression dans le monde entier.*

Non seulement ce fut une intervention solide et pleine de données qu'il maniait sans doute de mémoire, mais le ton en était personnel, ce qui changeait des habitudes parlementaires de l'ONU.

Le 14 décembre, il est invité dans un programme télévisé de la CBS, « Face the Nation », et interviewé par Richard Hottelet, Tad Szulc et Paul Niven. Dans cette entrevue annoncée comme spontanée, sans répétition préalable et sans questions préparées d'avance le Che ne fait pas une prestation très brillante, il est nerveux, il ne recourt qu'à quelques idées sans cesse répétées : *Nous n'acceptons, ni ne posons aucune condition pour la normalisation des relations avec les États-Unis. […] Le mieux, c'est que le gouvernement des États-Unis nous oublie […] les révolutions ne s'exportent pas, elles surgissent des conditions d'exploitation que les gouvernements latino-américains exercent contre les peuples […].*

Sur le désarmement, le retrait des fusées : *Pourquoi ne pas inspecter mutuellement toutes nos bases atomiques et, si vous le voulez, liquidons-les toutes de part et d'autre […].*

À propos de l'isolement : *Nous avons beaucoup d'amis parmi les peuples d'Amérique latine.* Sur le conflit sino-soviétique : *Nous soutenons que l'unité est nécessaire […].* La transition pacifique au socialisme : *En Amérique, c'est très difficile, pratiquement impossible.*

Comme il mange à la cafétéria de l'ONU, il provoque un certain tumulte, les gens veulent le voir et lui parler. Le 16 décembre, comme si les États-Unis répondaient à son discours, un amendement à la loi d'aide extérieure, qui demande à ceux qui reçoivent une aide américaine de participer au blocus contre Cuba, est approuvé.

Le lendemain, le Che quitte New York pour l'Algérie, pays qui sera le point de départ d'une longue tournée sur le continent africain. En chemin, il écrit une lettre à son père depuis Dublin : *Je suis dans la verte Irlande de tes ancêtres. Quand ils l'ont appris, les journalistes de la TV sont venus m'interroger sur la généalogie des Lynch ; alors, au cas où ils auraient été des voleurs de chevaux ou autres choses dans le genre... j'ai peu parlé.*

En Algérie, lors d'une entrevue avec l'une des figures symboliques de la révolution africaine, la veuve de Franz Fanon, le Che fait ce commentaire : *L'Afrique représente un important, sinon le plus important, champ de bataille. […] il y a de grandes chances de succès en Afrique mais aussi de nombreux dangers.* Quelle place occupe alors dans sa tête la révolution anticoloniale en Afrique ?

Comme s'il était pressé de parcourir un maximum de territoire en un minimum de temps, comme si le discours de l'ONU n'avait été qu'un accident et que l'Afrique était son seul centre réel d'intérêt et son obsession, le Che se déplace à toute vitesse à travers tout le continent, nouant des relations avec les nouveaux leaders progressistes, discutant avec les dirigeants des groupes de libération, rencontrant des étudiants et des journalistes, visitant des camps d'entraînement de guérilleros, des barrages, des réserves zoologiques, des parcs naturels, de nouvelles usines ; passant d'un aéroport à un autre, parlant avec les présidents des pays clés du mouvement anticolonial.

Le 26 décembre il est au Mali et le 2 janvier il débarque à Brazzaville (capitale de l'ancienne colonie française du Congo) où il s'entretient avec le président Alphonse Massemba Debat et lui fait une proposition de solidarité cubaine pour faire face aux pressions des colonialistes appuyés par les voisins de l'ex-Congo belge (une mission militaire cubaine dirigée par Jorge Risquet sera très vite active). Il rencontre aussi Agostinho Neto, le dirigeant de la révolution angolaise et offre, suivant les instructions de Fidel, la solidarité de Cuba au tout nouveau mouvement révolutionnaire, sous la forme d'instructeurs pour la guérilla. Il fait cadeau d'un exemplaire dédicacé de *La Guerre de guérilla* au guérillero angolais Licio Lara.

Le 7 janvier il arrive à Conakry (Guinée) et le 14 il se trouve au Ghana, où le 15 il s'entretient avec le président Nkrumah. Il assiste à une réception avec des journalistes ghanéens, avec un costume typique du pays. Une photographie montre le Che qui se contemple lui-même, fasciné, enveloppé dans le manteau tribal du *kente*, fixé à l'épaule gauche, traînant jusqu'au sol et recouvrant son uniforme vert olive décrépit. Quoiqu'il semble avoir eu des difficultés à bien l'ajuster, il a l'air de s'amuser.

Une semaine plus tard, il est au Dahomey. Avec une vitesse et une intensité particulières qui sont bien dans son style, le Che parcourt la plus grande surface possible du continent africain, comme s'il voulait tout savoir, tout saisir. Le 24 janvier, il est à nouveau en Algérie. De là, à la surprise des observateurs intéressés — tout particulièrement des services secrets américains —, il se rend en Chine où il reste du 2 au 5 février.

Osmany Cienfilegos et Emilio Aragonés l'accompagnent. Ils ne rencontrent que Liu Shaopi et Chou En-lai. Selon des versions de seconde main, Mao aurait refusé de les recevoir car quelques membres de la délégation étaient très crispés. L'objectif était d'expliquer la position cubaine face aux divergences sino-soviétiques. Le Che, selon le récit d'un traducteur, était très détendu et écoutait les arguments des Chinois qui accusaient la délégation cubaine, à la dernière conférence des partis communistes latino-américains, de s'être alignée sur l'Union soviétique abandonnant à cette occasion leur neutralité. La réunion est inutile et douloureuse pour le Che qui, personnellement, se sentait plus proche des positions chinoises dans le débat.

Le 6 février, le Che revient à Paris. Il ne passera que vingt-quatre heures en France avant de poursuivre son tour de l'Afrique mais il consacrera quatre heures à visiter au Louvre les salles grecques et égyptiennes et, en outre, à voir les œuvres des peintres qui l'intéressaient plus particulièrement, Le Greco, Rubens, Léonard de Vinci. Il s'arrête un bon moment devant Mona Lisa et se perd en essayant de trouver le Bosco. À Paris aussi, il recevra par l'intermédiaire de son ami Gustavo Roca une nouvelle confirmation de la mort de Masetti et de Hermes Peña en Argentine.

Le 11 février, il est accueilli dans la capitale de la Tanzanie, Dar-Es-Salam, par son vieux camarade de campagne du temps de Las Villas, l'ambassadeur cubain Pablo Rivalta, un homme qui avait été envoyé en Tanzanie avec une double mission, renforcer les liens avec le gouvernement progressiste de Nyerere et créer un réseau d'appui qui permettrait dans l'avenir d'aider les héritiers de Lumumba. Le Che y séjourne huit jours, ce qui est une des escales les plus longues de la tournée. Rivalta racontera plus tard : « C'est au cours d'une réception au palais de Dar-Es-Salam qu'il est entré en contact avec le président Nyerere. Ils ont évoqué l'appui à la Tanzanie. Lors de cette conversation, un engagement a été pris de livrer une petite usine de textile et quelques autres petites aides, principalement l'envoi de médecins et de techniciens. Il s'agissait vraiment d'une visite informelle. Elle n'était pas prévue, c'est moi qui l'avais amené au palais présidentiel. On a parlé aussi de l'aide aux mouvements de libération. Nyerere était d'accord. »

Les entretiens les plus importants ne se dérouleront pas avec le Président mais avec les groupes armés révolutionnaires africains et en particulier avec les Congolais lumumbistes qui avaient établi leur base arrière en Tanzanie. *La visite à Dar-Es-Salam a été particulièrement instructive. Un nombre considérable de « freedom fighters » y réside qui, dans leur majorité, vivent commodément installés dans des hôtels et ont fait de leur situation une véritable profession, une occupation parfois lucrative et presque toujours commode. C'est dans cette ambiance que se sont succédé les entretiens au cours desquels ils ont généralement sollicité un entraînement militaire à Cuba et un soutien financier. C'était le leitmotiv de presque tous.*

J'ai fait aussi la connaissance du groupe des combattants congolais. Dès la première rencontre, nous avons pu nous rendre compte de l'extraordinaire nombre de tendances et d'opinions qui traversaient le groupe des dirigeants de la révolution congolaise. Le Che proposa aux Congolais, à Kabila et ensuite à Soumaliot, un entraînement militaire qui devait se faire au Congo et dans les conditions de combat. D'après Rivalta : « Cette proposition ne plut pas à la majorité de ceux qui étaient là ; cela ne leur plaisait pas car ce qu'ils voulaient, eux, c'était sortir du Congo et non pas y entrer. » Le Che devra leur offrir quelque 30 instructeurs, nombre qui atteindra par la suite 130. Rivalta poursuit : « J'ai discuté avec le Che de ce groupe de Cubains qui devraient appuyer la lutte armée au Congo. Je pensais à Victor Dreke et j'ai même proposé son nom pour diriger le groupe parce qu'il était noir et qu'ils réclamaient des combattants noirs, mais aussi parce que nous connaissions ses états de service dans l'Escambray ; j'ai pensé ensuite à Efigenio Ameijeiras, qui avait déjà été en Algérie et que le Che, en plus, connaissait depuis la Sierra Maestra pour son courage et sa hardiesse. J'ai proposé ces deux personnes au Che, et je me suis aussi proposé. Le Che ne m'a pas répondu et s'est contenté de sourire. » L'offre de cette brigade cubaine ne répond pas à une initiative personnelle du Che. La proposition venait de Fidel, en réponse aux demandes du Conseil national de la révolution congolaise, qui avait auparavant sollicité son appui. Les conversations avec Nyerere et avec Massemba-Debat au Congo-Brazzaville, vont dans le même sens ; il s'agit de trouver des soutiens et des points d'appui hors frontières.

Le service d'espionnage américain, très préoccupé par la tournée du Che en Afrique (il n'avait pas encore détecté son intérêt pour le Congo), ne parviendra pas à obtenir d'informations sur ces accords. En effet, dans un de leurs mémorandums, un mois plus tard, on trouvait la remarque suivante : « Il n'y a pas de confirmation d'envois d'armes cubaines en Afrique autres que celles déjà envoyées en Algérie en 1963. »

À partir de ces conversations, le Che décide de consulter ceux qu'il nommait les « freedom fighters » et de parler avec eux discrètement et séparément, mais l'ambassade organise par erreur une réunion tumultueuse, *avec cinquante participants au moins, de différentes tendances ou mouvements d'un même pays*. Là, il fait l'analyse des demandes en instructeurs et en argent, à partir de l'expérience cubaine : *C'est dans la guerre que se forme le soldat révolutionnaire [...]. Je leur ai proposé que l'entraînement ne se réalise pas à Cuba, qui était bien trop loin, mais au Congo même, où la lutte était dirigée non contre ce vulgaire pantin de Tschombé, mais contre l'impérialisme sous sa forme néocoloniale [...]. La réaction a été plus que fraîche ; même si la majorité s'est abstenue de tout commentaire, certains ont demandé la parole pour me reprocher vivement ce conseil [...].*

Ils ont pris congé froidement et poliment, nous laissant avec la nette impression que l'Afrique avait encore beaucoup de chemin à parcourir [...]. Mais le projet de sélectionner un groupe de Cubains noirs et de les envoyer sur la base du volontariat bien évidemment, renforcer le combat au Congo, était lancé.

Au même moment, le Premier ministre congolais Tschombé se trouvait à Londres en réunion avec un envoyé du gouvernement des États-Unis qui lui expliquait qu'il serait difficile pour les Américains de l'appuyer même s'ils le voulaient, tant qu'il continuerait à opérer avec, sous ses ordres, des groupes de mercenaires blancs et de militaires sud-africains et rhodésiens. Tschombé accepta de les retirer à la fin de leurs contrats. Au cours de cette réunion, la possibilité de recruter des Sénégalais, des Nigériens et même des soldats du Togo retraités de l'armée française fut envisagée en échange de l'appui des États-Unis.

Entre-temps, le Che avait eu une conversation avec Rivalta, que l'ambassadeur cubain en Tanzanie trouva étrange : « Il m'a dit qu'il allait pouvoir vérifier si j'apprenais bien le swahili, mais je n'y ai pas prêté attention. Il m'a fait remarquer qu'il y avait beaucoup de domestiques et d'employés dans l'ambassade. J'avais en effet recruté beaucoup de monde, je voulais multiplier les observateurs et les agents, et il m'a dit qu'il n'aimait pas ça. Juste après son départ, j'ai réduit le personnel de moitié. »

Le 19 février, le Che se trouve en République arabe unie où il rencontre Nasser. La conversation sera très brève : entre autres choses, le Che, l'air de rien, lui annonce qu'il serait peut-être intéressant d'entrer au Congo pour appuyer les mouvements de libération.

Le Che pensait se rendre au Soudan mais les conditions politiques y étaient mauvaises et le voyage fut annulé. Le 24 du même mois, pour la troisième fois, il se trouve en Algérie pour participer à l'assemblée du IIe Séminaire économique de solidarité afro-asiatique. Son intervention y sera très polémique et causera des tensions au sein du bloc socialiste, surtout quand il déclare que le coût des luttes de libération nationale doit être payé par les pays socialistes. *Nous le disons sans ambages, sans le moindre soupçon de chantage ni la moindre recherche de spectaculaire.* Il insiste sur le fait qu'il n'est pas question de parler d'un commerce de bénéfices mutuels fondé sur les principes de la loi de la valeur et se demande : *Que peut signifier la notion de « bénéfice mutuel » quand on vend au prix du marché mondial des matières premières produites par la sueur et la souffrance sans limites des pays pauvres et quand on achète au prix du marché mondial des machines fabriquées dans de grandes usines automatisées ?* Il accuse même : *Si les relations qui s'instaurent entre les nations sont de cette nature, alors les pays socialistes sont d'une certaine manière complices de l'exploitation impérialiste.* Et il n'en reste pas là : les armes doivent être livrées gratuitement. *Face à l'ignoble attaque de l'impérialisme nord-américain contre le Viêt-Nam ou le Congo, notre réponse doit être de fournir à ces pays frères tous les instruments de défense dont ils ont besoin et de leur offrir une solidarité entière sans contrepartie.*

Le Che est très content de son discours : il l'avait fait lire par ses camarades de délégation et il avait fait énormément d'effet auprès des délégués africains. Cependant, il n'a pas été publié intégralement par la presse cubaine. Ce 24 février, son fils Ernesto venait au monde à La Havane, c'était son cinquième enfant.

En Algérie, les réunions avec les délégués afro-asiatiques, l'ambassadeur cubain Jorge Serguera et le président Ben Bella vont avoir lieu sur le thème de la collaboration avec la guérilla congolaise. Le 2 mars, le Che sera à nouveau au Caire. Il fera un peu de tourisme pendant les premiers jours. Le 8 mars, il envoie une carte postale à sa tante Béatriz : *Depuis Thèbes, première capitale des rêves, il t'envoie son bon souvenir ce poète qui ne fait pas de poésie, converti en un digne bureaucrate avec une bedaine respectable et des habitudes si sédentaires qu'il va nimbé d'une nostalgie de pantoufles et de marmots.* Ce moment de détente lui permet de découvrir les chameaux et personne ne peut le faire descendre de cette nouvelle monture à quatre pattes avec laquelle il tourne autour des pyramides.

Cette fois, il s'entretiendra longuement avec Nasser et lui confiera clairement qu'il pense se rendre au Congo pour se joindre à la lutte. Nasser est fasciné par Che Guevara. Selon son biographe, le Che lui dit qu'il n'y a pas de conflits entre lui et Fidel. *Nous avons commis des erreurs et il est possible que j'en sois responsable. Nous avons nationalisé 98 % de ce que nous avons trouvé.* Il parle du manque de cadres et de la recherche du confort par ceux qui sont en place *(ceux qui ferment la porte pour ne pas être dérangés par les ouvriers et pour que l'air conditionné ne s'échappe pas)*. Et se demande : *Quelle relation y a-t-il entre le Parti et l'État ? Entre la révolution et le peuple ? Jusqu'à ce jour ces relations ont été régies par la télépathie mais la télépathie n'est pas suffisante [...]. Nous ne sommes pas heureux du stalinisme mais nous n'acceptons pas la réaction au stalinisme des Soviétiques.*

Tout au long des conversations chez Nasser, le président égyptien va chercher à convaincre le Che d'oublier son projet du Congo, qu'il n'y trouvera pas le succès, qu'il n'y sera perçu que comme un homme blanc. Quand ils se quittent, le Che l'informe qu'il a renoncé à l'idée d'aller au Congo.

Au cours de tout ce voyage, il avait pris des notes pour un article qui sera publié trois mois plus tard dans la revue uruguayenne *Marcha* sous le titre, « Le socialisme et l'homme à Cuba ».

Carlos María Gutiérrez dira que ce texte « a le sens caché d'un adieu ». Pour moi il s'agit plutôt d'un résumé de quelques idées qui trottaient dans la tête du Che depuis deux ans : ses réflexions sur la littérature et l'art, son rejet du réalisme socialiste, de tous les corsets, *des boursiers qui vivent de subventions, exercent une liberté entre guillemets*, et de la simplification qui plaît toujours aux fonctionnaires. Il se plaint aussi de l'absence d'une création artistique libérée des angoisses du passé, exercée par des intellectuels dont le péché originel est de ne pas être d'authentiques révolutionnaires, ce qui les empêche de s'identifier aux parias et aux luttes.

De façon assez injuste et d'un seul trait de plume, il rejette l'ensemble des intellectuels cubains et se perd dans un galimatias où ce qu'il demande à la littérature n'est pas clair : absence d'angoisses ou angoisses nouvelles ?

De là, il en arrive à la question de l'homme nouveau, objet de toutes ses obsessions. Il n'y aura pas de socialisme sans homme nouveau et cela n'aurait aucun sens. D'où le rôle du cadre dirigeant : *Et il faut le dire en toute sincérité, dans une résolution véritable où on se donne tout entier, dont on n'attend aucune rétribution matérielle, la tâche du révolutionnaire d'avant-garde est à la fois magnifique et angoissante [...]. Dans ces conditions, il faut avoir une grande dose d'humanité, une grande dose de sens de la justice et de la vérité pour ne pas sombrer dans les extrêmes dogmatismes, dans des scolastiques frileuses et s'isoler des masses. C'est tous les jours qu'il faut lutter pour que cet amour pour l'humanité vivante se transforme en faits concrets, en actes qui aient valeur d'exemples, de mobilisation...*

Il conclut sur une vieille idée guévariste qui permet à Carlos María Gutiérrez de voir un adieu : *L'internationalisme prolétarien est un devoir mais aussi une nécessité révolutionnaire... Notre sacrifice est conscient ; quote-part pour payer la liberté que nous construisons,* peut-on lire dans les dernières lignes de l'article.

La tournée africaine s'achève le 13 mars et le Che part de Prague pour Cuba. L'avion tombe en panne à Shannon et y reste deux jours. Le Che aura de longues conversations avec le poète Fernández Retamar, qui revenait de Paris dans le même avion. Ils étaient sans livres et sans cigares cubains (a-t-il fumé des Camel ou des Lucky Strike ?). Ils parlent de Franz Fanon dont le livre, aux yeux du Che, avait pris de la valeur au cours de son voyage. Le Che recommande à Retamar sa publication à Cuba. Ils discutent aussi d'un travail que venait de publier l'intellectuel français Régis Debray dans *Les Temps modernes*, « Le castrisme, la longue marche de l'Amérique latine. » Retamar avait rencontré Debray à Paris et avait découvert que dans la maison du journaliste français, dans le quartier Latin, il n'y avait qu'une seule photo, une photo du Che que Debray avait prise. Ils discutent enfin de la réédition de *La Guerre de guérilla*, le Che y était opposé, il voulait le remettre à jour, ajouter des expériences et une préface.

— *C'est une connerie que tu sois allé à Paris et pas en Afrique*, dit le Che à Fernández Retamar mais il lui confesse aussitôt que ce qu'il avait le plus désiré dans sa jeunesse était d'aller étudier à Paris, mais l'Afrique, ah ! l'Afrique, c'était...

CHAPITRE 36

Le concours de mes modestes efforts

Changement d'aspect pour son départ au Congo en avril 1965.

Le 14 mars 1965, le commandant Guevara est de retour à La Havane. Il aura bientôt trente-sept ans ; il a un autre fils qui porte son nom, il aura un mois, et il ne l'a pas encore vu. Fidel l'attend à l'aéroport. Franquí écrira des années plus tard que, lors de ce premier contact, le Che fut accusé d'indiscipline par Fidel en raison de son discours d'Alger qui opposait les Cubains aux Soviétiques. Le Che aurait reconnu que c'était vrai, mais que c'étaient ses propres positions qu'il avait exprimées, et non celles du gouvernement cubain.

Durant deux jours, il retrouve la vie familiale, mais il semble aussi avoir eu de longues conversations avec Fidel ; Rojo dit tenir d'un ami commun qu'ils ont eu plus de quarante heures de réunion.

Que s'est-il passé au cours de ces interminables conversations ? Il paraît clair que la décision du Che de quitter Cuba pour se lancer dans une nouvelle aventure révolutionnaire était déjà prise et qu'il s'agissait d'une décision ferme. L'échec de la guérilla de Masetti, le changement de situation politique en Argentine, où la dictature avait laissé la place à un régime civil, et la débâcle des Péruviens semblaient avoir refermé pour le moment les issues en Amérique latine. Le fantôme de Lumumba pesait-il dans sa tête ? Au-delà de ses dernières conversations avec Nasser, pensait-il que sa présence en Afrique pouvait devenir permanente ?

De ces longues conversations, nous n'avons pour témoignage que les brefs commentaires de Fidel distillés au cours des ans. Dans l'un d'eux, il affirme que « je lui ai moi-même suggéré d'attendre, de gagner du temps » (pour se lancer dans une entreprise en Amérique latine). Mais le Che voulait partir.

Sentait-il que les années passaient ? Avait-il peur ne plus avoir la condition physique nécessaire à une nouvelle expérience de guérilla ? Fidel lui-même le suggère, dans son entretien avec Gianni Mina. Et on peut aussi se rappeler les paroles du Che rapportées par Manresa, son secrétaire particulier : « En 1961, quand nous sommes arrivés dans le bureau du ministère de l'Industrie, le Che s'est appuyé contre une armoire et m'a dit : *On est là pour cinq ans, et après on s'en va. Avec cinq ans de plus, on pourra encore faire la guérilla...* »

Les cinq années étaient devenues quatre.

Et Fidel ne pouvait, ne put jamais, l'arrêter ou le freiner. Sans doute le Che en appela-t-il à la vieille dette de Fidel, une dette qui remontait au temps de l'exil : « Quand il nous a rejoints au Mexique, il n'a posé qu'une seule condition : *Moi, tout ce que je veux, c'est qu'après la victoire de la révolution, si je veux retourner me battre en Argentine, on n'essaye pas de m'en empêcher que la raison d'État ne m'en empêche pas*. Et je lui ai promis. Personne ne savait, ni si nous allions gagner la guerre, ni qui s'en sortirait vivant. »

L'idée d'aller au Congo pour y continuer le combat de Lumumba, pour y créer un « Viêt-Nam africain », était déjà dans la tête du Che. Et Fidel accepta l'idée de l'Afrique pour éloigner un Che anxieux, qui était prêt à se lancer dans une aventure en Amérique latine même sans préparation. Fidel en personne semble le suggérer quand il dit : « Nous l'avons nommé responsable du groupe qui est allé aider les révolutionnaires dans ce qui est aujourd'hui le Zaïre. » Ou quand il mentionne dans un autre discours : « Nous lui avons confié d'autres missions qui devaient enrichir son expérience de la guérilla. »

Un mois plus tard, le Che, dans ses conversations avec le second de l'opération du Congo, Victor Dreke, et avec l'ambassadeur en Tanzanie, Pablo Rivalta, leur exposera ses arguments clés pour justifier que *le moment était venu d'aller en Afrique*. Dreke les résume : « Pourquoi le Congo ? Pourquoi pas l'Angola, le Mozambique ou la Guinée ? Parce qu'il semblait que les conditions objectives étaient réunies au Congo. Peu de temps auparavant avait eu lieu le massacre de Stanleyville. Dans les colonies portugaises, où la lutte semblait à peine naissante, la situation n'était pas la même. Le Congo présentait deux caractéristiques : on nous avait demandé de l'aide depuis Brazzaville et il existait un énorme territoire libéré par la guérilla dans l'ex-Congo belge, avec une bonne quantité d'armes chinoises et soviétiques. Même les conditions géographiques étaient bonnes. » Et Rivalta enfonce le clou : « Le Congo pouvait servir de base, c'est-à-dire de détonateur, pour faire la révolution dans tous les pays africains. L'entraînement, le combat, et l'activation du Mouvement de libération au Congo, allaient servir pour tous les pays et, fondamentalement, pour l'Afrique du Sud. »

Si l'objectif final était la révolution dans le tiers monde, la démarche improvisée par le Che présentait une certaine logique géopolitique.

D'autre part, les symptômes de l'alignement de Cuba sur les Soviétiques et la rupture avec les Chinois n'avaient pas dû lui plaire particulièrement.

Le fait est que la décision fut prise presque immédiatement, puisque le 16 mars, deux jours à peine après son arrivée, Guevara remet à Gustavo Roca une lettre pour Celia, sa mère, où il lui dit (selon Rojo) qu'il se propose d'abandonner la direction de la révolution à Cuba, qu'il va travailler trente jours à la récolte de la canne à sucre et qu'il ira ensuite passer cinq ans dans une usine pour en étudier le fonctionnement de l'intérieur. La lettre ne parviendra à Celia qu'un mois plus tard.

Le 16 mars toujours, Fernández Retamar passe par le bureau du Che au ministère de l'Industrie pour récupérer une anthologie de poésie qu'il lui a prêtée à Shannon. Manresa le reçoit et lui confie qu'avant de rendre le livre le commandant lui a demandé de lui copier un poème. Lequel ? demande Retamar. Le « Farewell » de Neruda.

Pendant les derniers jours de mars, le Che se comporte d'étrange manière avec ses amis, il leur offre des objets personnels, il prête des livres, il prend une masse de photos, il écrit plusieurs lettres. Mais il ne participera qu'à une réunion publique, tout en ayant plusieurs entretiens avec ses collaborateurs, parmi lesquels Maldonado, à qui on a demandé de démissionner du Commerce extérieur, car il est marqué comme pro-chinois. Maldonado raconte : « Je suis allé voir le Che. Je l'ai trouvé détendu, en train de faire de la gymnastique. Il m'a dit : *Un révolutionnaire ne démissionne jamais*. Je n'ai pas démissionné, ils m'ont viré. »

Le 22 mars, le Che préside une session du conseil de direction du Ministère où il annonce qu'il va s'absenter pour aller quelque temps couper de la canne à Camagüey. Certains cadres s'inquiètent mais le Che balaie les doutes : il y avait suffisamment de cadres de qualité et le Ministère fonctionnait sans problèmes. La réunion se termine à 11 h 30 du matin. Gravalosa le verra s'éloigner d'un bon pas dans le couloir, joyeusement suivi de son chien Muralla.

Ce même jour se déroule l'unique apparition publique attestée du Che. Il donne, au ministère de l'Industrie, une conférence sur son récent voyage en Afrique. Il la centre sur l'influence africaine dans la vie quotidienne de Cuba : peinture, musique, coutumes... Un adieu comme un autre.

Le chancelier Raúl Roa qui le rencontre nous offre un dernier témoignage : « Tandis qu'il aspirait avec une délectation nonchalante la fumée parfumée de son cigare, il triturait son béret noir où brillait l'étoile. [...] Brusquement, il s'est levé et il m'a chaleureusement serré la main, en me disant en guise d'au revoir : *Demain, je pars pour Oriente couper de la canne un mois. Tu ne viens pas avec nous ?* " Non, pas cette fois ". Et avec son air simple, sa démarche caractéristique et son souffle court, il est parti en saluant tous ceux qu'il rencontrait dans le jardin du Ministère. »

Il s'entretiendra également avec l'un de ses jeunes cadres, Miguel Angel Figueras : « Pour parler du dernier numéro de la revue *Notre industrie économique* dont je lui avais envoyé les numéros 13 et 14 à New York et à Alger. La dernière nuit où nous avons parlé, c'était celle du 25 au 26 mars. Nous étions seuls, tout le Ministère était mobilisé pour la journée de travail volontaire. Il était affecté par l'action des impérialistes au Congo et se plaignait de la manière dont Tchèques et Soviétiques vendaient des armes aux mouvements de libération : *Ce n'est pas du socialisme, c'est n'importe quoi, il fallait les leur donner.* Il m'a demandé : *Qu'est-ce qu'il y a dans le numéro 15 de la revue ? Mets l'article qui est paru dans* Marcha, *mets l'article d'Alberto Mora où il m'attaque et défend les stimulants matériels, mets l'article de Mandel et celui du psychologue argentin sur la nature humaine face à la question des stimulants*. Et il m'a dit : *Demande à untel un article sur un vice-président de la Ford, où il explique les méthodes de formation des cadres*. L'article était signé Iacorra. Ça m'a bien emmerdé par la suite ; l'Argentin était parti et le Parti me demandait : Mais qui t'a demandé de publier un article pareil ? »

Il verra Gravalosa pour la dernière fois alors que celui-ci effectue son tour de garde de milicien au Ministère. Le Che arrive de nuit avec son chauffeur Esteban Cárdenas, Aleida et le chien Muralla. Il est venu chercher des affaires. Dans le coffre, une petite valise et la machette pour couper la canne. Son chauffeur, quand ils repartent, met la radio, une émission de la nuit consacrée au tango. Alors que résonne dans l'automobile « Adios muchachos », le chauffeur veut baisser le son. Mais le côté théâtral de l'instant n'échappe pas au Che, qui lui demande au contraire de le monter. Et c'est ainsi qu'il s'en va, à travers les rues de La Havane, tandis que Gardel chante « Vingt ans, ce n'est rien, le regard fiévreux... »

C'est dans le bureau d'Emilio Aragonés que l'opération s'organise, avec l'appui de l'équipe de Manuel Piñeiro. On passe en revue la composition du groupe qui s'entraîne, qui seront les accompagnateurs, comment s'organiseront les voyages, quelles armes prévoir, on discute de camouflages et de couvertures. Aragonés insiste pour venir, mais le Che s'y oppose, lui propose de monter sa propre opération : *Toi dans l'une, moi dans l'autre*. Les derniers arguments d'Aragonés font long feu : « Toi, tu es une tête de mule argentine et tu as besoin d'un politique derrière toi. »

Le 28 ou 29 mars, Victor Dreke, l'homme qui avait été choisi pour commander la colonne de Cubains, tous Noirs, qui devait se rendre « quelque part », est informé, dans le camp où les entraîne Osmany Cienfuegos, qu'un nouveau chef appelé Ramón, « un camarade avec de l'expérience », se chargera de l'expédition et que lui Dreke sera son second. Le même jour, il se retrouve dans une maison clandestine d'une zone appelée El Laguito en compagnie de José María Martínez Tamayo, le capitaine du ministère de l'Intérieur âgé d'une trentaine d'années qui a déjà travaillé avec le Che à la préparation d'opérations de guérilla en Amérique latine et qui est intervenu de manière indirecte dans la guérilla de Masetti.

Dreke raconte : « J'entends Osmany qui est en train de discuter avec quelqu'un. Nous étions dans un petit patio et un camarade sort du salon, un Blanc, avec les cheveux coupés à ras et des lunettes.

— Tu le reconnais ?

— Je n'ai jamais vu cet homme, même pas en photo dans un journal.

— Le camarade Ramón, dit Osmany.

— *Comment tu vas, Dreke ?*

— Tu ne le reconnais toujours pas ?

La voix m'est vaguement familière, mais je ne trouve pas. Il a une prothèse dans la bouche. Nous nous asseyons à une petite table.

— *Arrête tes conneries, dis-lui maintenant.*

— Tu ne reconnais pas le Che ? demande Osmany.

Quand on est blessé, on sent l'impact, un truc chaud qui vous provoque une décharge. Mon cœur s'emballe d'un coup, je me lève d'un bond.

— *Assieds-toi, assieds-toi,* me dit le Che.

Il me dit que nous allons partir. Il me pose des questions sur la colonne, sur l'entraînement... Il parle de la mission. C'est le Congo ! Il me remet un pistolet Makarov, tout petit.

— *Tu sais jouer aux échecs ? Celui-ci ne sait pas jouer,* dit-il comme s'il se référait directement à Tamayo... Ensuite, il a continué à écrire. Les papiers froissés atterrissaient directement sur le sol. »

Dreke ne retourne plus au camp, il reste dans la maison clandestine où se trouvent, outre le Che, Coello, son assistant, et Martínez Tamayo. Le Che passe toute la nuit à écrire, en s'arrêtant par moments pour lire ; à un moment, il se mit à faire de la gymnastique, des pompes. Le 31 mars au soir, Fidel arrive avec Osmany. Fidel et le Che vont discuter dehors. Le Che lui remet les papiers qu'il a écrits, c'est la lettre d'adieu.

Fidel, je me souviens de beaucoup de choses en cette heure, de la première fois où je t'ai connu chez María Antonia, de la fois où tu m'as proposé de venir, de toute la tension des préparatifs. De ce jour où on nous a demandé qui prévenir en cas de décès et où cette possibilité nous est soudain apparue à tous comme une réalité. Nous avons su ensuite que cela était vrai que dans une révolution (si elle est authentique) on triomphe ou on meurt. De nombreux camarades sont restés sur le chemin de la victoire.

Aujourd'hui, tout prend un ton moins dramatique, parce que nous sommes plus mûrs, mais l'histoire se répète. Je sens que j'ai accompli la part de devoir qui me liait à la révolution cubaine sur son territoire et je prends congé de toi, des camarades, de ton peuple qui est devenu le mien.

Et il poursuit en soulignant qu'il a une dette envers Fidel puisqu'il lui est arrivé de croire qu'ils n'iraient pas jusqu'au bout. *J'ai vécu des jours magnifiques et j'ai ressenti à tes côtés la fierté d'appartenir à notre peuple tout au long des jours lumineux et tristes de la crise des missiles. Rarement un homme d'État a autant brillé qu'à cette occasion, et je me sens fier aussi de t'avoir suivi sans hésiter, de m'être identifié à ta façon de penser et de voir, d'apprécier les dangers et les principes. D'autres terres en ce monde réclament le concours de mes modestes efforts. Je peux faire, moi, ce que tes responsabilités à la tête de Cuba ne te permettent pas, et l'heure est venue de nous séparer.*

La dramatisation est perceptible, il n'y a aucune trace de l'humour habituel du Che. Comme s'il avait le pressentiment que ces adieux seraient définitifs.

Il insiste : *Je répète que je décharge Cuba de toute responsabilité, sauf de celle inspirée par son exemple ; si sous d'autres cieux ma dernière heure vient à sonner, ma dernière pensée sera pour ce peuple et pour toi en particulier.*

Il y a en elle une dimension testamentaire : *Je ne laisse aucun bien matériel à mes enfants et à ma femme et cela ne m'attriste pas — je suis même content qu'il en soit ainsi ; je ne demande rien pour eux, car l'État pourvoira à leurs besoins et à leur éducation.*

J'aurais beaucoup de choses à dire, à toi et à notre peuple, mais je sens qu'elles seraient superflues, les mots ne peuvent exprimer ce que je voudrais et cela ne vaut pas la peine de noircir des pages. Jusqu'à la victoire toujours. Patria o muerte ! Je t'embrasse avec toute la ferveur révolutionnaire du Che.

Fidel lut la lettre que lui donnait le Che. Malgré le contrôle qu'ils gardaient habituellement sur leurs émotions, le moment a dû être difficile pour tous les deux. Fidel prendra à part Dreke et Tamayo pour leur demander de veiller sur le Che.

Le lendemain, le commandant Ernesto Guevara quittait la maison. À son départ de Cuba, il laisse trois vieux uniformes dans une penderie, une automobile modèle 1956 achetée d'occasion, une bibliothèque correctement fournie et une masse de papiers en tout genre.

CHAPITRE 37

Tatu, le Trois

À l'aube du 2 avril 1965, Osmany Cienfuegos servit de chauffeur pour conduire trois singuliers passagers à l'aéroport de La Havane : Victor Dreke, qui était porteur d'un passeport au nom de Roberto Suárez, José María Martínez Tamayo, qui voyageait sous l'identité de Ricardo et Ernesto Guevara, alias Ramón.

Les passagers étaient de bonne humeur. Un journal annonçait en première page « Vingt œufs hors rationnement ». Le manque d'humour propre à la presse cubaine n'y avait pas vu malice. Alors que, dans toute l'Amérique latine, l'allusion sexuelle est transparente. À l'une des escales, le « Dr Ramón » ressortira la blague à un de leurs contacts : *Tu savais qu'à Cuba les œufs n'étaient pas rationné ?*

Le voyage n'est pas direct. Ils arrivent à Dar-Es-Salam le 19 avril deux mois seulement après la dernière visite du Che et un mois après son retour à Cuba. L'homme n'était plus le même. Il avait retrouvé son indépendance d'action, il n'était plus le ministre parlant au nom d'un gouvernement et d'une révolution au pouvoir, mais un guérillero. Il était de nouveau Ernesto sur sa moto, il retrouvait cette ignorance du futur qu'il avait ressentie avec ses camarades sur le *Granma*. Comme devait le dire Eduardo Galeano des années plus tard : « Avec l'esprit de sacrifice d'un chrétien des catacombes, le Che avait choisi un poste sur la première ligne de feu, et il l'avait choisi à jamais ; sans s'accorder à lui même le bénéfice du doute ou le droit à la fatigue. » Était-ce cela, ou était-ce la liberté ? C'était sans doute une forme de « liberté », celle évoquée dans sa lettre d'adieu : *Je renonce officiellement à mes responsabilités à la direction du Parti, à mon poste de ministre, à mon grade de commandant, à ma condition de Cubain. Plus rien de légal ne me rattache à Cuba, seulement des liens d'une autre espèce, qui, contrairement aux postes officiels, ne peuvent être cassés.*

Rivalta, l'ambassadeur, les attend à l'aéroport. Il a reçu une dépêche chiffrée l'informant de l'arrivée d'un groupe de Cubains pour une mission importante. Pablo raconte : « Je vois d'abord Dreke descendre en premier, puis Martínez Tamayo et enfin un homme que j'ai l'impression de connaître. Un Blanc. Un type d'âge mûr avec des lunettes, un peu rondouillard. Je me mets à repenser à mes périodes de clandestinité et je me dis : Ça doit être un camarade envoyé en couverture de Dreke et de Martínez, et je me mets à regarder, à regarder encore et toujours, en me disant que ses yeux sont vraiment bien particuliers. Ses yeux, et la partie juste au-dessus, impossibles à confondre. Et moi qui le connaissais de près, je me dis : Merde ! ce type je le connais. Mais le déclic ne se produit pas. Je n'arrive pas à savoir qui c'est. »

On lui présente Ramón et le Che ne résiste pas à la tentation de s'amuser :

— *Tu ne me reconnais pas ?*

Rivalta hésite, dit que non.

— *Tu as pris du ventre*, lui dit-il, et d'autres amabilités dans ce genre.

— Non, camarade, non, je ne vous connais pas, dit Pablo très sérieusement.

— *Et ta connerie, elle vient de Buenos Aires ?* demande le Che, et c'est alors que Rivalta réagit et que les larmes lui montent aux yeux.

— *Putain, tais-toi ! Pas un geste ! C'est bien moi.*

Rivalta devait dire des années plus tard : « Ça m'a fait plaisir, mais en même temps ça m'a terrorisé. »

Le groupe est hébergé dans un hôtel du centre de Dar-Es-Salam, plus tard ils s'installeront dans une maison en dehors de la ville, en respectant de strictes consignes de sécurité. Les combattants entraînés à Pinar del Río ne vont pas tarder à arriver. À La Havane, ils ont été salués à leur départ par Fidel en personne : « Quand vous arriverez au Congo, vous trouverez quelqu'un qui va vous commander comme si c'était moi. »

Les volontaires de la colonne du Che ont beau être noirs, leur idée de l'Afrique est des plus vagues, selon leurs propres mots c'est un méli-mélo où se mélangent « beaucoup de singes, la forêt, des troupeaux de zèbres et d'éléphants, des cobras, la férocité des Africains, les sarbacanes, et toutes les choses sinistres enseignées par Tarzan ».

Au moment où le groupe du Che arrive en Tanzanie, les dirigeants du Mouvement de libération du Congo participaient à une conférence au Caire. *Je n'avais averti aucun Congolais de ma décision de combattre ici, ni de mon arrivée. Lors de ma première conversation avec Kabila, je n'avais pas pu le faire parce que rien n'était encore décidé. Et une fois que le plan avait été approuvé, il aurait été dangereux que le projet soit connu avant que je sois parvenu à destination.*

Les Cubains prennent contact avec le représentant congolais le plus important qui se trouve à ce moment-là en Tanzanie, Antoine Godefroi Chamaleso. Dreke et le Che informent les Congolais qu'en réponse à leur demande d'assesseurs ils leur envoient un groupe d'instructeurs d'artillerie, qui seront sous leurs ordres, vivront dans les mêmes conditions et participeront même aux combats. L'idée ne semble pas enchanter les Congolais, qui parlaient d'autre part de créer une grande armée, d'ouvrir plusieurs fronts, de passer à l'offensive. Le Che et Dreke ont l'impression d'un mouvement désuni, avec des tensions qui sont le produit du tribalisme. Pire, les chefs du front de la région limitrophe de la Tanzanie, le front du lac, se trouvent tous à l'étranger.

Le Che, qui a rejoint les hommes déjà arrivés, enlève sa dentition postiche, ses lunettes et le reste de son déguisement. Son idée initiale est d'entrer au Congo avec la colonne au complet, un groupe de plus de cent hommes. Mais il redoute que les troupes de Tschombé et les mercenaires n'apprennent l'opération et ne bloquent l'accès par le lac Tanganyika.

Rivalta trouve un bateau. Le Che supervise en personne l'opération. Mais des réparations sont nécessaires et le temps passe. *On peut commencer à dix, il ne faut pas trop attendre*, dit-il à Dreke.

Un ou deux jours avant le départ de Dar-Es-Salam, le Che prend un dictionnaire swahili-français qu'il a étudié et baptise les membres du groupe avec de nouveaux pseudonymes. Dreke sera Moja (« un » en swahili) ; Papi Martínez Tamayo sera M'bili « deux » et lui même sera Tatu « trois » et ainsi des quatorze premiers combattants.

Le bateau était enfin prêt. Le Che donne les dernières instructions. Il laisse quatre des volontaires cubains à Dar-Es-Salam pour attendre les autres groupes qui devaient arriver. Il laisse aussi son dictionnaire de swahili pour qu'on continue à baptiser les nouveaux arrivants.

23 avril. Le départ s'effectue dans des autos achetées par l'ambassade : une Land Rover, trois Mercedes Benz. Le bateau est sur une camionnette. Quatorze combattants armés de fusils FAL et de mitraillettes UZI quittent Dar-Es-Salam à l'aube, sous la conduite du Che. Avec deux chauffeurs plus Chamaleso et un délégué du gouvernement tanzanien pour leur éviter les problèmes sur le chemin.

Dès les premiers instants, nous nous trouvions confrontés à une réalité qui devait nous poursuivre tout au long du combat: le manque d'organisation. Cela m'inquiétait car notre déplacement avait déjà dû être détecté par l'impérialisme qui contrôlait toutes les compagnies aériennes et les aéroports de la zone, sans parler de ce qui avait dû attirer l'attention à Dar-Es-Salam, l'achat en quantité inusitée d'articles tels que des sacs à dos, des sacs de couchage, des couteaux, des couvertures, etc. […], la mauvaise organisation congolaise n'était pas seule en cause, c'était aussi de notre faute.

Le Che conduit lui-même sur une partie du trajet. Terre battue, chemins mauvais et couverts de poussière. Une route longue, suffocante, qui traverse des déserts, des forêts, le pays d'est en ouest par des chemins secondaires et des petits villages.

Membre du groupe, le Dr Zerquera se souvient: « Nous sommes passés par un village où les hommes avaient l'air d'animaux. » Lors des arrêts, le Che et Martínez Tamayo prennent des photos, une habitude dangereuse pratiquée toute sa vie par Guevara ; il faut dire qu'il a le sentiment qu'il est en train d'écrire l'histoire. Que tout cela est peut-être le début d'une grande aventure, et aussi la fin de tout.

À la tombée de la nuit, ils arrivent à Kigoma, une localité sur le lac Tanganyika, le point de traversée pour entrer au Congo. *Nous avons pu nous rendre compte que* (les commandants congolais) *délivraient des permissions pour se rendre du front à Kigoma. Ce village constituait un refuge où les plus chanceux pouvaient débarquer pour y vivre en marge des hasards de la guerre. L'influence néfaste de Kigoma — ses bordels, ses bars, et surtout son caractère de sanctuaire sûr — n'était pas suffisamment prise en compte par la direction révolutionnaire.*

Le bateau n'est pas prêt, le moteur a des problèmes. Le Che se met en colère : *Il faut qu'on y aille, coûte que coûte*. Ils arrivent au bord du lac. L'embarcation est une petite barque à moteur où on peut entasser dix-huit personnes tout au plus. Quand il y repense aujourd'hui, Dreke se souvient : « On avait l'impression que ce machin allait couler à tout moment. Il mesurait dix mètres de long tout au plus. Nous devions traverser le lac Tanganyika de Kigoma (Tanzanie) à Kibamba (Congo). Des forces militaires de Tschombé surveillaient et patrouillaient le lac en permanence. La traversée a dû durer six à sept heures de rive à rive, en échappant aux mercenaires belges. »

La traversée est difficile. Au milieu du lac, un moteur tombe en panne. Le Che le fait repartir à coups de pied. Il pleut sans arrêt ; de temps en temps, on aperçoit des fusées dans le ciel. Le Che insiste : il ne s'agit pas de se battre mais de s'infiltrer. *Si nous nous mettons au milieu du lac, nous n'y arriverons pas*. Le docteur ne sait pas nager et le Che trouve le temps de se moquer de lui : *Putain, c'est vraiment trop con de mourir comme ca*.

Il est 5 ou 6 heures du matin quand ils accostent au Congo, près d'un petit village nommé Kibamba.

CHAPITRE 38

L'attente

Base de Luluabourg dans les montagnes du Congo, près du lac Tanganyika, 1965. Classes de mathématique pour les guérilleros.

Dans la demi-clarté de l'aube surgit un groupe de Congolais qui les accueille avec des slogans et des chants, vêtus d'uniformes jaunâtres fournis par les Chinois. Ce sera la seule fois que les Cubains trouveront un certain air martial à l'armée populaire de libération congolaise. Le Che souligne : *Des soldats surpris de nous voir et munis d'un bon équipement d'infanterie, qui nous ont solennellement rendu les honneurs militaires*.

Les noms des Cubains, qui ne sont que des chiffres en swahili, provoquent des rires chez les Congolais. Le Che a retranscrit l'étrange conversation qu'il a avec l'un des officiers congolais. *Le lieutenant-colonel Lambert qui est sympathique et d'abord enjoué m'a expliqué comment pour eux les avions ne comptent absolument pas, car ils possèdent la* dawa, *un médicament qui rend invulnérable aux balles.* « Moi, on m'a tiré dessus plusieurs fois, et les balles retombent par terre privées de force. »

Je n'ai pas tardé à me rendre compte qu'il parlait sérieusement. Cette dawa *s'est révélée plutôt dommageable pour la préparation militaire. Le principe est le suivant : un liquide où ont macéré des herbes et d'autres produits magiques est versé sur le combattant accompagné de certains signes cabalistiques et, presque toujours, d'une marque tracée au charbon sur le front ; il est à présent protégé contre toute sorte d'armes ennemies (cela dépend de l'étendue des pouvoirs du sorcier), mais il ne peut toucher aucun objet qui ne lui appartient pas, ni s'unir à une femme, et ne doit pas non plus avoir peur, sous peine de perdre la protection. Les échecs ont une explication toute trouvée : homme mort, homme qui a eu peur, qui a volé ou qui a couché avec une femme, homme blessé, homme qui a eu peur. Comme la peur est inhérente à la guerre, les combattants trouvent tout naturel d'attribuer une blessure à la crainte, c'est-à-dire au manque de foi. Et, comme les morts ne parlent pas, on peut toujours les soupçonner d'avoir enfreint les trois interdits.*

Cette croyance est si forte que personne ne part au combat sans la protection de la dawa. *J'ai toujours redouté que cette superstition ne se retourne contre nous et qu'on nous rende responsables de l'échec d'un combat qui ferait de nombreuses victimes, et j'ai cherché plusieurs fois à en discuter avec les différents responsables pour tenter de les convaincre. Cela s'est révélé impossible : la* dawa *est considérée comme une marque de foi. Les plus avancés politiquement disent qu'il s'agit d'une force maternelle, naturelle et qu'en tant que matérialistes dialectiques ils reconnaissent le pouvoir de la* dawa, *qui impose ses secrets aux sorciers de la forêt.*

Guevara décide de révéler le secret de sa véritable identité à Chamaleso. *Il en est resté anéanti. Il répétait : « Scandale international » et « que personne ne le sache, personne ne le sache ». C'était tombé comme un coup de tonnerre dans un ciel serein et j'en ai redouté les conséquences.* Le dirigeant congolais ne perd pas de temps et, angoissé de porter une pareille responsabilité, il repart le soir même en Tanzanie pour informer Kabila que le Che Guevara est au Congo. Commence alors une longue attente.

Dans les derniers jours d'avril, le Che fait une première proposition aux Congolais pour l'entraînement de cent combattants qui pourraient repartir dans un mois au combat sous la direction de Martínez Tamayo et laisser la place à un autre groupe à entraîner.

Comme toujours durant cette période, nous avons reçu une réponse évasive. Ils m'ont demandé de faire une proposition écrite. Ce que j'ai fait, sans jamais savoir ce qu'il était advenu de ce papier. Nous avons continué à insister, nous voulions entreprendre le travail dans la base située sur les hauteurs, nous avions calculé que nous passerions une semaine pour l'installer avant de trouver un certain rythme de travail. Le seul problème, simple à régler était celui du transport. Mais nous ne pouvions pas partir dans la montagne tant que le commandant en chef n'était pas arrivé : il fallait attendre. Pour le moment, « nous sommes en réunion », expliquaient-ils.

Les jours passent. Le Che s'énerve, mais il n'y a pas d'autre issue. Il décide de monter une base permanente sur la montagne à côté de Luluabourg. Kigoma est facilement accessible, par le lac ou par la terre, et ses souvenirs de la Sierra Maestra l'incitent à prendre de l'altitude pour trouver la sécurité des collines, mais les Congolais, d'accord en principe, ne donnent toujours pas leur autorisation. Dans ses conversations avec des responsables locaux, le Che se fait expliquer les conflits entre les chefs et les problèmes liés au tribalisme.

Les jours passaient. Le lac était sillonné par différents messagers qui avaient une capacité fabuleuse pour dénaturer n'importe quelle nouvelle, ou par des vacanciers qui avaient décroché un quelconque laissez-passer pour Kigoma. En ma qualité de médecin épidémiologiste ce qui (qu'Esculape me pardonne) faisait de moi un complet ignorant, j'ai travaillé quelques jours au dispensaire en compagnie de Kumi, où j'ai observé plusieurs cas alarmants. D'abord, le grand nombre de maladies vénériennes, contractées, dans une large mesure à Kigoma. Ce n'était pas l'état sanitaire de la population ou des prostituées de Kigoma qui me préoccupait, mais le fait qu'elles soient susceptibles d'infecter autant d'hommes. […] Qui payait ces femmes ? Avec quel argent ? Où passait l'argent de la révolution ?

Le Che s'inquiète aussi des ravages de l'alcoolisme. Et comme si tout cela ne suffisait pas, *les livraisons d'armes et d'équipements très coûteux étaient faites de telle sorte qu'il y manquait toujours quelque chose ; canons ou mitrailleuses privés de pièces essentielles, fusils avec des munitions inadéquates, mines sans détonateur. Tout cela semblait être la caractéristique obligée des envois effectués depuis Kigoma*.

La faute de tout cela incombait, selon le Che, à l'organisation désastreuse de l'armée de libération du Congo, qui commençait *dès la plage où s'entassaient les réserves d'armes et de nourriture dans un chaos joyeux et fraternel. [...] Il nous fallait faire quelque chose sous peine de tomber dans une complète oisiveté.* Au camp, des cours de français, de swahili et de culture générale s'organisent. *Notre moral était encore élevé, mais les camarades qui voyaient passer ces journées difficiles commençaient à murmurer, tandis que se mettait à planer le fantôme de la fièvre, qui nous a, d'une manière ou d'une autre, pratiquement tous attaqués. Qu'il s'agisse du paludisme ou d'une autre forme de fièvre tropicale. Elle cédait avec des médicaments antipaludiques, mais elle laissait certaines séquelles, un sentiment de lassitude générale, de manque d'appétit, de faiblesse, qui contribuait à développer le pessimisme naissant parmi les hommes*.

Pendant ce temps, les fronts étaient totalement calmes et le Che et Zerquera durent soigner des blessés par balles, qui s'étaient fait tirer dessus au cours de jeux ou de saouleries.

Au beau milieu de ce désastre, le Che chantait — faux — des tangos, lisait les œuvres choisies de Martí, les œuvres choisies de Marx, *Le Capital*, la biographie de Marx signée Mehring.

Le 8 mai, dix-huit Cubains arrivent au camp de Kibamba, menés par Santiago Terry et le dirigeant congolais Léonard Mitoudidi. Ce militant universitaire, cadre moyen du mouvement de libération, qui parlait bien le français, avait été chargé de la fourniture d'armes pour le front oriental. À travers Mitoudidi, Kabila faisait dire au Che de faire attention à ne pas révéler son identité.

Au bout de presque un mois d'inactivité dans une guerre qui n'existe pas, le Che n'en peut plus et décide de monter à Luluabourg. La nouvelle base se trouvait sur le point le plus élevé de la montagne, à cinq kilomètres de Kibamba et à près de 3 000 mètres d'altitude. Le sommet était noyé dans un épais brouillard.

L'entraînement cubain n'avait pas été adapté, car on croyait que la colonne opérerait en plaine. Plusieurs des combattants s'évanouirent, et le Che, en montant, fut victime d'une crise d'asthme due à l'humidité.

Le 23 mai, le Che, dans le nouveau camp, réunit Chamaleso, Martínez Tamayo et Mitoudidi qui était allé et revenu de Tanzanie. Deux jours plus tôt, il avait reçu la proposition d'attaquer Albertville avec deux colonnes et la participation des Cubains, mais *cet ordre est absurde ; les préparatifs ne sont pas faits, nous ne sommes que trente parmi lesquels dix malades ou convalescents, mais j'explique aux hommes les instructions et je leur dis qu'il faut se préparer pour le combat, même si je vais tenter de faire changer ces plans ou, à tout le moins, de les retarder*. Au cours de cette réunion, il parvient à convaincre Mitoudidi, qui est de fait le chef d'état-major du front, que la proposition est très risquée et qu'il *était plus important d'acquérir une connaissance approfondie de toute la zone d'opérations et des moyens dont nous pouvions disposer, vu que l'état-major n'avait pas une idée claire de la situation régnant sur chacun des fronts isolés*.

Trois expéditions partent, la quatrième, à laquelle

doit participer le Che, est plusieurs fois repoussée, dans l'attente d'essence, d'un bateau, ou de l'arrivée, imminente, de Kabila. Pour les Cubains, il s'agit de la première possibilité de se faire une idée plus ou moins précise de la situation du processus révolutionnaire au Congo.

Dreke parcourt durant quatre jours la zone de Lulimba et Fizi au bord du lac, et découvre des exagérations : quatre-vingts hommes là où sont censés s'en trouver mille, des fronts où depuis longtemps on ne se bat plus, envahis par l'apathie ; Torres arrive jusqu'au Front de Force, où il découvre que les rebelles ne veulent pas s'approcher des casernes de la gendarmerie de Tschombé. Grâce à ces premiers rapports, le Che peut se faire une idée de la situation. Si les combattants, mal organisés, sont plus ou moins à leurs postes, ils ont une vision très négative de leurs dirigeants, qu'ils considèrent comme *de simples touristes, qui ne sont jamais là où on a besoin d'eux. Les plus hauts responsables passaient des journées à boire, à prendre des cuites carabinées, sans même se cacher de la population.*

Conclusion : il faut créer une base d'entraînement, loin des influences du tribalisme.

Fredy Ilanga est âgé de quatorze ans. Il parle français, est armé d'un pistolet, est officier, et aussi autre chose dont nous reparlerons. « On m'a dit : Lui, c'est le Che. Ça m'est passé au-dessus de la tête. »

Quelques jours plus tard, Léonard l'informe qu'il a été nommé professeur de swahili de Tatu. Au campement du haut, les cours commencent au pied d'un arbre. « Il ne me plaisait pas à cause de son regard perçant. Il te regardait comme s'il voulait t'obliger à dire quelque chose. »

Le lendemain, le Che est en train de réparer une mitrailleuse antiaérienne et Fredy s'en va, sans donner son cours. Léonard le découvre.

— Qu'est-ce que tu fais là ? demande Mitoudidi qui se fâche. Je suis obligé d'y retourner.

— Camarade Tatu. Il faut que je sois avec toi. Que je te suive partout, même pour manger et dormir.

Il me demande :

— *Ça te contrarie ?*

— Au contraire.

— *Tu as l'air contrarié.*

La première leçon fut consacrée au salut. Il m'apprenait l'espagnol : *Buenos días, ¿cómo estás ? Estoy bien.*

Le lendemain, j'étais sur la colline avec Tatu. Nous passions notre temps à ça : monter et redescendre des collines. Moi, je me disais : « Ce Blanc de merde, il n'a peut-être pas de collines dans son pays ? Monter un jour, redescendre le lendemain... »

Il fait sombre là-haut, il faut aller dans une clairière pour être au soleil, le sol est toujours humide et le soleil ne perce pas. Tout ce que je possédais, c'était une couverture. Dans notre baraque dormaient Tatu et Dreke. Une lanterne chinoise était allumée et Tatu lisait, près du feu allumé au milieu.

« Camarade Tatu, je vais au campement des Congolais voir ce que je trouve. Il m'a invité à partager son hamac qui était très large. Mais même tête-bêche, nous nous gênions. Le lendemain, je dis au Chinois : Aide-moi à me faire un lit. La nuit que j'ai passée, je ne la passerai pas deux fois. J'étais un membre du groupe comme les autres, j'avais même ma part de cigarettes dans la répartition, un paquet pour deux, ou un paquet par personne, des Populares, des cubaines. Quand Tatu en prenait une pour lui, il en offrait toujours une autre. Il me disait : *Si je t'explique ce que c'est que l'impérialisme, toi tu me donnes une bonne leçon de swahili.* Il s'est servi le café en premier. Il a remarqué, sans que je le dise, que je m'étonnais qu'il se serve en premier et il a expliqué qu'il buvait son café avant que les autres y rajoutent du sucre et que c'était pour ça. »

Vu par Fredy Ilanga, le Che n'était pas seulement un personnage mystérieux mais également étrange : « Il portait un uniforme vert olive, un béret noir, un pistolet, une gourde, des bottes comme tout le monde, il n'avait ni galons ni cartouchières et, quand il sortait, c'était toujours avec son arme, un M-2 ; il avait toujours deux peignes sur lui et les poches remplies de papiers, des jumelles et un altimètre. Chaque fois que nous arrivions quelque part, il mesurait l'altitude. Il avait une boussole dans une petite sacoche. Il n'avait pas d'appareil photo, c'était M'bili qui passait sa vie à nous tirer le portrait. Au début, il portait toujours son sac à dos, jusqu'à sa crise d'asthme. C'était un sac normal mais lourd, à l'intérieur, il avait des livres, sa serviette de toilette, la couverture, le sac de couchage. Et aussi son inhalateur. Un jour où nous montions, à la halte à mi-pente je le vois qui se met quelque chose dans la bouche, pshhht, pshhht, et je lui dis : " Eh ben dites donc camarade, comme ça vous vous parfumez la bouche ? " Et alors il me dit : *Non, je souffre d'une maladie, l'asthme*.

Il avait un transistor Zenith Panasonic. Il écoutait la radio tout le temps, tous les jours. Il écoutait les stations françaises, les informations. Il écrivait toujours le soir, et c'est alors qu'il fumait sa bouffarde. Il ne se lavait pas tous les jours. Eh oui ! On ne le voyait pas souvent descendre se baigner à la rivière. Il déféquait dans les latrines communes à côté de la baraque. »

Le Che sera fasciné par son professeur : *C'était un garçon intelligent, Ernest Ilunga* (connu dans la guérilla sous le nom de Fredy Ilanga), *qui devait m'initier aux mystères de sa langue. Nous avons commencé avec un grand enthousiasme trois heures de leçons par jour, mais je dois dire que j'ai été le premier à les réduire à une seule, et non par manque de temps, j'en avais malheureusement de reste, mais par incompatibilité complète entre mon caractère et les langues étrangères. Il existait un autre inconvénient, que je n'ai pas été capable de surmonter durant tout mon séjour au Congo. Le swahili est une langue dont la grammaire est assez développée et riche, mais au Congo, de par ses caractéristiques, les gens la parlent comme une langue nationale, à côté de leur langue maternelle, du dialecte de leur propre tribu, de sorte que le swahili est d'une certaine manière perçu comme une langue de conquérant, ou symbolique d'un pouvoir supérieur.*

Ce qui n'empêchera pas Ilanga d'apprendre l'espagnol, facilement, à commencer par la gamme étendue d'insultes et de gros mots que lui enseignaient les combattants. En prime, le Che lui offrira, en échange de son pistolet perdu, une mitraillette Beretta.

Durant ses premiers jours à la base de Luluabourg, un mois environ après l'arrivée, *j'ai payé mon tribut au climat du Congo sous la forme d'une fièvre assez forte, bien que pas très longue.*

Le Che se rétablit mais rechute quelques jours plus tard et l'un des combattants a la mauvaise idée de faire un commentaire : « Si le commandant ne se remet pas, il faudra qu'il reparte. » Le Che, qui l'a entendu, se met en colère et lui crie : *Je ne bougerai pas, plutôt mourir ici. Ça va passer, ce n'est qu'une maladie.*

Soudain, un message : « Un ministre cubain est en train de monter la colline. De nombreux autres Cubains sont arrivés. » *C'était tellement absurde que personne ne pouvait y croire. Pourtant, pour faire un peu d'exercice, j'ai redescendu un bout du sentier et, à ma grande surprise, je suis tombé sur Osmany Cien-*

fuegos. Après les accolades, les explications ; il était venu pour parler avec les dirigeants tanzaniens et avait demandé la permission de rendre visite aux camarades du Congo.

Le ministre et ami du Che apportait *pour moi la nouvelle la plus triste de la guerre : lors de conversations téléphoniques avec Buenos Aires, on l'avait informé que ma mère était très malade et, d'après le ton employé, il fallait s'attendre au pire. Osmany n'avait pu obtenir aucune autre information.*

Il est probable que lorsque Osmany arrive à Luluabourg, Celia de la Serna est déjà dans le coma. Elle avait été hospitalisée le 10 mai et son état était devenu très grave le 16, jour où elle avait pu entrer en communication brièvement et dans de très mauvaises conditions avec Aleida à La Havane. La mort aura lieu le 19 et sera annoncée le 21 dans la presse cubaine.

J'ai dû passer un mois dans cette triste incertitude, dans l'attente d'une issue que je pressentais, mais avec l'espoir qu'il y avait eu une erreur. Jusqu'à ce qu'arrive la confirmation de la mort de ma mère.

La nouvelle de la mort est donnée par une revue reçue par le Dr Zerquera. « Je lui ai envoyé une note où je le priais de descendre car je voulais parler avec lui. Il est venu le lendemain. Il s'est assis dans mon hamac et je lui ai donné la revue *Bohemia*. Il m'a dit qu'il était déjà au courant de la maladie de sa mère par un ami. Il a commencé à parler de son enfance. Il voulait boire un thé. Je lui ai demandé de rester. Il n'a répondu ni oui ni non, mais il est resté. Nous avons partagé le repas. Il était là et il chantait des tangos. Il est reparti le lendemain de bonne heure. »

Au-delà de la réaction stoïque du Che, la mort de Celia a dû constituer pour lui un coup terrible. Tout au long de ces années, mère et confidente, fils et narrateur ont su maintenir un fil ténu mais permanent, une relation d'amour et de complicité. La lettre d'adieu laissée à La Havane pour ses parents, Celia n'aura pas pu en prendre connaissance et son père ne la recevra qu'en octobre, au moment où le départ du Che est rendu public. La lettre de sa mère en réponse à son départ de Cuba, le Che n'en prendra connaissance qu'après la mort de celle-ci. Dans cette longue histoire épistolaire, le dénouement est plein de missives perdues et de lettres qui se sont croisées sans parvenir à leur destinataire.

À la même époque, une autre nouvelle dut affecter profondément le Che : le renversement de son ami Ben Bella, le président algérien, par un coup d'état militaire le 15 juin. Sa chute bloque à Oran une cargaison cubaine d'armes destinées à l'opération congolaise.

Près de la base de Luluabourg, il existe plusieurs hameaux d'une douzaine de cases au maximum, habitées par des émigrants rwandais dont la plus grande richesse sont les vaches, monnaie d'échange obligée pour se marier et source d'existence. *Cette proximité devait nous permettre durant la guerre de retrouver la saveur de cette chère viande de bœuf capable de tout soigner, même la nostalgie.* Pendant ce temps, confronté au tribalisme régnant au sein de la guérilla lumumbiste et à son attachement à la guerre de positions, le Che se désespère. *Les combattants occupaient ce qu'on appelle ici les barrières. Ces barrières étaient situées dans des endroits bien choisis, d'un point de vue tactique, sur des collines très élevées et d'accès difficile. Mais les hommes qui vivaient dans le camp ne bougeaient pas, ne suivaient pas d'entraînement, confiants dans la passivité de l'armée ennemie et comptant sur les paysans pour le ravitaillement. Ceux-ci devaient leur apporter de la nourriture et ils étaient souvent en but à des vexations et à des mauvais traitements. L'ar-*

mée populaire de libération présentait les caractéristiques d'une armée parasite, elle ne travaillait pas, ne s'entraînait pas, ne luttait pas, exigeait des habitants qu'ils la ravitaillent et travaillent pour elle, parfois avec une dureté extrême. Il existait une terrible paresse *dès qu'il s'agissait de descendre à la base chercher de la nourriture. Si l'on donnait aux gens quelque chose à porter, ils disaient : « Mini apana motocari » (je ne suis pas un camion) ou « Mini apana cuban » (je ne suis pas un Cubain).*

Sans doute freiné par des ordres explicites de Kabila, Mitoudidi attendait son arrivée pour donner l'ordre du départ. *C'était tous les matins la même chanson : Kabila n'est pas venu aujourd'hui, mais demain sans faute, ou après-demain.*

Si l'ordre actuel des choses ne changeait pas, la révolution congolaise était irrémédiablement condamnée à l'échec.

Pendant ce temps, Mitoudidi essaye d'organiser le chaos, il met les buveurs au régime sec (90 à 95 % des hommes selon le Che), gèle les distributions de fusils, exige que les artilleurs fassent une démonstration de leurs talents avant de leur remettre des munitions. *Mais il restait beaucoup à faire. Et c'était un homme seul. Même ses seconds l'aidaient peu dans sa tâche. […] Nous nous sommes liés d'amitié.*

Le 7 juin au matin, le Che se met en route vers la base de Luluabourg en compagnie d'Ilanga, après avoir salué Mitoudidi, avec qui il avait discuté à Kibamba. Mitoudidi estimait que Kabila ne viendrait pas car il se trouvait à Dar-Es-Salam en train de parler avec Chou En-lai. Léonard devait partir peu après en bateau en compagnie de deux Cubains pour Ruandasi, à quatre kilomètres, où l'état-major pensait s'installer. À mi-chemin, un messager rejoint le Che pour l'informer que Léonard Mitoudidi s'est noyé.

Un vent très fort soufflait et il y avait des vagues gigantesques, apparemment sa chute dans l'eau a été accidentelle, tout semble l'indiquer en tout cas. À partir de ce moment-là se déroule une série de faits étranges ; on ne sait pas s'il faut les attribuer à la bêtise, ou à l'incroyable esprit de superstition — car le lac était peuplé de toute sorte d'esprits — ou à quelque chose de plus sérieux. Le fait est que Mitoudidi qui savait un peu nager, a réussi à enlever ses bottes et à demander des secours pendant dix bonnes minutes ; d'après les déclarations de différents témoins, des hommes ont plongé pour le sauver, parmi eux son ordonnance qui s'est aussi noyé ; le commandant François qui était avec lui (je n'ai jamais su s'il est tombé en même temps ou s'il s'est jeté à l'eau pour le sauver) a également disparu. Lorsque l'accident s'est produit, ils ont arrêté le moteur du canot, perdant ainsi toute possibilité de manœuvre, ensuite ils ont réussi à le faire redémarrer et on aurait dit qu'une force magique les empêchait de s'approcher de l'endroit où se trouvait Mitoudidi. Finalement, pendant que celui-ci continuait à demander du secours, le canot est reparti vers la rive. Et voilà : à cause d'un accident stupide, l'homme qui avait mis en place un début d'organisation dans ce chaos terrible qu'était la base de Kibamba a perdu la vie. Mitoudidi était jeune, il avait à peine plus de trente ans.

La mort de Mitoudidi fut le prétexte d'une lettre de Kabila au Che dans laquelle il lui demandait à nouveau de l'attendre et où il lui envoyait un nouvel agent de liaison, un certain Muteba, qui songe à déménager la base, pour chasser l'âme errante de Léonard. Muteba repart avec la proposition de former au combat des cadres et des soldats, et de maintenir la base centrale comme lieu d'entraînement.

Le front de Front de Force était tenu non par des guérilleros congolais, mais par des combattants rwandais, ce qui avait surpris les Cubains. Les Rwandais, exilés de leur pays, étaient fortement représentés dans l'armée congolaise. Leur commandant, Mundandi, se présenta à la base vers la mi-juin pour dire au Che que ses propositions avaient été acceptées et que les embuscades pouvaient commencer.

Il avait étudié en Chine, donnait une impression assez agréable de sérieux et de fermeté, mais, lors de notre première conversation, il m'a raconté que, pendant une bataille, ils avaient infligé trente-cinq pertes à l'ennemi ; je lui ai demandé combien d'armes ils avaient réussi à récupérer et il m'a répondu aucune car l'attaque avait été menée au bazooka, et les armes ennemies avaient volé en petits morceaux. Je n'ai jamais été très porté sur la diplomatie et je lui ai simplement dit que c'était un mensonge ; il s'est excusé en disant qu'il n'était pas présent lui-même à ce combat et qu'il tenait ses informations de ses subordonnés. L'incident a été clos. Mais comme l'exagération est la norme habituelle de la région, dire en toute franchise qu'un mensonge est un mensonge n'est pas la meilleure façon de lier des rapports d'amitié fraternelle avec quelqu'un.

Mundandi demandait au Che cinquante Cubains pour attaquer Front de Force, aussi appelé Force Bendera, où se trouve une centrale hydroélectrique au bord de la rivière Kimbi. Ce n'était pas un objectif secondaire, d'après les calculs, un bataillon de 500 à 700 hommes, y compris des mercenaires blancs, devait s'y trouver et il disposait d'un petit terrain d'aviation. *Il avait l'ordre d'attaquer le 25 juin. Je lui ai demandé pourquoi cette date-là et là non plus il n'a pas pu me répondre. […] On aurait dit un malheureux à qui on avait confié une tâche au-dessus de ses forces ; et il y avait un peu de cela, mais une forte dose de dissimulation aussi.*

Le plan de la direction congolaise de l'extérieur est d'attaquer Front de Force, dans l'espoir qu'une attaque surprise conduira à une victoire. Ils y risquaient en plus les forces « étrangères » impliquées dans la guérilla : les Cubains et les Rwandais. Le Che nourrissait de gros doutes sur le plan, car l'objectif était entouré de *tranchées, de défenses naturelles et que l'ennemi disposait d'armes lourdes*, d'après les informations reçues. Il souhaitait en plus participer personnellement aux opérations et s'en ouvrit dans une lettre à Kabila : *Vous leur assurez que mon impatience est celle d'un homme d'action. Ce n'est pas une critique. Je suis capable de comprendre parce que je suis moi-même passé par des conditions semblables.*

La réponse parvient le 17. L'attaque était confirmée mais il était demandé au Che de ne pas y participer et de demeurer dans la base.

CHAPITRE 39

Un fantôme doté du don d'ubiquité (1)

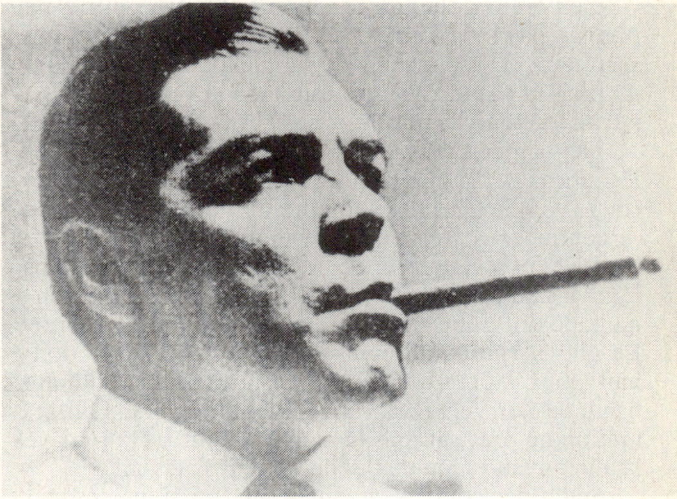

La disparition du Che de la vie publique cubaine provoqua une avalanche de désinformations, qui allaient de l'hallucination spéculative de journalistes au chômage jusqu'aux rideaux de fumée tendus par les services cubains, ou par la CIA qui cherchait à forcer sa réapparition. Dans ce grand bal d'histoires abracadabrantes, l'absurde aura la part belle.

À l'origine, les Cubains avaient prévu une explication minimale et, dans les cinémas de La Havane, en avril, on pouvait voir un documentaire qui montrait le Che en train de couper la canne. Mais le leurre ne pouvait pas fonctionner très longtemps. Manresa, son secrétaire et responsable de cabinet avoue : « Pendant un mois et demi, je m'en suis tenu à la version du Che parti récolter la canne. »

Des années plus tard, des rumeurs publiées dans les journaux brésiliens devaient situer à cette époque (mai 1965) le Che en Colombie, au Pérou, au Chili, en Argentine, au Brésil, en Uruguay et même dans une clinique psychiatrique de Mexico. Six informations publiées au cours de l'année 1965 dans plusieurs journaux de différents pays annonçaient sa mort violente. La plus surprenante était peut-être celle qui le donnait pour mort et enterré dans les sous-sols d'une usine de Las Vegas, capitale mondiale du jeu. L'information ne précisait pas la manière dont il était arrivé là, qui l'avait tué ni de quelle usine il s'agissait.

Selon des sources cubaines, les émissions des stations de radio contrôlées par la CIA annonçaient dans leurs programmes destinés à l'Asie que le Che avait été assassiné par Fidel en raison de ses tendances prochinoises, et, dans les programmes destinés à l'Europe de l'Est, à cause de ses tendances prosoviétiques. On disait même qu'il existait une photo où le père du Che, Ernesto Guevara Lynch, portait un écriteau où il demandait à Fidel de rendre le cadavre de son fils. Guevara père essaya en vain de publier un démenti : ça ne faisait pas une nouvelle.

Vers le mois de juin, les agences de renseignement proches de la CIA et la presse internationale reçurent des nouvelles contenues dans un étrange document, le « mémorandum R ».

Il était attribué à un secrétaire de l'ambassade soviétique à La Havane dont le nom commençait par R, et, se fondant sur des sources apparemment solides, annonçait l'hospitalisation du Che à l'hôpital Calixto García de La Havane, pour épuisement et troubles mentaux. En proie à des attaques de fièvre d'origine inconnue, il voyait le fantôme de Camilo Cienfuegos qui l'incitait à poursuivre la révolution dans d'autres parties du monde. Le mémorandum mentionnait que le Che était victime d'une crise de graphomanie aiguë et écrivait des lettres délirantes à Fidel Castro, où il lui proposait entre autres de l'accompagner à Zanzibar travailler avec les Chinois.

À la même époque, le romancier et journaliste conservateur Jean Lartéguy propageait dans les pages de *Paris-Match* la thèse de l'assassinat du Che par Fidel.

Le Che semble pourtant toujours vivant, puisqu'un journaliste italien l'interviewe au Pérou, tandis qu'une source de la CIA, lorsqu'on lui demande si le commandant Guevara est actuellement dans la clandestinité *(underground)*, répond que oui, mais six pieds sous terre *under ground*. En pleine opération de désinformation, la CIA privilégie la thèse du Che « retiré du jeu » par Fidel.

Dans son édition du 28 juin, *Newsweek* reprenait la longue chaîne des rumeurs : remercié du ministère de l'Industrie, il se serait suicidé. Il dirigeait des guérillas au Viêt-Nam ou à Saint-Domingue. Selon une version, il avait fait défection et vendu les secrets cubains aux États-Unis pour dix millions de dollars.

Fidel lui-même avait ouvert la porte aux spéculations en répondant aux questions de journalistes : « Quand le peuple aura-t-il des nouvelles du Che ? » « Quand le commandant Guevara le décidera. »

CHAPITRE 40

La défaite de Front de Force

Base de Luluabourg, Congo, 1965.

Le 19 juin 1965, le Che réunit les hommes de sa colonne pour les informer de la décision de Kabila. L'opération ne lui semble pas intelligente, et le fait de devoir scinder la colonne cubaine en trois groupes ne lui plaît pas non plus. Il est encore moins satisfait de devoir rester à la base, mais s'il décidait de passer outre, cela pourrait conduire à un clash avec Kabila et à la fin de l'opération au Congo, et il sait qu'il n'a pas d'autre choix. Il remet le commandement du groupe de combattants à Dreke et nomme le lieutenant Pichardo responsable de l'embuscade principale.

Mais il écrit à Kabila pour insister : *Je sollicite une faveur, donnez-moi la permission d'aller à Front de Force, sans autre titre que celui de commissaire politique de mes camarades, entièrement sous les ordres du camarade Mundandi. Je viens de lui en parler et il est d'accord. Je pense que cela pourrait être utile. Je serais de retour trois ou quatre jours après avoir reçu votre accord. Salutations. Tatu.*

Le lendemain, avec le Rwandais Mundandi, ils analysent les caractéristiques de la caserne de Front de Force. À nouveau, le Che fait des objections et suggère l'attaque d'une caserne de moindre importance, mais les Congolais refusent. Il est désespéré de devoir rester et songe à voix haute : *Si j'y vais quand même et qu'ils nous virent ? Après tout, c'est leur pays.* Avant de partir, le groupe entonne l'hymne du 26 juillet et le commandant Guevara serre la main de chacun des trente-six combattants cubains qui vont participer à l'opération. Comme un mauvais présage, un incendie détruit la case du Che.

Le 24 juin, trente-neuf autres Cubains arrivent au camp, dont trois médecins. Heureuse surprise pour le

Che : parmi eux se trouvent deux de ses hommes d'escorte des dernières années, compagnons de la Sierra Maestra et de l'Escambray, Harry Villegas et Carlos Coello, rebaptisés Pombo et Tumaini-Tuma. Sans que le Che le sache, ils ont été envoyés personnellement par Fidel avec la consigne de veiller sur sa sécurité.

Les premières nouvelles de Front de Force parviennent le 1er juillet, une courte note de Dreke : « À 5 heures le 29, l'attaque a commencé [...] *Patria o Muerte*. Moja. » Un second message arrive peu après : « Il est 7 heures 30, tout va bien, les hommes sont contents et ont un bon comportement. Tout a commencé à l'heure prévue, avec un tir de canon et de mortier, d'autres informations suivent. » *Mais en même temps que cette note arrivaient des nouvelles alarmantes qui parlaient de vingtaines de morts, de Cubains morts, de blessés, et je supposais que les choses n'allaient pas si bien.*

Tout n'allait pas bien en effet. À 5 heures du matin, les Cubains avaient ouvert le feu avec un petit canon et une mitrailleuse, et surpris les défenseurs, mais presque immédiatement, devant la riposte des mortiers et des mitrailleuses des mercenaires, les désertions commencèrent parmi les Rwandais. Dreke, désespéré, rapporte : « Les Cubains se retrouvent seuls à tirer. Nous n'avions pas beaucoup de munitions. Les Rwandais, qui ne savaient pas tirer de rafales brèves, appuyaient sur la détente et vidaient en une seule fois les trente coups du chargeur. Nous nous battions contre un bataillon de 500 à 600 hommes. »

La tonalité générale de l'opération a été : un commencement brillant, sauf qu'avant même le début des combats, nous avions déjà perdu beaucoup d'hommes ; et pour finir la débandade complète.

Pendant ce temps, un second groupe commandé par Pichardo avait engagé le combat dans un lieu malcommode et avait été découvert au moment de traverser une route pour rejoindre sa position. Quatre Cubains et quatorze Rwandais sont tués au combat. Martínez Tamayo fait une tentative désespérée pour récupérer les cadavres. Impossible. Avant le combat, tous les combattants avaient reçu l'ordre de laisser leurs papiers et documents pour éviter leur identification, mais le groupe de Pichardo avait engagé le combat avec ses sacs à dos, et les forces gouvernementales tombent sur un carnet de notes qui indiquait la présence des Cubains. Par ailleurs, l'un des tués portait un slip avec une étiquette « Made in Cuba ».

Dreke ordonne un repli organisé. Des années plus tard, il devait dire : « Nous, Cubains, avons rompu l'équilibre de la paix armée que les Congolais avaient maintenue. Ils étaient armés mais restaient à la maison, avec femmes et enfants. Ils ne se battaient pas. » Dreke ne sait pas encore les terribles conséquences que cela aura.

CHAPITRE 41

Découragement et fuite

Parallèlement au combat de Force, un deuxième accrochage d'une colonne dirigée par des Cubains se produisit à Katanga avec des résultats équivalents ou pires.

Sur les 160 hommes, 60 avaient déserté avant le début du combat et de nombreux autres ne tirèrent même pas un coup de fusil. À l'heure convenue, les Congolais ouvrirent le feu contre la caserne, en tirant presque toujours en l'air, car la majorité des combattants fermaient les yeux et appuyaient sur la détente de l'arme automatique jusqu'à ce que le chargeur soit vide. L'ennemi répliqua avec un tir précis de mortier de 60, qui fit plusieurs victimes et provoqua la débandade instantanée.

Le bilan de ces deux combats se traduisit par une forte démoralisation des forces autochtones, *mais également un grand accablement chez les Cubains ; chaque combattant avait vécu la triste expérience de voir comment les troupes qui allaient à l'assaut partaient en débandade au moment du combat ; comment des armes précieuses étaient abandonnées n'importe où pour faciliter la fuite ; ils avaient aussi pu observer le manque de camaraderie — Congolais et Rwandais abandonnaient les blessés à leur sort —, la terreur qui s'était emparée d'eux et la facilité avec laquelle ils s'étaient dispersés sans obéir à aucun ordre.*

Pendant les jours qui ont suivi l'attaque, une grande quantité de soldats a déserté ou a demandé à quitter l'uniforme. Mundandi m'a écrit une longue lettre, qui regorgeait, comme toujours, d'histoires héroïques, où il regrettait la perte de son frère, mais où il annonçait qu'il était mort après avoir anéanti un camion entier de soldats […]. Il se plaignait aussi de la perte de plusieurs des meilleurs cadres de son groupe, et il protestait contre la présence de l'état-major à Kigoma, tandis que les hommes luttaient et se sacrifiaient au Congo. Il annonçait au passage que les deux tiers des troupes ennemies avaient été anéanties. […] Ces lettres n'étaient que le début de la décomposition qui allait par la suite s'emparer de toute l'armée de libération, entraînant avec elle les troupes cubaines.

Pour le Che, l'essentiel était de stopper la décomposition de la colonne provoquée par la défaite et le comportement des guérilleros rwandais et congolais.

Kabila finit par arriver, en compagnie de Masengo, le chef d'état-major, de Nbajira, le ministre des Relations extérieures, et de sa suite qui comprenait plusieurs mulâtresses guinéennes. Kabila était *cordial mais fuyant*. D'emblée il refuse la demande du Che d'informer le gouvernement tanzanien de sa présence. *J'ai répété ma vieille rengaine : Je veux aller au front. Ma mission fondamentale, celle où je pouvais être utile, c'était de former des cadres, et les cadres on les forme à la guerre, sur le champ de bataille, pas à l'arrière*. Kabila est extrêmement réservé quant à la proposition du Che. L'Argentino-Cubain est un leader de la révolution mondiale, il ne peut pas prendre de risques, etc. Il propose en revanche une tournée sur les fronts en commençant par celui de Kabimba, cette nuit même. Mais finalement, même cela est reporté encore et encore.

Un meeting est organisé dans la base. *Cela s'est avéré réellement intéressant. Kabila a montré qu'il connaissait la mentalité de ses hommes ; vif et agréable, il a expliqué en swahili tous les tenants et les aboutissants de la réunion du Caire. Il a fait parler les paysans, a donné des réponses rapides qui satisfaisaient les gens. Tout s'est terminé par une fête où l'on a dansé au rythme d'une musique dont le refrain disait « Kabila va, Kabila eh ». Il déployait une intense activité, il avait l'air de vouloir regagner le temps perdu. Il a proposé d'organiser la défense de la base, et il semblait redonner du courage à tout le monde et changer la physionomie d'une zone qui souffrait beaucoup du manque de discipline. À toute vitesse, soixante hommes ont été rassemblés, on leur a adjoint trois instructeurs cubains, et ils ont commencé à creuser des tranchées et à prendre des cours de tir.*

Mais cela ne dure pas : *cinq jours après son arrivée, Kabila m'a fait venir pour me dire qu'il devait repartir le soir même pour Kigoma.*

Le Che a des doutes, et il demande explicitement à Kabila s'il se rend à la frontière ou à Dar-Es-Salam. Kabila lui répond qu'il sera de retour le lendemain, qu'il revient très bientôt.

Quand nous avons appris la nouvelle du départ de Kabila, les Congolais et les Cubains ont une fois de plus cédé au découragement. Kumi le médecin nous a lu une note où il prédisait que Kabila resterait sept jours au Congo : il s'était trompé de deux jours. Changa, notre dévoué « amiral » du lac, était furibond, il disait : « Pourquoi cet homme a-t-il donc apporté autant de bouteilles de whisky, s'il ne comptait rester que cinq jours ? » […] Le discrédit tombait sur Kabila, il était impossible de surmonter cette situation s'il ne revenait pas tout de suite. Nous avions eu une dernière conversation pendant laquelle j'avais évoqué ce problème, avec toute la diplomatie dont j'étais capable ; nous avons parlé aussi d'autres sujets, et il m'a demandé, mine de rien, selon sa méthode, quelle pourrait être ma position en cas de rupture (entre Soumaliot, le principal dirigeant du mouvement, et lui-même). *Je lui ai répondu que je n'étais pas venu au Congo pour intervenir dans des questions de politique intérieure, ce qui serait négatif, mais que j'étais venu dans cette zone envoyé par mon gouvernement et que nous allions essayer de lui être loyaux, et d'être loyaux au Congo par-dessus tout. […] Le lendemain, le rythme de la base, dopé par sa présence et son dynamisme, est retombé. Les soldats chargés des tranchées ont dit que ce jour-là ils n'allaient pas travailler puisque le chef était parti.*

Le 22 juillet, sous la direction de Martínez Tamayo, cinq Cubains et vingt-six Rwandais (cinquante-sept autres se sont portés malades) prennent en embuscade un camion de l'armée congolaise. *Au moment d'ouvrir le feu, les Rwandais ont rebroussé chemin en courant et en tirant, ce qui a mis en danger tous nos hommes.*

Zakarias, le chef des Rwandais, propose de couper deux doigts à celui qui lui a tiré dessus accidentellement. Martínez Tamayo l'en dissuade avec tact. Un Cubain qui avait essayé d'empêcher un Rwandais de courir est récompensé d'une morsure à la main. *La tragi-comédie de cette embuscade ne s'est pas arrêtée là. Le camion transportait de la bière et du whisky. Martínez Tamayo a essayé de récupérer la nourriture et de détruire la boisson, mais rien à faire, quelques heures plus tard tous les combattants rwandais étaient saouls sous les yeux des Cubains, pour qui l'alcool était interdit. Ils se sont réunis et ont décidé de rentrer à la base. Zakarias a tué un paysan sur le chemin du retour.*

Franchement déprimé, le Che écrira : *Si l'on s'en remet uniquement au développement des groupes armés, cinq ans constituent un délai très optimiste pour la victoire de la révolution congolaise.*

Les ouvrages de fortification sur le lac étaient stoppés depuis le départ de Kabila, plusieurs Congolais avaient déserté, et les bagarres étaient facilitées par le manque d'autorité des chefs suppléants. Selon une phrase du Che, les énergies se sont *dissoutes dans le pandémonium. Une fois, l'un des responsables est même venu se réfugier honteusement dans la maison des Cubains parce qu'un soldat lui avait demandé du riz et qu'il le lui avait refusé.*

Le 1er août 1965, le Che écrit un « message aux combattants » où il remarque, entre autres choses : *Nous ne pouvons pas dire que la situation soit bonne ; les chefs du mouvement passent le plus clair du temps en dehors du territoire, [...] le travail d'organisation est quasiment nul, parce que les cadres moyens ne travaillent pas, ne savent d'ailleurs pas le faire, et que personne ne leur fait confiance. [...] L'indiscipline et le manque d'esprit de sacrifice sont les caractéristiques dominantes de ces troupes de guérilleros. Naturellement, il n'est pas question de gagner une guerre avec des troupes pareilles.*

Le Che se demande si la présence de la colonne cubaine a eu un effet positif et il répond par l'affirmative, car les difficultés proviennent des grandes différences, et il s'agit de transformer cela en élément utilisable.

Il insiste : *Notre mission est d'aider à gagner la guerre.* (Il faut) *donner l'exemple de notre différence, mais sans nous attirer l'hostilité des cadres [...]. Camaraderie révolutionnaire à la base [...]. Nous disposons en général de plus de vêtements et de nourriture que les camarades d'ici ; il faut partager au maximum, mais de façon sélective, avec les camarades qui font la preuve de leur esprit révolutionnaire.*

Le 17 août, une des embuscades de Martínez Tamayo enregistre un succès. Une Jeep et un véhicule blindé sont détruits et sept soldats ennemis tués, dont plusieurs roux à la peau blanche. Qui se révéleront être des Belges.

Le 18 août, le Che n'y tient plus et part à l'aube pour Front de Force. Enfin, à l'issue de quatre mois de réclusion involontaire. *Après une marche sur le plateau qui m'a paru interminable, [...] je me sentais un peu comme un prisonnier en cavale mais j'étais décidé à ne pas rentrer à la base avant longtemps.*

La rencontre du Che et des hommes postés en embuscade est un mélange de fête et d'angoisse. Dreke raconte : « Grande joie des camarades quand ils l'ont vu arriver. Barbe, uniforme vert olive, pistolet soviétique calibre .25, fusil M-1, béret. [...] Les Congolais n'avaient aucune idée de qui était le Che. Ils le connaissaient seulement comme Ramón, le médecin : Tatu-muganga, c'est comme ca qu'ils appellent les docteurs. » *Les paysans se montraient extrêmement aimables avec nous, et c'était bien le moins, pour les remercier, que je reprenne ma vieille profession de médecin, réduite, vu les circonstances, à des piqûres de pénicilline contre la maladie traditionnelle, la blennorragie, et à la délivrance de comprimés contre le paludisme.* Villegas précise : « En peu de temps toute une légende s'est tissée. Où que nous arrivions, il était déjà connu sous le nom de Dr Tatu, le médecin blanc. Même si nous avions d'autres médecins, c'est Tatu que les gens venaient consulter. Le Che s'est retrouvé à faire la même chose que dans la Sierra Maestra. Il s'est gagné rapidement l'affection des autochtones. »

Le Che met sur pied de nouvelles embuscades. Le 8 septembre, il retourne au campement s'entretenir avec Emilio Aragonés et Oscar Fernández Mell qui viennent d'arriver. Il retourne en leur compagnie à la position tenue depuis onze jours par Dreke. Le 11 septembre, l'ennemi arrive. Dreke raconte : « Le plan était de laisser passer quatre ou cinq camions puis de concentrer le feu sur le centre de la colonne. »

Un tir de bazooka sur le premier camion a raison des gardes de Tschombé qui laissent une douzaine de victimes sur la route, mais un autre groupe accompagne la colonne et met en fuite les Congolais qui entraînent les Cubains. Le Che abandonne son poste de commandement pour participer au combat. Dreke se souvient : « L'attitude du Che a provoqué une sérieuse discussion avec lui. Nous lui reprochions d'être intervenu. Il répondait : *C'est moi le chef.* Nos hommes se repliaient et il est resté pratiquement seul. Il a accepté la critique mais il a ajouté : *Il faut bien violer quelque chose de temps en temps.* » Le Che n'évoquera pas cet épisode dans ses mémoires. Les Cubains se retirent pour échapper à l'encerclement. *J'avais encore l'impression que les choses pouvaient marcher.*

CHAPITRE 42

L'optimisme pessimiste

En compagnie d'Emilio Aragonés, un an avant la guérilla au Congo, où ils se retrouveront.

La présence d'Aragonés et de Fernández Mell au Congo s'explique parce que Fidel, poussé par la défaite de Force et une lettre du Che décrivant la situation, décida de céder à leur pression de partir comme volontaires. *Je n'arrivais pas à comprendre que le secrétaire à l'organisation du parti puisse abandonner son poste pour venir au Congo.* Au début, le Che craignait qu'ils ne viennent lui demander de retourner à Cuba ou fassent pression sur lui pour qu'il abandonne le combat. Quand il se rendit compte qu'ils étaient bel et bien volontaires, le Che les incorpora rapidement. Aragonés, surnommé « Tembo » était le cent vingtième Cubain au Congo. Fernández Mell pour sa part s'appellera « Siki ». Compte tenu des victimes, de la présence de Changa au bord du lac et de deux rapatriés, cent sept combattants et quatre médecins se trouvaient à ce moment-là au Congo. *Ce qui aurait pu constituer le noyau d'une armée aux caractéristiques nouvelles si les conditions avaient été différentes.* Autre renfort : un groupe d'étudiants congolais entraînés en Chine et en Bulgarie qui se montreront dénués de tout courage au combat. C'étaient des théoriciens qui ne voulaient pas gravir les montagnes, formés avec des paramètres colonialistes, des fils de chefs, qui parlaient français et amenaient tout le côté négatif de la culture européenne. *Ils arrivaient avec un vernis superficiel de marxisme, imbus de leur importance de « cadres » et avec un désir démesuré de commandement qui se traduisait par des attitudes d'indiscipline, voire de conspiration.*

Tandis que d'inutiles combats avaient lieu, le Che en profita pour réaliser une vaste action sociale dans la zone, où il ne travaillait pas seulement comme médecin mais distribuait aussi des semences aux communautés. Il décida ensuite de se rendre à Lulimba pour proposer de nouvelles embuscades et voir les possibilités d'attaque, car la localité n'était défendue que par cinquante-trois hommes, selon des documents qui avaient été interceptés. Ils se déplacent de nuit et arrivent le lendemain jusqu'aux premières lignes : des cases pleines de poux au bord du chemin, sans tranchées ni abris, deux mitrailleuses antiaériennes, des bazookas. *Les tranchées ont toujours été un casse-tête, vu que, pour des raisons de superstition, les combattants congolais refusent de se mettre dans des trous creusés par eux-mêmes et ne forment pas de ligne de défense solide pour résister aux attaques.* Ils apprennent que Lambert, le chef local, se trouve à Fizi où l'une de ses filles est malade. Cela fait un mois et demi que, pour une raison ou une autre, il est absent du campement.

Le Che poursuit son exploration jusqu'à la zone de Fizi, où *il s'agissait maintenant d'organiser le « show » ; le général Maulana s'est mis en tenue de combat, qui consistait en un casque de moto recouvert d'une peau de léopard, ce qui lui conférait une allure assez ridicule et lui a valu de la part de Coello le surnom de « cosmonaute ». À Mbolo, c'était la relève ; les soldats du camion d'escorte devaient en remplacer d'autres qui partaient en permission à Fizi ; il y a eu une parade militaire couronnée par un discours du général Maulana. Là, le ridicule a atteint une dimension chaplinesque ; j'avais l'impression de voir un mauvais film comique ennuyeux ; tandis que les chefs jetaient des cris, tapaient violemment par terre et effectuaient de redoutables demi-tours, les pauvres soldats allaient et venaient, apparaissaient et disparaissaient, faisaient leurs manœuvres. […] Ce même soir, nous sommes rentrés à Fizi.*

La présence de l'ennemi, qui jusque-là avait été très passif, commence à se faire sentir. Les bombardements se multiplient, et aussi les mitraillages des communautés paysannes, et le largage de tracts où le gouvernement de Mobutu offre aux paysans des primes pour la dénonciation des conseillers cubains et un traitement humain pour ceux qui déposent les armes. Cette présence aérienne correspond au versement des 200 millions de dollars fournis par les États-Unis au gouvernement et à l'arrivée de conseillers de la CIA, américains, mais aussi cubains vétérans de la baie des Cochons, soldats rhodésiens et sud-africains. Une opération ainsi décrite par un cadre de la CIA : « Nous avons amené nos propres animaux. »

L'arrivée d'une nouvelle mission cubaine dirigée par le ministre de la Santé, Machado Ventura, qui apporte des lettres et un message de Fidel, permet au Che de se rendre compte de ce qui se passe à l'extérieur. *Les hommes du conseil révolutionnaire congolais* (et leur chef Soumaliot, qui s'étaient entretenus avec Fidel) *n'avaient pas raconté la vérité en partie, je suppose, parce que c'est toujours ainsi dans ce genre de cas, en partie parce qu'ils ignoraient totalement ce qui se passait à l'intérieur. [...] Le fait est qu'ils dépeignaient un tableau idyllique, avec des concentrations de forces de tous côtés, des détachements dans les forêts, des combats permanents.*

Le 5 octobre se tient une réunion décisive sur une colline entre Fizi et Baraka. Le Che fait la leçon aux dirigeants congolais : *Indiscipline, atrocités, parasitisme de l'armée rebelle.*

Plus tard, les Cubains tiennent leur propre réunion et Aragonés reproche au Che de n'avoir *pratiquement laissé aucune issue aux problèmes du Congo ; j'avais uniquement parlé du négatif, mais pas des possibilités offertes par La Guerre de guérilla. C'était une critique justifiée*. Ce sera la seule fois où le Che se fera surprendre à pécher par pessimisme. Mais quelques jours plus tard, après avoir été en contact direct avec la guerre, ce seront Aragonés et Fernández Mell qui adopteront l'attitude inverse. Des années plus tard, tous deux se souviendront du débat. Et Fernández Mell dira : « Nous lui disions qu'à Cuba il y avait tout un peuple contre Batista alors qu'ici le peuple n'était contre rien. » Et Aragonés résume : « En fait, nous ne comprenions pas ce qu'il foutait là. »

Des doutes s'expriment aussi au sein des guérilleros de la colonne cubaine et le Che doit faire face aux rumeurs qui prétendaient que *les Cubains restaient au Congo parce que Fidel ignorait la situation réelle qui y régnait. […] Je ne pouvais guère exiger d'eux qu'ils aient confiance en ma capacité à diriger, mais je pouvais exiger qu'ils respectent ma bonne foi. […] Je n'avais pas l'intention de sacrifier qui que ce soit pour mon honneur personnel. S'il était vrai que je n'avais pas fait savoir à La Havane que tout était perdu, c'était parce que, honnêtement, je ne le croyais pas*.

Le fait est que la fidélité au Che constitue le seul ciment du groupe. *Elle était loin l'époque romantique où je menaçais de renvoyer les éléments indisciplinés à Cuba ; si je l'avais fait maintenant, il ne serait resté que la moitié des effectifs, avec de la chance.*

Il écrit une longue lettre à Fidel : *J'ai reçu ta lettre qui a provoqué en moi des sentiments contradictoires, sachant qu'au nom de l'internationalisme prolétarien, nous pouvons commettre des erreurs très coûteuses. Je m'inquiète, de plus, qu'en raison de mon manque de sérieux quand j'écris ou parce que tu ne comprends pas totalement la situation, on puisse penser que je suis victime de la terrible maladie du pessimisme sans cause. […] Sache seulement qu'ici, selon mon entourage, j'ai perdu ma réputation d'individu objectif à force de garder un optimisme sans fondement malgré la réalité de la situation. Je peux t'assurer que, si je n'étais pas là, ce beau rêve se serait totalement désintégré au milieu du chaos général.*

Il souligne qu'il n'a pas besoin d'hommes mais de cadres, car il y a *trop-plein d'hommes en armes et pénurie de soldats*, et il le met très sérieusement en garde contre l'irresponsabilité et le manque de combativité des dirigeants congolais, leur absence de crédibilité, leur éloignement de la lutte réelle, alors que la situation au Congo est un désastre généralisé. Il l'avertit de ne pas leur remettre d'argent, parce qu'il ne servira pas à la lutte et il explique : *Nous ne pouvons pas libérer tout seuls un pays qui ne veut pas se battre. Il faut créer cet esprit de combat et partir à la recherche de soldats avec la lanterne de Diogène et la patience de Job, ce qui tient de la mission impossible vu la merde ambiante.*

Mais, aux yeux de Fidel, le Che, pourtant très optimiste, passera pour pessimiste.

CHAPITRE 43

Un fantôme doté du don d'ubiquité (2)

Au moment du déclenchement du soulèvement populaire à Saint-Domingue fut diffusée depuis Miami une version très précise, mentionnant des noms, des dates et des lieux, selon laquelle le Che était en république Dominicaine où il était arrivé sur un bateau de pêche parti de Santiago de Cuba. Selon la même source, il avait été vu dans les combats de rue de Saint-Domingue et il était mort au cours d'un affrontement.

Lors de l'intervention des marines, une radio américaine annonça qu'un sous-marin cubain de poche avait débarqué deux hommes dans l'île, dont l'un était le Che.

Il se disait aussi que des agents cubains en mission de désinformation avaient introduit clandestinement dans le bureau d'Imbert Barreras, membre du triumvirat militaire pro-yankee, un rapport secret selon lequel le Che était mort dans une rue de Ciudad Nueva pendant l'insurrection.

Le fantôme du Che parcourait la planète au galop.

La CIA était prise dans sa propre structure de désinformation et avec elle l'ensemble du gouvernement américain. Les rapports des services secrets que s'échangeaient les conseillers du président Johnson étaient précédés d'annotations comme : « Walt, je t'envoie une nouvelle contribution pour le recueil mythologique sur le sort du Che Guevara. »

L'agence était prise au piège de sa propre version selon laquelle les divergences avec Fidel avaient provoqué la chute du Che qui « avait été emprisonné ou exécuté à Cuba » (*dixit* Marchetti, l'une des têtes pensantes de la Compagnie). Mais elle continuait aussi à fabriquer de nouvelles histoires sur la folie du Che, elle générait des rumeurs sur sa présence en Amérique latine. Il serait prêt à passer à l'action.

Certains de ses analystes commencèrent à rassembler des informations sur la présence cubaine au Congo, et quelqu'un suggéra que c'était peut-être la destination du Che, mais l'idée fut écartée.

L'AFP se fit écho d'une rumeur disant que des coups de feu avaient été échangés au cours d'une discussion entre Fidel et le Che, et que le Che avait été tué. Une histoire confirmée par un journal trotskiste. Le quotidien péruvien *La Prensa* fit courir le bruit que le Che avait été éliminé par les Soviétiques à cause de ses orientations prochinoises.

Face à la pression de toutes ces rumeurs et de milliers d'autres, le 3 octobre, Fidel monte à la tribune à l'occasion du congrès de fondation du comité central, de ce qui deviendrait le Parti communiste cubain. Dans sa main, cinq feuilles manuscrites et leur transcription dactylographiée. Une grande tension règne dans le théâtre. Il commence son intervention : « Il y a un absent à notre comité central. Quelqu'un qui possède tous les mérites et toutes les qualités nécessaires pour les responsabilités de plus haut rang. […] Autour de celui-ci, l'ennemi a tissé mille conjectures, il a tenté de semer la confusion, la zizanie et le doute. Patiemment, car il était nécessaire d'attendre, nous avons attendu... » Et il se met à lire la lettre d'adieux que le Che lui a remise en avril. À la fin, la salle explose en applaudissements, Fidel tente de poursuivre son discours, mais les applaudissements se prolongent et s'éternisent.

Fidel, des années plus tard, disait que divulguer la lettre d'adieux du Che « était une nécessité politique inéluctable ».

CHAPITRE 44

Débâcle

La situation politique évolue, le Premier ministre Tschombé est renversé par un coup d'état militaire. La campagne de propagande offrant la paix aux rebelles s'intensifiait. Kasavubu, nommé président, allait se joindre peu après à une réunion de chefs d'État africains à Accra et prononcer un discours d'ouverture pour rompre le front anticolonial. Il annonce la réconciliation avec le Congo-Brazzaville. Le piège politique pour isoler les restes du lumumbisme et, avec eux, la guérilla du Che est en place.

Lors d'une réunion avec les Cubains *j'ai demandé quels étaient ceux qui croyaient en la possibilité de victoire. Dreke et Martínez Tamayo ont été les seuls à lever la main. […] À la fin de la réunion, j'étais persuadé que très peu d'hommes partageaient mon rêve de créer une armée pour conduire à la victoire les armes congolaises. Mais j'étais raisonnablement certain qu'il y avait des hommes prêts à se sacrifier, même s'ils estimaient ce sacrifice stérile.*

Le 24 octobre, cela fait six mois que le Che est arrivé au Congo. Il pleut. Soudain *nous avons entendu des coups de feu isolés puis un feu roulant.* L'armée arrivait. Dreke raconte : « Vers 1 ou 2 heures de l'après-midi, j'étais en train de faire mes besoins et j'avais presque fini lorsque j'ai entendu une fusillade du côté de la maison du Che, où il était en train de lire. Je suis monté dare-dare, le Che descendait avec Martínez Tamayo, en tirant derrière lui... Les soldats étaient déjà à l'intérieur du camp. »

Les Congolais qui ne se sont pas enfuis sont partis chercher le sorcier pour qu'il leur fasse la *dawa. J'ai commencé à organiser la défense. […] Mon dilemme était le suivant : si nous restions, nous pouvions être encerclés, si nous nous retirions, nous perdions le dépôt de munitions et tout le matériel que nous avions sauvé : deux mortiers de 60, un émetteur radio, etc. J'ai préféré faire face à l'ennemi, en espérant résister jusqu'au soir avant de nous replier.*

Le Che se battait debout. Des camarades cubains, qui essayaient de le protéger, le lui reprochèrent. Il répondit : *Ici, c'est moi qui commande.*

Durant la retraite, le groupe se désagrège. Le Che n'a plus que treize hommes avec lui. *Un de plus que Fidel à un moment donné, mais le chef n'était pas le même.* Une nouvelle base est établie à Nabikumo, à dix heures du lac et de la base supérieure et à un jour et demi de Kazima. Les chefs congolais font campagne contre les Cubains, qu'ils accusent d'être des fantoches. Ils se moquent des Congolais qui sont dans le groupe des Cubains parce que eux sont obligés de travailler, ils font courir la rumeur que les mines qui ont fait des blessés dans leurs rangs ont été posées par les Cubains. *Ce fait, tout méprisable qu'il fût, avait pourtant des circonstances atténuantes. Nous avions réellement traité rudement les chefs, leur ignorance, leurs superstitions, leur complexe d'infériorité. Nous avions infligé des blessures à leur susceptibilité et il y avait peut-être aussi le fait douloureux, pour leur pauvre mentalité, de s'être fait réprimander par un Blanc, comme dans les temps maudits.*

Au même moment, la radio congolaise annonce avec insistance la mort de Che Guevara au Congo. Une information a-t-elle filtré ? S'agit-il d'un acte de propagande sans fondement ? La nouvelle ne parvient même pas à la presse internationale.

Ironie du sort, à la même époque les services de renseignements américains s'échangent des rapports où ils considèrent le Congo comme la principale zone de guérilla dans le monde après le Viêt-Nam. Ils pensent que les troupes gouvernementales sont incapables de triompher par elles-mêmes et que l'intervention américaine doit par conséquent être renforcée.

Le 1er novembre, le Che redescend au lac. Peu après son arrivée, Lawton accoste avec son canot. Il est porteur d'un message inquiétant envoyé au Che de Dar-Es-Salam. Le gouvernement de Nyerere avait convoqué Rivalta pour l'informer que « en vertu de la décision des États africains de ne pas intervenir dans les affaires intérieures d'autres pays, les Tanzaniens, de même que les autres gouvernements qui jusqu'à présent apportaient leur aide au mouvement de libération du Congo, sont contraints de modifier la nature de cette aide. En conséquence, ils nous demandaient de nous retirer, comme une contribution à cette politique. Ils reconnaissaient que nous avions apporté plus que beaucoup d'États africains, et ils n'en parleraient pas au mouvement de libération du Congo tant que nous ne serions pas partis. Lorsque ce serait fait, le Président convoquerait les dirigeants congolais et les mettrait au courant de la décision prise par ces États africains. Le gouvernement de La Havane a été informé. Nous attendons de connaître ton avis. »

C'était le coup de grâce infligé à une révolution moribonde. Vu le caractère de l'information, je n'ai rien dit aux camarades congolais, dans l'attente de ce qui allait arriver dans les jours suivants. La réponse de Fidel à Dar-Es-Salam, retransmise au Congo, arrive peu après. « À l'absurde, nul n'est tenu. Si selon le Che notre présence est devenue injustifiable et inutile, il faut penser à nous retirer. Vous devez agir conformément à la situation objective et à l'état d'esprit de nos hommes. Si vous estimez que nous devons rester, nous essaierons d'envoyer les ressources humaines et matérielles que vous considéreriez nécessaires. Que vous craigniez, à tort, que la décision que vous prendrez puisse être considérée comme défaitiste ou pessimiste, nous inquiète. Si vous décidez de partir, le Che est libre de maintenir le statu quo de sa situation actuelle, soit en rentrant, soit en allant ailleurs. Quelle que soit votre décision, nous vous soutiendrons. Il faut éviter un anéantissement. »

Le 4 novembre arrive un nouveau message de La Havane qui indique que les mercenaires n'ont pas été retirés du Congo. Il se conclut par : « Dans ces conditions, retirer notre soutien révolutionnaire aux Congolais serait une trahison, à moins qu'ils ne nous le demandent, ou qu'ils décident d'abandonner la lutte. » Les messages se croisent mais cela ne change rien. Le Che envoie un message à Dar-Es-Salam pour qu'il soit retransmis à Fidel. Après avoir donné des informations sur la situation militaire, il explique : *Il y a eu un moment où on a parlé de la fuite massive de tous les chefs congolais. J'avais pris la décision dans ce cas de rester avec une vingtaine d'hommes bien choisis (la chèvre ne donne plus de lait) et d'envoyer le reste de l'autre coté. J'aurais continué à me battre jusqu'à ce que le mouvement se développe, ou jusqu'à épuisement des possibilités, et dans ce cas j'aurais pris la décision de me déplacer sur un autre front ou de solliciter l'asile quelque part. Face aux dernières nouvelles, ma réaction a été la même que celle de Fidel : nous ne pouvions pas partir aux conditions proposées. Nous devions discuter sérieusement avec les dirigeants tanzaniens pour préciser un certain nombre de faits.*

Voici mes propositions : qu'une délégation cubaine de haut niveau se rende en Tanzanie, ou que ce soit Aragonés depuis ici, ou les deux ensemble. Notre argumentation doit être à peu près la suivante : Cuba a offert une aide soumise à l'approbation de la Tanzanie qui l'a acceptée, et l'aide est devenue effective. Ni conditions ni limite de temps n'avaient été posées. Nous comprenons les difficultés de la Tanzanie aujourd'hui, mais nous ne sommes pas d'accord avec vos arguments. Cuba ne recule pas devant ses engagements, Cuba ne peut pas non plus accepter une fuite honteuse en abandonnant nos frères en disgrâce à la merci des mercenaires. Nous n'abandonnerons la lutte que dans le cas où, pour des raisons fondées ou des raisons de force majeure, les Congolais nous le demanderaient, mais nous nous battrons pour que cela n'arrive pas.

La situation militaire dans les premiers jours de novembre a l'air relativement stable, mais la décomposition continue. Les rumeurs d'attaque des mercenaires et des troupes gouvernementales du côté du lac se multiplient, on parle d'une force de mercenaires sud-africains et belges, avec quelques Cubains de la CIA, appuyés par des troupes de la vieille gendarmerie du Katanga. L'aviation bombarde. Des tranchées ont été creusées et plusieurs embuscades sont tendues, mais la décomposition est énorme. Sur le front d'Aly, les tensions avec les Congolais arrivent au point de rupture. Martínez Tamayo a le plus grand mal à obtenir que les Congolais qui restent avec lui ne désertent pas et cette démoralisation atteint les Cubains qui parlent de battre en retraite.

L'effondrement du front est inévitable. Les Rwandais abandonnent la zone de Front de Force et entraînent les Cubains avec eux. Au moins le font-ils de façon ordonnée et se regroupent-ils dans la zone de Nganja avec leurs armes. Mundandi envoie une note au Che : « Je suis dans l'incapacité de tenir ma position et d'assurer sa défense […], je vous prie de me comprendre, j'ai décidé un retrait, je n'abandonne pas les camarades cubains, […] je ne peux pas exposer à l'anéantissement toutes les forces des camarades rwandais, […] j'ai cherché à aider cette révolution pour pouvoir en faire une autre dans notre pays, mais si les Congolais ne se battent pas, je préfère mourir sur notre sol. »

Face à cette situation, le Che envoie un télégramme à Cuba : *Augmentation de la pression ennemie et tentative de blocus du lac. Besoin urgent grosses sommes d'argent congolais pour prévenir isolement. Offensive se poursuit. Il faut faire vite. Nous préparons à défendre la base.*

Dans la nuit du 17 novembre, le Che ordonne un second repli vers le cercle intérieur de défense. Des combattants congolais et des paysans avec femmes et enfants accompagnent les troupes qui battent en retraite.

CHAPITRE 45

Les derniers jours de ce mois de novembre

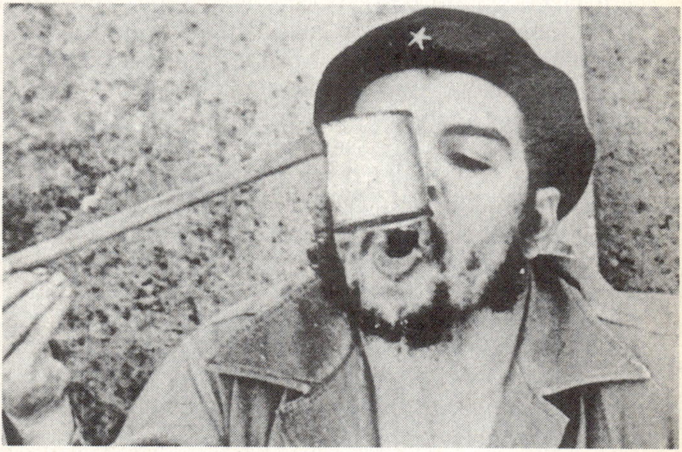

Le 18 novembre, les Congolais, par la bouche de Chamaleso, qui retransmet les décisions du chef du front, Masengo, se déclarent en faveur de l'abandon du combat. Les rumeurs de retrait se répandent dans le camp où prédomine le chaos. Le Che ne se résigne pas. Il discute avec ses hommes de confiance et suggère la possibilité d'organiser l'évacuation, puis de former une petite force de guérilla qui traverserait le pays pour rejoindre dans le Nord les forces insurgées de Pierre Mulele. Mais cela signifiait une marche de plus de mille kilomètres par des zones inconnues, à travers la forêt vierge, sans guides, et sans même savoir où en était Mulele, avec qui il n'avait jamais été possible d'établir une ligne de communication. Le Che insiste dans son idée de rester au Congo avec un petit groupe de combattants. Plusieurs mois plus tard, il s'en expliquera : *Mon intention était d'évacuer les malades, les faibles, et toutes les jambes tremblantes, et de rester pour continuer le combat avec un petit groupe. Dans ce but, j'ai effectué un petit test […] parmi les camarades combattants. Les résultats ont été décourageants, presque personne n'était disposé à continuer le combat. C'était donc à moi de décider...*

Le lendemain, 19 novembre, une partie des Congolais entama le retrait vers Fizi. Sans contact avec le canot qui était parti pour la Tanzanie avant que soit connue la décision d'évacuation, le Che décide de brûler le campement et les documents ; sans que personne n'en donne l'ordre, les dépôts de munitions sont également incendiés. *Nous avons observé le feu d'artifice, les incendies et les explosions de ces matières précieuses en train de partir en fumée. Les traînards étaient nombreux, ils semblaient ployer sous le poids d'une fatigue de plusieurs siècles et montraient une inquiétante absence de vitalité.*

Vers 3 heures de l'après-midi il entre en communication avec Lawton sur la base du lac en Tanzanie et lui demande de revenir au Congo car une évacuation va avoir lieu. *Lorsque nous avons entendu le « bien compris » en provenance du lac, la tête de tous les camarades présents a changé, comme si une baguette magique avait touché leurs visages [...]. Tous les chefs congolais se retiraient et les paysans manifestaient une hostilité croissante à notre égard. Mais l'idée d'abandonner définitivement le terrain et de nous en aller comme nous étions venus, en laissant des paysans sans défense et des hommes armés mais également sans défense vu leur faible capacité à se battre, des hommes vaincus avec le sentiment d'avoir été trahis, me faisait terriblement mal.*

Pour moi, rester au Congo n'était pas un sacrifice. L'année sur place — ou les cinq dont j'avais menacé les Cubains — faisait partie d'une conception de la lutte parfaitement claire dans mon esprit. J'aurais pu raisonnablement compter sur six ou sept hommes qui m'auraient accompagné sans réticence ; les autres l'auraient fait par devoir, devoir personnel pour certains, devoir envers la révolution pour d'autres, et j'allais sacrifier des hommes dont l'enthousiasme au combat ne serait pas la motivation. [...] En réalité, l'idée de rester a continué à tourner dans ma tête jusqu'aux dernières heures de la nuit, et je n'ai peut-être jamais pris de décision, mais j'ai fini par être un fuyard de plus.

Arrive alors un message de Cuba, qui dit au Che que c'est une folie de prétendre rejoindre Mulele dans le Nord et qu'il faut « chercher par tous les moyens à sortir de là ».

Dreke se souvient : « Il fallait organiser l'évacuation au milieu d'une grande quantité de guérilleros congolais et de civils, qui s'étaient regroupés là, fuyant l'avancée des Belges, qui dévastaient tout sur leur passage. C'était un spectacle impressionnant, dans cette foule il y avait des blessés, des malades, des femmes et des enfants, des vieillards, des gens qui fuyaient. Il aurait fallu pas mal de bateaux pour les emmener tous, mais ces bateaux n'existaient pas. »

Dans l'après-midi du 20 novembre, le Che fit une dernière tentative pour rester, car un groupe de Cubains n'était pas revenu et il était probablement égaré. Le Che voulait rester pour les attendre. Un violent affrontement a lieu avec les officiers cubains. Aragonés, dont le Che a envoyé valser le chapeau d'un revers de main, lui dit que s'il s'agit de mourir, il est prêt à s'asseoir avec lui sur le ponton après l'évacuation pour confronter leurs définitions de l'idéalisme... Le Che finit par céder.

Notre retraite n'était qu'une simple fuite et, pire encore, nous étions complices de duperie envers ceux qui restaient. D'un autre côté, qui étais-je, moi, maintenant ? J'avais l'impression qu'après ma lettre d'adieu à Fidel les camarades commençaient à me voir comme un homme d'une autre latitude, quelque peu éloigné des problèmes concrets de Cuba, et je n'osais pas exiger d'eux le sacrifice final de rester. J'ai passé ces dernières heures solitaire et perplexe.

Vers 2 heures du matin, précédés de fusées éclairantes et d'un bombardement, les trois canots de Lawton font leur apparition. On commence par installer un canon sur l'un d'entre eux. *Nous avons organisé l'évacuation ; les malades sont montés, puis tout l'état-major de Masengo, une quarantaine de personnes qu'il avait choisies. Tous les Cubains ont embarqué, et un spectacle douloureux a commencé, lamentable, bruyant et sans gloire : il me fallait repousser des hommes qui demandaient en suppliant qu'on les emmène ; il n'y a pas eu un seul geste de grandeur dans cette retraite, ni un seul geste de révolte.*

Huit Rwandais qui étaient demeurés jusqu'à la fin avec le groupe montent dans les canots. Le Che veut monter en dernier, mais les officiers cubains, craignant qu'il ne s'agisse d'une ruse de sa part pour rester, refusent de monter s'il ne le fait pas. Il embarque dans le premier canot avec Martínez Tamayo, Aragonés et Fernández Mell.

On aurait dit qu'une corde venait de se rompre. L'exaltation des Cubains et des Congolais débordait des petits canots comme un liquide bouillant qui me brûlait, sans que je cède à la contagion. Durant ces dernières heures que j'ai passées au Congo je me suis senti seul, comme jamais je ne l'avais été, ni à Cuba ni nulle part ailleurs, tout au long de mon pèlerinage à travers le monde.

Vers 7 heures du matin, alors que les maisons de Kigoma sont en vue, le Che, depuis son embarcation s'adresse aux Cubains. Dreke se souvient de ses paroles : *Camarades, le moment de nous séparer, pour les raisons que vous connaissez, est venu. Je ne débarquerai pas avec vous, nous devons éviter toute espèce de provocation ; le combat que nous venons de mener a été une grande expérience ; j'espère que, malgré les difficultés que nous avons vécues, si Fidel vous propose un jour une autre mission dans ce genre, certains parmi vous sauront répondre présent. J'espère aussi que si vous arrivez à temps pour le 24 décembre, lorsque vous serez en train de manger le cochon de lait de Noël dont vous avez tellement envie, vous vous souviendrez de ce peuple humble, et des camarades que nous avons laissés au Congo. Seul celui qui est prêt à quitter son confort pour aller lutter dans un autre pays mérite le nom de révolutionnaire. Peut-être nous reverrons-nous à Cuba ou ailleurs sur cette planète.*

Un petit canot s'approche, le Che descend. Et avec lui Martínez Tamayo, Villegas et Coello.

CHAPITRE 46

Dar-Es-Salam

Devant sa machine à écrire à Dar-Es-Salam.

Victor Dreke, qui avait été le chef en second de l'expédition cubaine au Congo se souviendra des années plus tard : « *À bientôt Moja*, m'a dit le Che en me quittant sur le lac Tanganyika. C'était terrible, les hommes pleuraient, on ne savait pas si c'était de joie ou de tristesse. Je n'ai jamais revu le Che. »

À leur arrivée à Kigoma, les combattants cubains récupèrent de leurs efforts. Erasmo Videaux raconte : « Nous nous sommes rasés, débarrassés de notre crasse. Nous étions presque nus, sans chaussures, couverts de vermine. Nous nous sommes désinfectés. Des gens de l'ambassade nous ont donné des médicaments, des pommades et surtout de la nourriture. Le moral était redevenu bon. Nous avions le sentiment d'avoir livré bataille. Ce n'était pas nous les coupables. »

Ils seront ensuite transférés à Dar-Es-Salam d'où ils repartiront en groupes pour La Havane. Un petit groupe commandé par Fernández Mell restera à Kigoma pour tenter de récupérer les trois hommes bloqués au Congo. Deux mois plus tard, il y parviendra.

Pendant ce temps, à l'ambassade de Cuba à Dar-Es-Salam, Pablo Rivalta reçoit des instructions pour libérer le dernier étage de la chancellerie, où lui seul et le responsable de la sécurité auront accès. Ce sera le refuge temporaire du Che, un Guevara chevelu et déprimé, amaigri par la dysenterie et la mauvaise alimentation. Avec lui, ses trois hommes de confiance, Harry Villegas, Coello et le capitaine Martínez Tamayo.

La littérature et la nourriture le tireront d'une première étape d'apathie et d'angoisse. Quelques jours après son installation, il commence à dicter à l'employé du chiffre, qui s'appelle Colman, des notes à partir de son journal tenu au Congo. Le rythme ira peu à peu en augmentant et il écrira presque constamment durant trois semaines.

Le manuscrit prend forme. Il s'intitulera « *Étapes de la guerre révolutionnaire (le Congo)* », et sera dédié à *Bahasa et à ses camarades tombés au combat, à la recherche d'un sens à leur sacrifice*. Il dira dans le prologue : *Ceci est l'histoire d'un échec. Ce récit comprend des détails anecdotiques propres aux épisodes de la guerre, mais il est nuancé d'observations et d'esprit critique, car je considère que, si ce récit peut avoir une certaine importance, c'est parce qu'il permet de montrer une série d'expériences utiles à d'autres mouvements révolutionnaires. La victoire est une grande source d'expériences positives, mais la défaite aussi et plus encore, à mon avis, lorsque, comme c'est le cas, acteurs et narrateurs sont des étrangers qui sont allés risquer leurs vies sur un territoire inconnu, de langue différente, auquel ils n'étaient attachés que par les liens de l'internationalisme prolétarien, inaugurant une méthode inédite dans l'histoire des guerres de libération modernes*.

Dans ce même prologue, il informe que, selon ses désirs, ces notes seront publiées *longtemps après avoir été dictées, et peut-être l'auteur ne pourra-t-il pas assumer la responsabilité de ce qui est dit ici ; le temps aura arrondi bien des angles et, si leur publication revêt une certaine importance, les éditeurs pourront y faire les corrections qu'ils considéreront nécessaires, par des rappels pertinents, afin d'éclaircir les événements ou les opinions décantés à la lumière du temps*. Le Che ne peut pas savoir que le manuscrit ne sera rendu public que trente ans plus tard, et encore, sans faire l'objet d'une publication intégrale.

Il y affine sa capacité d'autocritique, comme s'il s'agissait d'un exercice de psychanalyse, il mettra à nu des sentiments et se jugera lui-même avec une plus grande dureté que celle utilisée pour les « étapes » de ses écrits consacrés à Cuba. Et, dans cette autocritique, il laissera le meilleur autoportrait dont l'auteur ait eu connaissance : *Je dois maintenant me livrer à l'analyse la plus difficile, celle de mon rôle. J'ai approfondi, dans la mesure du possible, mon analyse autocritique, et j'en suis arrivé aux conclusions suivantes : du point de vue des rapports avec la direction révolutionnaire, j'ai été bloqué par la façon un peu anormale dont je suis entré au Congo, et je n'ai pas été capable de surmonter ce handicap. Mes réactions ont été très variables ; j'ai gardé pendant très longtemps une attitude que l'on pourrait qualifier d'excessivement complaisante, mais j'ai parfois explosé de manière brutale et très blessante ; peut-être est-ce chez moi un comportement inné ; le seul secteur avec lequel j'ai certainement entretenu des rapports corrects, ce sont les paysans, car je suis plus habitué au langage politique, à l'explication directe et à l'exemple, et je crois que j'aurais eu du succès dans ce domaine. Je n'ai pas appris le swahili assez vite et assez à fond ; c'est un défaut qui peut être attribué à ma connaissance du français, qui me permettait de communiquer avec les chefs, mais m'éloignait de la base. J'ai manqué de volonté pour fournir l'effort nécessaire.*

En ce qui concerne le contact avec les hommes, je crois m'être suffisamment sacrifié pour que personne ne puisse rien me reprocher au niveau personnel ou physique. Mais mes deux faiblesses fondamentales ont trouvé de quoi se satisfaire au Congo : le tabac, qui n'a jamais manqué, et la lecture qui a toujours été abondante. Avoir une paire de bottes déchirées ou du linge sale, manger dans la même gamelle que la troupe et vivre dans les mêmes conditions n'est pas précisément confortable, mais pour moi cela n'était pas un sacrifice. Le fait surtout de m'éclipser pour lire, en fuyant les problèmes quotidiens, avait tendance à m'éloigner du contact avec les hommes, sans parler de certains aspects de mon caractère qui rendent difficile une certaine intimité. J'ai été dur, mais je ne crois pas l'avoir été excessivement ; injuste non plus. J'ai utilisé des méthodes qui ne sont pas celles d'une armée régulière, comme la privation de nourriture ; c'est la seule que je connaisse qui soit efficace dans la guérilla. Au début j'ai voulu imposer des contraintes morales et j'ai échoué ; je n'étais pas préparé à regarder avec optimisme un futur qu'il aurait fallu savoir distinguer à travers des brumes aussi noires que le présent.

Je n'ai pas osé exiger le sacrifice maximal au moment décisif. Cela a été un blocage intérieur, psychique. Pour moi c'était très facile de rester au Congo ; du point de vue de l'amour propre du combattant, c'était ce qu'il fallait faire ; du point de vue de mon attitude future, ce n'était peut-être pas ce qui convenait le mieux, mais cela m'était indifférent à ce moment-là. Pendant que je pesais mûrement ma décision, le fait de savoir combien le sacrifice décisif était facile pour moi a joué contre moi. Je considère que j'aurais dû surmonter le poids de cette analyse critique et imposer à un certain nombre de combattants le geste final : même peu nombreux, nous aurions dû rester.

Finalement, ce qui a joué dans mes rapports avec les hommes, je m'en suis aperçu, même si c'est complètement subjectif, cela a été la lettre d'adieu à Fidel. Après cette lettre, les camarades m'ont vu de la même façon que plusieurs années plus tôt, quand j'ai commencé dans la Sierra, c'est-à-dire comme un étranger en contact avec des Cubains ; à cette époque, celui qui débarquait ; et à présent, celui qui partait. Il y avait cer-

taines choses en commun que nous ne partagions plus, certaines aspirations auxquelles de manière tacite et explicite j'avais renoncé, et qui sont sacrées pour tout homme : sa famille, sa terre, son milieu. La lettre, qui avait soulevé tant de commentaires élogieux à Cuba et au-dehors, me séparait des combattants.

Ces considérations psychologiques dans l'analyse d'une lutte à l'échelle presque continentale peuvent sembler insolites. Je reste fidèle à mon concept de noyau : j'étais le chef d'un groupe de Cubains, un simple détachement, et ma fonction était d'être leur chef réel, celui qui les conduisait vers une victoire qui devait donner l'impulsion au développement d'une authentique armée populaire. Mais ma situation particulière me transformait en même temps en soldat, en représentant d'un pouvoir étranger, en instructeur de Cubains et de Congolais, en stratège, en politique de haut vol sur une scène inconnue. Et en Caton censeur, rabat-joie et rabâcheur dans mes rapports avec les chefs de la révolution. En tirant sur tous ces fils, un nœud gordien s'est formé que je n'ai pas osé trancher. Si j'avais été davantage un authentique soldat, j'aurais pu peser plus efficacement sur certains aspects de mes rapports complexes aux autres. J'ai raconté comment au bout du compte j'en étais arrivé à prendre soin du cadre (ma précieuse personne) dans les moments de désastre où j'étais entraîné, et comment je n'ai pas pu surmonter des considérations subjectives au moment final.

C'est l'analyse d'un homme en train de rassembler des informations sur lui-même pour la prochaine expérience. De quelqu'un qui tire sur sa propre corde pour voir de quelle façon et à quel moment elle se casse, et qui attend la prochaine occasion pour pratiquer les jeux de la mort. Le Che n'est plus un vaincu absolu. Il a transformé la défaite en défaite partielle, il peut survivre à son propre, et souvent exagéré, complexe de culpabilité. À la brutalité de son autoprocès.

Le prologue contient un autre message explicite : *J'ai appris au Congo ; il y a des erreurs que je ne ferai plus. Peut-être en répéterai-je d'autres, en commettrai-je de nouvelles aussi. J'en suis sorti avec plus de foi que jamais dans la guérilla. Mais nous avons échoué. Ma responsabilité est grande ; je n'oublierai ni la défaite ni ses précieux enseignements*.

Il discute avec Rivalta et Fernández Mell de ce qui s'est passé. Selon ses interlocuteurs, après la première analyse rétrospective et les premières réflexions, il était convaincu qu'il n'y avait pas à court terme de conditions pour la reprise de la guerre, et que si elle recommençait cela devait être autrement. Physiquement, il commence à se remettre. Bien qu'il soit un homme secret, dont il est difficile de connaître les véritables états d'âme, ses hommes sentent, au travers des petits gestes, des plaisanteries, qu'il est encore déprimé. Cela les inquiète et les effraye.

Le Che corrige de sa main les feuillets dactylographiés et remet une copie du manuscrit à Fernández Mell, pour qu'il la donne à Aleida et à Fidel à son retour à Cuba.

Sans doute durant ces mois à Dar-Es-Salam est-il en contact permanent avec La Havane. Il n'existe pas de traces de ces communications ni des échanges épistolaires qu'il dut avoir avec Fidel. Ce que nous savons c'est que, sur l'initiative personnelle de Rivalta, on en arrive à la conclusion qu'une visite de son épouse Aleida, dans la plus stricte clandestinité, est possible à organiser. Aleida arrive en Tanzanie après une escale au Caire. Rivalta raconte qu'ils ont vécu quelques jours ensemble à la chancellerie, qu'ils parlaient de leurs enfants et que le Che était très content.

Peu après, Rivalta se chargera personnellement de la transformation du Che et jouera les coiffeurs : « Je suis allé au marché acheter une tondeuse, des ciseaux, des peignes, un rasoir. La coupe était impeccable, j'ai passé mon diplôme de coiffeur. Et quand ça a été fini, je lui ai mis un cigare dans la bouche. » La photo l'atteste : le Che rajeuni et sans barbe regarde au-dessus du cigare avec des yeux moqueurs. Un homme du ministère de l'Intérieur, Eddy Suñol, vient spécialement de La Havane pour réaliser la transformation du personnage : prothèse, lunettes.

À la fin, il sera méconnaissable.

En février, il écrit à sa fille Hilda qui a dix ans : *Tu es une femme maintenant et l'on ne peut plus t'écrire comme aux enfants, en leur racontant des bêtises et des petits mensonges. Tu dois savoir que je suis toujours loin et que je resterai encore très longtemps loin de toi, à faire ce que je peux pour lutter contre nos ennemis. Ce n'est pas grand-chose, mais ce n'est pas rien et tu pourras toujours être fière de ton père.*

Peu après, il dit au revoir à Aleida et quitte la Tanzanie pour une destination inconnue. La trace de son départ est inscrite dans le message qu'il adresse à la Conférence tricontinentale qui se déroule à La Havane en février de cette année 1966 : *Nous assistons encore à la lutte entre les successeurs de Lumumba et les vieux complices de Tschombé au Congo ; lutte qui aujourd'hui semble pencher en faveur de ces derniers, qui ont pacifié à leur profit une grande partie du pays, même si la guerre est toujours latente.*

CHAPITRE 47

Prague : le froid, la solitude

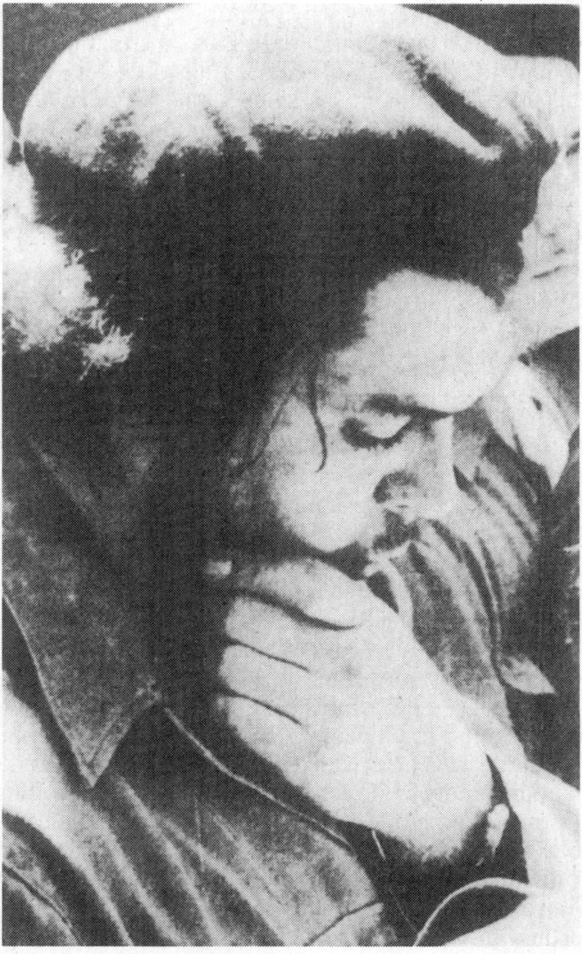

L'auteur aimerait pouvoir faire appel à la propre voix du Che. Il est difficile de faire abstraction de ce ton narratif, de cette sincérité brutale et de cet humour caustique qui étaient les siens ; mais le journal qu'il a probablement tenu après son départ d'Afrique, les hypothétiques « carnets de Prague », comme bien d'autres documents, n'ont jamais été rendus publics. Et si l'on ajoute à cela le fait que les chroniqueurs cubains fuient comme la peste l'image d'un Che abattu et en déroute, il en résulte que presque rien n'a été dit sur la période « froide » qui va de la fin mars (ou peut-être même avant) à juillet 1966. Nous ne disposons donc pour reconstituer ce début de « Printemps de Prague », que de quelques documents épars et hétérogènes.

Quitter l'Afrique, rester en Europe, en un lieu où la clandestinité la plus absolue est possible, en attendant de réactiver l'opération si longtemps ajournée en Amérique latine, cette décision, si l'on en croit les dates, est étroitement liée à la reprise de l'opération andine.

Fernández Mell, le médecin guérillero, compagnon du Che, se souvient d'avoir vu le Che en mars 1966 à Dar-Es-Salam, puis d'avoir croisé, lors de son retour à Cuba *via* Le Caire, Aleida qui allait voir son mari.

Mars, si les souvenirs de son ami Fernández Mell sont exacts (ou deux mois plus tôt d'après la chronologie de Cupull et González), serait donc l'époque où le Che quitte la chaleur, après la déroute, pour le froid et un nouveau projet. C'est aussi en mars que le capitaine Martínez Tamayo sera envoyé en Bolivie par le Che pour réorganiser le réseau de soutien de la Jeunesse Communiste Bolivienne. Quelle que soit la date, Ernesto Guevara sortira, à nouveau déguisé, de Tanzanie à destination de Prague via Le Caire et Belgrade.

Ulises Estrada est chargé de l'opération par l'équipe de Piñeiro. Sa mission est la suivante : « Le mener en lieu sûr jusqu'à ce qu'il décide ce qu'il va faire. »

Ils s'installent dans la capitale tchécoslovaque, dans une maison sûre, un appartement sobre avec, pour tout mobilier, des lits et une table de cuisine. Là les jours passent lentement. Quand il n'a plus rien à lire, le Che devient fou et s'escrime à résoudre des problèmes d'échecs, seul devant son échiquier.

Il vit en compagnie de Villegas et de Coello, sa garde personnelle, son inséparable ombre protectrice. Le témoignage de Villegas restera la mémoire de cette époque. Il raconte qu'ils passaient une partie de la journée à marcher comme des possédés dans la ville, par un froid terrible, dans cette ville merveilleuse où au moins le Che n'était pas sujet à ses terribles crises d'asthme, et qu'ils allaient manger dans les restaurants des environs, le plus loin possible du centre, pour des raisons de sécurité.

La clandestinité est totale, le Che se méfie au plus haut point des Tchèques et ne veut sous aucun prétexte avoir affaire avec les services secrets de ce pays. Il dit que s'ils apprennent qu'il est là, la CIA le saura. C'est pourquoi l'opération est entièrement cubaine. Guevara échange de fréquents messages avec Fidel. Un jour il échappe à la surveillance de ses gardiens pour aller voir au cinéma, dans une salle presque vide, *Les Olympiades de Tokyo*, un film parfaitement compréhensible même en tchèque. Estrada qui est un Noir énorme, particulièrement repérable à Prague, sera bientôt renvoyé à Cuba par le Che. Et c'est Juan Carretero, connu sous le pseudonyme d'Ariel, qui le remplacera. Finalement, quand l'opération latino-américaine commence à prendre forme, le Che demande à La Havane qu'on lui envoie Alberto Fernández

Montes de Oca, Pachungo, son vieux compagnon de la bataille de Santa Clara et du ministère de l'Industrie.

C'est donc à Prague, ce même printemps et cet été 1966, que Ernesto Guevara élabore son nouveau projet. Il reprendra une partie des idées originales du projet de 1964, tout en les adaptant aux changements intervenus en Amérique latine pendant qu'il était en Afrique. C'est un projet qui tourne autour des axes essentiels du projet initial, temporairement mis à l'écart après la mort de Masetti et l'anéantissement de l'ELN péruvien, puis remis à l'ordre du jour au cours de l'hiver 1964 lors d'une entrevue avec Josie Fanon en Algérie : c'est le projet d'un « Front continental ».

D'où le Che tire-t-il son énergie pour pouvoir ainsi recommencer après la terrible expérience congolaise ? Après sa mort, un journaliste américain, I.F. Stone, écrira : « Avec l'avènement du pouvoir temporel, la révolution comme l'Église entrent en état de péché. On peut facilement imaginer que cette lente érosion de la pureté originelle a dû gêner le Che. Il n'était pas cubain et il ne pouvait se satisfaire de n'avoir libéré qu'un seul pays latino-américain de l'impérialisme. Il pensait en termes continentaux. D'une certaine manière il était comme les saints primitifs qui allaient chercher refuge dans le désert. C'est là, et seulement là, que la pureté de la foi pouvait être sauvée de l'irrécupérable révisionnisme de la nature humaine. » Mais il y a une chose qui échappe à Stone. L'Amérique latine n'est pas seulement un territoire « salgarien » où l'on peut pratiquer l'estocade en secret pour expédier dans l'autre monde les misérables de manière honorable, ni le pays des rêves enfantins associé à la vengeance « vernienne » du capitaine Nemo, pour reprendre des images littéraires de l'enfance guévariste, l'Amérique latine est aussi un continent tout à fait réel. Et des images telles que la profonde misère des quartiers de Caracas, l'exécrable inégalité sociale péruvienne, la démagogie bolivienne, l'arrogance des militaires colombiens, l'impérialisme et le gangstérisme en Amérique centrale, les dictateurs fantoches et tortionnaires, la sous-alimentation, la faim, l'ignorance et la peur, sont des images réelles que le Che garde gravées dans la mémoire depuis ses voyages de jeunesse. D'où son inébranlable ténacité et la claire conscience qu'il a de l'urgente nécessité, non seulement morale mais aussi concrète, d'une révolution latino-américaine. D'une révolution qui, de surcroît, semble possible en 1966, non seulement dans le sens de réalisable et à portée de main, mais aussi dans le sens plus pressant de prochaine et imminente.

Dans cette nouvelle phase, l'objectif initial semble avoir été le Pérou, avec une base d'appui en Bolivie et à moyen terme un deuxième foyer de guérilla en Argentine. En effet, d'après Harry Villegas : « L'objectif principal n'était pas la Bolivie, mais le Pérou où la guérilla était déjà en train de s'organiser. »

En avril 1965, Hector Béjar avait réorganisé un nouveau front de l'ELN, et en juillet, après de nombreux mois de travail politique dans la région, le MIR de De La Puente Uceda avait commencé à opérer très activement sur trois fronts de guérilla. L'ELN, dirigé par Hector Béjar, Lobaton et Chino (Juan Pablo Chang), devait entrer en action peu après.

Mais à la fin de l'année 1965, alors que le Che était encore en Afrique, la guérilla péruvienne, qui s'était bien développée et avait bénéficié du mécontentement latent des classes paysannes, subit une série de terribles revers et le mouvement fut décapité. Le 23 octobre, Luis De La Puente meurt en essayant de sortir du camp encerclé de Mesa Pelada, et le 17 décembre, trahie par un guide, la guérilla de l'ELN est désarticulée.

Le Che a sans doute envisagé la possibilité de se joindre au mouvement péruvien, mais les Cubains étaient convaincus que « la guérilla péruvienne était infiltrée » et l'idée fut abandonnée. Villegas dira plus tard aux guérilleros péruviens : « Il y a encore beaucoup de choses qui doivent être éclaircies, comme la capture de Calixto (Béjar), la mort de De La Puente, la disparition de Lobaton et la capture de Gadea (frère de Hilda et premier beau-frère du Che). À notre avis le Che ne doit pas y aller. »

D'après Régis Debray : « Il semble que jusqu'à la mi-66, le Che ne pensait pas à la Bolivie, si ce n'est comme à une base de départ pour le Pérou. » Pourtant, pour être plus précis, il semble évident que, déjà depuis son départ d'Afrique, le Che a abandonné l'idée du Pérou et commence à penser à la Bolivie comme à quelque chose de plus qu'une simple base d'arrière-garde permettant de pénétrer dans un autre territoire.

En novembre 1964, ce qu'il restait de la révolution bolivienne que le Che avait connue à ses débuts avait été anéanti par le coup d'état militaire sanglant des généraux Barrientos et Ovando et par la terrible répression qui s'ensuivit en particulier dans les milieux miniers. Lechin avait été déporté et une partie de la gauche avait été déclarée illégale. Et bien que le régime militaire ait acquis une apparente légalité avec l'élection, en 1965, de Barrientos à la présidence, avec Siles Suazo comme vice-président, l'instabilité politique continuait à régner dans le pays.

Avant son départ de Cuba, le Che avait établi des contacts directs et indirects avec la direction du Parti Communiste Bolivien. En 1964, il avait rencontré Oscar Zamora, dirigeant d'un groupe dissident et radical du Parti, qui avait opté pour la lutte armée et qui allait bientôt commencer à mener une lutte fractionnelle au sein même du Parti divisé entre prochinois et prosoviétiques. Cette entrevue, ainsi que d'autres contacts, avait incité le PCB à envoyer Mario Monje, alors premier secrétaire du Parti, à Cuba pour protester contre les maoïstes de son parti qui préparaient une petite guérilla et contre l'aide cubaine apportée au groupe d'Oscar Zamora.

En avril 1965, lorsque le Che partit pour le Congo, le Parti se scinda en deux, et dans les deux groupes la tendance favorable à la lutte armée contre la dictature militaire prit de plus en plus d'importance. À la mi-65, douze militants des JCB qui étudiaient à La Havane demandèrent à plusieurs reprises aux Cubains de leur donner un entraînement militaire. Kolle, le deuxième secrétaire du PCB, de passage à La Havane, donna son accord et envoya un nouveau groupe de jeunes (avec qui le réseau du Che avait déjà été en contact antérieurement à propos des affaires Masetti et Puerto Maldonado) ; il s'agissait de Coco Peredo, Ñato (Luis Méndez), Rodolfo Saldaña et Jorge Vázquez Viaña.

En janvier 1966, lors de la Conférence tricontinentale à La Havane, les débats sur la possibilité d'une guérilla en Bolivie reprirent. La Bolivie serait-elle une base d'arrière-garde pour la guérilla au Pérou ou serait-elle une base active ? Fidel s'est personnellement entretenu à ce sujet avec Monje ; on dit même qu'après la conférence ce dernier suivit un bref entraînement et prêta serment devant un groupe de jeunes avec un Browning 9 mm dans la main.

Il semble que ces accords de collaboration entre les Cubains et Monje ne se firent pas sans contrepartie. Le PCB, qui voulait à tout prix exclure de la conférence les autres groupes de gauche en qui il voyait des rivaux politiques, a vraisemblablement fait pression, et avec succès, pour que les autres délégations de la gauche bolivienne qui étaient venues sans invitation, le PRIN (Lydia Gueller), le POR (Lora) et le PCML (Ruiz González), n'aient pas accès à la Conférence tricontinentale. Debray dira plus tard que cette décision fut lamentable, car elle limitait la base d'appui au projet du Che et faisait des Cubains les otages de Monje et du Parti Communiste Bolivien officiel.

Depuis que le Che a quitté le Congo et qu'il manifeste l'intention de reprendre des activités en Amérique latine, le travail de Tania, connue en Bolivie sous le nom de Laura Gutiérrez Bauer, a repris de l'importance. Durant toutes ces années, Tania avait établi des contacts avec l'oligarchie locale. Elle avait épousé un étudiant bolivien, ce qui lui avait donné le droit de résidence, et elle bénéficiait de la double couverture d'archéologue et de professeur d'allemand. Elle avait d'excellentes relations avec le service d'information de la Présidence et connaissait personnellement le président Barrientos. En janvier 1966, un agent des services cubains débarque en Bolivie sous le pseudonyme de Mercy et sous une fausse identité argentine de représentant d'une entreprise de produits de beauté pour vérifier si la couverture de Tania est toujours valable. Il lui propose de perfectionner son entraînement pendant deux mois en Bolivie et au Brésil et il la forme dans plusieurs domaines, dont le contre-espionnage, l'analyse d'informations, les renseignements, le morse, le karaté, etc. En la quittant, il lui rappelle les consignes du Che : rester dans l'ombre, se tenir à l'écart de la gauche bolivienne et attendre l'envoyé de Cuba qui viendra la réactiver.

En mars 1966, le capitaine Martínez Tamayo, compagnon du Che à Prague, arrive en Bolivie. Sa présence dans ce pays signifie que le projet péruvien est temporairement abandonné, ou plutôt modifié en fonction de la situation conjoncturelle. C'est désormais la Bolivie qui sera la base centrale de la guérilla menée par le Che. Sous quelles formes ? Dans quelles conditions ? Avec la collaboration de qui ? Le Che pense-t-il qu'en Bolivie les conditions sont réunies pour un tel projet ?

Pense-t-il que la révolution des années cinquante, qui fut un échec, a ouvert la voie à une révolution socialiste ? Il n'y a pas, en Bolivie, de gauche organisée ayant pris position pour la lutte armée contre le régime militaire. On en parle, mais il n'y a pas eu de prise de position claire. Comme le dira plus tard Inti Peredo, le Parti était toujours « au bord de la lutte armée », bord au-delà duquel il ne s'aventurait jamais.

Nous sommes là devant un projet personnel de Che Guevara. Comme le dit si bien Fidel : « Ce n'est pas nous qui lui avons donné cette mission ; l'idée, le plan, tout vient du Che. » Un projet qui n'a jamais été formulé dans sa totalité, ni dans son journal, ni dans ses entretiens avec ceux qui par la suite l'accompagneront en Bolivie. Debray fera remarquer plus tard : « Les véritables plans du Che n'ont jamais été consignés par écrit, du moins à notre connaissance, et encore moins rendus publics. À aucun moment, à Ñancahuazú, le Che ne les a formulés explicitement ou systématiquement devant la troupe des guérilleros. Ces plans étaient omniprésents mais comme sous-entendus ; devinés par la plupart, entrevus par certains autres, connus d'un petit nombre de personnes. »

D'après ce que nous savons aujourd'hui, et d'après l'analyse que nous pouvons faire de l'activité du Che dans les mois qui suivent, le voyage du capitaine Martínez Tamayo en Bolivie marque le début du projet d'implantation de la guérilla dans ce pays et, à moyen terme, d'une lutte sur un front continental qui englobera la cordillère des Andes, l'Argentine et le Pérou, avec des actions dans chacun de ces pays. Il s'agit alors de créer un « front mère » en Bolivie, qui fonctionnera à la fois comme un front de combat et comme une base d'entraînement. Et de toute évidence, lorsque de nouvelles colonnes seront détachées vers le Pérou et l'Argentine, le Che regagnera son pays natal avec l'une d'elles. Et le nouveau coup d'état militaire en Argentine qui a renversé le président Ilia pour mettre le général Ongania au pouvoir sert d'autant mieux ses desseins. Finalement les militaires argentins semblent travailler dans le sens du projet du Che.

Les tâches immédiates de Martínez Tamayo sont de renouer avec ce qu'il reste de l'ELN péruvien et en particulier avec Juan Pablo Chang, de contacter le PC bolivien, de réarmer le réseau des collaborateurs parmi lesquels « les vieux amis », les Peredo, Saldaña, Ñato et Vázquez Viaña, et surtout, de créer une première base où les guérilleros pourront s'entraîner. Cette mission accomplie, le groupe se met au travail. Martínez Tamayo achète une ferme dans les Yungas, dans la région du haut Béni, non loin de Caranavi, au nord-ouest de La Paz. Mais la ferme, située trop près d'un camp militaire, sera plus tard abandonnée.

En avril, Monléon (Iván/Renàn), un agent des services secrets cubains du groupe de Piñeiro, qui avait assisté deux ans auparavant a l'entrevue du Che et de Tania à Cuba, quitte La Havane pour aller appuyer le travail de Tamayo. Il part sous la couverture d'un riche commerçant, avec l'ordre de se tenir à l'écart de toutes relations avec la gauche bolivienne, et il accepte de jouer le rôle de taupe tout le temps que durera sa mission. D'après une source cubaine : « Iván était entraîné au contre-espionnage, il connaissait les méthodes de collecte et de transmission des informations, il était compétent en ce qui concerne l'observation visuelle, les mesures de sécurité, les communications radio, les codes secrets, l'écriture chiffrée et invisible. »

Tania sort de Bolivie pour refaire son faux passeport et recevoir une formation complémentaire à Mexico et à Prague. A-t-elle rencontré le Che à Prague ? C'est peu probable. La présence du Che à Prague est tenue très secrète et le Che est extrêmement prudent ; en dehors du petit groupe de combattants déjà cités (Pacho, Martínez Tamayo, Coello et Villegas) et des hommes du ministère de l'Intérieur (Estrada, Carretero et José Luis qui travaillent à l'ambassade), personne ne sait qu'il est là.

En mai, les trois agents du Che, Tania, Moleón et Martínez Tamayo, se réunissent à plusieurs reprises en Bolivie. Le même mois, Fidel rencontre Monje et lui donne de vagues renseignements sur l'opération. Monje part-il en pensant qu'une opération exclusivement bolivienne dans sa première phase s'organise ? Dès son retour en Bolivie, il donne son feu vert à un petit groupe de la Jeunesse Communiste Bolivienne dirigé par Inti Peredo pour une brève période d'entraînement à Cuba. Inti Peredo part via Buenos Aires avec huit camarades.

Depuis Prague, dans le froid et la solitude, le Che réactive les mécanismes. Le 10 juillet Tania reçoit l'ordre de reprendre ses activités, elle commence à chercher des maisons sûres pour les combattants qui vont arriver et des locaux qui puissent servir de dépôts. Quatre jours plus tard, Harry Villegas et Coello quittent Prague pour la Bolivie. Le Che place ses hommes de confiance sur le terrain. Ils doivent agir conjointement avec Martínez Tamayo et mettre l'opération sur pied. Une semaine plus tard, le Che quittera l'Europe pour l'Amérique latine.

CHAPITRE 48

Couper les ponts

Dans les montagnes de Pinar del Río pendant l'entraînement pour la guérilla bolivienne.

Le 19 juillet 1966, un homme appelé Ramón Benítez voyage avec un passeport uruguayen (de la petite république encore paisible d'Uruguay) dans le train de Prague à Vienne. C'est le début d'un voyage au-delà du paysage. Ramón Benítez occupe la place 22 dans le wagon 181 ; à côté de lui, le siège 24 est occupé par un de ses amis, un Cubain, Pacho Fernández Montes de Oca, qui voyage également sous l'identité d'un commerçant du Rio de la Plata. De Vienne ils se rendent à Genève, puis à Zurich. De là, à l'encontre de toute logique, ils s'envolent pour Moscou, où quelques heures plus tard, munis de nouveaux passeports, ils prendront un avion pour La Havane. Le voyageur aura donc parcouru la moitié de la planète pour revenir chez lui. Chez lui ?

À Cuba, Che Guevara n'a plus de chez lui. Il a coupé les ponts. La Havane est une escale vers une nouvelle aventure. Un an et trois mois après son départ pour l'aventure africaine, le voici de retour pour monter une nouvelle expédition de guérilla, en Amérique latine cette fois-ci. Fidel dit : « Étant donné son caractère tout à fait particulier, l'idée de revenir à Cuba après en être parti lui était très pénible, mais je l'ai persuadé de revenir, car pour les aspects pratiques, c'était la meilleure solution pour mettre son projet sur pied. » De quels aspects pratiques s'agit-il ? Il s'agit de sélectionner les hommes qui l'accompagneront, de mettre au point le projet et de s'entraîner.

L'auteur ne dispose que d'un seul témoignage sur lequel s'appuyer pour savoir où le Che se serait installé à Cuba durant les trois mois qui vont suivre. Obligé à une clandestinité totale, il semble qu'il ait vécu dans un lieu situé entre La Cueva de los Portales (là où il avait autrefois établi son commandement lors de la crise des Fusées) et La Palma, à Pinar del Río, près du petit village de San Andrés de Taiguanabo, et plus précisément dans une petite vallée difficile d'accès où se trouvait la maison abandonnée d'un Américain qui, avant la révolution, avait été propriétaire de la moitié de la province. Grâce au microclimat de l'endroit, cette ferme fera également fonction de sanatorium pour l'asthme du Che. « Il était gros et robuste », dira plus tard le témoin anonyme de cette époque.

Des nombreuses conversations qu'il eut alors avec le Che, Fidel garde le souvenir et le sentiment que rien ne pouvait l'arrêter. Malgré les maintes tentatives faites pour le convaincre de confier les prémices de l'opération à d'autres responsables et de les rejoindre lorsque le processus serait plus avancé, il fut impossible de le retenir. Fidel Castro dit : « Il était impatient, réellement très impatient. »

Il ne sera pas difficile pour le Che de trouver des volontaires prêts à l'accompagner dans sa prochaine aventure. L'enthousiasme latino-américain pour la lutte armée et une vocation de solidarité internationale, et plus particulièrement avec l'Amérique latine, sont des traits caractéristiques que l'on retrouve chez un très grand nombre de cadres de la jeune révolution cubaine. À cela s'ajoute la tentation d'un retour au passé, de sortir de la pénurie et des difficultés de la construction du socialisme pour revenir à l'époque glorieuse dont la mémoire filtre le plus dur et ne garde que le goût des meilleurs moments de solidarité, d'engagement total, de bouffée d'adrénaline, d'odeur de poudre et pourquoi pas d'héroïsme.

Au cours de ces dernières années le Che a reçu quantité de demandes. On sait que des centaines de cadres et même de hauts responsables de la révolution se sont présentés comme volontaires pour collaborer à la révolution latino-américaine en dehors de Cuba. Dariel Alarcón se souvient : « Nous avions peur qu'il ne parte au combat sans nous, alors nous lui manifestions notre désir de l'accompagner. Je ne parle pas seulement pour moi, ce fut pareil pour un grand nombre de camarades. »

Le Che choisira des hommes à son image. Des hommes qu'il sait capables de surmonter la peur, de regarder la mort avec une certaine désinvolture, des hommes un peu têtes brûlées, comme le sont les Cubains, et un peu fous aussi. Il préférera un combattant peu formé politiquement, mais profondément égalitariste plutôt que le contraire. Il demandera à ses combattants de l'abnégation, du stoïcisme et de la volonté ; il les veut capables de surmonter la faim et la fatigue.

Il fera d'abord appel à son ancienne garde. Son escorte : Coello et Harry Villegas, paysans cubains et amis de toujours, qui l'accompagnent depuis la Sierra Maestra et qu'il considère presque comme faisant partie de sa famille ; à laquelle s'ajouteront Leonardo Tamayo, l'*indiecito*, le messager aux pieds ailés qui volait à travers la Sierra Maestra, et Alberto Fernàndez Montes de Oca, cet homme qui s'était autrefois perdu dans la forêt mexicaine et qui à Santa Clara marchait toujours dix mètres devant ses hommes quand il voyait un tank, son ami du ministère de l'Industrie avec qui il vient de passer ces derniers mois à Prague.

Il engage les meilleurs guérilleros qui avaient servi sous ses ordres dans la Sierra Maestra et surtout lors de l'invasion : Eliseo Reyes (San Luis) et Olo Pantoja, ces deux capitaines qui, bien que blessés, s'étaient échappés de l'hôpital de Manacas pour continuer à combattre. San Luis qui a été très actif après la révolution dans la lutte contre la contre-révolution et Olo

Pantoja qui avait déjà eu, dit-on, une mission au Pérou à l'époque de Hugo Blanco, alors qu'il travaillait avec Ramiro au ministère de l'Intérieur. Enfin, Manuel Hernández, le meilleur capitaine de l'avant-garde lors de l'invasion à Las Villas.

De sa plus récente expédition en Afrique, il reprendra le Dr De la Pedraja (Morogoro) et Israel Reyes, l'ancienne escorte de Piñeiro. Auxquels viendront s'ajouter d'autres cadres de la révolution tels que le capitaine Dariel Alarcón des troupes de Camilo, vieille connaissance de l'époque de la Sierra Maestra, et le commandant Antonio Sánchez Díaz (Pinares), un lieutenant de Camilo, qui prendra symboliquement la place de son ancien chef disparu que le Che aurait aimé avoir avec lui, car « Camilo était Camilo ». Le Che, même sans le savoir, peut se permettre ce genre de faiblesse nostalgique.

Il prend aussi dans son groupe deux cadres importants de l'après-révolution : Jesús Suárez Gayol (Rubio) qui, sept ans plus tôt, s'était présenté à lui les pieds brûlés après avoir mis le feu à une station de radio et lui avait demandé l'autorisation de continuer à combattre, et qui l'a par la suite accompagné au ministère de l'Industrie en tant que vice-ministre (un des rares qui firent preuve de foi et d'enthousiasme). Et Juan Vitalio Acuña, du Comité central du Parti, un homme qu'il a connu les premiers jours de la campagne de la Sierra Maestra et dont il garde une photo sur laquelle ils sont tous les deux, souriants, en train de tirer une corde sur les quais de La Havane lors d'un travail volontaire ; un homme qu'il estime pour sa grande force de volonté et son abnégation.

L'accompagneront également le capitaine José María Martínez Tamayo (Papi M'bili), qui fait partie de l'opération depuis le début, et, vraisemblablement à la demande de celui-ci, son frère René Martínez

Tamayo, lieutenant du ministère de l'Intérieur, asthmatique comme lui, qui fait partie de l'escorte de Manuel Piñeiro et qui est depuis peu opérateur radio.

Enfin Gustavo Machín Hoed de Beche, un homme qui avait fait la révolution avec le Directoire et qui a écrit au Che en lui demandant d'aller combattre hors de Cuba ; un homme connu, à juste titre, pour son courage qui, après la révolution, partagea sa vie entre l'armée et l'administration où il travailla comme vice-ministre de l'Industrie.

Il s'agit là des hommes dont nous savons qu'ils ont été sélectionnés par le Che (il y avait probablement une autre personne dont les témoins taisent pudiquement le nom, car il décida au dernier moment de ne pas participer à l'opération). Tous ces hommes ont une longue expérience de la guérilla et presque tous sont d'origine paysanne sauf Pacho Montes de Oca, Rubio et Gustavo Machín. Pour ce qui est de leur fonction dans l'armée cubaine ou au ministère de l'Intérieur, il y a trois militaires ayant exercé les plus hautes fonctions dans l'armée, les commandants Machín, Acuña et Pinares ; neuf capitaines et quatre lieutenants à la valeur militaire reconnue. Il est fort possible que Fidel, Raúl Castro et Ramiro Valdés aient collaboré à cette sélection et il est certain qu'elle a commencé alors que le Che était encore à Prague.

Tandis que cette liste de combattants s'élabore, après avoir quitté le Che à Prague et après un long voyage via l'Allemagne, l'Afrique et le Brésil, le 25 juillet, Villegas et Coello arrivent à Santa Cruz en Bolivie où ils sont reçus par Martínez Tamayo, « l'adelantado » (chef) de l'opération. Deux autres responsables participent aux travaux préparatoires de cette époque, l'un, connu sous le pseudonyme de Flaco (que l'historien n'a pas réussi à identifier), se retirera peu après de l'opération, et l'autre, le Péruvien Julio Dagnino Pacheco, fera aussi la liaison avec ses compatriotes de l'ELN. Presque simultanément, la dernière semaine de juillet, arrivent également en Bolivie Coco Peredo et trois autres Boliviens qui reviennent d'une période d'entraînement à La Havane dans le cadre de la collaboration du PC bolivien à une nouvelle opération qui, pense-t-on alors, se déroulera en Argentine et au Pérou avec une base en Bolivie.

Villegas et Coello transmettent à Martínez Tamayo les dernières consignes du Che : Tania doit se tenir à l'écart et éviter tout contact avec le groupe qui prépare la guérilla, il faut trouver une ferme dans le nord de la zone où pourraient se dérouler les opérations ; et ils lui donnent les dates éventuelles du voyage du Che à Cuba et la durée probable de son séjour là-bas pour un entraînement. La réponse de Martínez Tamayo à Villegas n'est pas encourageante : « D'après ce qu'il nous a dit, rien n'avait été fait, tout était à faire. »

Villegas note dans son journal que les premiers entretiens de Martínez Tamayo avec le dirigeant du Parti Communiste Bolivien, Mario Monje, sont restés très confus, que Monje est contre la lutte armée et que Telleria (membre du Comité central du PCB), qui est chargé du ravitaillement, est parfaitement inefficace.

À partir de ce moment, les conversations des envoyés du Che se succéderont à un rythme accéléré. Cependant sans grande clarté et sans transparence, sans doute à cause des changements successifs qu'a subis le projet initial au cours de ces dernières années.

À La Paz, l'ELN est informé, par l'intermédiaire du Péruvien Pacheco, que l'objectif de l'opération sera « d'abord la Bolivie et ensuite le Pérou ». Pacheco semble être d'accord et fait part de son approbation au Chino, Juan Pablo Chang, une vieille connaissance du Che, en espérant que l'ELN enverra un groupe d'hommes pour s'entraîner et participer à la guérilla en Bolivie. Un jour plus tard, le 30 juillet, Martínez Tamayo et Villegas se mettent en contact avec Moisés Guevara, leader syndical des mineurs exclu du PCB comme prochinois, qui avait déjà demandé à plusieurs reprises aux Cubains de l'argent et des armes pour organiser une guérilla. Les envoyés du Che lui proposent de se joindre au groupe qui est en train de s'organiser, mais refusent de lui donner de l'argent et des armes, sous prétexte que « tout est centralisé ». Moisés Guevara accepte.

Monje, le secrétaire du PCB, n'est pas informé de ces contacts et reste avec l'idée que dans ce mystérieux projet cubain la Bolivie ne sera qu'une base d'arrière-garde. Lors d'une réunion on le sonde :

— Et si le Che venait ?

— Je combattrais avec lui où que ce soit, répond-il.

Les contacts et les entretiens se poursuivent. La réponse de l'ELN péruvien n'est pas aussi favorable que celle de son représentant Pacheco. Pourquoi en Bolivie et non au Pérou comme il avait été dit ? Ils envoient malgré tout six hommes pour combattre et s'entraîner dans la perspective de ce nouveau projet.

Les hommes du Che doivent revenir à la charge à plusieurs reprises auprès de Monje : et les vingt hommes promis ? Quels vingt hommes ? répond-il. Il a oublié sa promesse et allègue que le Comité central est contre la lutte armée et que les 32 000 voix obtenues lors des dernières élections sont un triomphe pour eux. Villegas résume ainsi la situation : « En réalité, Martínez Tamayo doit les harceler pour qu'ils bougent. »

Parallèlement l'équipe commence à arriver et la recherche d'une ferme dans le nord du pays se poursuit. Des réunions se succèdent tout au long du mois d'août. À quel moment commence-t-on à parler de la

Bolivie comme base opérationnelle, et non plus seulement comme base d'arrière-garde pour des opérations dans d'autres pays ?

Villegas rapporte dans son journal des entretiens avec Monje au cours desquels Coco Peredo intervient pour appuyer la position cubaine. Monje fait une contre-proposition au projet de guérilla : une insurrection urbaine dans la capitale et ensuite un repli dans les montagnes, « un soulèvement qui aurait les caractéristiques d'un coup de force et qui, s'il échoue, servirait à réveiller la conscience populaire ». Les Cubains lui expliquent qu'il s'agit d'un projet à l'échelle continentale auquel participera le Che lui-même. Monje répond à nouveau qu'avec le Che il est prêt à combattre. Mais l'ambiguïté persiste.

Pendant ce temps, à La Havane, les hommes sélectionnés sont convoqués à l'improviste. Les capitaines Alarcón et Manuel Hernández, qui viennent de suivre un entraînement pour aller soutenir une guérilla quelque part en Amérique latine, au Venezuela ou en Colombie, pensent-ils, sont brusquement convoqués par Raúl Castro à l'aéroport de Santiago de Cuba. En voyant l'avion qui les attend, Alarcón se dit qu'ils vont « être fusillés dans les règles de l'art », et Manuel Hernández s'exclame :

— Quelle connerie tu as encore fait pour qu'on nous fusille tous les deux ?

À l'aéroport de La Havane, le chef d'escorte de Raúl les attend dans une voiture qui les emmène directement au ministère des Forces armées. Là, ils sont immédiatement conduits dans le bureau du ministre. Ils sont les premiers à arriver, mais peu après apparaissent leurs anciens camarades de la Sierra Maestra : Pinares, Olo Pantoja, San Luis... Alarcón raconte avec humour : « Comment les gars, vous ici ? Oui, ici. Bon, et alors ? Non, ici. Et on n'en sortait pas ni eux ni nous. » Personne ne connaît le motif de cette réunion. Et personne ne se risque à trop parler. Le Che qui adore les quiproquos aurait été enchanté par ce prologue.

Raúl les reçoit en souriant. Les craintes se dissipent. On distribue des cigares. Pinares en prend trois. « Un pour maintenant et deux pour Pola. » Le ministre de la Guerre les informe que leur demande de partir comme volontaires a été acceptée, qu'ils ont été choisis pour une mission internationale. Mais il semble que toutes les entrevues ne se soient pas passées aussi bien, certains furent convoqués individuellement et l'un d'eux refusa de partir.

Le groupe part en Jeep directement pour San Francisco, un camp d'entraînement situé non loin de la Loma del Taburete, là où le Che avait établi son commandement en 1960. L'entraînement commence sous la direction de Pinares.

Début septembre, le Che choisit la région du haut Béni, située près de la frontière du Pérou et du Brésil, pour établir le premier camp guérillero en Bolivie et il envoie Pacho Fernández Montes de Oca pour une entrevue avec le groupe qui est déjà à La Paz. Simultanément un nouveau personnage fait son apparition dans la trame déjà complexe de cette opération. L'année précédente, Fidel Castro avait eu des contacts avec Régis Debray, un jeune intellectuel français qui avait écrit un texte intitulé : « Le castrisme, la longue marche de l'Amérique latine » dont Fernández Retamar avait recommandé la lecture au Che à son retour d'Afrique. Après avoir lu le livre en français, le Che le rapporte à Cuba pour le faire traduire, et il engage vivement Fidel à le lire. À partir de là, une relation se noue, Debray participe à la Tricontinentale et rédige, avec le soutien de Fidel, un essai intitulé *Révolution dans la révolution* qui deviendra une des analyses officieuses de la pensée guérillera cubaine. Le Français qui vient de finir d'écrire ce livre accepte de collaborer avec les Cubains. « Cloisonné » à la Havane, il reçoit des instructions de Fidel qui lui demande d'entrer en contact avec les groupes révolutionnaires boliviens de la gauche du PCB et de les sonder sur la possibilité d'engager des actions de guérillas. Debray dira des années plus tard qu'à la manière dont Fidel lui avait parlé il avait compris qu'il s'agissait d'une opération importante. Fidel lui demande aussi de faire une étude politique des zones du haut Béni et du Chapare en Bolivie. Debray n'en sait pas plus, il ne sait pas qu'il s'agit d'un projet dans lequel le Che est directement engagé.

Le 3 septembre, Pacho Fernández Montes de Oca arrive à La Paz via Santiago du Chili et a un entretien avec les autres Cubains. La proposition de baser le camp dans le haut Béni crée un conflit, elle est contradictoire avec le travail qui a été fait jusqu'ici dans la région de Camiri avec le groupe de la Jeunesse Communiste Bolivienne et l'appui du PCB car des dépôts d'armes, de vêtements et de vivres ont déjà été constitués à Santa Cruz.

Martínez Tamayo est le plus ennuyé des trois. Selon Villegas, il a même dit : « Il y avait beaucoup de choses absurdes de la part du Che. » Il n'est pas non plus satisfait des nouveaux liens avec le groupe de Moisés Guevara, il pense que cela peut créer des problèmes avec les gens du PC avec qui ils sont en train de travailler. Pacho insiste : les relations avec le PC sont secondaires, il faut s'appuyer sur nos propres réseaux. Et il faut se débarrasser de la ferme de Santa Cruz et en trouver une autre dans la zone du Béni.

Le 10 septembre, Villegas envoie un rapport au Che, dans lequel il défend les positions de Martínez

Tamayo. Après un entretien avec Monje et après avoir fait un bilan des trois zones, le groupe cubain de La Paz rejette la proposition d'une action dans le haut Béni ou dans le Chapare et revient au premier choix de la région de Santa Cruz-Camiri. Les arguments avancés sont que c'est une région inhabitée, proche des Andes, donc propice pour réaliser l'idée du Che qui est de « créer une base d'extrême arrière-garde où s'organiserait la guérilla qui pourrait par la suite progresser sans obstacle vers le nord et vers une zone plus centrale et se déplacer en suivant la ligne de la cordillère des Andes (côté occidental) jusqu'en Argentine ». Dans ce même communiqué, il informe également le Che que les liens avec Moisés Guevara ont rendu difficiles leurs rapports avec le PCB, qu'il y a actuellement un groupe de dix hommes, dirigé par les frères Peredo, Jorge Vázquez Viaña et Rodolfo Saldaña, qui travaille avec eux, et enfin, puisque c'est un fait accompli, qu'une ferme a été achetée dans un lieu très isolé, près du fleuve Ñancahuazú, non loin du village de Lagunillas, et qu'ils ont une planque à Santa Cruz où tout le matériel est entreposé. La ferme (d'environ 1 227 hectares) est située dans « une région montagneuse avec une végétation exubérante ». Un élevage de porcs leur sert de couverture. Deux paysans boliviens, membres du PCB, y travaillent. Officiellement, c'est Coco Peredo qui l'a achetée et qui en est le propriétaire. Curieusement, dès le 11 septembre, c'est-à-dire un jour après qu'ils ont informé le Che de l'achat de cette ferme, Villegas parle des ennuis que pourrait leur causer leur voisin, Ciro Argañaraz, qui s'avère « extrêmement curieux ».

Le 12 septembre Pacho retourne à La Havane, tandis que Martínez Tamayo va visiter une autre ferme dans le haut Béni qui, bien qu'ils aient opté pour Ñancahuazú, serait une alternative possible en attendant la décision définitive du Che. Parallèlement, tout le mois de septembre, Régis Debray fait une étude socio-politique de cette région et de celle du Chapare, au nord de Cochabamba, « sous la surveillance inquiète et soupçonneuse du PCB ». Là, Debray et Tamayo se rencontrent, mais Tamayo fera semblant de ne pas connaître le Français.

À la mi-septembre, les volontaires cubains, qui s'entraînent pour une mission inconnue en Amérique sous le commandement d'un chef inconnu, sont embarqués vers une destination également inconnue dans un camion bâché, conduit par un chauffeur de luxe, le commandant Tomasevich. Pinares va malicieusement faire un trou dans la bâche avec son cigare pour observer et informer les autres de la direction qu'ils prennent : il reconnaît sa terre, la région de Pinar del Río dans l'ouest de l'île. À leur arrivée, ils sont rassemblés à une cinquantaine de mètres d'une ferme, et Tomasevich les avertit en ces termes :

— Il faudra vous faire une raison, car vous partez avec un type assez arrogant et plutôt grossier.

Pinares met le peloton au garde-à-vous. Quelques minutes d'expectative. Alors qu'ils s'attendent à voir arriver un homme en uniforme vert olive, ils voient sortir de la maison (*dixit* Alarcón) « un homme presque chauve avec seulement quelques cheveux blancs, vêtu d'un costume de coupe parisienne, avec une cravate, des lunettes sans monture et des guêtres jusqu'à mi-mollets ». L'homme s'avance vers le groupe, s'arrête environ deux mètres devant eux et tend la main à Tomasevich qui lui dit :

— Voici le groupe que vous allez entraîner, docteur.

Tomasevich les présente en les appelant par leur pseudonyme. L'homme les regarde en face et leur dit avec un accent espagnol :

— *Parfait, commandant. Mais je dois vous avouer que j'ai l'impression que ce sont tous des « bouffeurs de merde ».*

Et il va saluer chacun d'eux en se présentant sous le nom de Ramón.

— Qu'en pensez-vous maintenant ? lui demande Tomasevich.

— *Je pense toujours que ce sont des « bouffeurs de merde »*, répond-il en les toisant de la tête aux pieds.

Puis il se dirige vers Pinares et dit :

— *Toi, je te connais.*

— Impossible.

— *Tu n'es pas le commandant Pinares ? Ce n'est pas toi le commandant qui pendant la crise des Fusées parcourait Pinar del Río dans une Jeep toute déglinguée en racontant des mensonges à tous les paysans du coin ?*

La plaisanterie est tellement énorme qu'elle provoque l'éclat de rire général. San Luis cherche à reconnaître l'homme qui se cache derrière ce personnage, et il pense, à cause de ce faux accent espagnol qui couvre une façon de parler argentine, qu'il s'agit peut-être du frère du Che qu'il ne connaît pas. Mais c'est finalement Suárez Gayol qui découvre la supercherie et se jette dans les bras du Che.

— Merde alors, mais c'est toi, Che !

Les autres lui font enlever ses lunettes et mettre une chemise vert olive et une casquette. La joie est à son comble. Comme des milliers de Cubains, cela fait plus d'un an et demi qu'ils ont perdu le Che. San Luis commencera son journal de campagne par ces mots : « Quand nous l'avons reconnu, nous avons été très émus. » Ils sont fiers de partir combattre avec le commandant Guevara.

Une fois le calme revenu, le Che fait une première description de l'opération sans faire mention du pays.

Alarcón se souvient : « La question n'était pas de savoir si nous allions à l'abattoir, mais d'avoir conscience que la lutte serait longue et éprouvante, et qu'elle se ferait dans des conditions extrêmement difficiles. » Finalement le Che insiste sur le fait qu'il ne veut embarquer personne de force dans ce projet, et il demande à chacun d'eux de réaffirmer qu'il se porte volontaire.

Régis Debray rendra hommage à ces hommes qui partaient comme volontaires et à la cause qu'ils défendaient. Son point de vue est autre, mais il n'en est pas moins vrai : « Un haut dirigeant n'est pas seulement le petit tsar rouge confortablement assis dans son fauteuil : quatre membres du Comité central, deux vice-ministres et deux hauts fonctionnaires ont abandonné famille, voitures, maisons et privilèges pour suivre le Che dans une jungle inconnue où certains, squelettiques et en haillons, les membres enflammés par les œdèmes de la faim, ont été contraints de boire leur propre urine pour pouvoir affronter la mort debout. Personne ne les avait obligés et la télévision n'était pas là pour recueillir leurs dernières impressions. »

Pendant ce temps, en Bolivie, la valse des ambiguïtés se poursuit. Le 23 septembre, les trois Cubains rencontrent à nouveau Monje qui leur demande au nom du Parti des explications sur les relations de Debray avec les autres groupes de gauche et en particulier avec le groupe de Zamora (le PC marxiste-léniniste). Les Cubains lui répondent qu'ils ne sont pas au courant de la mission de Debray et qu'ils se désintéressent du problème. Monje leur dit que le Parti a opté pour une insurrection générale et considère la guérilla comme secondaire ; quand les Cubains lui demandent ce qu'il a fait dans ce sens, il répond : rien.

Le 28 septembre une deuxième réunion a lieu et Monje réitère que son engagement envers Fidel se limite à créer une base d'appui pour une opération qui devrait se dérouler dans le sud du pays, la Bolivie n'étant qu'un élément secondaire sur le plan stratégique. Les Cubains lui répondent que la Bolivie sera l'objectif essentiel, parce que les conditions sont réunies. La réunion se termine mal et Monje leur dit qu'il ne tolérera pas d'être une marionnette entre leurs mains. Deux jours plus tard, Villegas rencontre une partie du groupe de la Jeunesse Communiste Bolivienne, avec qui ils ont commencé à travailler étroitement, pour leur faire part de ses doutes quant à Monje. Rodolfo Saldaña et Coco Peredo disent que la position de Monje ne les intéresse pas et qu'ils combattront. Le 4 octobre, arrive un message du Che les prévenant qu'une rupture (avec le PCB) serait grave dans cette phase de préparation et leur demandant de déployer tout leur art « pour préserver les relations avec Monje en évitant les différends ».

Parallèlement à San Andrés, la propriété paisible avec sa piscine perd son air trompeur. Pour la première fois le mot clé « Bolivie » est prononcé ; la Bolivie sera l'objectif de l'opération. Réactions de surprise. Puis c'est le début d'un rude entraînement dirigé par le Che. Alarcón se souvient : « C'était si dur que nous pensions ne jamais y arriver. Nous croyions être entraînés, et le Che nous disait : il faut tout recommencer. » Tout d'abord, les instructions : plus de grades officiels, nous sommes tous égaux. Les tours de garde sont assignés, le Che est du premier tour. La dernière garde termine à 5 heures du matin, elle est chargée du petit déjeuner. Une demi-heure plus tard, on sonne la diane. À 6 heures précises, exercices de tir, celui qui ne progresse pas est exclu, adieu l'aventure ; crépitements des balles (des Fal, des Garand, des M-1, des mitrailleuses Thompson, des Uzis...), des centaines de coups de feu par séance. Le samedi et le dimanche, bazookas et mitrailleuses de 30 et de 50. Après les exercices, nettoyage des armes. À midi, marche, six heures de marche, avec le havresac plein de balles. À 7 heures du soir, le groupe se divise en deux, le Che donne des cours d'histoire, d'espagnol et de mathématiques à un des groupes et Gustavo Machín à l'autre. À partir de 9 heures du soir, après ces journées démentes et harassantes, cours de langues : français (!) et quechua. Pour le Che, en plus de l'emploi du temps général, il y a la préparation des cours.

Quinze jours plus tard, c'est l'étape des faux passeports, des fausses biographies, des « légendes » comme on dit dans l'espionnage. L'un devient commerçant équatorien, l'autre marchand de viande uruguayen ; on apprend l'hymne national colombien et on se documente sur les équipes de base-ball de Panama ou sur la presse de Montevideo. Les volontaires harassés demandent au Che d'arrêter temporairement les cours de culture générale pour se consacrer au travail de documentation. Le Che répond que cela peut être fait pendant le temps libre. Quel temps libre ? Après minuit, leur rétorque-t-il laconique. Pour un homme qui ne dort jamais, c'est évident.

L'entraînement s'avère efficace. Tamayo, Alarcón, Reyes et San Luis qui font partie de l'avant-garde réussissent à effectuer la marche en une heure cinquante minutes. Le Che talonne les autres, ce qui vaut à l'avant-garde une kyrielle d'insultes. Pendant tout le temps de l'entraînement Fidel vient au moins une fois par semaine. Profitant d'une de ses visites, le Che lui demande de chronométrer une marche (c'est toujours le même parcours : monter et descendre des terrains escarpés, traverser des précipices et des rivières). Fidel récompensera le meilleur marcheur en lui offrant sa montre.

Le Che, connu pour son stoïcisme et sa frugalité, comme pour ses excès, mange à cette époque comme un sauvage. « Il avait un appétit d'ogre », diront ses camarades ; il peut manger « jusqu'à la ration de trois hommes », ce qui rend Vilo Acuña envieux, lui qui a été mis à la diète à cause de son embonpoint. Il est en effet dangereux d'être trop gros, cela affaiblit, et il le paiera dans la future campagne.

Parmi les nombreuses anecdotes que l'on raconte sur cette période d'entraînement à Pinar del Río, il y en a une amusante et qui, même s'il n'est pas prouvé qu'elle soit vraie, confirme assez bien ce que nous savons aujourd'hui de Fidel et du Che. On raconte qu'un jour le Che se fâcha avec Ramiro Valdés et alla même jusqu'à se bagarrer avec lui, tandis que Aleida March était assise dans une voiture garée non loin de là, au pied d'une colline où ils venaient de s'entraîner. Manifestement le Che engueulait Ramiro Valdés parce qu'il avait amené Aleida et pas les femmes des autres guérilleros. On entendit plus d'une injure. L'arrivée de Fidel fut providentielle, car lorsque le Che se mettait en colère, cela pouvait être dangereux. Fidel proposa à quelques combattants de les conduire en haut de la colline, mais comme ils étaient terrorisés par sa manière de conduire, ils inventèrent des prétextes pour le suivre plutôt que de l'accompagner. Puis Fidel saisit le Che et lui dit : « Ramiro n'a rien à voir là-dedans, c'est moi que cela regarde, et je pense que si l'on peut donner un jour de permission aux autres pour qu'ils voient leur femme, à toi non. » Le Che finit par se calmer.

Cette nuit-là Guevara et Aleida partagèrent la même chambre dans le campement, mais le lendemain, lors de la marche quotidienne, le Che fut incapable de monter la colline, alors, avec tout le respect qui lui était dû, car il ne s'agissait pas de pousser trop loin la plaisanterie, les Cubains le charrièrent en lui disant : « Bien dormi, commandant ? »

Le 5 octobre, le capitaine Martínez Tamayo quitte la Bolivie à destination de La Havane pour une entrevue avec le Che. Il vient lui dire, entre autres, que la ferme de Ñancahuazú ne lui plaît pas beaucoup pour établir le camp et qu'il préférerait une autre zone. Le Che est mécontent : non seulement ce voyage est inutile, mais c'est un risque du point de vue de la sécurité, et pour ce qui est de la ferme, elle correspond bien aux objectifs pour les raisons qu'il (Tamayo) avait d'ailleurs lui-même mentionnées : c'est une base isolée, permettant un long entraînement et pas trop éloignée de l'Argentine.

Dans le courant du mois d'octobre, une dernière rencontre du Che avec ses enfants a lieu dans les environs de La Havane. Celia, la plus petite qui était malade des reins, avait déjà rendu visite à son père auparavant avec Aleida (la femme du Che) ; étant donné son âge — elle n'avait pas quatre ans — il n'y avait pas de danger qu'elle le reconnaisse.

Lors de cette dernière rencontre avec ses quatre enfants plus jeunes et Aleida (sa femme), le Che est déguisé, il a déjà endossé sa nouvelle personnalité. Hilda, sa fille de dix ans, n'est pas là, elle en donnera la raison plus tard : « Peut-être parce qu'ils pensaient que j'aurais pu dire à mes amis et à mes camarades que je l'avais vu et qu'il allait partir. »

Aleida Guevara (sa fille) qui a presque six ans, l'aînée des quatre enfants présents, garde un souvenir clair de cette rencontre : « L'homme m'a salué. Il m'a dit qu'il était espagnol, qu'il s'appelait Ramón et qu'il était très ami de mon père.

— Dis donc, tu n'as pas l'air espagnol, tu as l'air argentin.

Tout le monde a éclaté de rire. Si une petite fille de cet âge-là s'en apercevait, c'est que c'était raté. Mais le Che n'a pas perdu son calme.

— *Pourquoi argentin ?*

— Je ne sais pas, comme ça.

Peu avant son départ, en octobre, le Che reçoit le rapport de Debray (« Ce rapport est ce que j'ai écrit de mieux dans ma vie ») et il peut le comparer avec celui de Pacho. Cartes, plans, informations politiques et listes des sympathisants. Il est clair que d'autres régions de Bolivie offrent de meilleures conditions pour établir un foyer de guérilla : une population paysanne plus sensible socialement, une plus grande proximité des mines et des mineurs qui représentent une des forces politiques les plus radicales de la société bolivienne, une base militante des partis de gauche plus importante, mais il est évident, comme dit Debray, « que le Che, impatient de reprendre la vie de guérillero [...] absorbé par son entraînement militaire, par la sélection du personnel de la guérilla et par la préparation des contacts futurs, n'attacha qu'un intérêt secondaire à la localisation initiale du *foco*... ». Mais ce ne sont pas là les seules raisons. Le Che choisit la base de Ñancahuazú, dans une région où il n'y a jamais eu de travail politique au préalable, parce qu'il la conçoit comme une base d'arrière-garde et non comme une base d'opérations, son isolement est donc un facteur favorable.

À Cuba, les derniers rouages sont mis en route, la surprenante disparition de la vie politique de plus d'une douzaine de militants connus est couverte par les services secrets cubains qui font courir le bruit qu'ils sont au Viêt-Nam. L'entraînement est arrivé à son terme, malgré des faiblesses notables chez deux des hommes sélectionnés : Pinares, bien qu'extrêmement sympathique, s'avère peu discipliné et instable, et Vilo Acuña, gros et maladif, ne se maintient qu'à force de volonté.

Le 21 octobre, le capitaine Martínez Tamayo revient en Bolivie blessé par les semonces du Che et il confie à Villegas qu'il ne continue que par fidélité au Che. Il a la consigne d'entrer en contact avec tous les groupes de la gauche radicale, y compris avec l'ex-vice-président Lechin. Renán, qui est entré en contact avec Villegas et Coello, lui présente Tania. Les hommes du Che sont en relation avec le réseau parallèle dirigé par Piñeiro depuis La Havane. Le cloisonnement initialement souhaité par le Che se perd, les Cubains commencent à agir comme un groupe intégré. Quelque temps auparavant Villegas a rencontré Monje qui lui a dit que le Comité central du Parti adhérait à l'idée que la prise du pouvoir en Bolivie passe par la lutte armée, mais il lui a avoué qu'il croyait que « ce soutien à la lutte armée était purement verbal, et qu'ils (ses camarades de la direction du PC) étaient incapables de participer physiquement à la guérilla ». Qu'en penser ? Ce n'est pas clair. Peu après Monje part en Bulgarie via Cuba. Il a un dernier conflit avec les Cubains à qui il demande une aide financière pour le voyage, mais ces derniers, fatigués des manières tortueuses du personnage, ignorent sa demande.

Le 22 octobre marque la fin de l'entraînement à Cuba. Les combattants ont l'autorisation de visiter leur famille pour les adieux, avec la consigne formelle de ne pas révéler la destination de leur voyage. Manuel Hernández dit à sa femme qu'il va couper la canne à Camagüey, mais les adieux se prolongent plus que de coutume et il ne peut retenir quelques larmes.

Et on dit que Pinares avec son humour caustique habituel a quitté la sienne sur ces mots : « Cherche-toi un autre mari, car celui-ci ne reviendra pas. »

Le Che se déguise à nouveau pour ce deuxième départ de Cuba. Il met le déguisement qu'il a testé à San Andrés. Ce qui le gêne le plus, c'est peut-être la prothèse qu'il utilise pour se déformer le maxillaire inférieur, ainsi que ses lunettes de myope qui l'obligent à marcher très prudemment pour ne pas trébucher. Le jour du départ, Fidel convoque des membres du gouvernement cubain pour un repas et leur annonce qu'il y aura un invité. Le déguisement fonctionne, personne ne reconnaît le Che.

Il existe une dernière photo du Che avec Fidel. Il est vêtu comme un bureaucrate important, d'un manteau, d'une cravate et d'un chapeau et il porte des lunettes carrées. Il regarde Fidel qui vérifie son passeport tout en fumant un cigare. Ils sont à vingt centimètres l'un de l'autre. Derrière eux on voit une armoire ouverte et vide. On ne connaît pas les dernières paroles qu'ont échangées les deux hommes. Fidel a seulement confié à Gianni Miná en parlant de leurs adieux : « Sans grandes effusions, car nous ne sommes pas hommes de gran... Il ne l'était pas et moi non plus, mais ce fut très fort. »

Le 23 octobre, Ernesto Che Guevara, qui va redevenir le Che, quitte Cuba.

CHAPITRE 49

« Une nouvelle étape commence aujourd'hui »

Sous l'identité de Adolfo Mena, sociologue uruguayen, lors de son départ pour la Bolivie en octobre 1966. Fidel vérifie le passeport du Che.

On dit qu'il y a, dans une chambre de l'hôtel Copacabana à La Paz, une photo d'un homme qui se regarde dans un miroir, une photo prise le jour où l'homme revient dans cette ville après de nombreuses années d'absence. Si cette photo existe, elle est très certainement le reflet d'un homme qui vient de passer la pire année de sa vie, mais qui est néanmoins bel et bien de retour. Nous sommes le 3 novembre 1966, Ernesto Guevara revient pour la deuxième fois dans la capitale bolivienne, et comme un personnage de tango, avec les temps qui changent, il revient treize ans plus tard. Des retrouvailles ? Entre le Dr Guevara de 1953, l'aventurier qui vagabondait en Amérique latine, et le Che de 1966, avec derrière lui l'expérience cubaine et la déroute africaine, la brève mais écrasante distance de treize ans.

L'homme qui se regarde dans le miroir et prend la photo, s'appelle alors temporairement Adolfo Mena, il vient sous la couverture de l'OEA, avec l'agrément de la Direction nationale de l'Information de la présidence de la République bolivienne qui le présentera comme un spécialiste uruguayen des problèmes ruraux.

On dit qu'il y a une deuxième photo, de l'immeuble d'en face, un bâtiment du gouvernement, prise de la fenêtre de cette même chambre. Le Dr Mena était sans doute en train de tester son appareil.

L'historien n'a vu aucune de ces deux photos. Elles seraient entre les mains d'un militaire bolivien.

Enfin, il existe une troisième photo, celle que les laboratoires de la CIA ont fabriquée en retouchant une photo originale de manière à faire apparaître Che Guevara sans barbe. Cette photo était certainement entre les mains des autorités de l'aéroport quand le Che a débarqué.

Le lendemain, le Che, sans même se donner le temps de se mettre dans le bain et de se familiariser avec la situation politique bolivienne, pressé par sa dangereuse clandestinité, commence à agir : il passe par Pacheco pour avoir un entretien avec Renán. Le capitaine Montes de Oca rencontre l'agent cubain dans le restaurant El Pardo à une centaine de mètres de l'hôtel Copacabana, et prend un rendez-vous pour le commandant. À 8 heures du soir, le Che rencontre Renán dans une maison sûre et lui donne des instructions pour l'accueil des autres membres du groupe et le transfert des armes. Renán prend contact avec le capitaine Martínez Tamayo qui dira par erreur à Villegas et à Coello que le Che ne veut pas les voir, alors qu'en réalité le Che a dit qu'il ne voulait pas rencontrer tout le groupe en même temps. Les deux anciens gardes du corps du Che, terrorisés et craignant une engueulade de leur chef qu'ils connaissent bien, passent une nuit blanche.

Enfin, le Che renoue avec Tania et l'intègre au réseau opérationnel pour mettre la colonne sur pied. À quel moment le Che a-t-il abandonné l'idée de maintenir Tania en marge de la guérilla, comme espionne pour infiltrer l'appareil d'État bolivien à un haut niveau ? Le fait est qu'à partir de ce moment-là Tania n'est plus cloisonnée et participe pleinement aux travaux du groupe.

Curieusement, à peu près à la même époque, les services secrets argentins vont commencer à surveiller les maisons des membres de la famille de Guevara en Argentine, peut-être ont-ils eu vent de la présence du Che dans la région. Ils ne sont pas les seuls à être en alerte. Un an plus tard, la CIA avouera avoir été informée par le gouvernement bolivien qu'une guérilla était en train de s'organiser (vraisemblablement avec des militants issus du PC et avec le groupe de Moisés Guevara), mais elle n'avait pas pris cette information au sérieux étant donné le peu de crédibilité des services de renseignement de l'appareil d'État et « la propension qu'avait le gouvernement bolivien à diffuser ce genre d'informations pour détourner l'attention publique de problèmes internes plus cruciaux ».

Le 5 novembre, à 6 heures et demie du soir, le Che part en Jeep avec Pacho pour Ñancahuazú *via* Oruro, Cochabamba et Camiri. Martínez Tamayo et Coello les précèdent, et quelques heures plus tard Villegas, accompagné du Bolivien Vázquez Viaña, les suivra.

La Jeep du Che traverse la Bolivie pendant deux jours. Le 7 novembre, ils sont rejoints par la Jeep de l'arrière-garde. Il y a une photo de la traversée d'un fleuve sur un radeau, sur laquelle on voit le Che habillé comme un bureaucrate important en visite sur le terrain, avec une casquette et des lunettes de myope ; il est à côté d'une Jeep immatriculée 6811, avec les pantalons retroussés, le bras appuyé sur la fenêtre baissée, la main droite dans sa poche et il fixe l'appareil. On dirait un homme tranquille sans dette avec son passé.

Des années plus tard, l'historien verra dans le court-métrage *Hasta la victoria siempre* de Santiago Alvarez ces chemins de terre boliviens qui ne vont nulle part, fixés par la caméra, la désolation, le néant. Est-ce la vision du Che ? C'est incroyable. Il entre dans l'Amérique latine profonde, dans une partie de l'enfer qu'il connaît déjà.

À 4 heures de l'après-midi ils arrivent au Rio Grande, non loin de la ferme : *Nous avons garé les Jeeps et nous sommes tous montés dans la même pour ne pas éveiller les soupçons d'un propriétaire du voisinage* (Ciro Argañaraz) *qui chuchote que notre entreprise fabrique peut-être de la cocaïne. Fait curieux, c'est l'ineffable Coello qui passe pour être le chimiste du groupe.*

Pendant la seconde étape du voyage, alors qu'ils sont tous les quatre dans la même Jeep, conduite par le Bolivien Vázquez Viaña, le Che révèle son identité. La surprise est telle qu'ils manquent de tomber dans un précipice.

Lors de sa première conversation avec le Bolivien qu'il ne connaît pas encore, mais dont il a entendu parler car il a déjà collaboré à des opérations qu'il a lui-même secrètement dirigées, le Che lui dit : *Nous ne pouvons pas nous payer le luxe de rêver à une révolution uniquement en Bolivie, sans une révolution dans au moins un pays côtier, ou même dans toute l'Amérique latine. Si ce n'est pas le cas, cette révolution sera anéantie. Je suis venu pour rester ici et je n'en sortirai que mort ou après avoir ouvert par les armes un chemin vers un autre pays.*

Au cours de cette même conversation le jeune communiste bolivien dit être prêt à le suivre. *Mais il reste loyal vis-à-vis de Monje qu'il respecte et aime bien, semble-t-il. D'après lui, Rodolfo Saldaña est dans les mêmes dispositions ainsi que Coco, mais il faut faire en sorte que le Parti se décide à lutter. Je lui ai demandé de ne pas informer le Parti avant le retour de Monje qui est en voyage en Bulgarie et qui nous aidera ; il a été d'accord sur ces deux points.*

Le groupe arrive à la ferme à minuit passé. Le Che prend quelques instants pour inaugurer son journal de Bolivie, il ouvre le petit carnet qu'il a acheté à Francfort et écrit : *Une nouvelle étape commence aujourd'hui.*

Pendant ces premiers jours passés à la ferme, le commandant Guevara ne s'installera pas dans la ferme elle-même, une maison en torchis de deux pièces avec un toit en roseaux, d'où son nom : la Casa de Calamina, mais il montera son camp dehors, à une centaine de mètres de la maison, afin de prévenir toute embuscade. Seuls les trois travailleurs du PC bolivien, Apolinar, Serapio et Antonio Dominguez, qui sont supposés être des agriculteurs, restent dans la ferme.

Les reconnaissances sur le terrain se succèdent. Le Che, accompagné de Coello, suit d'abord le cours du Ñancahuazú sans en trouver la source. Plus tard Pacho et Villegas s'aventureront plus avant. Ce sont des journées calmes, ils passent leur temps à se battre avec les moustiques et les tiques. *Je me suis retiré six tiques du corps.*

Tout au long de son journal, il notera à maintes reprises le nom de Ñancahuazú sous des orthographes différentes : Ñacahuaso, Ñacahuasu, Ñacahuazú, l'orthographe de ce mot variant selon les livres ou les cartes, ou en fonction de la prononciation des habitants de la région. Le mot signifie entrée d'eau, source d'eau et vient du mot guarani *Yakaguasú*. Aujourd'hui cette langue est devenue aléatoire, comme le paysage, les affirmations et les certitudes.

Une chose pourtant est claire, une phrase isolée dans le journal du Che donne un indice sur le type de projet qu'il est en train de mettre en branle : *La région est apparemment peu fréquentée. Avec une discipline appropriée, nous pourrons rester longtemps ici.*

Mais le 10 novembre, « le chauffeur d'Argañaraz » aperçoit quelques Cubains du groupe. En apprenant cela le Che pique une terrible colère et décide de gagner la forêt pour y établir une base permanente. *Ça se détériore rapidement ; il faut voir si on pourra faire venir nos hommes malgré tout. Avec eux je serai plus tranquille.*

Au cours de la deuxième semaine de novembre, en attendant l'arrivée des autres volontaires cubains, le Che commence à creuser un tunnel avec les hommes du groupe pour y mettre tout ce qui peut être compromettant et y entreposer des vivres. Pachungo n'a pas le moral, il a la nostalgie de sa famille, le Che au contraire se sent revivre. Il termine son journal du 12 novembre par une phrase on ne peut plus significative : *Mes cheveux, bien que clairsemés, repoussent et mes cheveux blancs commencent à disparaître et deviennent blonds ; ma barbe commence à pousser. Dans deux mois environ, je serai redevenu moi-même.*

Ils passent leurs journées à faire des reconnaissances le long du Ñancahuazú et à travailler au tunnel. Le Che en profite aussi pour lire ; peut-être lit-il *Histoire, histoire de la liberté* de Benedetto Croce, *La Révolution permanente* et *L'Histoire de la révolution russe* de Trotski, *Les Origines de l'homme américain* de Paul Rivet, ou encore des livres plus inattendus, comme les *Mémoires de guerre* du général de Gaulle ou les Mémoires de Churchill. Peut-être lit-il aussi Diderot ou se plonge-t-il dans les labyrinthes de *La Phénoménologie de l'esprit* de Hegel.

La seule préoccupation pour l'instant c'est leur encombrant voisin, Ciro Argañaraz, qui rôde autour de la Casa de Calamina. *Les gars de la maison ont parlé avec Argañaraz à qui ils ont acheté quelques marchandises, et ce dernier a à nouveau insisté pour participer à la fabrication de cocaïne.*

Finalement, le 20 novembre, Pinares et San Luis arrivent à la base. Ils sont accompagnés de Rodolfo Saldaña (du groupe de la Jeunesse Communiste Bolivienne) qui commence à collaborer avec Tania pour le transport des armes vers Ñancahuazú dans une petite Jeep dont ils ont retiré un siège. Le Che continue à tester les jeunes Boliviens sur leur position par rapport à l'attitude ambiguë de la direction du Parti. *Il m'a fait très bonne impression. Il semble plus décidé que Vázquez Viaña pour ce qui est de rompre avec tout.* Deux jours plus tôt il avait écrit à Fidel : *C'est bien, nous sommes quatre dans le refuge et il semble que d'autres pourront venir sans problème... Il y a des indices qui permettent de dire que Monje risque de perdre ses meilleurs cadres s'il ne se décide pas.* Et comme Monje devait passer à La Havane à son retour de Bulgarie où il participait à un congrès de la bureaucratie communiste internationale, il avait ajouté : *Il faut l'appâter en lui faisant miroiter la gloire, mais il ne faut pas lui donner d'armes et ne rien lui dire qui ne soit absolument nécessaire.*

Mais quelques jours auparavant Mario Monje n'avait, semble-t-il pas encore pris la décision de larguer les amarres ; le 9 novembre, le dirigeant du PC bolivien rencontre par hasard à l'aéroport d'Orly Inti Peredo qui revient d'une période d'entraînement à La Havane, et lui dit : « Je t'annonce que je renoncerai au poste de secrétaire du Parti, si le Parti ne rentre pas dans la lutte. » Attitude contradictoire avec celle qu'il a eue quinze jours plus tôt, quand il a envoyé son frère Coco à La Havane en lui donnant l'ordre de suspendre l'entraînement, ordre qui ne fut pas suivi par cinq des douze Boliviens qui s'entraînaient là-bas.

Tandis que les Cubains partent s'installer dans la base, Jorge Vázquez Viaña reste dans la Casa de Calamina. Le Che demande à Rodolfo de trouver parmi ses camarades un agronome pour améliorer les récoltes. Il lui fait également part de son idée de créer un atelier de mécanique, une cordonnerie et un dispensaire. Il pense sans doute créer à Ñancahuazú, si on ne les découvre pas et si on ne les oblige pas à passer à la lutte armée, une grande base d'arrière-garde.

Le 21 novembre, il écrit : *Nous allons essayer de faire en sorte que cela dure le plus possible.*

Les reconnaissances de plus en plus loin dans la forêt se succèdent, mais ils retournent toujours au camp situé près de la Casa de Calamina qui compte maintenant un observatoire dans les arbres.

Le 27 novembre, Roberto Coco Peredo, qui est peut-être la figure la plus prestigieuse de la Jeunesse Communiste Bolivienne, arrive accompagné de Vilo Acuña, Leonardo Tamayo et d'un Bolivien, étudiant en médecine, Fredy Maimura. Il reviendra peu après avec le capitaine Martínez Tamayo, Israel Zayas, Manuel Hernández et son frère Inti. *Martínez Tamayo a apporté une nouvelle ennuyeuse : Chino (Juan Pablo Chang) est en Bolivie, il veut me voir et nous envoyer vingt hommes de l'ELN péruvien. Cela présente des inconvénients, car ça va internationaliser la lutte sans qu'on puisse compter sur Monje. Il a été décidé qu'il l'enverrait à Santa Cruz où Coco irait le chercher.* Le lendemain, le Che réunit les Boliviens pour leur exposer *la proposition péruvienne d'envoyer vingt hommes, ils ont tous été d'accord mais à condition que ce soit après le début des opérations.*

Le Che continue ses sondages : *Au cours d'une conversation préliminaire avec Inti, il m'a dit qu'à son avis Monje ne rejoindrait pas la guérilla, mais qu'il avait l'air décidé à larguer les amarres.* Il n'est pas le seul, le Che écrira plus tard que les collaborateurs du réseau de Martínez Tamayo *prennent le maquis contre vents et marées.*

Le groupe est joyeux, Israel Reyes raconte des histoires drôles et chante. Coello fait des plaisanteries. Il a l'habitude de dire pour exprimer son admiration « qu'il a les couilles qui enflent » et le Che le rappelle à l'ordre.

Dans son analyse du mois, le commandant note de son écriture pressée : *Les choses se présentent bien dans cette région isolée où tout indique que nous pourrons rester aussi longtemps que nous le jugerons nécessaire. Les plans sont les suivants : attendre le reste des gens, augmenter le nombre des Boliviens au moins jusqu'à vingt et commencer les opérations. Il faut encore voir quelle sera la réaction de Monje et comment vont se comporter les gens de Moisés Guevara.*

Sans s'en rendre compte, le Che se « latino-américanise ». Dans son journal, outre les « cubanismes » fréquents dans sa prose et les éternelles tournures argentines, commencent à réapparaître des expressions mexicaines longtemps oubliées auxquelles s'ajoutent maintenant des mots du langage populaire bolivien.

Le 2 décembre, son vieil ami Juan Pablo Chang arrive ; ce sont de grandes effusions de sa part. *Nous avons passé la journée à bavarder. En substance : il ira à Cuba et donnera personnellement des informations sur la situation, nous pourrons incorporer cinq Péruviens dans notre groupe d'ici deux mois, c'est-à-dire quand nous aurons commencé à agir ; pour l'instant, il en viendra deux, un technicien radio et un médecin qui resteront quelque temps avec nous. Il a demandé des armes, j'ai accepté de lui donner une BZ, quelques Mauser et des grenades, j'ai aussi accepté de leur acheter un M-1. J'ai décidé de leur donner mon appui pour qu'ils envoient cinq Péruviens qui établiront une liaison pour passer des armes dans une région proche de Puno, de l'autre côté du Titicaca. Il m'a parlé de ses soucis au Pérou et d'un plan audacieux pour libérer Calixto* (alias Hector Béjar, le plus haut dirigeant de l'armée de libération nationale péruvienne, arrêté en 1966 et emprisonné à San Quintin au Pérou), *ce qui me paraît un peu du domaine du rêve. Il pense que quelques survivants de la guérilla opèrent dans la région, mais ce n'est pas sûr à cent pour cent... Il a pris congé avec le même enthousiasme, pour se rendre à La Paz.*

Coco, accompagné du Chino Chang, part pour la capitale bolivienne avec pour mission de développer le réseau urbain qui en est encore à ses premiers pas, en prenant contact avec Julio Danino qui fera la liaison avec les Péruviens, et avec Gonzalo Lopez Muñoz, beau-frère d'Inti et chef de l'Information à la présidence, qui pourra servir d'informateur involontaire.

Pendant la deuxième semaine de décembre, la nourriture commence à manquer car le Che a décidé que le camp devait être autonome et le gibier n'abonde pas. Les travaux pour aménager des dépôts dans des grottes camouflées se poursuivent et on prépare une deuxième base plus loin dans la forêt et plus éloignée de l'hacienda et de la Casa de Calamina. Inti Peredo décrit dans son journal le premier camp comme une base d'entraînement, sauf les grottes qui ont une fonction stratégique. Debray, qui s'y rendra quelques semaines plus tard, le décrit comme une base d'arrière-garde avec un arsenal, un dépôt de vivres et d'armements, et un camp d'entraînement militaire.

Parallèlement, les Cubains arrivent à La Paz et sont reçus par Tania. Ceux qui ne la connaissent pas sont surpris de voir une femme chargée de l'opération ; de plus Tania est très autoritaire et les traite avec une grande familiarité, ce qu'ils ressentent comme une provocation. Elle donne l'impression d'avoir affaire à de vieilles connaissances. Dans le local sûr où ils sont installés, il n'y a qu'un vrai lit et deux lits de camp, alors avec cet éternel esprit égalitaire guévariste qui les caractérise, ils finiront par dormir tous par terre. Tania laisse échapper des phrases du genre : « Vous pourrez dire que vous avez dormi avec une femme », et elle les reprend gentiment quand ils font trop de bruit. Dariel Alarcón dira que les photos ne rendent pas justice à sa beauté, car elle n'était pas photogénique.

Le 11 décembre, les derniers Cubains conduits par Coco Peredo et le capitaine Martínez Tamayo arrivent à Ñancahuazú. Il s'agit de Gustavo Machín Hoed de Beche, René Martínez Tamayo, Dariel Alarcón et du médecin Octavio de la Concepción, plus trois Boliviens : Lorgio Vaca, Orlando Jiménez et Ñato Méndez ; ces deux derniers sont d'origine paysanne, ils travaillaient dans l'hacienda qui avait été achetée pour l'opération dans le haut Béni et qui est maintenant désactivée.

Le Che est évidemment satisfait de la qualité humaine de son contingent. Villegas note dans son journal : « Le Che pense qu'un groupe tel que celui-ci n'existe nulle part ailleurs, pas même à La Havane. » Dariel Alarcón se charge de la cuisine pour fêter la réunion du groupe : « Le Che m'avait demandé de préparer un déjeuner digne de ces retrouvailles entre camarades. Je pense avoir réussi à préparer en un temps record un bon *congri* oriental, comme on l'appelle chez nous, avec de la viande sautée et des patates douces, et pour finir un bon café bien noir, que j'ai cette fois-ci retiré du feu avant qu'il ne devienne amer, pour le Che. »

Le Che donne des instructions à Coco Peredo et à Martínez Tamayo qui devront se défaire de la planque à La Paz, rapatrier les dernières armes du haut Béni vers le camp et faire venir Renán et Tania au camp.

Le 12 décembre, en réaction à une conversation avec Inti, qui a émis des réserves vis-à-vis de Lorgio Vaca qui lui a dit qu'il ne s'engagerait pas dans la lutte armée sans l'approbation du Parti, le Che dit : *J'ai parlé à tout le groupe en lui faisant la leçon sur la réalité de la guerre. J'ai insisté sur le commandement unique et sur la discipline, et j'ai attiré l'attention des Boliviens sur la responsabilité qu'ils prenaient en violant la discipline de leur parti pour adopter une autre ligne. J'ai nommé : Vilo, deuxième chef militaire ; San Luis et Inti, commissaires ; Machín Hoed, chef des opérations ; Villegas à l'intendance ; Inti aux finances ; Ñato Méndez au ravitaillement et à l'armement ; et pour le moment, Octavio aux services médicaux.*

Les jours suivants, le Che sera préoccupé par la présence d'un chasseur, connu comme le *vallegrandino*, qui travaille pour leur voisin trop curieux, Ciro Argañaraz, et qui fouine dans la zone. Ils pensent qu'ils sont espionnés, ce qui est certain. Ce chasseur a été envoyé par Argañaraz pour découvrir le laboratoire de cocaïne qu'il les soupçonne d'avoir et pour y collaborer avec eux. Le Che observe ses allées et venues pendant plusieurs jours et, sans doute à cause de cette présence constante, il décide d'aller s'établir dans le deuxième camp, appelé le camp central et situé en pleine forêt. *Nous sommes définitivement partis ce matin, Villegas, Leonardo Tamayo, Coello, Machín Hoed, Octavio, René, Inti et moi ; nous étions très chargés. Le parcours s'est fait en trois heures*.

Les jours suivants, ils transportent un générateur électrique et travaillent à la réalisation de nouvelles grottes. L'idée du Che est de créer une grande base d'arrière-garde à l'image de celle d'El Hombrito et de Minas del Frio qu'il avait créées pendant la révolution cubaine ; mais avec cette différence qu'ici il n'y a pas de base paysanne sympathisante de la guérilla comme c'était le cas à Cuba. Ici, il s'agit d'un camp isolé « avec des murs et un toit de végétation » (comme le décrira quelques mois plus tard le journaliste mexicain, Luis Suárez).

Le 19 décembre, Martínez Tamayo et Coco Peredo arrivent avec les derniers Cubains encore attendus par le Che. Apolinar, un des paysans de la ferme, est également de retour, après trois jours de permission, pour s'engager dans la guérilla. Enfin Renán arrive de La Paz. Le Che passe une nuit blanche à discuter avec lui, Coco Peredo et Martínez Tamayo.

Le Che accueille les Cubains en disant : *Le retour des enfants perdus !*, puis il les laisse en plan sans une parole de plus et s'enferme avec Renán, Olo Pantoja et Suárez Gayol. Le groupe commence alors à charrier les nouveaux arrivants en leur disant que ça va barder, que le Che va les engueuler à cause de leur retard. Il n'en est rien, mais ce genre de situation à laquelle sont confrontés tous les cadres cubains montre bien le respect que le Che pouvait inspirer à ses camarades et amis, et la crainte qu'ils avaient de ses colères.

L'entrevue de Monléon (Renán Montero) avec le Che est pour le moins surprenante ; le Che lui donne l'autorisation de se marier avec la Bolivienne dont il est amoureux et qui est la fille d'un homme politique qui fait des affaires avec le président Barrientos. Le père de la jeune fille veut faire travailler Renán sur un projet agricole dans la région du Béni. Le Che semble vouloir l'encourager à accepter cette proposition, car il voit en Renán, plutôt qu'un homme du futur réseau urbain, un homme infiltré dans l'appareil d'État qui, comme Tania, pourrait agir dans les cercles du pouvoir et s'occuper de l'infrastructure des communications clandestines avec La Havane. De plus, les éventuels voyages de Renán dans la zone du Béni où il avait lui-même pensé installer un deuxième foyer de guérilla, peuvent être intéressants pour lui. On dit que cette entrevue culmina avec ces paroles du Che : *Mais tu dois faire attention et te réserver pour l'avenir, car tu auras des responsabilités de la plus haute importance.*

Il paraît évident que les caractéristiques de ce réseau urbain de soutien à la guérilla ne sont pas encore bien définies dans la tête du Che. Il semble plus pressé de passer à l'entraînement du groupe et de clarifier une fois pour toutes leurs relations avec le PC bolivien et avec Monje qui a fait faux bond à un premier rendez-vous avec les représentants de la guérilla à La Paz, mais dont l'arrivée prochaine est annoncée.

Jusqu'au 24 décembre, les travaux dans le camp central se poursuivent, ainsi que les petites expéditions de reconnaissance, mais toujours sans contact avec les paysans, ce qui donne une assez bonne idée de l'isolement de la zone. Le 24 décembre, le Che écrit dans son journal : *Jour consacré à la veillée de Noël. Il y a des gens qui ont fait deux voyages et qui sont arrivés tard, mais finalement nous étions tous réunis, et la fête s'est bien passée, certains étaient un peu ivres. Vázquez Viaña a expliqué que le voyage de l'homme de Lagunillas n'avait pas donné de résultat, à part un croquis très imprécis*. L'homme de Lagunillas est Mario Chávez, un membre du Parti qui a été envoyé six mois plus tôt dans la région par les Peredo et qui a créé un petit hôtel à Lagunillas en guise de couverture. Il a pour mission, en dehors de son travail de renseignement, de collaborer et d'établir une carte claire de la zone.

Les reconnaissances dans la zone se succèdent jusqu'au 31 décembre, et le transfert dans le camp central finit de s'effectuer. *L'endroit est très bien choisi*. Ils sont en train d'y construire un four à pain et un petit amphithéâtre. Finalement, le 31 décembre le secrétaire général du Parti Communiste Bolivien, Mario Monje, arrive au premier camp. Le Che est immédiatement prévenu. *L'accueil fut cordial, mais tendu ; une question planait dans l'air : pourquoi viens-tu ?*

En chemin, Coco Peredo prévient Monje que le Che lui cédera la direction politique, mais sous aucun prétexte la direction militaire de la future lutte armée et il insiste pour qu'il s'y rallie. À son arrivée au camp, c'est l'autre frère Peredo, Inti, qui essaye de faire pression sur lui en lui disant que la guerre est imminente et qu'il doit s'y rallier. « Nous verrons, nous verrons... » répond-il.

L'accueil fait à Monje est froid, Alarcón dit entre autres que c'est parce qu'il n'a même pas salué les guérilleros en arrivant. En revanche, Tania est joyeusement accueillie, comme une fée protectrice qui apporte lettres et cadeaux. C'est aussi l'arrivée au camp de Martínez Tamayo, qui vient pour y rester, et d'une nouvelle recrue, Antonio Jiménez, appelé *Pan Divino*. Sans plus de formalités, le Che se retire avec Monje pour un entretien seul à seul. Une photo les montre tous les deux, l'un assis sur une pierre, l'autre sur un tronc, Monje le crâne rasé depuis peu et le Che fumant un cigare, il y a un petit pot de café ou de thé entre eux deux. L'entretien durera plusieurs heures.

D'entrée de jeu Monje écarte la possibilité que le Parti adhère à un projet de lutte armée dont la direction militaire serait assumée par le Che. Par contre, il propose *de renoncer à la direction du PC, d'obtenir la neutralité du Parti et de recruter des cadres qui rejoindraient la lutte*. Le Che ne s'y oppose pas, mais il considère que ce serait *une terrible erreur*, *car c'est une attitude hésitante et faite de compromis* qui permettrait au Parti de rester dans une position ambiguë. Son ex-secrétaire serait dans la lutte armée, et le PCB en tant que tel ne se prononcerait ni pour appuyer ni pour condamner.

Monje propose par ailleurs de se mettre *en rapport avec d'autres pays sud-américains pour essayer de les amener à soutenir les mouvements de libération*. Le Che reste très sceptique à ce sujet. *C'était condamné à l'échec. Demander à Codovila* (dirigeant très modéré du

PC argentin) *de soutenir Douglas Bravo* (commandant guérillero vénézuélien), *c'était comme de lui demander de favoriser un soulèvement au sein de son propre parti.*

Mais le point de choc frontal fut la demande de Monje de diriger politiquement et militairement la lutte. Sur ce point, le Che reste inébranlable. *Le chef militaire, ce sera moi, et je n'accepterai aucune ambiguïté là-dessus*. Le Che a déjà vécu l'expérience congolaise et il ne veut pas tomber dans le même piège une seconde fois, en se subordonnant à des chefs politiques qui n'ont pas l'intention de combattre. Le poids du souvenir africain est énorme.

La discussion s'enlisa et se transforma en un cercle vicieux. Monje dit que si la révolution se faisait en Argentine, il était disposé à porter le sac du Che, mais qu'en Bolivie c'est un Bolivien, en l'occurrence lui, qui doit la diriger. Le Che lui assène une série d'exemples latino-américains et lui fait un cours accéléré sur l'histoire de l'indépendance de l'Amérique hispanique et sur les dirigeants révolutionnaires qui se sont constamment aventurés par-delà les frontières régionales. Monje insiste et lui propose d'être son adjoint, le Che lui répond qu'il n'est l'adjoint de personne. Par contre, il lui propose la direction formelle et lui dit qu'il accepte même, pour sauver les apparences aux yeux des infiltrés, de se mettre au garde-à-vous tous les matins et de lui demander des instructions, mais la direction réelle resterait entre ses mains et cela sans compromis ni discussion. Aucun des deux ne cède. Monje commence à faire valoir des situations hypothétiques, mais le Che lui répond tranchant : *Je suis ici et on ne me sortira d'ici que mort*.

La conversation se prolonge. Monje attaque le groupe de Moisés Guevara, le taxant d'opportunisme et de manque de fiabilité. Le Che accuse Monje de sectarisme.

J'ai l'impression qu'il s'est rendu compte en discutant avec Coco que j'étais décidé à ne pas céder sur les affaires stratégiques et qu'il s'est accroché à ce point pour provoquer la rupture, car ses arguments étaient inconsistants.

Après plusieurs heures de discussion sans résultat, Monje demande au Che de consulter les Boliviens du PC qui ont rejoint la guérilla, et ils se rendent au nouveau camp.

Là, Monje rencontre les frères Peredo, Ñato Méndez, Fredy Maimura, Vázquez Viaña, Antonio et Lorgio Vaca. Les arguments de Monje sont que le commandement militaire doit revenir au Parti parce que lorsque le peuple apprendra que la guérilla est dirigée par un étranger, il lui tournera le dos. Et il leur offre des garanties s'ils abandonnent la lutte : « Maintenant venez avec moi » ; il ira même jusqu'à les menacer à mots couverts, en disant que le Parti ne fera pas de représailles, mais qu'il leur conseille vivement de le suivre.

Il ne s'attendait sans doute pas à une réponse unanime si violente des jeunes Boliviens qui disent que servir sous les ordres du Che est un privilège et qui insistent à plusieurs reprises pour qu'il reste et pour que le Parti ne lâche pas la lutte armée. La discussion devient de plus en plus confuse. Monje revient à l'idée dont il avait déjà discuté avec Martínez Tamayo et Villegas, selon laquelle la voie insurrectionnelle correcte passe par un soulèvement urbain suivi d'un repli dans les montagnes ; il ajoute qu'il renoncera à la direction du Parti et qu'il rejoindra lui aussi la colonne comme un parmi d'autres, et finalement, faisant allusion au héros Viêt-cong alors très populaire, il glisse cette phrase critique : « Je n'ai pas l'intention de devenir un Van Troi. »

Monje semble accablé. Il mange avec les hommes dans le campement, mais l'ambiance est glaciale et il doit le ressentir. Quand Alarcón suggère au Bolivien Méndez de donner une assiette au dirigeant du Parti, celui-ci lui rétorque :

— Écoute, camarade, je ne sais pas où mangent les cochons dans ton pays, mais dans le mien ils mangent par terre.

Le lendemain matin, *Monje m'a fait savoir qu'il partait et que le 8 janvier il présenterait sa démission à la direction du Parti. Sa mission d'après lui était terminée. Il est parti avec l'air de quelqu'un qui va à la potence.*

Le Che réunit les guérilleros pour commenter l'attitude de Monje : *J'ai annoncé que nous ferions l'unité avec tous ceux qui voudront faire la révolution et j'ai prédit des moments difficiles et des jours d'angoisse pour les Boliviens*. San Luis fera un bon résumé de la situation dans son journal : « Le plus probable est qu'il y aura une rupture et que certains nous rejoindront. » C'est le début de la solitude.

Le Che, pragmatique, note dans son journal : *D'un côté, l'attitude de Monje peut retarder le développement de la guérilla mais, de l'autre, il peut y contribuer en me libérant des compromis politiques*. Ce qui est certain, c'est que le projet est fragilisé par le départ de la force la plus importante de la gauche radicale bolivienne ; il faut maintenant créer un réseau urbain indépendant de ceux qui ont été utilisés jusqu'à présent. Le Che a hâte que le groupe de Moisés Guevara se définisse pour organiser une sorte de front. Par ailleurs, il travaille à la création du réseau de soutien dans les villes, et pour cela il compte sur le Dr Humberto Rhea qui se trouve alors à Cuba, sur Rodolfo Saldaña et sur la dirigeante de la Jeunesse Communiste Loyola Guzmán qui sera chargée des finances du mouvement. Il peut également compter sur le Péruvien Dagnino qui servira de contact avec les militants de l'ELN et pourra collaborer à ce réseau en voie de création. Enfin, il compte sur Renán pour un réseau parallèle en relation avec La Havane.

Il n'est pas trop inquiet. Comme à Cuba en 1958, il sous-estime à nouveau l'importance d'un mouvement politique large et solide, derrière et aux côtés du projet guérillero. Si on lit son journal entre les lignes, il est beaucoup plus préoccupé par l'urgence qu'il y a à commencer à aguerrir le groupe en faisant une reconnaissance en profondeur de la zone et à prendre contact avec les Argentins dans la perspective d'une guérilla continentale.

Dès le 10 décembre, il a décidé d'envoyer Tania à Buenos Aires, d'abord pour discuter et ensuite pour ramener un groupe d'Argentins à Ñancahuazú. Dans son journal et ses papiers apparaissent les noms du Pelado Bustos (un survivant du groupe de Masetti), de Jozami, du poète Juan Gelman, alors lié à un groupe dissident de la gauche du PC, de Jauregui du syndicat des journalistes et de Stamponi. Tania part le 2 janvier, chargée de cette mission. Après son départ, une très belle photo d'elle restera dans le campement. Une photo où on voit le photographe lui-même avec la jeune fille germano-argentine, souriante, emmitouflée dans une veste en cuir, avec un ruban dans les cheveux.

En attendant le début des opérations : expéditions de cinq jours pour reconnaître la zone, aménagement de grottes, de refuges et de caches dans le deuxième camp, fabrication des toits sur les abris, le Che découvre qu'il est entouré par une forêt pour ainsi dire inhabitée. Pratiquement aucun rapport d'expédition ne fait mention d'habitations. Les comptes rendus du Che sont concis et très précis, il est en train d'élaborer un plan imminent : *Vilo et le Médecin ont suivi l'Iquiri jusqu'à ce qu'ils tombent sur des rochers infranchissables, ils n'ont rencontré personne, mais ils ont vu des traces. Pinares, Manuel et Dariel ont exploré l'intérieur des terres jusqu'à un endroit inaccessible coupé par un rocher escarpé.*

Le Che organise une première réunion avec le groupe pour désamorcer les petites tensions qui commencent à surgir. *J'ai fait une petite leçon sur les qualités de la guérilla et sur la nécessité d'une plus grande discipline, et j'ai expliqué que notre mission était avant tout de former un noyau exemplaire, qui doit être d'acier, et par ce biais j'ai expliqué l'importance de l'étude, indispensable pour l'avenir. Ensuite j'ai réuni les responsables : Vilo, Pinares, Machín Hoed, Inti, San Luis, Villegas, le Médecin, Ñato Méndez et Martínez Tamayo. J'ai expliqué pourquoi on avait choisi Vilo comme second, à cause de quelques erreurs de Pinares qui se répétaient constamment... Les incidents désagréables entre camarades gâchent le travail.*

Mais tout n'est pas résolu pour autant. Les problèmes avec Pinares continuent. Une semaine plus tard le Che note : *Vilo m'a dit que Pinares a été blessé par l'allusion que j'ai faite à ses erreurs lors de la réunion de l'autre jour. Il faut que je lui parle.* Le lendemain, il note : *J'ai parlé avec Pinares, il s'est plaint de ce qu'on lui a fait des critiques devant les Boliviens. Son argument n'est pas fondé. En dehors de son état émotionnel qui est digne d'attention, tout le reste est sans importance. Il a fait référence à des propos méprisants que Machín Hoed aurait tenus à son encontre, on a tiré cela au clair avec ce dernier, et il semble que rien de tel ne se soit passé à part un peu de mise en boîte. Pinares s'est un peu calmé.*

Absorbé par les petites tâches, le Che semble avoir oublié de noter dans son journal que bien évidemment le 8 janvier Monje n'a donné aucune réponse ; il ne nous parle pas non plus du paysage. Par contre,

Pacho écrit : « La vue des Andes est merveilleuse, gravir les montagnes est quelque chose d'impressionnant, c'est très fatigant d'autant plus que l'alimentation est insuffisante. » La vie de camp aiguise l'humour de Coello qui se promène en chantant *Isabelle* d'Aznavour et rabroue ceux qui se plaignent en disant : « Si tu es courageux, moi je ne le suis pas, et dis-toi bien que si tu es ici, c'est de la faute de l'impérialisme » ; et il parle à son fusil quand il le nettoie : « Écoute, je t'ai nettoyé, mais ne lâche pas une seule balle. Après la guerre je te mettrai au musée. »

Les expéditions de reconnaissance se poursuivent. Le 11 janvier, le groupe commence à étudier le quechua avec Aniceto et Jiménez Tardio. Le Che écrit : *Jour du « boro »* (mouche qui dépose sa larve en piquant) ; *on a retiré des larves de mouches à Pinares, Lorgio Vaca, Villegas, Olo Pantoja, Octavio et Vilo*. Villegas dira simplement dans son journal : « Une journée monotone. » Pacho note : « J'ai libéré un papillon d'une toile d'araignée, nous sommes arrivés au camp à 6 heures 10, le Che donnait un cours. »

Les communications avec La Havane fonctionnent correctement dans le sens La Havane-Ñancahuazú, mais elles sont lentes dans le sens inverse Ñancahuazú-La Paz-La Havane (La Havane devient Manila en langage codé.) Le Che fait un rapport à Fidel sur son entretien avec Monje et reçoit en retour la nouvelle de l'arrivée prochaine de Juan Pablo Chang, l'homme fort des Péruviens. Le 11 janvier, ils reçoivent un message de Fidel qui dit qu'il a eu un entretien avec le leader syndical Simon Reyes, un autre dirigeant du PC, « qui a accepté de nous aider, sans dire de quelle façon. Il sait comment se procurer des bottes américaines, on peut l'utiliser pour cela pour l'instant. Il sera là dans quinze jours ». Dix jours plus tard, Fidel informe le Che que le deuxième secrétaire du PCB va arriver à La Havane et il ajoute : « Nous écouterons ce qu'ils ont à nous dire et nous serons durs et énergiques. » Quinze jours plus tard il fait un rapport au Che sur la réunion avec Kolle et Reyes : « Kolle a dit que Monje avait informé le secrétariat du PCB que l'opération était d'envergure nationale, ce qui a jeté le trouble. Nous avons précisé à Kolle qu'il s'agissait d'une opération stratégique d'envergure continentale. Cette question une fois éclaircie, il a été d'accord pour dire que c'était une erreur d'en demander la direction étant donné son caractère stratégique et continental. Ils ont demandé à s'entretenir avec toi pour établir des critères de collaboration et définir leur participation à l'opération... ils m'ont fait bonne impression. Je crois que tu pourras arriver à un accord satisfaisant. »

Si à La Havane c'est le sentiment de Fidel, qui essaye d'arranger les relations entre le Che et le Parti Communiste Bolivien, ce n'est pas celui du Che quand il reçoit l'information. Entre les deux messages de Fidel, Coco revient au camp avec trois nouvelles recrues boliviennes et raconte au Che que : *Non seulement Monje n'a pas renoncé à la direction du Parti, mais il a parlé avec trois personnes qui revenaient de Cuba pour les dissuader de rejoindre la guérilla... Résultat de cette attitude hostile, nous n'avons que onze Boliviens incorporés dans notre troupe.*

Dans son analyse du mois de janvier le Che dira : *Comme je m'y attendais, l'attitude de Monje a été d'abord l'échappatoire, ensuite la trahison. Le Parti prépare déjà ses armes contre nous et je ne sais pas jusqu'où ça ira, mais cela ne nous arrêtera pas, et il se peut même qu'à la longue, cela nous serve (j'en suis presque sûr). Les plus honnêtes et les plus combatifs seront avec nous, même si cela leur pose des cas de conscience plus ou moins graves.*

Le Che semble s'être libéré d'un poids en rompant pratiquement toute relation avec les communistes boliviens, en rompant tout lien de dépendance. Debray aura raison lorsqu'il affirmera des années plus tard : « La politique locale retient peu son attention. Les communistes boliviens ? Des poules mouillées. Les leaders de la gauche nationale ? Des politiciens à courte vue. Les mineurs de l'étain ? Une aristocratie ouvrière qui donnera demain du fil à retordre à l'égalitarisme révolutionnaire. La Bolivie elle-même, une base arrière, un premier échelon. »

Durant la troisième semaine de janvier, la vie dans le camp s'avère difficile malgré une activité ralentie. Le Che prétend arriver à l'autarcie alimentaire, mais les ressources de la région sont maigres, il n'y a pas de possibilité d'échanges avec les paysans et le gibier est rare. Pacho dit : « Je rêve toutes les nuits, cela doit venir de l'alimentation insuffisante, sans viande ni lait. » Ils commencent à être sujets aux maladies. *Machín Hoed présente des symptômes de paludisme... Manuel a été pris d'une forte fièvre qui a toutes les caractéristiques du paludisme. Je me suis senti courbatu toute la journée, mais la maladie ne s'est pas déclarée.*

Les journaux des guérilleros font de temps à autre référence à leur épouse et à leur famille : « Mille baisers à Harry et à Custi, un million de baisers » (Villegas, le 8 janvier). « J'ai passé la journée à penser à Tery » (Pacho, le 1er janvier). « Je lis *La Chartreuse de Parme* et je pense aux êtres que j'aime : ma femme et Eliseito... » (San Luis, le 10 janvier). Le Che lui-même signale l'anniversaire de sa femme, les dates de naissance de ses frères... Société masculine, société solitaire. Dariel Alarcón dira dans son journal : « Dans la forêt, la nostalgie est une compagne bien morose, pour sûr. »

Des choses étranges se sont passées avec le voisin Ciro Argañaraz. Le 18 janvier, le Che écrit : *Vázquez Viaña est venu sous l'averse nous informer qu'Argañaraz avait parlé avec Olo Pantoja et s'était montré au courant de beaucoup de choses ; il a proposé de collaborer avec nous pour la cocaïne ou pour n'importe quoi d'autre, montrant par là qu'il soupçonnait quelque chose de plus. J'ai donné l'ordre à Vázquez Viaña de l'engager sans lui donner grand-chose, juste le règlement de tout ce qu'il transportera avec sa Jeep, et de le menacer de mort s'il trahissait.*

Le lendemain la police débarque à la Casa de Calamina. *Le lieutenant Fernández et quatre policiers en civil sont venus dans une Jeep de location, ils cherchaient le laboratoire de cocaïne ; ils ont simplement perquisitionné la maison et leur attention a été attirée par certaines choses bizarres, comme le carburant apporté pour nos lampes, que nous n'avions pas transporté à la cave. Ils ont pris le revolver de Vázquez Viaña, mais ils lui ont laissé le Mauser et le .22 ; ils ont ostensiblement enlevé un .22 à Argañaraz et ils l'ont bien montré à Vázquez Viaña, puis ils sont partis en leur disant qu'ils savaient tout et qu'ils les avaient à l'œil. Pour son revolver, Vázquez Viaña pouvait aller le réclamer à Camiri, « sans faire de bruit, en venant parler avec moi », a dit le lieutenant Fernández. Et il a demandé des nouvelles du Brésilien.* Vu la situation, le Che demande à Vázquez Viaña de menacer Argañaraz et son aide pour leur faire peur, et il réorganise le deuxième camp de manière à éviter toute surprise. Son plan *est fondé sur la défense rapide d'une zone voisine de la rivière dont dépend directement celui qui, avec quelques hommes de l'avant-garde, contre-attaque par des chemins parallèles à la rivière qui débouchent sur l'arrière-garde... On enverra des groupes de reconnaissance et on déménagera le camp pour s'installer plus près de la maison d'Argañaraz ; si ça explose, avant d'abandonner la zone, on lui fera comprendre qui est le plus fort.*

Au cours des derniers jours de janvier les tensions continueront. Parallèlement le Che obtient une discipline de fer dans le camp. Le 24 janvier, Vilo Acuña glisse en traversant la rivière Ñancahuazú avec une charge de cent épis de mais dans son sac à dos et perd son fusil, emporté par le courant. Dariel Alarcón raconte : « Nous avons vu Vilo sortir de l'eau et nous regarder avec une tête que je n'oserais décrire.

— J'ai laissé tomber mon fusil... plutôt mourir que de me présenter devant le Che sans mon arme.

Tout le groupe a plongé dans l'eau et cherché le fusil pendant un bon moment. »

Le 26 janvier, enfin une bonne nouvelle : *À peine avions-nous commencé à travailler à la nouvelle cave que nous est parvenue la nouvelle de l'arrivée de Moisés Guevara et de Loyola Guzmán.* La dirigeante de la Jeunesse Communiste a vingt ans quand elle rencontre le Che à Ñancahuazú, fin janvier 1967. Sa surprise est grande quand Coco Peredo lui annonce qui l'attend : « Justement à cette époque on disait que le Che était en Colombie. » La première chose qui la surprend, c'est que le Che a perdu son accent argentin.

— *Pourquoi es-tu mouillée, est-ce parce que la rivière est très profonde ou parce que tu es très petite ?* lui demande le Che.

Il lui ordonne d'enlever ses chaussettes pour les faire sécher et la rebaptise Ignacia.

— Pourquoi m'appelles-tu Ignacia ?

— *À cause de saint Ignace de Loyola.*

Si, dans le projet du Che, Loyola est un cadre clé pour la future structure urbaine, Moisés Guevara, qui dirige le petit groupe maoïste avec lequel Martínez Tamayo et Villegas entretiennent des liens depuis quelques mois, est devenu un homme essentiel depuis qu'ils ont perdu l'appui du PC. *J'ai posé mes conditions à Guevara : dissolution du groupe, il n'y a plus de grade pour personne, il n'y a pas encore d'organisation politique et il faut éviter les polémiques autour des divergences internationales ou nationales. Il a tout accepté avec une grande simplicité et, après un début froid, les relations avec les Boliviens sont devenues cordiales*. Loyola insistera sur le fait que le Che a répété à plusieurs reprises qu'ici il n'y aurait ni prochinois ni prosoviétiques.

Loyola m'a fait une bonne impression. Elle est très jeune et douce, mais on sent chez elle une grande détermination. Elle est sur le point d'être expulsée de la Jeunesse Communiste, ils essaient d'obtenir sa démission. Je lui ai donné les instructions pour les cadres et un autre document ; en outre, j'ai remboursé la somme dépensée qui s'élève à 70 000 pesos. Nous allons être juste sur le plan de l'argent. On nommera le Dr Pareja chef du réseau, et Rodolfo (Saldaña) viendra nous rejoindre dans quinze jours.

Au cours d'un entretien avec Loyola, le Che lui donne les éléments clés pour créer un réseau de soutien urbain et il l'équipe d'un poste émetteur qu'elle devra remettre en état. En ce qui concerne Guevara, il reviendra *avec le premier groupe, du 4 au 14 février, il a dit qu'il ne pourrait pas venir avant à cause des communications et qu'il ne pouvait rien tirer des hommes actuellement à cause du carnaval*.

Fort de ce petit appui et de ce début de réseau urbain qui s'organise, le Che décide de partir pour une grande reconnaissance qui aura lieu dans trois jours, dès le retour de Coco après avoir raccompagné Moisés Guevara et Loyola Guzmán. Il est surprenant que malgré les problèmes graves que peut provoquer la curiosité de la police et de leur voisin Argañaraz, et malgré l'état encore embryonnaire du réseau urbain qui se fera désormais sans le PC, le Che donne la priorité à une grande expédition destinée à tester la troupe. A-t-il hâte d'entrer en campagne ? Le 31 janvier sera le dernier jour au camp. Un petit groupe dirigé par Olo Pantoja restera pour attendre les nouvelles recrues et surveiller la base. *J'ai parlé à la troupe, je lui ai donné les dernières instructions sur la marche.*

Il s'agit de reconnaître la région en profondeur, en essayant d'établir des contacts avec les paysans de la zone et d'éviter le combat ; le but de cette expédition est avant tout d'exercer le groupe à s'adapter aux privations et au dénuement de la vie de guérillero, et de le fortifier par un entraînement qui s'annonce rude. Pacho note dans son journal : « Demain c'est le départ, je sélectionne les choses à emporter dans cette marche, il y en a tant que je ne sais que faire ; couverture, sac à dos, hamac, quinze livres de nourriture, riz, haricots, maïs, sucre, café, quinine, cassonade, soupes, réserve, une boîte de lait, une boîte de saucisses, une boîte de sardines, des vêtements de rechange, de la viande boucanée, des balles, un fusil, une radio, un livre, un cahier, un revolver, une gourde... » Et le Che écrit : *Maintenant l'étape proprement de guérilla commence et nous allons tester la troupe ; le temps dira ce que cela donne et quelles sont les perspectives de la révolution bolivienne.*

CHAPITRE 50

Une rude expédition

Dans la base de Ñancahuazú, Bolivie, décembre-janvier 1966-1967.

Le 1er février, c'est le départ. La durée de l'expédition sera de vingt jours. Comme le Che l'a dit à Inti, même s'il ne le recherche pas, *la possibilité d'un affrontement avec l'armée n'est pas à exclure*. À la fin de la première étape, le Che écrit : *Les hommes sont arrivés un peu fatigués, mais dans l'ensemble, ça s'est bien passé... À l'arrière-garde, Joaquín a rechigné à cause du poids de son sac et il a retardé tout le groupe*. Si Acuña souffre du poids de sa charge, Pacheco, lui, est content : « Aujourd'hui je me suis senti très bien, j'ai battu tous les records, je n'étais plus jamais à la traîne. »

Ils marchent à tâtons sous la pluie car les cartes ne sont pas exactes. *Le torrent ne peut pas être le Frías ; il n'est tout simplement pas sur la carte*. Le Che tente de dresser sa propre cartographie en corrigeant les plans avec des crayons de couleur, en situant les montagnes et les fleuves à leur place exacte et en prenant des photos.

Le 4 février, après des journées de dix à douze heures de marche, la colonne commence à ressentir l'usure. *Le chemin longe le Ñancahuazú ; il est relativement bon mais fatal pour les chaussures, plusieurs camarades vont déjà nu-pieds. La troupe est fatiguée, mais tous ont assez bien réagi. Je me suis débarrassé de presque quinze livres et je peux marcher plus aisément bien que la douleur dans les épaules soit parfois insupportable*. Le Che est indulgent et presque optimiste dans ce qu'il écrit ; d'après Inti, depuis le début l'exploration s'avère extrêmement pénible à cause du milieu difficile de la forêt vierge et de la pluie constante. Pacho note : « Les hommes sont épuisés. Leonardo Tamayo est fiévreux, Alarcón a les ganglions enflés, quant à moi je ne peux plus manger. »

Tout cela au milieu de la solitude. *On n'a pas trouvé de signes récents de passage de gens le long de la rivière mais, d'après la carte, nous allons certainement rencontrer des zones habitées d'un moment à l'autre.* Une carte peu fiable que le Che corrige continuellement. Régis Debray écrira plus tard : « Ñancahuazú jusqu'au Rio Grande est une région presque déserte, socialement et économiquement passive dans sa partie rurale. À tel point qu'en maints endroits la forêt était véritablement vierge, inexplorée, et c'est pourquoi toutes les cartes disponibles de la région étaient remplies de blancs, d'à-peu-près ou d'erreurs de localisation... »

Le 5 février, l'avant-garde de la colonne arrive devant une grande rivière, *beaucoup plus grande que le Ñancahuazú et impossible à traverser. Nous nous y sommes transportés et nous nous sommes trouvés devant le véritable Rio Grande, qui en plus était en crue.*

Un fleuve de 80 et 100 mètres de large, au confluent de plusieurs autres rivières parmi lesquelles le Rosario et le Ñancahuazú. Pacho écrit : « Le Che était fou de joie, il m'a dit : *Pacho nous sommes arrivés au Jourdain, baptise-moi.* »

Toujours pas âme qui vive. *Il a des signes de vie, mais déjà anciens, et les chemins qui ont été suivis se perdent dans des herbages où il n'y a pas de trace de passage.* Finalement le Che met sa troupe au repos, ils essaieront de traverser le fleuve le lendemain.

Le 6 février, *un jour de calme pour reprendre des forces.* Les patrouilles qui explorent le fleuve en amont et en aval ne trouvent pas de gué.

Des guérilleros essayent en vain de le traverser à la nage. Pacho raconte : « J'ai plongé quatre fois dans le fleuve, impossible de le traverser. »

Le lendemain une nouvelle tentative est faite avec un radeau très grand et peu maniable, construit par

Pinares. *L'avant-garde a traversé en deux voyages et au troisième on a passé la moitié du groupe du centre et mes vêtements, mais pas mon sac à dos ; en revenant chercher le reste du groupe, Suárez Gayol a mal calculé son coup, le radeau a été emporté très en aval et nous n'avons pas pu le récupérer. Il s'est disloqué. Vilo Acuña a commencé à en construire un autre qui n'a été prêt qu'à 9 heures du soir.* La traversée du groupe du centre de la colonne est remise au lendemain.

En marche de l'autre côté du fleuve, même chose : solitude et faim. Le 9 février, c'est le premier contact, avec un paysan nommé Honorato Rojas, qui sera l'élément clé du déroulement de l'histoire à venir. Le jour suivant, le Che parle avec lui. Une photo sur laquelle on voit le Che avec les enfants d'Honorato en témoigne. *Le paysan est représentatif : susceptible de nous aider, mais incapable de prévoir les dangers que cela implique, donc potentiellement dangereux... Le Médecin a soigné les enfants, l'un était plein de vers, l'autre avait reçu un coup de sabot d'une jument, puis nous avons pris congé.*

Le soir, le Che fait le point : *En principe j'ai l'intention de marcher encore dix jours vers le Masicuri et de faire en sorte que les camarades voient physiquement les soldats,* bien qu'il ne s'agisse pas d'engager le combat. *Ensuite nous essaierons de passer par le Frias pour explorer un autre chemin.*

Le jour suivant, les guérilleros atteignent le fleuve Masicuri. Pacho notera dans son journal : « Je me suis baigné et je me suis lavé avec du savon, ce fut divin. » C'est maintenant une étape où il s'agit d'ouvrir des sentiers à la machette, avec des contacts sporadiques avec des paysans qui ne leur procurent que très peu de nourriture. Le Che lui-même, en dépit de son extraordinaire résistance, commence à donner des signes d'épuisement : *J'étais atrocement fatigué car j'avais mal digéré les* humitas (espèce de croquettes de purée de maïs) *et j'étais resté la journée sans manger.* Le 13 février, ils décident de se reposer non loin de la maison d'un paysan. L'estomac de Pacho parle dans son journal : « Je suis parti chercher du maïs avec Pinares, notre unique nourriture depuis plusieurs jours, sous toutes ses formes. » Le Che impose une discipline : le peu qui se mange, se mangera dans l'ordre, dans l'ordre de marche, il occupe lui-même la quatorzième place.

Le même jour ils déchiffrent un message de La Havane qui donne des informations sur les dernières conversations avec le PC bolivien et qui dit que Kolle a répété *qu'on ne l'avait pas informé de l'ampleur continentale de la tâche et que dans ce cas ils étaient prêts à collaborer sous certaines conditions dont il voulait discuter avec moi.* La visite de Kolle et de deux autres membres de la direction, Humerto Ramírez et Simón Reyes, est annoncée ; et ce dernier déclare qu'il collaborera à la guérilla quelle que soit la décision du Parti. Enfin on leur annonce que Lechín, qui dirige un parti qui a une grande influence dans le milieu minier et que le Che a connu lors de son premier voyage en Bolivie dans les années cinquante, est prêt à rejoindre la lutte armée. Curieusement, ces nouvelles qui devraient permettre au front politique favorable à la guérilla, encore faible, de se développer, furent accueillies par cette phrase laconique du Che : *Nous verrons comment affronter cette nouvelle offensive conciliatrice*.

Les journées se poursuivent, on ouvre des sentiers à la machette, les contacts avec les paysans sont sporadiques et il y a peu de nourriture. Le maïs les sauve de l'inanition, Pacho raconte : « Petit déjeuner, soupe de maïs, déjeuner rien, dîner un peu de maïs. »

Le 16 février, le Che décide de couper à travers la montagne en direction du fleuve Rosita. Un paysan leur parle de soldats qui construisent une route et qui ont trente fusils dans leur campement. Le Che étudie avec son groupe la possibilité d'engager un combat, mais il conclut que cela n'a pas de sens, le début des actions étant prévu pour juillet, avec des guérilleros entraînés et des renforts supplémentaires.

Les jours suivants la pluie s'acharne contre la colonne. Ils commencent l'ascension de la montagne et, certains jours, ils passent jusqu'à dix-huit heures sous une pluie torrentielle. Le 18 février, Pacho écrit : « Marche vers le fleuve Rosita, sur des terrains très accidentés et bordés de précipices. » Le Che note : *Très mauvaises nouvelles : tout le versant est coupé de parois à pic impossibles à descendre. Il n'y a pas d'autre solution que de revenir sur nos pas.* Les premiers mots de son journal des jours suivants sont à peu près toujours les mêmes : *Journée perdue. Nous avons descendu le versant jusqu'au torrent avec l'intention de le remonter mais cela s'est avéré impossible.* Le 20 février : *Jour de marche lente.* Ils cherchent ainsi à s'ouvrir un chemin au milieu des torrents que l'on peut passer à gué entre des falaises abruptes difficilement franchissables. Explorations infructueuses à la recherche de passages. *Nous avons passé toute la journée à escalader des terrains accidentés et difficiles au milieu d'une forêt dense. Après une journée épuisante... Nous sommes aux sources du torrent qui se jette dans le Masicuri, mais vers le sud* (22 février). Et le 23 février : *Jour noir pour moi ; je l'ai passé les poings serrés, car je me sentais complètement épuisé... À midi nous sommes partis sous un soleil de plomb et, peu après, en arrivant au sommet de la montagne la plus élevée, j'ai eu une espèce d'évanouissement, ensuite je n'ai plus marché qu'à force de volonté.* Et Pacho ajoute : « Assoiffés, sans une goutte d'eau et avec peu de nourriture. La terrible marche se poursuit, se poursuit inlassablement. » Le 24 février : *Journée laborieuse et de lassitude. On a peu avancé. Sans eau, car le torrent que nous suivions était à sec.* Et le 25 février : *Jour noir.* Ce jour-là éclate un conflit qui oblige le Che à intervenir de manière drastique. *Pacho* (qui était à l'avant-garde) *m'a appelé pour me dire que Pinares et lui avaient eu une altercation et que Pinares lui avait donné des ordres péremptoires, l'avait menacé avec sa machette et l'avait frappé au visage ; quand Pacho est revenu en lui disant qu'il ne voulait plus continuer, il l'a à nouveau menacé avec sa machette et l'a malmené au point de déchirer ses vêtements. Devant la gravité de la chose, j'ai appelé Inti et San Luis qui ont confirmé le mauvais climat qui régnait dans l'avant-garde à cause du caractère de Pinares, mais ils ont démenti certaines accusations de Pacho.* Il pleut à torrents. Deux jours auparavant, le Che avait noté dans son journal qu'il avait entendu Pinares envoyer un de ses camarades au diable et qu'il devait lui parler.

Le lendemain, le Che s'entretient avec les deux hommes concernés, il pense que Pinares a une attitude despotique, mais que Pacho exagère et qu'il a tardé à l'informer. Il en profite pour expliquer au groupe que les tensions (qu'Inti qualifie dans son journal d'infernales) sont dues à la fatigue et aux privations et qu'elles doivent être contrôlées, et il les menace de sanctions graves. San Luis rapporte les paroles du Che : *Sept ans de révolution avaient influencé certains camarades qui, quand ils avaient eu à leur service des chauffeurs, des secrétaires et d'autres gens, s'étaient habitués à donner des ordres et à ce que tout leur soit dû ; comme si une vie relativement facile nous avait fait oublier les sacrifices et les rigueurs de la vie que nous vivions à nouveau maintenant.* Pacho sera particulièrement blessé que le Che les traite de merdeux.

Le Rio Grande a une apparence menaçante. D'après Alarcón : « Quand nous nous sommes arrêtés pour regarder le fleuve, nous avons été saisis et même un peu effrayés ; il emportait dans son courant des morceaux de terre arrachés sur son passage, au milieu desquels flottaient de fantastiques troncs d'arbres dressés vers le ciel. » La découverte du fleuve sera accompagnée d'un grave accident. Benjamín, un des Boliviens entraînés à Cuba, glisse de la berge et se noie avant même qu'on ait pu le rattraper. *Nous avons maintenant notre baptême de la mort au bord du Rio Grande, et d'une manière absurde.*

Le 28 février, ils ne prennent que du thé, les dernières boîtes de conserves ont déjà été mangées, certains parmi les nouveaux mangent leur ration de réserve, le Che note dans son Journal : *Mauvais signe.* Plusieurs explorations à la recherche d'un gué sont infructueuses ; au confluent du fleuve Rosita ils construisent un radeau qui disparaît à mi-traversée. Deux jours durant ils essaieront en vain de passer le fleuve. Ils continueront finalement à pied sur la berge, sans contact avec l'avant-garde.

Le 3 mars, ils sont toujours dans la même situation, avec pour seule nourriture des cœurs de palmier et du corozo. Pacho note : « Une journée de chien. » Un jour plus tard, après de brèves incursions dans la forêt, ils réussissent à tuer une perruche et un pigeon que le groupe se partagent. *Le moral est bas et le physique se détériore de jour en jour, j'ai un début d'œdème aux jambes.* Pacho note : « Marcher. Marcher, sans manger, épuisés, et sous la pluie, scrutant les arbres à la recherche de quelque fruit, de quelque animal à chasser, rien, rien, j'ai des vertiges et je vois des étoiles. Seule la conscience me tient encore debout. »

La faim est maintenant l'ennemi numéro un de la colonne ; les cœurs de palmier et les oiseaux chassés au hasard servent à peine à tromper leurs estomacs. Le 7 mars, le Che écrit : *Quatre mois. Le groupe est de plus en plus découragé de voir les provisions s'amenuiser, sans voir le bout du chemin.*

Ils sont à nouveau à la recherche du fleuve Ñancahuazú.

Le 8 mars, Inti et Martínez Tamayo se perdent. Le Dr Morogoro note que le Che « est très maigre et certainement très faible, mais il fait un effort surhumain pour ne pas le montrer aux autres ». Le lendemain ils retrouvent les hommes perdus et apprennent de très mauvaises nouvelles : le Ñancahuazú est à cinq jours de marche et Pinares, accompagné de l'avant-garde, est entré dans le campement d'une exploitation pétrolière en montrant ses armes.

Le Che ne le saura pas, même s'il s'en doute, mais un officier de l'armée, le capitaine Silva, qui chasse dans la région, sera informé par les ouvriers de la compagnie pétrolière de la présence d'hommes armés dans la zone, et pensant qu'il s'agit de trafiquants de drogue, il en informera ses supérieurs. Après avoir interrogé les ouvriers, le major Patino, de l'armée bolivienne, ordonnera au capitaine de partir à leur recherche avec une patrouille. Silva suivra les guérilleros pendant trois jours. L'opération ne donnera aucun résultat, mais la présence des guérilleros dans la région est détectée. Pratiquement au même moment — et le Che ne le saura pas non plus — deux volontaires du groupe de Moisés Guevara, Vincente Rocabado et Pastor Barrera, désertent le camp central.

Au cours des jours suivants les guérilleros du groupe du Che n'avancent que de quatre ou cinq kilomètres. Le 13 mars, le Che écrit : *Les hommes sont assez fatigués et à nouveau un peu démoralisés. Il reste des provisions pour un seul repas. Nous avons marché environ six kilomètres, mais sans grand profit.*

Le même jour, l'opération d'encerclement, encore imperceptible et très précaire, qui menace la guérilla se resserre d'un cran lorsque la police arrive au premier campement de la Casa de Calamina, maltraite Serapio pour lui faire dire qui sont ceux qui rôdent aux alentours, et plante un drapeau sur le toit de la maison pour signaler aux hélicoptères l'objectif visé au milieu de la forêt. Mais les policiers ne savent pas encore très bien ce qu'ils cherchent.

Le 14 mars. *Presque sans nous en rendre compte, nous sommes arrivés au Ñancahuazú. (J'éprouvais — j'éprouve — une grande fatigue comme si un malheur m'était tombé dessus.) Le fleuve était dangereux et personne n'avait le courage de le traverser, mais San Luis s'est porté volontaire, il l'a traversé facilement et à 15 heures 20 exactement, il a pris la route pour la base. J'espère qu'il arrivera d'ici deux jours. Nous avons mangé notre dernier repas : du maïs avec de la viande ; à partir de maintenant nous dépendons entièrement de la chasse. À l'heure où j'écris ces lignes, nous avons un petit oiseau et nous venons d'entendre trois coups de fusil. C'est le Médecin et Inti qui chassent. Nous avons entendu des passages du discours de Fidel où il condamne franchement les communistes vénézuéliens et critique durement l'attitude de l'URSS à l'égard des fantoches américains.*

Le même jour, dans le village de Lagunillas, la police arrête Rocabado et Pastor Barrera alors qu'ils essayent de vendre une arme. Rocabado, qui a fait partie de la Police criminelle auparavant et qui en a été expulsé pour corruption, tente de faire du zèle auprès de ses anciens collègues en en disant plus qu'il n'en sait et en racontant une bonne partie de ce qu'il a entendu. Il identifie le chef (Olo Pantoja) comme étant « le Cubain Antonio » ; il parle du « grand chef » qu'il n'a jamais vu et dit que c'est le Che ; il dit aussi qu'il y a des Argentins, des Péruviens et un Français (Debray) dans le camp ; il donne des renseignements sur la Jeep de Tania et les noms des membres de son groupe recrutés par le dirigeant du Syndicat des mineurs, Moisés Guevara, et il propose à l'armée de les conduire à la Casa de Calamina et au premier campement. Il affirme également avoir rejoint la guérilla en qualité d'informateur pour voir si à l'avenir il pourrait en tirer quelque avantage.

Coco Peredo dira plus tard dans un accès de colère que « les guérilleros boliviens recrutés par Moisés Guevara venaient tout droit des bordels et des débits de boissons, attirés par l'appât du gain ». Bien que l'accusation soit injuste et qu'elle ne puisse être généralisée, il est certain que Moisés Guevara avait fait un recrutement très superficiel et que parmi la douzaine d'hommes qui viendront au camp, on trouve aussi bien des militants syndicaux éprouvés que des éléments provenant du lumpen prolétariat marginal de la zone minière.

Le 15 mars, le centre de la colonne dirigé par le Che tente de traverser le Ñancahuazú et y arrive en partie. Mais le radeau est à nouveau déporté par le courant sur un kilomètre en aval, laissant deux guérilleros de son groupe et l'arrière-garde sur l'autre rive. Une partie du groupe souffre des pieds et le manque de nourriture est éprouvant ; les guérilleros ont des carences en protéines et en graisses.

Depuis le début de l'expédition, les guérilleros ont un cheval trouvé en chemin. La faim se faisant fortement sentir, plusieurs guérilleros essayent de proposer au Che de le manger. Le Che réagit violemment et menace deux d'entre eux de les priver de nourriture s'ils reviennent sur ce sujet. Mais le 16 mars, le Che, qui s'était pris d'affection pour cet animal qu'il voulait ramener à la ferme, se décide : *Nous avons décidé de manger le cheval... Manuel Hernández, Inti, Leonardo Tamayo et Gustavo Machín présentaient divers symptômes de maladie; et moi j'étais extrêmement affaibli... À partir de 17 heures, ça a été une orgie de cheval. Demain, on en subira sans doute les conséquences.*

La radio fonctionne correctement, ils reçoivent un message de La Havane qui confirme l'arrivée de Régis Debray en Bolivie. Le Che pense qu'il doit déjà se trouver dans le camp central ; effectivement, Tania l'a accueilli à La Paz les derniers jours de février avec l'Argentin Ciro Roberto Bustos, et le 5 mars ils arrivent au campement conduits par Coco Peredo. C'est la deuxième fois que Debray est envoyé en Bolivie par Fidel lui-même, et cette fois, Fidel l'a informé qu'il rencontrerait le Che. Sa fonction n'est pas clairement définie. Debray pense que Fidel veut, étant donné les tensions avec les communistes, qu'il aide le Che à développer une base de soutien de la gauche bolivienne, en établissant des contacts avec les groupes maoïstes et trotskistes avec lesquels il a été en relation lors de ses voyages précédents.

Le 17 mars, la guérilla est confrontée à un nouvel accident : alors que l'arrière-garde essaye de traverser le fleuve Ñancahuazú, le radeau chavire et elle perd un homme : le Bolivien Lorgio Vaca se noie. *Jusqu'à maintenant, il était considéré comme le meilleur des Boliviens de l'arrière-garde pour son sérieux, sa discipline et son enthousiasme.* Ils perdent aussi dans le fleuve des armes et des sacs à dos. En ces moments-là, le Che doit certainement douter du bien-fondé du choix de la zone, mais, comme le dira Debray, c'est évidemment déjà trop tard « pour en sortir et se diriger vers une autre plus favorable ».

Parallèlement, la patrouille (dont nous avons déjà parlé) du capitaine Silva arrive à la ferme de Ciro

Argañaraz. Et au cours d'un interrogatoire très violent où il lui met le canon de son revolver dans la bouche, Silva obtient de Ciro des informations que la police connaît déjà, à savoir qu'un groupe de gens bizarres, probablement des trafiquants de drogue, est basé à quelques kilomètres de là. L'armée déploie une soixantaine d'hommes dans la zone et Silva rejoint la Casa de Calamina avec neuf hommes, mais il ne trouve rien, la maison est abandonnée. Les deux Boliviens, Aniceto et Antonio, observent les soldats en cachette. À la tombée de la nuit, Vázquez Viaña arrive au camp et tombe sur une patrouille de l'armée, il y a un échange de coups de feu avec les soldats, Vázquez Viaña en blesse un. Un peu plus tard, l'armée arrêtera Salustio, un des paysans boliviens qui gardent la ferme.

À la base centrale, les informations sur tous ces mouvements de l'armée sont confuses. L'avant-garde de la colonne du Che, dirigée par Pacho et Alarcón, est arrivée depuis deux jours, et San Luis — que le Che a envoyé à l'avant pour avertir du retard qu'ils ont pris sur le fleuve — débarque de manière inattendue. Debray écrit : « San Luis était arrivé sans crier gare, à l'improviste, la veille au soir, avec son fusil mais sans sac à dos. Un enfant sauvage, la peau sur les os, personne ne l'avait entendu venir. Les autres marchent ou titubent. Lui, avec sa tête de gosse imberbe et sa petite taille, il glisse dans la forêt comme un chat entre les feuilles. »

Tandis que le Che progresse lentement en direction du camp central, des embuscades sont dressées dans les environs du deuxième camp, maintenant connu comme le camp de l'Ours, et Pacho part avec une patrouille à la recherche du commandant. Recherches vaines. Debray dira que dans le campement dirigé par Olo Pantoja, il n'y avait pas de véritable commandement mais un relâchement de la discipline et une atmosphère de chaos. Combattre l'armée ? Attendre le Che ?

Le 19 mars, le Che poursuit sa marche et presse ses hommes qui, sous le coup de l'épuisement, se disputent pour des broutilles. Vers 5 heures et demie de l'après-midi, ils retrouvent l'avant-garde. *Là, nous avons été reçus par le médecin péruvien, Restituto José Cabrera, qui est arrivé avec Chino et le télégraphiste Lucio Galván ; ils nous ont annoncé que Dariel Alarcón nous attendait avec de la nourriture, que deux hommes de Guevara avaient déserté et que la police avait débarqué à la ferme... Ni Olo Pantoja ni Coco n'étaient là, ce dernier était parti à Camiri chercher un nouveau contingent d'hommes de Guevara et Olo était tout de suite allé le prévenir des désertions.*

Le Che ordonne à Manuel de retourner chercher l'arrière-garde. À l'aube tous les membres de l'expédition sont à nouveau réunis.

Le lendemain ils se dirigent vers le camp, en chemin le Che est informé des autres nouvelles : l'arrestation de Salustio, la présence de l'armée dans la Casa de Calamina, la disparition de Loro Vázquez Viaña et la perte de la mule et de la Jeep. (Fidèle à ses amours de toujours, le Che notera d'abord la disparition de la mule et ensuite celle de la Jeep.) La colonne poursuit son chemin. Debray les verra arriver : « Au loin, une procession de clochards bossus émerge peu à peu de la nuit avec une raide lenteur d'aveugle. Le centre, enfin... Et maintenant, dans l'aube grise, aux lisières de la forêt, sur ce plateau de savane désolée qui étend à perte de vue ses promontoires et ses creux, les silhouettes kaki se rapprochent sur le vert jaune des fourrés, zigzaguant entre les hautes herbes coupantes et les fûts des arbres clairsemés. C'est dans toute la zone le seul terrain à découvert. On dirait des somnambules à la queue leu leu, harnachés ou plutôt bâtés, bringuebalants, déguenillés, lourdement penchés en avant, sous le poids du sac (au moins trente kilos). Les canons des fusils portés à l'horizontale, la bretelle en équerre sur l'épaule accrochent, réverbèrent les premières lueurs. Bientôt tintinnabulent les gourdes, les revolvers au ceinturon, les insupportables, carillonnantes marmites noircies par le feu, ficelées par-dessus les sacs, les quarts et les coutelas. Si taciturne soit-il, un guérillero avec tout son bataclan sur le dos résonne comme un homme-orchestre... Le Che est au milieu : buste presque droit, avec un sac à dos qui dépasse sa nuque, la carabine M-1 à la bretelle, verticale, sa casquette de feutre beige sur la tête, un début de barbe en collier. »

— *Excusez-nous pour le retard*, lance le Che en se déchargeant de son sac avec un sourire flegmatique.

Il reste debout. Les autres arrivants s'affalent, au fur et à mesure, s'essuient le visage, reprennent leur souffle.

— *Cuisine ininterrompue*, ordonne-t-il en voyant un quadrupède écorché, pendu par les pattes. *Pendant vingt-quatre heures, et pour tout le monde. Allez les cuistots, au travail !*

— On peut faire du feu, commandant ? En plein jour ?

— *Oui, exceptionnellement. Mais tant que l'arrière-garde ne sera pas arrivée personne ne touche à rien.*

Au campement, le Che retrouve Tania et Juan Pablo Chang, le dirigeant de l'ELN péruvien. *Il régnait un climat de déroute. Un peu plus tard un médecin bolivien récemment enrôlé est arrivé avec un message pour San Luis dans lequel on lui disait que Pinares et Olo Pantoja étaient au point d'eau et qu'il devait aller leur parler. J'ai fait dire par le même messager que la guerre se gagnait à coups de feu, qu'ils reviennent immédiatement au campement et m'attendent. Tout donne l'impression d'un terrible chaos ; ils ne savent pas quoi faire.*

Tout en essayant de réorganiser ses forces, le Che s'entretient avec Chino Chang. *Il demande 5 000 dollars par mois pendant dix mois, et de La Havane on lui a dit d'en discuter avec moi... Je lui ai dit qu'en principe j'étais d'accord, à condition qu'il prenne le maquis dans six mois. Il pense le faire avec quinze hommes sous son commandement, dans la région d'Ayacucho. Nous avons convenu en outre qu'il recevrait cinq hommes maintenant et quinze plus tard, avec leurs armes et après avoir été entraînés au combat... Il a eu l'air très enthousiaste.*

CHAPITRE 51

Combats

La lecture dans un arbre. Base de Ñancahuazú, 1966.

Bien que le Che pressente que des combats vont avoir lieu très bientôt, le 21 mars, il décide, avec cette sérénité, cette patience et ce sang-froid qui fascinent ses hommes, de donner forme à son projet multinational. Il dit clairement à Debray (qui, d'après un informateur, lui apportait des nouvelles de sa famille, un court billet d'Aleida : « Je vais bien, je m'occupe des enfants, ils ont de bonnes notes ») qu'il le préfère à l'extérieur pour s'occuper des contacts internationaux de la guérilla plutôt que comme combattant ou même comme contact avec les forces de gauche de La Paz. Il lui suggère, avant de retourner à La Havane et en Europe, de passer par le Brésil pour rencontrer le groupe de Carlos Marighella, qui a fait scission avec le PCB et qui fait un travail d'organisation et d'entraînement. La tâche du Français sera avant tout de monter un réseau de solidarité en Europe. Le Che se propose d'écrire des lettres qu'il devra transmettre à Sartre et à Bertrand Russel.

Et il charge l'Argentin Ciro Roberto Bustos d'une mission fondamentale pour son projet, qui est de se mettre en contact avec les groupes de Jozamy, de Gelman et de Stamponi, un éventail de militants, d'organisations et de tendances qui vont du péronisme révolutionnaire aux groupes issus de la gauche du PC et qui ont en commun d'être en faveur de la lutte armée. Il ne faut pas perdre de temps ; si ces hommes acceptent de participer au mouvement qui s'organise, *ils doivent commencer à prospecter dans le nord de l'Argentine et m'envoyer un rapport*.

En fin de soirée, il reçoit un rapport de Olo Pantoja sur la situation dans la base, et Ñato arrive du camp central, situé à environ trois heures de marche pour lui annoncer les désertions et la présence de l'armée.

D'après Debray, le Che est indigné : « Il change de visage. Hors de lui, il se lève et explose : *Qu'est-ce qui se passe ? Qu'est-ce que c'est que ce bordel ? Est-ce que je suis entouré de lâches ou de traîtres ? Ñato, tes Boliviens de merde, je ne veux pas en voir un seul ici. C'est entendu ? Consignés, jusqu'à nouvel ordre. Compris ?*

— Oui, commandant.

— *Vilo, prends l'arrière-garde et file au campement. On y est, on y reste. Que Pinares et Olo Pantoja ferment leur gueule, carajo, ils vont entendre parler de moi. Partez maintenant, je vous rattraperai avec mes hommes. À demain.*

Ses *descargas* — ses sorties — ont une froideur rageuse qui rompt le sentiment de supériorité fraternelle qu'il inspire en temps normal à ceux qui l'entourent. Comme s'il voulait briser la communion, blinder sa solitude. Il y a comme une crainte révérencielle sous le respect silencieux que lui portent ses hommes, les Cubains qui ont combattu sous ses ordres à Cuba et ailleurs. »

Le lendemain, le Che part pour la base et quelques heures plus tard, vers midi, il réunit les guérilleros et forme un seul groupe de quarante-sept combattants, visiteurs compris.

Une embuscade de cinq hommes est montée près de la rivière ; trois autres combattants partent en reconnaissance pour prévenir toute surprise. Inti expose au Che les problèmes créés par l'attitude de Pinares ; le Che s'entretient avec lui et explose : *J'ai dit à Pinares que si c'était vrai, il serait exclu de la guérilla, ce à quoi il a répondu qu'il préférait mourir fusillé.*

— *Tu as manqué de respect envers nous tous et d'abord envers moi. Tu ne commanderas plus l'avant-garde. Manuel Hernández te remplacera. Sors d'ici. Et si tu continues à ne pas respecter la discipline, tu seras expulsé.*

— Je préfère encore qu'on me fusille.

— *Si tu y tiens...*

La réunion fut explosive et intempestive et n'a pas donné de bons résultats. Mais le Che en profite pour exposer sa stratégie : s'ils se retirent maintenant sans engager le combat, l'armée les poursuivra avec un moral d'acier, étant donné tous les renseignements que les déserteurs ont dû leur donner ; il vaut mieux les attendre et frapper fort.

Il aura raison. À 7 heures du matin le lendemain, le 23 mars, l'embuscade dressée par six guérilleros boliviens et dirigée par San Luis et Alarcón anéantit la colonne de l'armée qui vient d'arrêter Serapio dans les environs de la Casa de Calamina et qui avance le long du fleuve. Les tirs ne durent que six minutes en tout, mais sept soldats sont tués, quatre blessés et quatorze sont faits prisonniers parmi lesquels un major et un capitaine. *On a saisi le plan des opérations qui consiste à avancer en partant de deux points, l'un en amont, l'autre en aval du Ñancahuazú, pour faire la jonction en un point central. Nous avons rapidement fait passer des gens de l'autre côté et j'ai mis Pinares avec presque toute l'avant-garde au bout du chemin de manœuvres, tandis que le centre et une partie de l'arrière-garde restent en défense et qu'Israel Reyes tend une embuscade au bout de l'autre chemin de manœuvres. Nous passerons la nuit ainsi pour voir si demain les fameux rangers arrivent.*

Le lendemain : *J'ai envoyé Inti pour qu'il parle une dernière fois avec les prisonniers et les libère après leur avoir enlevé tous les vêtements qui peuvent servir, sauf aux deux officiers auxquels on a parlé à part et qui sont repartis habillés. On a dit au major qu'on lui donnait jusqu'au 27 à midi pour enlever ses morts et on lui a proposé une trêve pour toute la zone de Lagunillas s'il restait, mais il a répondu qu'il allait démissionner de l'armée. Et il nous a dit qu'il avait réintégré l'armée il y a un an à la demande du Parti (communiste) et qu'il avait un frère qui étudiait à Cuba ; en outre il a donné les noms de deux autres officiers disposés à collaborer avec nous.* Sa sympathie pour la guérilla sera découverte et vaudra plus tard au capitaine Silva d'être durement interrogé à Camiri et d'être relevé de son commandement.

Les jours suivants, les bombardements se succèdent régulièrement sans objectifs fixes et effraient les nouvelles recrues boliviennes. La force aérienne bolivienne commence à utiliser du napalm. *Pinares a fait une reconnaissance sans rien trouver dans la zone.* D'après Inti, Pinares a réagi aux violentes critiques du Che et « il a fait des efforts pour être le meilleur de tous. Il s'est même distingué en portant, dans des conditions chaque fois plus difficiles, le sac à dos le plus lourd et en plus de son fusil Garand, une mitrailleuse de 30 ».

Tout en préparant des embuscades plus avant, le 25 mars, le Che profite d'une relative accalmie pour faire le point. *Les jeux sont faits*, *nous allons voir celui qui résiste le mieux*, dira-t-il, « avec une tranquillité et une lucidité naturellement sardoniques » (Debray). Après avoir rassemblé la plupart des combattants en pleine forêt, le Che, les mains derrière le dos comme d'habitude, fait un rapport d'expédition et rappelle les morts accidentelles. *J'ai fait une analyse de l'expédition et de sa signification, j'ai exposé les erreurs de Pinares, je l'ai destitué et j'ai nommé Manuel Fernández chef de l'avant-garde.*

Puis il réprimande son groupe pour son manque de discipline et de volonté de combattre, il s'en prend aux quatre Boliviens (Julio, José Castillo, Eusebio et Hugo Choque, tous des hommes du groupe de Moisés Guevara) qu'il appelle « *la Resaca* » (le rebut), il leur ordonne de rendre leurs armes et il leur fait savoir *qu'ils ne mangeront pas s'ils ne travaillent pas, qu'on leur suspendra le tabac et qu'on redistribuera leurs affaires personnelles à d'autres camarades plus nécessiteux*.

Debray raconte : « Une voix de baryton sarcastique les épingle les uns et les autres. Pourquoi Tania était-elle montée avec les visiteurs ? Indiscipline encore. Les ordres étaient qu'elle reste en bas, pour les contacts...

— *Et toi René* (c'était le radio), *tu as voulu venir ici comme technicien et tu ne peux même pas faire fonctionner notre émetteur...*

Tania, la seule femme du groupe, détourne la tête, les larmes aux yeux. René ne répond pas. Il n'y a plus d'essence pour faire tourner le moteur de la radio...

Implacable, il l'était d'abord avec lui-même. Plus encore qu'envers ses hommes ; et plus envers eux qu'envers l'ennemi. S'il s'aimait plus et se maltraitait moins... Ses deux seuls privilèges personnels : pas de tour de garde la nuit, aux postes des sentinelles ; et, en dehors du camp, une thermos de café dans son sac. »

Le Che parle aussi des ambiguïtés de la direction du PC bolivien, qui d'un côté prépare une réunion à La Havane avec Fidel pour soi-disant donner son appui à la guérilla et de l'autre exclut pour indiscipline les militants de la Jeunesse (communiste) qui rejoignent la guérilla. *Ce qui est important ce sont les faits, les paroles qui ne concordent pas avec les faits n'ont aucun intérêt... J'ai annoncé la reprise de l'étude* (leçons de quechua, de français, et cours de culture générale et politique). Lors des entretiens personnels, le Che consacre un bon moment à discuter avec Juan Pablo Chang. Il lui dit clairement qu'il est ici pour s'entraîner au combat et qu'ensuite il retournera au Pérou. Au point où en sont les choses et compte tenu du retard pris par l'Argentine pour l'organisation de la lutte armée, ce qu'il veut maintenant c'est que la guérilla s'internationalise. *Au cours de la réunion, nous avons donné à notre groupe le nom d'Armée de libération nationale de Bolivie (et nous ferons un communiqué sur l'affrontement).* Note sobre de Pacho dans son journal : « Je tombe de sommeil. »

Alors que le Che tend la corde de son arc, les premières réactions au niveau de l'état-major bolivien se font sentir. Le major Plata et le capitaine Silva sont interrogés à Camiri. De là, Silva est envoyé à La Paz où il passe quatorze jours dans un cachot et subit de nouveaux interrogatoires des services de renseignements militaires. Et deux agents de la CIA font une apparition dans la prison militaire, cherchant à savoir s'il a vu le Che dans la base. Silva ne peut identifier les photos qu'on lui montre.

La présence des agents de la CIA n'est pas un hasard. Alertés par les militaires boliviens et le ministère de l'Intérieur, ils avaient déjà participé aux interrogatoires des déserteurs, Rocabado et Barrera, à Camiri, et en particulier d'un certain Dr González, que les Cubains identifieront des années plus tard comme le Cubain exilé Gustavo Villoldo Sampera. D'autres agents de la CIA, Edward Fogler et Tilton, le chef du Département, interviendront par la suite dans l'enquête menée sur le prisonnier Salustio.

Le rôle des États-Unis ne se résumera pas à la seule présence de la CIA. Alerté quelques heures avant le premier affrontement et à la demande du gouvernement bolivien par l'intermédiaire de son ambassadeur, Henderson, le gouvernement américain propose d'aider l'armée bolivienne à partir de sa base de Panama en lui donnant des rations C, des armes et un entraînement.

Le 26 mars, la guérilla joue à cache-cache avec l'armée ; deux reconnaissances permettent d'observer les mouvements de la troupe sans passer à l'affrontement. Le lendemain, le 27 mars, *la nouvelle a explosé, elle a monopolisé les ondes et provoqué une multitude de communiqués et même une conférence de presse de Barrientos.* Les informations militaires annoncent un grand nombre de morts chez les guérilleros, mais la nouvelle vraiment grave est que Tania a été identifiée, *ce qui représente deux ans de bon et patient travail perdu.* Les déclarations des déserteurs s'ajoutant à la découverte de la Jeep à Camiri ont permis à la police de découvrir, en consultant un annuaire, que Laura Gutiérrez Bauer (la propriétaire de la Jeep) détenait des photos sur lesquelles on la voyait avec le président Barrientos et le général Ovando. Il faudra deux jours pour faire le rapprochement entre Laura et cette Tania dont parlent les déserteurs. Le fait que Tania soit démasquée va créer un vide important à La Paz ; Rodolfo Saldaña confessera plus tard : « J'ai ressenti un grand désespoir quand j'ai vu que Tania ne revenait pas de la base... sa présence était très importante pour le mouvement urbain. »

À la suite de l'embuscade, l'armée arrête Argañaraz et son aide, le *vallegrandino*, et les accuse de collaborer avec les guérilleros ; elle pille la maison d'Argañaraz et emporte même les portes. Quant au *vallegrandino*, Rosales, il est battu à mort et on dira qu'il s'est suicidé. Celui qui a dénoncé la guérilla à la police en pensant que c'étaient des trafiquants de drogue, restera neuf mois en prison. D'après les informations données à la radio, 2 000 hommes auraient été placés dans la zone de guérilla sur une première ligne d'encerclement très large ; la radio continue à désinformer, elle parle de dix à quinze morts du côté des guérilleros. Ce dont on ne parle pas publiquement, c'est de l'arrivée à Santa Cruz du major Ralph W. Shelton de l'armée américaine, un expert des guerres de la guérilla qui a déjà eu l'expérience du combat au Viêt-Nam.

Les derniers jours de mars, tandis que ses hommes se remettent de la terrible épreuve de la première expédition, le Che cherche à se procurer des vivres et explore quelques routes pour sortir de la zone. Une patrouille de la guérilla rencontre un groupe de la Croix-Rouge qui cherche les cadavres de la première embuscade, puis un camion de l'armée, et plutôt que de lui tirer dessus, elle lui demande de se retirer. Le Che restera encore trois jours sans bouger. Debray raconte : « Ulcéré, il passera les jours suivants sans échanger un mot avec personne. À l'écart, assis dans son hamac, tirant sur sa pipe, sous sa bâche en plastique, il lit, griffonne, rumine. Sirote un maté, nettoie son fusil. Écoute Radio La Havane sur son transistor, le soir. Des ordres laconiques via une estafette. Absent. Claquemuré. Atmosphère tendue dans le reste du camp. Prises de bec, susceptibilités nationales, discussions sur la tactique à suivre, le tout avivé par l'épuisement, la faim, le manque de sommeil et la permanente hostilité de la forêt. Un autre se serait mêlé à la troupe, en faisant parler chacun ou en plaisantant au milieu de tous. Le Che semblait mettre la discipline à nu, sans fioritures ni relations personnelles. Y a-t-il un charisme de la distance ? *Pas du tout*, me répond-il peu après, avec humour, un soir que seul à seul avec lui, en veine de confidences, je l'interrogeais sur ses rapports si déférents envers Fidel, si cassants envers tous les autres. *On fait ce que l'on peut avec ses handicaps : je suis argentin. Égaré chez les Tropicaux. Ça m'est difficile de m'ouvrir et je n'ai pas les mêmes dons que Fidel pour communiquer. Il me reste le silence. Tout chef doit être un mythe pour ses hommes. Quand Fidel veut aller jouer au base-ball, il persuade aussitôt ceux qui l'entourent à ce moment-là que ce sont eux qui ont envie de pitcher, et ils le suivent sur le terrain. Moi, à Cuba, quand les autres me parlaient de prendre la batte, je leur disais " à plus tard " et j'allais lire dans mon coin. Si les gens ne m'aiment pas de prime abord, au moins me respectent-ils, parce que je suis différent.* »

Pendant ce temps, le président Barrientos réunit l'état-major de l'armée et expose sa décision de faire appel à l'aide américaine, ce qui provoque des tensions avec certains officiers nationalistes. Le Président s'entretient également avec l'ex-criminel de guerre allemand, Klaus Barbie, qui se trouve clandestinement en Bolivie, et lui demande conseil. Son second, le général Alfredo Ovando, le chef des Forces armées, qui rentre d'un voyage en Europe, se charge de rencontrer les militaires argentins et brésiliens pour leur demander leur appui, des armes et des munitions. La situation de l'armée à Camiri n'est pas brillante. Le major Rubén Sánchez, qui doit conduire une patrouille à l'intérieur de la zone encerclée, se trouve devant « des hommes démoralisés et qui ont peur, et ceci aussi bien au niveau du commandement que des soldats sur le terrain ». Néanmoins, le 30 mars, l'armée occupe définitivement la Casa de Calamina. Pour l'heure, la guérilla est un fantasme qui fait peur.

Le Che centre son analyse du mois de mars sur trois points : fin de l'entraînement, pauvreté du recrutement bolivien et en particulier des hommes de Moisés Guevara, *qui se sont avérés d'un niveau général médiocre (deux déserteurs, un prisonnier « bavard », trois dégonflés, deux paresseux)*, et troisième point : la nécessité de reprendre *la route plus tôt que prévu et de partir en laissant un groupe qui a trahi et avec un lest de quatre délateurs potentiels. La situation n'est pas bonne, mais une autre étape de mise à l'épreuve commence pour la guérilla, et elle lui sera très bénéfique une fois surmontée.*

Tandis que le Che prépare de nouvelles grottes et maintient en activité toute sa troupe qui patrouille et monte des embuscades (Pacho : « Cela fait des jours que nous ne dormons pas du tout »), le 1er avril, les premiers avions américains arrivent à Santa Cruz avec des munitions pour l'armée bolivienne et probablement un chargement de bombes au napalm.

Le lundi 3 avril, en pleine nuit, la guérilla se met en marche, *Nous avons marché lentement jusqu'à la bifurcation que nous avons dépassée à 6 heures 30 et nous sommes arrivés aux abords de la ferme à 8 heures 30. Quand nous sommes passés à l'endroit de l'embuscade, il ne restait plus que les squelettes des sept cadavres, parfaitement nettoyés par les charognards qui avaient fait consciencieusement leur travail. J'ai envoyé deux hommes (Leonardo Tamayo et Ñato) prendre contact avec San Luis et dans l'après-midi nous avons rejoint les gorges de Piraboy où nous avons dormi, repus de vache et de maïs. J'ai parlé avec Debray et Bustos et je leur ai exposé les trois options possibles : continuer avec nous, partir seuls ou rejoindre le village de Gutiérrez et de là tenter leur chance au mieux ; ils ont choisi la troisième solution. Demain nous tenterons notre chance.*

Le 4 avril, les guérilleros continuent à jouer à cache-cache avec l'armée, ils passent dans une zone où 150 soldats ont été embusqués. *Nous avons trouvé des objets appartenant à des militaires, tels que des gamelles, des gourdes et même des balles et du matériel, nous avons tout confisqué.*

Le même jour, une importante patrouille militaire, commandée par le major Rubén Sánchez, suivant les indications données par le prisonnier Salustio, se dirige vers les bases. Sánchez raconte : « J'ai été si rapide qu'à midi nous étions à 200 mètres du campement indiqué par Salustio Choque, quand l'aviation est apparue et a commencé à nous bombarder, nous prenant pour des guérilleros. Le bombardement passé, j'ai pénétré dans le camp. À l'entrée, on ne voyait que des postes stratégiques, collectifs ou individuels, probablement destinés aux sentinelles. À l'intérieur de la gorge, dans le premier campement, j'ai trouvé une espèce de cuisine avec des cendres encore chaudes. Dans chaque campement (il y en avait trois ou quatre), il y avait des positions disposées en cercle, et non seulement une rangée mais plusieurs au fur et à mesure que l'on avançait. Je ne pensais pas que les guérilleros allaient faire une guerre de positions, me suis-je dit. Et j'ai aussi trouvé des documents, des listes de noms des guérilleros et des tours de garde, une série de papiers destinés à l'information et surtout des photos où l'on voyait le Che. » On reparlera beaucoup d'une de ces photos.

Quatre jours plus tard, l'armée autorisera la presse à entrer dans le camp. Les journalistes rôdent au milieu des vestiges de guerre. Hector Pracht, un journaliste chilien du *Mercurio*, répertorie minutieusement : des munitions dominicaines, des journaux argentins, des boîtes de lait américaines... Il voit aussi des cultures potagères et une poule avec ses poussins. *Un journaliste chilien a fait une description détaillée de notre campement et a trouvé une photo de moi, sans barbe et avec une pipe. Il faudrait chercher à savoir comment il l'a obtenue*. Le Che ne le saura jamais, mais il y a trois versions différentes et apparemment contradictoires sur la découverte de cette photo, (celle du major Sánchez et celles des journalistes). D'un côté le journaliste anglais, Murray Sayles, dira : « Parmi les vestiges soigneusement récoltés dans le campement, j'ai trouvé une photo du Dr Guevara prise dans la forêt et une copie du discours de Vô Nguyên Giap. La photo de Guevara était celle d'un homme plus jeune que celui que j'avais vu à Cuba en 1964, et je pense qu'elle a été prise dans la Sierra Maestra quelques années auparavant. » Mais le journaliste mexicain, Luis Suárez, dira qu'une deuxième photo du Che, assis dans une clairière semblable à celle du camp, sans pipe et avec une barbe, a été trouvée par le Bolivien Ugalde, le photographe de la présidence. Pour savoir si cette photo était récente, des spécialistes de l'entreprise des Gisements pétrolifères ont filmé le campement en cherchant l'angle de prise de vue qui pouvait correspondre à celui de la photo, mais une forêt ressemble trop à une autre, même à des milliers de kilomètres, pour pouvoir prouver quoi que ce soit. Il n'y avait donc pas de preuve concluante que le Che soit passé dans ce campement.

Le jour suivant, le Che poursuit son chemin en plaçant des embuscades de manière à protéger son flanc. *Je pensais sortir à l'aube et descendre la rivière, mais nous avons vu des soldats se baigner à environ 300 mètres. Alors nous avons décidé de traverser le fleuve sans laisser de traces et de suivre l'autre sentier jusqu'à notre torrent*. Le lendemain, la guérilla rompt le premier cercle et capture un groupe de paysans qui rassemblent des vaches égarées. *Nous avons passé la nuit à manger*.

Debray dit : « Ainsi, pendant les cinq minutes de repos qui coupaient chaque heure de marche, il pouvait avaler une ou deux gorgées d'un élixir plus ou moins boueux. Pour le reste, tous étaient logés à la même enseigne. Il suspendait et roulait son hamac sans aide, exigeait strictement, à chaque repas, la même demi-sardine ou les trois languettes de viande séchée imparties à chacun, portait le même plomb dans son sac, et un jour qu'en traversant un fleuve sa réserve de maïs était tombée à l'eau, il passa la journée sans rien manger pour ne pas avoir à demander aux autres de prendre sur leurs réserves. De cette règle d'égalité, ou de mortification, il s'était fait un credo et une pierre de touche pour examen idéologique.

— *Vois-tu ce pain de sucre, Debray ?* C'était après le dîner, la nuit, autour des braises de la popote. Il s'était accoudé par terre, nonchalamment. *Mettons qu'il en reste 20 grammes — de quoi faire deux bonnes tranches. De 200 calories chacune et rien d'autre. Mettons qu'il y ait dix affamés autour, la décision t'appartient, qu'est-ce que tu fais ?*

— Je tire au sort les deux qui les mangeront.

— *Pourquoi ?*

— Mieux vaut deux compagnons qui aient une chance de survivre en mangeant un peu, que dix qui n'en aient aucune en mangeant dix fois rien.

— *Eh bien, tu as tort, Debray. Chacun doit avoir ses miettes et à Dieu va ! La révolution a ses principes. Et ça fera toujours deux bureaucrates de moins.*

— Dix révolutionnaires au tapis ex aequo et, à coup sûr, vous croyez que c'est beaucoup mieux ?

— *Tant que la morale est sauve, la révolution l'est aussi. À quoi bon, sinon ?* »

Pendant les trois jours qui suivront, l'avant-garde et le centre de la colonne avancent vers Pirrenda, avec Vilo Acuña à la tête de l'arrière-garde qui prend du retard. Pacho écrit dans son journal : « La radio informe que le Che est en Bolivie. » Il s'agit d'une rumeur dont l'origine n'est pas claire, mais sans doute suffisante pour justifier une réunion au Pentagone le 9 avril, à laquelle participent plusieurs généraux, le directeur de la CIA, Helm, et le conseiller du Président pour les problèmes de sécurité et pour l'Amérique latine, Walter Rostow. Et, bien qu'ils pensent qu'il s'agit d'une fausse piste et que le Che ne se trouve pas en Bolivie, les Américains décident de coopérer plus étroitement avec les forces armées boliviennes.

Le 10 avril, le Che voit arriver le médecin péruvien qui le prévient que *quinze soldats descendaient la rivière. Inti était allé prévenir San Luis qui se trouvait en embuscade. Il n'y avait rien d'autre à faire que d'attendre et c'est ce qu'on a fait. J'ai envoyé Coello pour qu'il se tienne prêt à me donner des nouvelles*.

L'arrière-garde appuyée par Inti et San Luis est placée des deux côtés de la rivière, quand une patrouille de quinze soldats s'avance sur les rives du fleuve à la recherche des traces de la guérilla. Le feu dure quelques secondes, un soldat est tué, trois sont blessés, six sont faits prisonniers et peu après un officier de l'armée est capturé. La guérilla subit une perte importante, au cours de ce bref échange de tirs : Jesús Suárez Gayol, Rubio, le compagnon du Che de ces dernières années, est tué d'une balle dans la tête. *Son Garand était enrayé et à côté de lui une grenade dégoupillée n'a pas explosé*.

Les troupes qu'ils viennent d'affronter font partie d'une patrouille qui explore les abords immédiats de la rivière Ñancahuazú. Le major Rubén Sánchez qui dirige la compagnie raconte : « À 3 heures de l'après-midi, deux soldats désespérés qui s'enfuyaient de la zone d'Iripiti sont apparus. Certains officiers étaient dans un état de psychose tel qu'ils ne pouvaient expliquer ce qui s'était passé. J'ai calmé un des soldats qui a réussi à me dire qu'à 11 heures du matin, ils avaient essuyé un affrontement avec des guérilleros qui les avaient pris en embuscade. Il n'a pu me donner de détails, comme la distance et les effectifs chez les guérilleros car, désorientés, ils avaient fui comme ils avaient pu et avaient péniblement regagné la base. Le lieutenant Saavedra était mort. J'ai reçu l'ordre du colonel Rocha, qui commandait la IVe Division, de partir. Il était 4 heures de l'après-midi et il allait bientôt faire nuit, je suis parti le plus rapidement possible avec trente-cinq soldats, plus les dix-huit rescapés de l'embuscade de la matinée, impatient de récupérer le cadavre de l'officier. »

Le Che devinant la réaction de l'armée, au lieu de continuer la marche, donne l'ordre d'avancer l'embuscade (toujours dirigée par San Luis) de 500 mètres, comptant maintenant sur l'aide de l'avant-garde. *J'avais tout d'abord ordonné le repli, mais il m'a paru logique de faire les choses ainsi. Vers 17 heures nous apprenons que l'armée avance avec des effectifs nombreux. Il ne reste plus qu'à attendre. J'envoie Harry Villegas pour qu'il me donne une idée claire de la situation.*

D'après le major Sánchez : « Au lieu de s'éloigner de l'endroit où ils avaient fait la première embuscade, ils ont avancé de deux ou trois kilomètres et en ont tendu une autre. Un Cessna volait au-dessus de nous pour participer à l'attaque. Comme convenu, je lui ai donné le signal en tirant un fumigène. Ce fut le début du combat. J'étais en troisième position, bien que le commandant doive être placé au centre ou à l'arrière-garde. Mais je l'ai fait pour encourager la troupe qui était très démoralisée. »

Les soldats *se sont déployés le long de la rivière sans grandes précautions et la surprise fut totale*. Pacho ouvre le feu. D'après Sánchez : « Tous ceux qui étaient autour de moi ont été tués ou blessés. Le lieutenant Ayala qui portait un mortier de 60 fut blessé d'une balle dans la poitrine. J'étais le seul survivant au milieu des morts. Alors je me suis replié sur la gauche pour chercher une protection. Là, j'ai retrouvé deux soldats qui se repliaient aussi ; en face ils nous exhortaient à nous rendre. Nous nous sommes mis en position et nous avons commencé à tirer en direction des cris. À ce moment-là, un autre groupe est arrivé par-derrière en nous demandant également de nous rendre. J'ai ordonné à un soldat de tirer vers l'arrière tandis que l'autre et moi-même nous continuions à tirer devant nous. Puis les coups de feu cessèrent. Ce fut le silence absolu. J'ai senti le genou d'un homme sur moi, il m'a pris par le menton et me l'a tordu. J'ai appris par la suite que c'était Maimura. Les soldats ont réussi à crier : « Ne le tuez pas, c'est le major. » Nous nous sommes rendus. Un homme a voulu me prendre mon revolver, mais je l'ai déchargé et je l'ai gardé. Et j'ai dit : « Ce revolver, personne ne me l'enlèvera. » San Luis m'a demandé :

« — Combien d'hommes as-tu ? Par où êtes-vous venus ?

Je lui ai dit :

— Tu perds ton temps, je ne donnerai aucune information.

Un autre guérillero qui semblait être bolivien a dit :

— Ces militaires sont des voleurs.

— C'est toi le voleur, pas moi.

Sur ce, San Luis m'a poussé et m'a emmené jusqu'à la rivière où l'eau était basse ; là je me suis retrouvé devant un guérillero qui portait son fusil à l'épaule et qui fumait une cigarette sur la plage, c'était Inti ; il y avait des hommes qui continuaient à tirer aux alentours et d'autres à se replier. San Luis s'est approché de moi et m'a dit :

— Major, donnez l'ordre à votre troupe de se rendre.

— Je ne peux pas lui donner l'ordre de se rendre, je peux lui donner l'ordre de se replier.

Il a répété :

— Donnez-leur l'ordre de se rendre sinon nous vous tuons.

Je lui ai répondu :

— Faites-le si vous voulez, mais moi, je ne donne pas un ordre de reddition.

San Luis s'est éloigné et je suis resté avec Inti. Il m'a offert une cigarette et m'a dit : " Major, s'il vous plaît, ne vous éloignez pas de moi. " Mais je ne pouvais pas lui obéir, car il y avait des morts et des blessés dont un flottait encore dans l'eau, alors j'ai été les secourir. Inti m'a vu faire et ne m'a rien dit. Quand j'ai eu fini de les secourir, je suis naturellement revenu à ses côtés et je lui ai dit :

— Vous êtes des voleurs et des assassins. Pourquoi tuez-vous mes soldats ?

Inti m'a donné une alliance, celle du lieutenant mort le matin même, et m'a dit :

— Prenez et donnez-la à sa veuve. Les montres nous en avons besoin, c'est pourquoi nous ne vous les rendons pas, mais nous ne sommes ni des voleurs ni des assassins. Vous dites cela car vous ne comprenez pas le sens de notre lutte. »

Sánchez ajoute : « Ils parlaient tous d'un chef et moi je me disais en riant : Bon, si ceux-là sont l'élite, puisque d'après ce qu'ils disent San Luis a été le plus actif au combat et Inti a dirigé l'embuscade, leur chef ne peut être que le Che. »

Villegas fera parvenir au Che le premier rapport : « *Cette fois, il y a sept morts, cinq blessés et un total de vingt-deux prisonniers.* » Pour la deuxième fois dans la journée, la guérilla a défait l'armée. La troupe fantôme du Che a de nouveau frappé. Quelques mois plus tard le journaliste Luis Suárez recueillera les impressions d'un des soldats mis en déroute : « Les guérilleros sont maigres et très pâles, on dirait qu'ils sont en cire. »

Le Che s'approche, sans se montrer, pour voir les prisonniers et demande à Inti de sonder le major Sánchez pour savoir s'il est susceptible de passer à la guérilla. Le major refuse, mais par contre il accepte d'apporter un communiqué de l'ELN à la presse et il tiendra parole. Des deux copies qu'on lui a données en le libérant, il en donnera une aux renseignements militaires sans mentionner la seconde, qu'il fera parvenir à un de ses frères journaliste qui la transmettra au journal *Prensa Libre* de Cochabamba.

Non seulement Sánchez tiendra parole, mais il restera profondément marqué par la guérilla et ses raisons sociales. Et des années plus tard, il sera un élément clé dans un coup d'état militaire de gauche.

Le 12 avril, le Che organise une brève cérémonie pour l'enterrement de son ami Rubio, Suárez Gayol, le premier Cubain mort au combat. *J'ai réuni tous les combattants, sauf les quatre du « rebut », pour évoquer le souvenir de Rubio et rappeler que le premier sang versé est cubain. J'ai attiré l'attention sur la tendance... qui s'est cristallisée hier dans la déclaration de Camba, quand il a dit qu'il avait de moins en moins confiance dans les Cubains... J'ai fait un nouvel appel à l'intégration comme seule possibilité de développer notre armée qui augmente sa puissance de feu et dont l'ardeur au combat croît, mais qui n'augmente pas en nombre, elle a au contraire diminué ces derniers jours.* Le Che verra aussi Tania protester parce qu'on l'a laissée au campement pendant les combats et exiger d'être en première ligne.

Après avoir rangé tout le butin dans une grotte bien installée par Ñato, à 14 heures, nous sommes partis d'un pas lent. Tellement lent que nous n'avancions pour ainsi dire pas, et nous avons dû dormir près d'un point d'eau, sans avoir fait beaucoup de chemin. Pacho écrit dans son journal : « La viande est pleine de vers. Mais même pourrie et avec mon mal à l'estomac, je m'en gave. »

Ils retournent à la base principale dans un mouvement circulaire. (Pacho dira : « Nous nous sommes payé la tête des soldats, nous voilà revenus au point de départ. ») Là, ils constatent que l'armée n'a pas découvert la grotte la plus importante. La guérilla progresse lentement. Le Che note dans son journal : *Les Américains annoncent que l'envoi de conseillers en Bolivie correspond à un vieux projet qui n'a rien à voir avec les guérillas. Qui sait ? Peut-être assistons-nous au premier épisode d'un nouveau Viêt-Nam.*

Le plan initial du Che est de mobiliser l'ensemble de la guérilla et *d'opérer un peu dans la zone de Muyupampa avant de retourner dans le Nord. Et, si les circonstances le permettent, Debray et Bustos resteront sur la route Sucre-Cochabamba.* Les communications radio étant coupées et les liaisons avec la ville interrompues, le Che écrit à Fidel un message codé à l'encre sympathique, qu'il pense lui faire parvenir par l'intermédiaire de Debray : *La ferme a été découverte, l'armée nous a poursuivis ; nous lui avons flanqué une première raclée, mais nous sommes isolés... Tania est retenue ici, elle est venue en violant les consignes et elle a été surprise par les événements... Nous avons assez de Glucontime, ne pas en envoyer davantage. Pas de nouvelles du trio (Monje, Kolle, Reyes), d'ailleurs je n'ai pas confiance en eux, ils ont exclu les camarades de la Jeunesse* (communiste) *qui sont avec nous. Je reçois tout par radio, mais c'est inutile si ce n'est pas simultanément communiqué à La Paz ; pour l'instant, nous sommes isolés.* Et il ajoute qu'il veut que Debray sorte pour organiser un réseau européen de solidarité, de même que Bustos *pour organiser des passages vers le sud et recruter des Argentins ; il est aussi coincé ici.*

Le 16 avril, après avoir été rejointe par l'arrière-garde dirigée par Vilo Acuña, la guérilla reprend la route. *L'avant-garde est partie à 6 heures 15, et nous à 7 heures 15 ; nous avons bien marché jusqu'à la rivière Ikira, mais Tania et Machín ont pris du retard. Quand on leur a pris la température, Tania avait plus de 39 et Machín 38. Ce retard nous a empêchés d'avancer autant que prévu. Nous les avons laissés tous les deux avec le Dr Cabrera et Serapio, à un kilomètre en amont de l'Ikira, et nous avons continué en passant par le hameau de Bella Vista, ou plus exactement en passant chez quatre paysans qui nous ont vendu des pommes de terre, un cochon et du maïs. Ce sont des paysans pauvres et ils sont effrayés par notre présence ici.*

La réaction des paysans est due à la récente présence des soldats boliviens qui les ont terrorisés avec une contre-propagande exotique : « Les guérilleros sont des Paraguayens qui violent les femmes, pendent les hommes aux arbres ou les font prisonniers et les emmènent avec eux pour leur faire porter leurs sacs, ils volent les animaux, pillent les cultures et mettent le feu aux maisons. Ils viennent répandre le communisme paraguayen dans notre pays. » Les paysans déconcertés se demandent ce qu'est « ce communisme paraguayen » et, dans le doute, ils fuient la guérilla comme le diable.

Malgré le scepticisme du Che, les paysans éprouvent plutôt de la sympathie pour la guérilla, mais cela le Che ne le saura jamais. Même si les visages hiératiques des paysans boliviens restent imperturbables, ils commencent à s'intéresser à la guérilla et à se poser des questions ; et cela, malgré les représailles de l'armée qui détruit les récoltes, capture, torture, frappe ou offre des récompenses.

Le 17 avril, une page entière de *Granma* est intitulée comme suit : « Message du commandant Che Guevara aux peuples du monde à travers la Tricontinentale. » Le texte occupe deux pages pleines du journal et il est illustré de photos du Che se rasant la barbe ainsi que de photos de l'époque de son départ pour l'Afrique et de son entraînement à Pinar del Río. Pour ceux qui ne connaissent pas l'histoire intérieure cubaine de ces dernières années, ces photos peuvent paraître actuelles. Il y a une phrase de Martí en exergue : « C'est l'heure des brasiers, le jour naîtra. » Le Che fait une analyse de la guerre sociale qui se produira inévitablement dans le tiers monde et appelle la gauche à dépasser ses divergences : *Vouloir résoudre les différends par la parole est une illusion, l'histoire les effacera et donnera leur véritable explication.* Il souligne l'objectif avec lequel on ne peut transiger, la guerre contre l'empire dans sa périphérie : *Toute notre action est un cri de guerre contre l'impérialisme...*

Ce document, qui sera la base de la proposition cubaine et de toute la gauche radicale à la fin des années soixante, insiste sur la nécessité de : *Créer un, deux, trois, de nombreux Viêt-Nam.*

À des milliers de kilomètres de là, le Che entendra son appel à la radio. Il ne fera aucun commentaire. Tutino, un journaliste italien à La Havane, se rendra compte, en étudiant le texte, qu'il a été écrit en 1966 (à cause des références à l'anniversaire de la fin de la Seconde Guerre mondiale), mais il n'ira pas plus loin dans son analyse. Quels éléments postérieurs à la fin de l'année 1966 se trouvent dans le texte et donc ont été rajoutés par la suite ?

Une phrase, vraisemblablement rajoutée *a posteriori* par les éditeurs, donnera la clé du lieu où se trouve le commandant Guevara : *De nouveaux germes de guerre naîtront dans d'autres pays* (il se réfère au Guatemala et au Venezuela) *comme c'est déjà le cas en Bolivie*... Mais, à l'époque, personne ne fait cette lecture.

Pendant ce temps, dans la forêt, le Che cherche un chemin vers Muyupampa pour Debray et Bustos, et il se voit contraint de laisser un groupe de l'arrière-garde avec les malades, plus Moisés Guevara qui a une colique biliaire et « le rebut », sous la direction de Vilo Acuña à qui il donne l'ordre *de faire une manœuvre de diversion dans la zone pour empêcher un mouvement excessif et de nous attendre pendant trois jours... sans combattre de front, jusqu'à notre retour :* La séparation de la guérilla en deux groupes vient de s'opérer, le Che ne sera pas conscient de l'importance que cela aura dans l'avenir.

Le 18 avril, au cours de sa marche, la guérilla entre en contact avec quelques paysans. On garde le témoignage de ce dialogue :

— *Bonsoir !*

— Bonsoir, monsieur.

— *On ne dit pas monsieur, les messieurs sont ceux qui humilient et outragent les pauvres.*

— C'est que par ici, aux inconnus, on leur dit monsieur.

Inti converse avec les paysans : « Nous ne sommes pas paraguayens, ici il y a la faim, ici il y a la misère, la faim bolivienne. » Le journal de Pacho parle du groupe : « Nous avons passé plusieurs jours sans dormir, la nuit nous marchons, le jour nous sommes de garde ou nous faisons la cuisine. »

Le lendemain, les guérilleros font prisonnier un étrange personnage : *Un journaliste anglais nommé Roth qui venait sur nos traces, conduit par des gosses de Lagunillas. Ses papiers étaient en règle, mais il y avait des choses suspectes : son passeport portait la mention étudiant, barrée et remplacée par journaliste (en réalité il se dit photographe) ; il a un visa porto-ricain... Il a raconté qu'il avait visité le campement et qu'on lui avait montré le journal d'Israel Reyes où il racontait ses voyages et ses expériences. Toujours la même histoire. Indiscipline et irresponsabilité.*

Jusqu'à ce jour, Roth reste un personnage mystérieux. Les Cubains disent qu'avant de rencontrer la guérilla il avait rencontré des agents de la CIA à La Paz (entre le 8 et le 16 avril) et qu'il avait accepté d'essayer d'entrer dans la zone de combat pour vérifier si le Che s'y trouvait et pour mettre dans les affaires des guérilleros des substances chimiques qui permettraient plus tard aux chiens de les détecter. L'histoire, sans confirmer ces soupçons, ne l'innocentera pas non plus. Le Che pense que Roth peut servir à renforcer la couverture de journaliste de Debray et de Bustos et décide de le faire partir avec eux. Inti donne à Roth un texte de l'ELN destiné à l'opinion publique.

Le Che se tient à l'écart de Roth pour ne pas être identifié et donne ses dernières directives à Bustos qui, en dehors de son travail de coordination des groupes argentins, devra « faire la liaison avec La Paz et transmettre une série d'ordres à l'appareil concernant les taches urgentes : changements de maisons, dépôts d'argent, équipements et, surtout : rétablissement des contacts avec la guérilla, incorporation urgente de nouveaux éléments, méthodes et lieux pour le faire, etc. Enfin, informer La Havane que le groupe est isolé car le matériel de transmission est défaillant et lui donner des détails sur la situation logistique et politique véritablement très critique » (*dixit* Bustos lui-même).

À midi moins le quart, les trois hommes quittent le groupe des guérilleros, tandis que le Che prépare l'assaut du village de Muyupampa, assaut auquel il renoncera finalement, après avoir appris lors d'une reconnaissance que l'armée était en état d'alerte. La guérilla n'aura désormais plus aucun contact avec l'extérieur.

Peu après, les trois hommes sont repérés par une patrouille de la police qui les localise à cause de Roth qui s'est montré. Elle ne les arrête pas, mais l'alarme est donnée. Et quelques heures plus tard ils seront arrêtés par l'armée et emmenés en Jeep au village.

Les guérilleros s'éloignent de la zone, mais le jour suivant des paysans les informent de l'arrestation de Debray et de Bustos. Le Che note brièvement : *Mauvaise perspective pour Ciro, Debray devrait s'en sortir :* Le Che écrira plus tard : *Ils ont été victimes de leur précipitation presque désespérée de partir et de mon manque de fermeté pour les en empêcher, si bien que les communications avec Cuba sont coupées et que le plan d'action en Argentine est perdu.*

Le noyau de la guérilla, isolé de la colonne d'arrière-garde, poursuivra sa marche vers Taperillas pendant encore deux jours.

CHAPITRE 52

L'intervention, les amis morts

Avec Olo Pantoja pendant les derniers jours de la campagne de Las Villas.

Le 1er avril, un C130, en provenance de la base américaine de Panama, atterrit à Santa Cruz. Ce sera le premier d'un pont aérien qui comptera des avions plus petits à destination de Camiri. À la mi-avril, l'arrivée des premiers avions chargés de vivres et de napalm suscite une vive réaction du journal *Presencia* dont l'agence cubaine Prensa Latina se fera l'écho. On parle de l'arrivée en Bolivie de centaines de conseillers américains. France Presse, plus modérée, parle d'environ vingt-sept hommes, équipages compris, de quatre techniciens chargés d'armer un hélicoptère, de cinq rangers et de plusieurs hommes non identifiés. La réalité est plus proche de vingt-sept que de cent. Les Américains, convaincus que le Che n'a rien à voir dans cette guerre, ont opté pour une collaboration modérée avec l'armée bolivienne.

Le 18 avril, le général américain William Tope arrive en Bolivie pour évaluer les forces armées locales et pour élaborer un plan d'aide militaire. Il rencontre, au cours d'un petit déjeuner, le président Barrientos, trois de ses ministres et l'ambassadeur américain Douglas Henderson (qui, dans d'autres circonstances, avait déjà demandé une intervention pour protéger les compagnies américaines affectées par des mouvements de grève). Tope dit dans un message à Washington : « La réunion fut cordiale, très franche et directe. » Cependant les Américains ne sont pas contents. La seule information nouvelle qu'ils reçoivent est la version de Barrientos sur la découverte accidentelle de la guérilla, et ils ont l'impression que « Barrientos et ses ministres craignent que les défaites de l'armée aient un fort impact psychologique sur le reste du pays et particulièrement sur d'autres groupes dissidents ».

Pour Tope, « Le problème ne réside pas dans l'inadéquation des troupes sur le terrain, mais dans l'attitude de ceux qui sont au sommet, y compris Barrientos qui déplace les troupes en dépit du bon sens, sans savoir comment faire sortir le lapin du chapeau. » Au cours de la réunion, Barrientos ne fait que demander des équipements militaires. Tope dira plus tard : « Les éternelles rengaines boliviennes : demander des avions et changer leurs vieux Mauser pour des armes automatiques. » Il répond à Barrientos que les avions qu'il demande ne servent pas pour ce genre de combat et qu'un Mauser fait aussi bien l'affaire qu'une arme automatique, ce qu'il faut c'est que les soldats apprennent à se servir de leurs armes et à les entretenir.

La mission américaine conclura : « Finalement ces gens ont un terrible problème, et nous allons avoir de grandes difficultés à nous mettre d'accord sur la manière de l'aborder et plus encore sur la solution à apporter. Notre approche doit être pragmatique, nous devons construire à partir de ce qu'ils ont déjà et l'améliorer. »

Mais c'est pour l'instant un problème mineur pour les États-Unis dans la mesure où ils pensent que les Boliviens poursuivent un fantasme, que le Che ne se trouve pas en Bolivie. Les premières rumeurs ont été reçues avec intérêt par les analystes politiques, mais la direction de la CIA est très sceptique et pense qu'il s'agit d'une manœuvre cubaine pour brouiller les pistes. Bien que la découverte du camp de Ñancahuazú et la photo qu'on y a trouvée semblent confirmer la présence ou du moins le passage du Che dans la zone, l'opinion d'Helms et de la direction de la CIA est que le Che n'est pas en Bolivie.

Le 23 avril, dans le cadre de la stratégie du Pentagone, un groupe de conseillers militaires (l'Équipe mobile d'entraînement — MTT — en provenance de la base de Fort Gullick, débarque en Bolivie. Il est dirigé par le major Ralph « Pappy » Shelton qui revient — après une première visite dans la région quelques semaines plus tôt —, accompagné du capitaine Michel Leroy récemment arrivé de Saigon, de trois autres officiers et de douze hommes (dont Margarito Cruz, un Cubain, qui entraînera une brigade d'extermination). Ils s'installent sur la base de La Esperanza, une ancienne raffinerie abandonnée, à 80 kilomètres au nord de Santa Cruz. L'armée bolivienne réactive le régiment Manchego, composé de 650 hommes et d'officiers venant d'autres corps d'armée comme le lieutenant-colonel Gallardo et le major Ayoroa qui suivront l'entraînement des rangers américains.

Dans le cadre de cette aide militaire, cinq avions P-51, des hélicoptères et deux H-19 arriveront en Bolivie. Le président Barrientos dira au journaliste mexicain Luis Suárez : « Il n'y a rien de spécial, cela fait quinze ans que ces missions militaires existent. »

Pendant ce temps l'odyssée de Debray, Bustos et Roth commence. Après avoir été capturés, ils sont emmenés à la mairie du village où ils rencontrent le journaliste de *Presencia*, Hugo Delgadillo, qui parle avec eux pendant quelques minutes et les prend en photo. Tous trois insistent sur le fait qu'ils sont des journalistes spécialistes des questions internationales, mais l'armée alertée par les déclarations de Salustio démasque leur couverture.

Ce sera le début des interrogatoires et des coups. Le lendemain, Debray est transporté en hélicoptère à la base aérienne de Choreti dans les environs de Camiri, Bustos et Roth sont emmenés en Jeep.

Barrientos déclare que les trois journalistes sont morts. C'est la manière la plus simple de les condamner à mort, alors qu'ils sont encore en vie. Le Che apprend la nouvelle par la radio. Mais la photo de Delgadillo leur sauvera la vie. Le journaliste, pour éviter que les militaires ne saisissent le rouleau de pellicule, l'a donné à une femme qui l'a fait parvenir à Cochabamba. La publication de la photo des trois détenus les sauvera de la mort, mais pas des tortures. Les trois premiers jours, deux colonels interrogent Debray en insistant toujours sur la même question : le Che est-il en Bolivie ? Coups, bastonnades, coups de marteau et simulation d'exécution à coup de feu à blanc ne lui seront pas épargnés, car il a été dénoncé par Salustio comme étant un des hommes armés de la guérilla. Quant à Bustos, au début il gardera sa couverture grâce à son faux passeport établi au nom de Fructuoso, journaliste argentin. Debray est donné pour mort. Les tortures le laissent inconscient. Le major Sánchez, qui se trouve à Camiri, empêche qu'on le tue. Jusqu'alors Debray comme Bustos ont nié la présence du Che. Roth ne peut en parler puisqu'il ne sait rien.

Mais avec l'arrivée du colonel Frederico Arana, des renseignements militaires, du colonel Quintanilla, du ministère de l'Intérieur, et d'un agent de la CIA qu'on appelle le « Dr González » comme son prédécesseur (également connu sous le nom de Gabriel García), le ton des interrogatoires change.

Bustos donne des informations qui, pense-t-il, ne porteront pas préjudice à la guérilla. Il parle du campement central qui a déjà été découvert le 4 avril, de la présence d'étrangers et il dit (suivant les consignes du Che) que c'est Inti Peredo le chef.

La guérilla qui n'a jusqu'alors perdu qu'un seul homme, Rubio, au combat commence à subir des pertes répétées (deux déserteurs, un homme fait prisonnier par l'armée, deux hommes noyés, plus la perte de Debray et de Bustos) et en connaîtra une de plus. En effet, au cours d'un affrontement fortuit avec l'armée, Vázquez Viaña est coupé du groupe. Il erre dans la forêt jusqu'à ce qu'il tombe sur un renfort de l'armée dans les environs de Taperillas, il tue deux soldats mais, blessé, il sera fait prisonnier deux jours plus tard.

Pendant ce temps, le corps principal de la guérilla, qui n'a presque plus de vivres, progresse dans la montagne. Le Che écrit : *Il y a encore beaucoup à faire pour faire de nos hommes une force combattante, bien que le moral soit plutôt bon.* Au cours des jours suivants, le Che tente de reprendre contact avec l'arrière-garde de Vilo Acuña. Le 25 avril, vers 10 heures du matin, le Che est averti qu'un groupe de soldats approche ; les informations sont contradictoires, on parle de trente ou de soixante hommes. Le Che participe personnellement à l'embuscade. *Peu après, l'avant-garde est apparue, et à notre grande surprise il y avait trois bergers allemands avec leur guide. Les animaux étaient inquiets, mais il me semblait qu'ils ne nous avaient pas détectés ; néanmoins ils continuaient à avancer, j'ai tiré sur le premier chien que j'ai raté et, au moment où j'allais tirer sur le guide, mon M-2 s'est enrayé. Manuel Hernández a tué l'autre chien, à ce que j'ai vu, sans pouvoir le confirmer. Personne d'autre n'est tombé dans l'embuscade.* Le Che se trompe, il n'a pas raté son coup, l'armée donnera par la suite le nom des deux chiens tués : Rayo et Tempestad. Mais les choses n'en restent pas là, on entend de nouvelles rafales sur un des flancs de l'armée. San Luis, qui comme toujours a pris la position la plus risquée à l'entrée d'une grotte, affronte le feu des mitraillettes des soldats et est blessé. *On l'a ramené quelque temps après exsangue et il est mort alors qu'on commençait à lui administrer du plasma. Une balle lui avait sectionné le fémur et avait atteint les artères et les nerfs ; il a perdu tout son sang avant qu'on ait pu intervenir. Nous avons perdu le meilleur homme de la guérilla et naturellement un de ses piliers. Il a été mon camarade depuis le temps où, encore presque enfant, il était le messager de la colonne 4 jusqu'à l'invasion et jusqu'à maintenant dans cette nouvelle aventure révolutionnaire.* Le Che, se souvenant du poète péruvien César Vallejo, ajoutera : *De sa mort obscure on peut seulement dire pour un hypothétique futur qui pourrait se cristalliser : « Ton petit cadavre de capitaine courageux a couché sur l'immensité sa forme métallique... »*

La mort de San Luis est un coup terrible pour la guérilla. Malgré le succès de ses embuscades contre l'armée, elle a perdu deux combattants inestimables, deux cadres. De plus elle est à nouveau encerclée. *Maintenant, nous voilà avec les deux issues naturelles bloquées, nous allons devoir escalader la montagne, car l'issue vers le Rio Grande n'est pas bonne pour deux raisons : c'est une issue naturelle et elle nous éloigne de Vilo Acuña dont nous sommes sans nouvelles. Dans la soirée, nous sommes arrivés à l'embranchement des deux chemins du Ñacahuazú et du Rio Grande où nous avons dormi. Nous attendrons Coco et Camba ici pour rassembler toute notre petite troupe. Le bilan des opérations est hautement négatif : non seulement San Luis est mort, mais les pertes infligées à l'armée ne dépassent pas deux hommes et un chien, à tout casser. La position n'a été ni bien étudiée ni bien préparée et les tireurs ne voyaient pas l'ennemi.*

La nuit, par un froid terrible et des chemins presque impraticables, les guérilleros surchargés et à court de vivres tentent de sortir de la zone pour retourner chercher l'arrière-garde. L'armée aussi marche à l'aveuglette, des renseignements donnés par les paysans lui permettent de localiser l'arrière-garde qu'elle confond avec le groupe principal, puis soudain la guérilla réapparaît dans une autre zone.

Les derniers jours d'avril, le Che, qui a pris le nouveau pseudonyme de Fernando après l'arrestation de Debray et de Bustos, conduit lentement son groupe vers le Ñancahuazú tout en essayant de trouver de la nourriture. Un message de La Havane les informe de l'écho que leurs actions ont eu auprès des autres forces politiques, y compris du PCB. *Par ailleurs, l'isolement demeure total ; les maladies ont miné la santé de certains camarades et nous ont obligés à diviser les forces, ce qui nous a enlevé beaucoup d'efficacité ; nous n'avons pas encore pu entrer en contact avec Vilo Acuña ; la base paysanne ne se développe toujours pas.*

Dans son analyse du mois, le Che voit le début de l'internationalisation du combat, sa « vietnamisation » : *Il semble certain que les États-Unis préparent une intervention importante, ils envoient déjà des hélicoptères et, paraît-il, des bérets verts, bien que nous n'en ayons pas vu par ici.* Et, après avoir signalé la perte totale de contact avec les villes et La Havane, il conclut, plein d'optimisme : *En résumé, un mois où tout s'est résolu normalement, compte tenu des imprévus inévitables dans la guérilla. Le moral est bon chez tous les combattants qui ont passé leur examen préliminaire de guérilleros.*

À quel moment le commandant Guevara a-t-il accepté que le projet andin se convertisse en une guérilla limitée à la Bolivie, du moins à cette étape ?

Le 1er mai, à la tribune de la place de La Revolución à La Havane, il y a une invitée hors du commun, Aliusha, la fille du Che, âgée de sept ans, vêtue de vert olive, souriante, avec ses longs cheveux. Placée entre Fidel et Dorticós, elle les tire par le pantalon pour qu'ils regardent les acrobaties des avions Mig dans le ciel. Sans savoir que sa fille est l'invitée d'honneur, le

Che écoutera le discours de son vieux camarade de guérilla, Juan Almeida, dont un petit passage lui est consacré à mots couverts : *À La Havane, Alméida nous a jeté des fleurs, à moi et à la fameuse guérilla bolivienne. Son discours était un peu long, mais bon. Il nous reste de la nourriture acceptable pour trois jours ; aujourd'hui, Ñato a tué un petit oiseau à la fronde, nous entrons dans l'ère de l'oiseau.* Ce ne sera pas la dernière fois ; trois jours plus tard, Pacho note dans son journal : « Pour le dîner, un épervier et deux oiseaux. J'ai eu une aile d'épervier avec des pâtes. »

Ce même 1er mai est marqué par la publication dans *Prensa Libre* du premier communiqué de la guérilla, celui que le major Rubén Sánchez a emporté lorsqu'il a quitté la zone. À Cochabamba, avec tous les ouvriers qui vont au défilé, les éditions du journal sont vite épuisées, tandis que son directeur est arrêté par les militaires. Le communiqué est également retransmis à la radio. Malgré son isolement physique, la guérilla n'est pas isolée politiquement, elle a beaucoup plus d'impact sur la société bolivienne qu'on ne pourrait le croire. Le même jour, à Trinidad, dans le Béni, des familles font une manifestation pour empêcher le départ de 160 conscrits vers la zone de guérilla.

Presque complètement privée de nourriture et d'eau, la guérilla du Che cherche le chemin de retour vers les anciens campements qu'ils atteindront finalement aux alentours du 7 mai. Pacho écrit dans son journal : « Notre objectif est d'entrer en contact avec Vilo Acuña et de nous procurer des armes. » Le Che fait une note laconique sur le manque de nourriture et rappelle qu'ils sont depuis six mois dans cette zone.

Le lendemain, la guérilla récupère la nourriture cachée dans les grottes et détecte à nouveau la présence de l'armée. Une embuscade à laquelle participent

Pacho et Olo Pantoja fait feu contre des soldats désarmés qui sont venus chercher de l'eau. Un peu plus tard les guérilleros capturent deux autres soldats qui ramassent du maïs. L'action ne s'arrête pas là : *La tension était générale quand environ vingt-sept soldats sont arrivés. Ils avaient vu quelque chose d'anormal. Le groupe commandé par le sous-lieutenant Laredo s'est avancé, il a lui-même ouvert le feu et il est tombé mort sur-le-champ en même temps que deux soldats.* Il portait sur lui une lettre de sa femme, qui lui demandait de lui rapporter une chevelure de guérillero pour décorer son salon. *C'était déjà la tombée de la nuit, les nôtres ont avancé et capturé six soldats ; les autres se sont repliés.* Dans ce nouvel affrontement, la guérilla a fait trois morts, deux blessés et huit prisonniers du côté des militaires.

À 4 heures du matin, sans avoir dormi à cause de son asthme, le Che ordonne de reprendre la marche, après avoir libéré les prisonniers. *Il ne nous restait que de la graisse à manger, je me sentais défaillir et j'ai dû dormir deux heures pour pouvoir ensuite continuer à pas lents et incertains. Presque toute la marche s'est faite ainsi. Au premier point d'eau nous avons mangé de la soupe à la graisse. Les hommes sont faibles et plusieurs d'entre eux ont des œdèmes.*

Au début de la deuxième semaine de mai, le colonel Arana, le lieutenant-colonel Quintanilla et le « Dr González », accompagnés cette fois du général Saucedo, reviennent interroger Debray, Bustos et Roth au siège du régiment Manchego à Santa Cruz. La couverture de Bustos ayant été démasquée, les agents l'accusent d'avoir un faux passeport et d'avoir fait partie de la guérilla comme combattant et non comme journaliste. Ils comparent les renseignements qu'il a donnés sur la guérilla avec ceux donnés par Debray et

Roth et avec ceux des déserteurs, et le placent devant les contradictions évidentes. « Je n'ai pas pu faire autrement que d'admettre ce que je ne pouvais nier », dira Bustos des années plus tard et il reconnaîtra avoir avoué entre autres (dans une confession de plus de vingt mille mots) que la guérilla était dirigée par le Che, et avoir fait une série de dessins représentant les combattants. Il dira aussi que le Che l'avait autorisé à dire qu'il se trouvait dans la guérilla en Bolivie : *Bon, si tu vois qu'ils le savent, dis-le une fois pour toutes. Comme ça je pourrai redevenir moi-même et remettre mon béret.* Debray confirmera partiellement cette histoire. Dans cette même série d'interrogatoires, il reconnaîtra avoir interviewé le Che la troisième semaine de mars dans un des campements guérilleros pour son travail de journaliste. L'information satisfait l'armée bolivienne et les agents de la CIA, mais Helms, le directeur de l'agence, continue à penser qu'il s'agit de désinformation et que le Che est probablement mort, au point de s'opposer à son supérieur Thomas Karamessines, le chef des « services secrets » (euphémiquement appelés Direction associée de la Planification).

Un mémorandum de Rostow, le conseiller du président Johnson, résume la situation : « (Censuré...) C'est le premier rapport crédible d'après lequel Che Guevara serait vivant et opérerait en Amérique du Sud. (... Censuré...) D'autres preuves sont nécessaires pour conclure que le Che opère effectivement et n'est pas mort, comme tous les services de renseignement ont au fil du temps été enclins à le croire. »

En dépit des doutes exprimés par son directeur, la CIA, forte de ces informations, envoie un nouveau groupe de conseillers militaires sur le terrain, renforce son infrastructure et engage une opération de reconnaissance aérienne afin d'établir des cartes fiables de la région. Et quatre conseillers sont détachés au ministère de l'Intérieur bolivien pour collaborer avec le ministre Antonio Arguedas.

Sans savoir que sa présence en Bolivie est connue, le Che et son groupe de guérilleros, toujours à la recherche de l'arrière-garde commandée par Vilo Acuña, se dirigent vers Pirirenda. Pacho note : « Nous sommes faibles et affamés. Nous marchons avec difficulté, d'autant plus que nous sommes chargés de machettes et d'armes. Nous ne tenons qu'à force de volonté et de fermeté. » La perte des bases, l'inexistence du contact avec les paysans, le manque de gibier, la pauvreté et la désolation de la zone condamnent les guérilleros à la faim permanente.

Si du point de vue opérationnel c'est un désastre pour la guérilla, du point de vue strictement militaire elle s'est avérée invincible dans la demi-douzaine d'affrontements qu'elle a eus avec l'armée bolivienne. En conséquence, les colonels Rocha et Roberto Vargas sont relevés de leur commandement. Le colonel Rocha, qui dirige la IVe Division à Camiri (et qui s'est limité à exercer une répression féroce sur les paysans de la zone : tortures, brutalités, arrestations arbitraires, représailles, y compris chez ceux qui ont dénoncé la guérilla), est remplacé par le colonel Luis Antonio Reque Terán ; et à Santa Cruz, le colonel Zenteno Anaya remplace le colonel Roberto Vargas à la tête de la VIIIe Division.

Le 12 mai, les guérilleros arrivent chez un paysan à qui ils achètent un gros cochon qu'ils préparent avec du riz et du maïs. Le lendemain ils paieront leur gloutonnerie. *Journée de rots, de pets, de vomissements et de diarrhées ; un véritable concert d'orgue. Nous sommes restés dans une immobilité totale, à essayer de digérer notre porc. Nous avons deux récipients d'eau. J'étais très mal jusqu'à ce que je vomisse, après je me suis senti mieux.*

Le jour suivant, ils arrivent au lac Pirirenda, « un miroir d'eau entouré de végétation », dira Pancho dans son journal, mais le Che ne s'intéresse déjà plus au paysage, il est plus préoccupé par les petits actes d'indiscipline liés à la pénurie de vivres. *Avant de partir, j'ai réuni tous les hommes et je leur ai passé un savon à propos des problèmes auxquels nous nous heurtions, et essentiellement celui de la nourriture. J'ai critiqué Dariel Alarcón pour avoir mangé une boîte de conserve et n'avoir pas voulu le reconnaître, Tamayo pour avoir mangé du charqui en cachette et Aniceto pour son zèle à vouloir aider quand il s'agit de nourriture et son peu d'entrain quand il s'agit d'autre chose.* Quelques heures plus tard, l'aviation bombarde à trois kilomètres de leur position.

Le lendemain, le 15 mai, note brève du Che dans son journal : *Rien à signaler.* Pacho sera plus prolixe : « Il (le Che) est dans un piteux état. Hier soir, il a donné sa ration de viande. » Le lendemain le Che dira : *Au début de la marche, j'ai été pris d'une forte colique, accompagnée de vomissements et de diarrhée. On l'a arrêtée avec du démerol et j'ai perdu la notion de tout tandis qu'on me portait dans un hamac ; quand je me suis réveillé je me suis senti soulagé, mais j'avais fait sous moi comme un nourrisson. On m'a prêté un pantalon. Mais sans eau, je puais la merde à une lieue. Nous avons passé toute la journée sur place, et moi j'étais somnolent.* Pacho ajoute : « Nous étions tous malades, les soldats ont tiré plusieurs fois pendant la nuit... Il faut arriver à rompre l'encerclement et rejoindre un point d'eau. »

Ces deux derniers jours, les patrouilles de l'armée ont tiré sans but précis. La nuit du 16 mai, les guérilleros réussissent à rompre l'encerclement au sud-ouest. Et ils reçoivent un message de La Havane qui leur confirme l'isolement croissant dans lequel ils se trouvent et les informe des points suivants : Renán Montero a dû quitter La Paz car son permis de séjour a expiré et il est malade ; le réseau urbain ne dépend plus que de Rodolfo Saldaña et d'un certain nombre de cadres désorientés qui restent en liaison avec La Havane mais sans aucun contact avec la guérilla ; les combats ont éveillé la sympathie des groupes les plus radicaux de l'opposition, mais il n'existe aucune forme d'organisation capable de convertir ces sympathies en véritable appui. Et curieusement le message se termine en les informant qu'une partie de la direction PCB a exprimé le désir de rejoindre la guérilla. Le Che regrette-t-il maintenant le réseau du 26 juillet de Celia Sánchez, les groupes de La Havane et la mobilisation urbaine contre la dictature de Batista qu'il a tant sous-estimés dans ses analyses ?

La guérilla erre pendant une semaine avec de rares contacts avec les paysans, puis elle se dirige vers le premier campement dans l'espoir de retrouver l'arrière-garde. Le Che entend à la radio l'annonce du procès de Debray faite par Barrientos et *sa demande au Congrès de rétablir la peine de mort*. Debray acceptera de prendre l'Argentin, Ricardo Rojo, pour avocat, un revenant dans la vie du Che. Pelado sera également jugé, tandis que Roth sera libéré sous caution et s'évanouira dans la nature.

Pendant ce temps, Jorge Vázquez Viaña résiste à des interrogatoires violents. Blessé à la jambe lors de son arrestation, il est transporté à l'hôpital des Gisements pétrolifères de Camiri où il demande à être opéré sans anesthésie pour être sûr de ne pas parler pendant l'intervention. Ensuite il est transféré à la caserne de Choreti où il est interviewé par le « Dr González » qui prétend être un envoyé de La Havane qui se serait fait passer pour un journaliste panaméen afin de pouvoir infiltrer la Sécurité militaire. Il semble qu'il réussisse à convaincre Jorge et à lui faire avouer la présence du Che en Bolivie, car plus tard Roberto Quintanilla, l'homme du ministère de l'Intérieur, vient trouver Jorge dans sa cellule avec un enregistrement et le menace de le rendre public s'il ne dit pas ce qu'il sait sur le réseau urbain et sur les planques ; en échange de ses aveux, il lui offre la possibilité de s'enfuir en Allemagne. Vázquez Viaña nie. L'interrogatoire se durcit. Quintanilla lui brise les deux bras et l'abandonne grièvement blessé après une séance de torture. Quelques heures plus tard, le 27 mai, il sera jeté d'un hélicoptère en pleine jungle et on annoncera qu'il s'est enfui. Le Che, qui a réagi positivement aux premières déclarations publiques du guérillero après son arrestation, pense qu'il s'est réellement enfui et qu'il arrivera à contacter les réseaux urbains et à leur transmettre des informations sur la situation de la guérilla. *Il doit maintenant être en train de nous rejoindre ou d'aller à La Paz pour rétablir le contact.*

Le 28 mai, les guérilleros prennent le village de Caraguatarenda où ils se ravitaillent (farine, sucre, sandales, tabac et brosses à dents) et s'emparent de moyens de transport. Les jours suivants, ils iront dans plusieurs hameaux dans des Jeep de l'entreprise pétrolière. Le 30 mai, au cours d'une embuscade, ils se heurtent à une patrouille du régiment du colonel Calderón, dans l'arrière-garde duquel se trouve le journaliste José Luis Alcázar. Les soldats fuient en laissant trois morts et un blessé. Le lendemain, toujours en Jeep, dans une Jeep dont le radiateur marche à l'eau et à l'urine, ils vont tendre une nouvelle embuscade à l'armée, mais cette fois-ci sans résultat.

Dans son résumé du mois, le Che ne peut cacher un certain optimisme. *Du point de vue militaire, trois nouveaux combats qui ont causé des pertes à l'armée sans que nous n'en subissions aucune, et nos incursions à Pirirenda et à Caraguatarenda, sont des signes de succès. Les chiens se sont révélés inefficaces et ont été retirés de la circulation.* Après avoir mentionné que le manque de contact avec La Havane et La Paz est désespérant, il précise qu'il faudra s'armer de patience avant que les paysans ne s'engagent dans la lutte, et que l'affaire Debray fait de la publicité à la guérilla qui *acquiert peu à peu un moral d'acier qui, s'il est bien utilisé, est une garantie de succès. Tandis que l'armée est toujours aussi mal organisée et que sa technique ne s'améliore guère.*

Enfin, dans ce même bilan, il insiste sur un point négatif : *Nous n'avons pas pu entrer en contact avec Vilo Acuña, malgré nos pérégrinations dans les montagnes. Des indices donnent à penser qu'il s'est déplacé vers le nord.*

L'arrière-garde dirigée par Vilo Acuña souffre toujours du fait que certains de ses membres, comme Gustavo Machín, sont malades et qu'elle est isolée des paysans à cause de la répression exercée par l'armée. À la fin mai, la désertion de Pepe, qui sera assassiné quand il se rendra à l'armée, oblige le groupe à des déplacements constants, tout en envoyant parallèlement des équipes à la recherche du corps principal de la guérilla conduit par le Che. Pinares, qui à la suite des critiques du Che a fourni un travail gigantesque, entreprend de longues marches dans les montagnes et dans les zones cultivées pour ramener de la nourriture à ses camarades. Le 1er juin, il part à nouveau à la recherche de nourriture. Deux heures plus tard, Acuña entend des tirs, il découvrira par la suite que Pinares et le Bolivien Casildo Condori sont tombés dans une embuscade et ont été tués par l'armée.

Les premiers jours de juin, la guérilla du Che avance en évitant les affrontements avec l'armée. Ils sont pris dans un front froid qui fait baisser la température la nuit. Ils manquent de nourriture et d'eau et remplissent leurs gourdes d'eau saumâtre. Le Che ne perd pas son humour et plaisante avec Pacho à qui il dit : *Barbu et maigre, je ressemble à saint Lazare*. Le 6 juin, ils rejoignent le Rio Grande, où ils apprennent la présence de nouveaux groupes de l'armée. Le Che passe ses soirées à donner des leçons d'histoire et a jouer aux échecs.

Le 10 juin, tandis qu'ils sont en train de fabriquer un radeau, l'arrière-garde rencontre l'armée. *Il semble que les nôtres marchaient sans précaution et ils ont été vus ; les soldats ont commencé à tirailler comme d'habitude, Villegas* (le Che se trompe, il s'agit de Pacho) *et Coco se sont mis à tirer sans réfléchir, les alertant ainsi sur notre présence. Nous avons décidé de rester au même endroit et de chercher demain un chemin de sortie. Notre situation n'est pas très commode : s'ils décident vraiment de nous attaquer dans le meilleur des cas, nous devrons escalader une montagne escarpée, sans eau.*

Il s'agit de la troupe du capitaine Rico Toro, et les tirs de Pacho et de Coco ont fait un mort, un blessé grave et un blessé léger chez l'ennemi. L'armée dira avoir fait trois morts chez les guérilleros.

L'embuscade ne donne pas d'autre résultat, et le Che se dirige maintenant vers le fleuve Rosita.

Le 13 juin, le Che écrit : *Ce qui est intéressant, c'est le bouleversement politique du pays, l'incroyable quantité de pactes et de contre-pactes qu'il y a dans l'air. On a rarement vu aussi clairement le rôle catalyseur que peut jouer la guérilla*. Les messages de La Havane continuent à arriver (bien que Fidel ne sache pas si le Che les reçoit, étant donné l'interruption des communications radio et l'absence de contact de la guérilla) et semblent confirmer que la guérilla peut devenir le centre de coordination de l'opposition aux militaires. Lechin, qui est au Chili, se prépare à rentrer en Bolivie et le centriste Paz Estensoro prépare des actions militaires depuis l'exil. Le message donne également des informations sur la réorganisation de l'ELN péruvien qui dispose de cinq hommes qui s'entraînent militairement et d'un groupe qui se consacre au travail de propagande à Lima.

Le lendemain, le Che commencera son journal en inscrivant le nom de sa fille : Celita, suivi du chiffre 4 avec un point d'interrogation, se demandant si elle fête bien ses quatre ans. C'est bien ça. Et il termine par une note personnelle : *J'ai maintenant trente-neuf ans, et j'approche inexorablement d'un âge qui donne à réfléchir sur mon avenir de guérillero ; pour l'instant je suis entier.* Entier pour ce qui est de sa volonté et de ses ressources morales, mais affamé, affaibli par les infections intestinales et les crises d'asthme, bien que, comme dit son alter ego, le personnage de Julio Cortazar dans sa nouvelle *Reunion*, « l'asthme est comme une maîtresse, il m'a appris à profiter de la nuit ».

Les jours suivants, ils vont suivre les berges du fleuve Rosita sans aucun contact avec les habitants, et leurs réserves de vivres diminuent. Il leur faudra quatre jours pour rencontrer une communauté d'une dizaine de paysans. *Il faut traquer les paysans pour pouvoir parler avec eux car ils sont comme des petits animaux sauvages. Ils nous ont bien reçus dans l'ensemble, mais Calixto, nommé maire par une commission militaire qui est passé par là il y a un mois, s'est montré réservé et récalcitrant à nous vendre quoi que ce soit.*

La présence de trois paysans armés qui se font passer pour des commerçants incite les guérilleros à la méfiance. Un autre paysan dénonce les trois hommes et dit aux guérilleros qu'il s'agit d'un lieutenant de police, d'un carabinier et d'un instituteur qui cherchent à obtenir des informations sur la guérilla. *Nous avons pensé les tuer, mais ensuite j'ai décidé de les relâcher en leur donnant un sévère avertissement sur les règles de la guerre.*

Dans cette petite communauté, le Che fera à nouveau fonction de dentiste. *Après avoir passé deux jours à faire de nombreuses extractions dentaires qui m'ont rendu célèbre sous le nom de Fernando Sacamuelas (Fernando l'arracheur de dents),* alias *Chaco, j'ai fermé mon cabinet ; dans l'après-midi, nous sommes partis et nous avons marché un peu plus d'une heure.* L'événement est immortalisé par une série de photos où on le voit en pleine activité devant une cabane, avec un paysan résigné comme patient, soutenu par un aide et entouré de deux ou trois curieux.

Il y aura d'autres bonnes nouvelles : *Pour la première fois au cours de cette guerre, je suis parti à dos de mulet.* Voilà le Che à nouveau à cheval. Il y a une photo où on le voit souriant, fumant un cigare, la tête du mulet en premier plan.

Lorsqu'ils quittent le hameau, un paysan que l'on pourrait prendre pour un prisonnier les accompagne. Il s'agit de Paulino Baigorria, âgé d'une vingtaine d'années, qui a demandé à rejoindre la guérilla. *Paulino s'est engagé à aller à Cochabamba avec mon message. On lui donnera une lettre pour la femme d'Inti un message codé pour La Havane et quatre communiqués.* Dans le communiqué n° 4 de l'ELN, la nouvelle de la mort d'Inti est démentie et il est ajouté : « Quant aux déclarations faites sur l'hypothétique présence de combattants d'autres pays américains, pour des raisons de secret militaire et de principe, dont celui de la vérité révolutionnaire, nous ne donnerons pas de chiffres, mais nous dirons simplement que tout citoyen qui accepte notre programme minimum conduisant à la libération de la Bolivie est accepté dans les rangs révolutionnaires avec les mêmes droits et les mêmes devoirs que les combattants boliviens qui constituent évidemment l'immense majorité de notre mouvement. » Dans le message destiné à La Havane, le Che envoie un salut *des montagnes boliviennes* destiné à être lu le 26 juillet.

Paulino sera arrêté et torturé par l'armée à Santa Cruz. Emmené à La Paz, il refusera de donner des informations sur les personnes à qui sont destinés ces messages et il sera emprisonné.

Le 24 juin, le Che apprend par la radio que des affrontements violents ont eu lieu dans la région des mines. Les mineurs, un des rares secteurs organisés en Bolivie que le Che a eu l'occasion d'admirer lors de son premier voyage dans ce pays dans les années cinquante, ont fait l'objet d'une continuelle répression de la part de la junte militaire qui a même réduit leur salaire de 40 % deux ans plus tôt. En juin, la Fédération syndicale des travailleurs des mines de Bolivie (ESTMB), alors clandestine, se réunit en congrès. Avant la réunion, les mineurs de Catavi décident de donner un jour de salaire et des médicaments à la guérilla, la décision est ratifiée par le congrès. Après les fêtes de la Saint-Jean, l'armée attaque le campement minier avec l'intention évidente de démontrer quelle serait sa réponse si des syndicalistes rejoignaient la guérilla. Elle ouvre le feu sur hommes, femmes et enfants sans trouver la moindre résistance. Bilan : quatre-vingt-sept morts dans la mine de Siglo XX, c'est ce qu'on appellera le massacre de la Saint-Jean. Incapable de faire quoi que ce soit, incapable de se mobiliser pour rejoindre la zone de conflit et d'entrer en contact avec son organisation urbaine, incapable d'évaluer l'importance des événements, ne voulant se défaire d'aucun de ses hommes et pariant tout sur la capacité militaire de la guérilla à se développer, le Che suit la tragédie en observateur extérieur en écoutant la radio argentine. Quelques jours plus tard, l'armée accusera la guérilla d'être à l'origine du prétendu soulèvement des mineurs.

Depuis le 23 juin, le Che est atteint de crises d'asthme répétées. *L'asthme me menace sérieusement et il y a très peu de médicaments en réserve*. Ces dernières années à Cuba, il avait réussi à maîtriser ces crises, mais maintenant, depuis que l'armée a investi les campements, ils ont perdu une grande partie de leurs réserves et le manque de médicaments commence à le faire souffrir. *Mon asthme augmente et il m'empêche de bien dormir*. Les nuits où il n'arrive pas à dormir à cause de cette sensation angoissante de ne plus pouvoir respirer, il s'étend sur un tronc pour garder la poitrine haute ou se fait masser par Tamayo ou par Coello.

Au cours d'une de ces séances de massage, Tamayo lui dit :

— Mais dis-moi, l'asthme ne serait pas un problème psychique ?

— *Oui, je sais bien que c'est psychique, c'est pourquoi j'utilise ce petit appareil ; et si je le jette, comme c'est psychique, j'ai encore plus d'asthme*.

Le 26 juin, ils affrontent l'armée dans une embuscade et font quatre morts chez l'ennemi ; néanmoins, pour la première fois, l'armée bolivienne ne fuit pas, mais avance au contraire, les attaque sur le flanc et blesse deux d'entre eux avant même que le Che ait pu donner l'ordre de se replier. Villegas est blessé à une jambe, Coello au ventre. *Nous les avons rapidement transportés au campement pour les opérer avec les moyens du bord. La blessure de Villegas est superficielle,*

elle lui donnera seulement des maux de tête et l'immobilisera, tandis que Coello a le foie déchiqueté et les intestins perforés. Le Che laisse De la Pedraja faire l'intervention car il refuse d'opérer lui-même ses camarades, et il se borne à tenir une lanterne pour l'éclairer. À la moitié de l'opération, tandis que le médecin est en train de recoudre le colon du blessé, Tamayo s'aperçoit que Coello est mort. *Avec lui, j'ai perdu l'inséparable compagnon de toutes ces dernières années, un compagnon d'une fidélité à toute épreuve, c'est comme si j'avais perdu un fils. Quand il est tombé, il a demandé qu'on me remette sa montre, et comme les autres ne la prenaient pas car ils s'occupaient de le secourir, il l'a ôtée et l'a remise lui-même à René. Ce geste signifie qu'il souhaitait que cette montre soit donnée à son fils qu'il ne connaissait pas. Comme je l'ai fait avec toutes les montres des camarades morts jusqu'alors, je la porterai pendant toute la guerre. Nous avons transporté son cadavre sur un cheval pour l'enterrer loin de là.*

Le groupe s'éloigne avec neuf chevaux. Le Che a perdu trois hommes, trois camarades d'une importance capitale : Suárez Gayol, San Luis et maintenant Coello (il ignore encore la mort de Pinares et de Vázquez Viaña). *Jour noir pour moi.*

Les jours suivants le groupe continue à se déplacer, toujours à la recherche de l'arrière-garde. Le 29 juin : *En chemin j'ai eu une conversation avec la troupe qui se compose maintenant de vingt-quatre hommes. J'ai cité Chino en exemple ; j'ai expliqué ce que représentaient les pertes et ce que représentait personnellement pour moi la perte de Coello que je considérais comme un fils. J'ai critiqué le manque d'autodiscipline et la lenteur de la marche, et j'ai promis au groupe de lui donner quelques notions supplémentaires sur les embuscades, pour éviter que ne se reproduise ce qui venait d'arriver, à savoir : des pertes de vie inutiles parce que les règles ne sont pas observées.*

Vers la fin du mois de juin, Rostow, le conseiller de Johnson, informe le président des États-Unis de ce qui se passe en Bolivie. Il pense à juste titre que la guérilla est encore dans une phase d'entraînement, mais elle a révélé les faiblesses de l'armée bolivienne : « Manque de coordination au niveau du commandement, inaptitude en ce qui concerne la direction des opérations, manque d'entraînement et de discipline de la troupe » ; il signale également qu'un régiment bolivien est entraîné par des instructeurs américains et enfin que les Américains et les Argentins envoient de l'équipement militaire. Néanmoins, il semble que les Boliviens ne trouvent pas cela suffisant, et ils font pression, par l'intermédiaire de leur ambassadeur à Washington, Julio Sanjines, pour que les Américains les aident à préparer un groupe spécial de chasse (« hunter-killing » selon ses propres mots) pour anéantir la guérilla.

Fin juin, le Che fait comme d'habitude un bilan du mois où il énumère les points négatifs : *Les pertes successives d'hommes, chacune représentant une défaite grave, même si l'armée ne le sait pas*, et l'absence de contact avec l'arrière-garde qui comprend entre autres Vilo Acuña, Machín et Tania. Pourtant, bien que le Che ne le sache pas, celle-ci fait une nouvelle tentative pour le retrouver, en quittant une ou deux fois par semaine la zone où elle se trouve pour faire des reconnaissances en direction du fleuve Yuque qui semblerait être un autre point de rencontre convenu.

Curieusement, le Che s'avère incapable de faire une analyse politique de la situation et semble peu préoccupé par l'incapacité de la guérilla à établir des liens avec le mouvement social qui commence à se développer face aux militaires. Il ne voit que l'importance de l'action militaire de son petit groupe de vingt-quatre hommes *(avec Villegas blessé et une mobilité réduite)* dans une logique de guerre de guérillas.

Alors que tout semble condamner cette guérilla née d'une autre logique politique, minée par les impossibilités et les désaccords, précipitée dans son exécution et privée dès le départ de ses contacts urbains et internationaux, elle a déjà mis l'armée en déroute une bonne dizaine de fois et *sa légende prend des proportions fabuleuses, nous sommes devenus des surhommes invincibles.*

Notre tâche la plus urgente est de rétablir le contact avec La Paz, de renouveler notre ravitaillement en équipements militaires et en médicaments et d'arriver à incorporer cinquante à cent hommes de la ville. Si le Che pense à un renfort d'hommes de la ville, c'est parce qu'il sent *le manque d'engagement de la part des paysans. C'est un cercle vicieux : pour obtenir qu'ils se mobilisent, il nous faut mener une action permanente dans les zones habitées et pour cela nous avons besoin de plus d'hommes*.

Et il fait finalement une remarque qui reflète une de ses préoccupations : *L'armée continue à être nulle du point de vue militaire, mais elle est en train de faire auprès des paysans un travail dont nous devons tenir compte, elle est capable de transformer en mouchards tous les membres d'une communauté, soit par la peur, soit en les trompant sur nos buts*.

Quelques jours plus tard, un message reçu de La Havane semble apporter une réponse au Che qui, quant à lui, se désespère toujours de ne pouvoir envoyer ses messages. Rodolfo Saldaña l'informe, par un intermédiaire qui a fait un voyage à Cuba, de la possibilité d'organiser un deuxième front armé. La Havane confirme aussi qu'un groupe d'étudiants boliviens reçoit un entraînement militaire. Ces bonnes nouvelles sont contrebalancées par d'autres moins bonnes : la situation des communications est catastrophique. Depuis le départ de Renán, La Paz est non seulement privée de communications avec le Che, mais aussi avec La Havane. Fidel peut transmettre des informations au Che, mais il ne peut recevoir de réponse et ne sait pas si ses messages parviennent à la guérilla.

Entre-temps, pour obtenir une aide accrue des États-Unis, le général Ovando annonce officiellement la présence du Che en Bolivie s'appuyant sur la déclaration de Debray à la presse où il dit avoir interviewé le Che en mars à Ñancahuazú. *Et il (Ovando) a ajouté que l'armée affrontait des guérilleros parfaitement entraînés parmi lesquels il y avait des commandants Viêt-cong qui avaient déjà mis en déroute des régiments de l'armée américaine*. De manière contradictoire, au même moment, une dépêche de l'AP annonce que le Che est mort à Cuba et que les informations sur sa présence en Bolivie ont pour but de valoriser la guérilla ; mais cette information a peut-être pour but d'obliger les Cubains à confirmer la présence du Che. Les déclarations d'Ovando seront appuyées par celle de *Barrientos qui a tenu une conférence de presse au cours de laquelle il a admis ma présence, mais il a prédit que je serais liquidé en quelques jours. Il a servi sa kyrielle habituelle de stupidités, nous traitant de rats et de vipères, et il a répété son intention de punir Debray*.

Pendant les premiers jours de juillet, le groupe du Che avance tandis que les crises d'asthme de son commandant continuent et que la jambe de Villegas guérit lentement. Les rares paysans qu'ils rencontrent sont terrorisés par les militaires. Le 6 juillet, le Che décide d'entreprendre une action audacieuse et envoie un groupe dirigé par Coco Peredo et Pacho pour s'emparer du village de Samaipatia. *Martínez Tamayo, Coco, Pacho, Aniceto, Mario Gutiérrez et Juan Pablo Chang, Chino, ont été chargés de l'opération. Ils ont arrêté sans difficulté un camion qui venait de Santa Cruz, mais il en est venu un autre derrière qui s'est arrêté par solidarité et il a fallu le prendre aussi ; c'est là que ça s'est compliqué car ils ont dû parlementer avec une femme qui voyageait dans le camion et qui ne voulait pas faire descendre sa fille, et un troisième camion s'est arrêté pour voir ce qui se passait car le chemin était bouché, enfin un quatrième camion s'est également arrêté voyant l'indécision des gens. Les choses se sont arrangées : les quatre camions se sont rangés sur le bas-côté et un chauffeur répondait à ceux qui le questionnaient qu'ils faisaient une halte. Nos hommes sont partis dans un camion et sont arrivés à Sumaipata où ils ont capturé deux carabiniers et le chef du poste, le lieutenant Vacaflor. Ils se sont fait donner le mot de passe par le sergent et ils ont pris le poste et dix soldats*. Dans un échange de tirs, Coco tue un soldat. Au cours de l'affrontement, il y a une panne accidentelle d'électricité et l'armée pensera qu'il s'agit d'une action menée par des collaborateurs locaux. Les dix prisonniers sont laissés nus à un kilomètre du village. *L'opération s'est déroulée devant tout le village et tous les voyageurs, de sorte que la nouvelle s'est répandue comme une traînée de poudre*.

Il y a une photo qui montre le Che dans les environs de Samaipatia, il est entouré de paysans et il étudie quelque chose, à genoux, avec une casquette sur la tête ; avec cette casquette, il ressemble à un révolutionnaire russe du siècle passé. Image imparfaite, l'iconographie guévariste revendique le béret.

Pour ce qui est du ravitaillement, l'action est un

échec ; Chino s'est laissé influencer par Pacho et Mario Gutiérrez et ils n'ont rien acheté d'utile ; pour les médicaments, ils ont acheté les plus indispensables pour la guérilla, mais aucun de ceux dont j'ai besoin. À 2 heures nous étions déjà sur le chemin du retour avec notre butin. D'après le journal de Pacho, le Che oublie de raconter qu'il a été bien content de manger des biscuits et de boire du Pepsi-Cola.

Les jours suivants, la presse critiquera l'inefficacité de l'encerclement militaire et parlera d'un colonel Viêt-cong dans la guérilla. Le Péruvien Juan Pablo Chang, Chino, aux lointaines origines chinoises, n'a jamais su en quoi on l'avait transformé.

CHAPITRE 53

Le massacre de l'arrière-garde

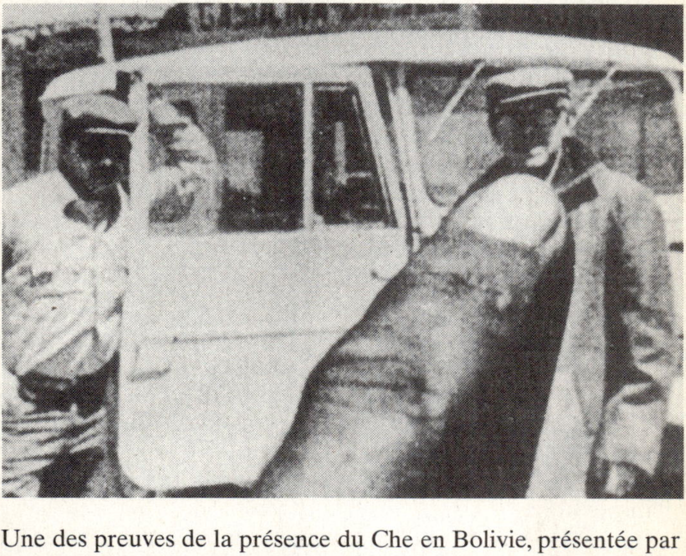

Une des preuves de la présence du Che en Bolivie, présentée par le chancelier bolivien au cours d'une conférence de presse à Washington (le 22 septembre 1967). Cette photo a été prise en novembre 1966 lors du passage d'un fleuve sur la route de Camiri.

Tout au long de la deuxième semaine de juillet, la guérilla du Che progresse lentement. Malgré l'apparente tranquillité environnante, il ne peut être dupe, l'armée connaît précisément la route qu'ils suivent vers le sud.

Pour le commandant, l'ennemi numéro un est la maladie.

Mon asthme augmente, écrit-il, et le lendemain il ajoute : *Je me suis fait plusieurs piqûres pour pouvoir continuer et j'ai finalement utilisé une solution d'adrénaline concentrée à 1/900. Si Paulino n'a pas accompli sa mission, nous devrons retourner à Ñancahuazú pour prendre des médicaments pour mon asthme.*

Pendant ce temps, le procès de Bustos et de Debray a commencé. Les tentatives du gouvernement pour les condamner à tout prix provoquent des frictions avec certains militaires comme le major Rubén Sánchez qui acceptera de témoigner à leur décharge. Ovando, le ministre de la Guerre, le fait appeler ; ils ont la conversation suivante :

— J'espère que vos déclarations seront satisfaisantes.

— Que voulez-vous dire par satisfaisantes ? Je dirai la vérité : je n'ai pas vu Debray combattre.

— Allez dire ça... au président Barrientos.

Rubén Sánchez parle avec le président Barrientos qui s'arrache les cheveux...

— Vous allez mettre l'armée dans une situation impossible.

— Je serai le seul à sauver l'honneur des Forces armées. Ce procès est une mascarade dans laquelle tous les officiers mentent, mais moi, je dirai la vérité.

Le Che commente les premières déclarations de

Debray et de Bustos lors de leur procès : *Elles ne sont pas bonnes ; surtout qu'ils ont reconnu l'objectif continental de la guérilla, ce qu'ils n'avaient pas à faire.*

Les guérilleros se déplacent dans une zone presque inhabitée qu'ils n'ont jamais explorée jusqu'alors, avec le Che qui est gravement affecté par l'asthme, et ils risquent à tout moment d'être dénoncés à l'armée par les rares paysans susceptibles de les voir, stimulés par la perspective d'une récompense de « cinquante millions de bolivianos promis à celui qui livrera le guérillero Ernesto Che Guevara vivant ou mort, de préférence vivant ».

Ce tract qui fait appel à la délation, et les continuelles déclarations de Barrientos affirmant que le Che est à la tête de la guérilla, provoquent des frictions avec l'ambassadeur des États-Unis, Henderson, qui persiste à dire qu'il s'agit là d'une désinformation et que si le Che est peut-être venu en Bolivie, il en est maintenant reparti. Et Barrientos contredit publiquement l'ambassadeur lorsque celui-ci déclare à la presse que la guérilla risque de se prolonger assez longtemps.

Barrientos subit les pressions des petits partis sur lesquels s'appuie le front gouvernemental. Le Che commente : *Le PRA et le PSB se retirent du front de la révolution et les paysans menacent Barrientos d'une alliance avec la Phalange. Le gouvernement se désintègre rapidement. Dommage que nous n'ayons pas cent hommes de plus en ce moment.*

Devant cet état de choses, le gouvernement met en branle l'opération Cynthia (du nom de la fille de Barrientos), qui doit liquider la guérilla en quelques heures. L'opération est confiée à la IVe Division qui encercle toute la zone de Ñancahuazú jusqu'au Rio Grande. Mais c'est un échec total : opération de ratissage de fantômes, encerclements ratés, attaques de campements vides.

La crise gouvernementale s'aggrave : *Les nouvelles politiques dénotent une crise terrible dont on ne connaît pas l'issue. Pour l'instant, les syndicats agricoles de Cochabamba ont formé un parti politique « d'inspiration chrétienne » qui soutient Barrientos, et celui-ci demande qu'on le « laisse gouverner pendant quatre ans », c'est presque une supplication. Siles Salinas menace l'opposition en leur disant qu'ils payeront tous de leur tête notre arrivée au pouvoir, il appelle à l'union nationale et déclare le pays en état de siège. Il est à la fois implorant et démagogue. Il s'attend peut-être à être démis.* Le Che voit juste, le 17 juillet, Barrientos, appuyé par les petits partis PSD et PRA, annonce la dissolution de son cabinet. Il semble qu'il veuille l'ouvrir à une coalition plus large.

Aux alentours du 21 juillet, les guérilleros sont revenus à l'endroit où ils ont enterré Coello. Des paysans les informent du passage de l'armée une semaine plus tôt. Le Che se fait prendre en photo dans le hameau de Tejeria, comme toujours avec un animal à côté de lui ; ce sera une des dernières photos de lui : il est de face, il fume un cigare, la visière de sa casquette lui cache presque les yeux, il tient un mulet par la bride, le mulet est très sérieux et de profil. Malgré son sourire, le Che n'est pas bien, il ne mange plus ; il écrit : *Mon asthme me fait la vie dure et le peu de calmants dont je dispose s'épuise.* Des informations reçues par Radio La Havane lui redonnent un peu le sens de l'humour : *Raúl a réfuté les commentaires des Tchèques sur l'article concernant le Viêt-Nam. Nos amis m'appellent le nouveau Bakounine et se plaignent du sang versé et de celui qui serait versé au cas où il y aurait trois ou quatre Viêt-Nam.*

Un autre message l'informe que personne n'a encore été envoyé à La Paz pour remplacer Renán, bien qu'un Cubain avec un sérieux curriculum vitae, un ancien combattant de la Sierra, soit pressenti. Il apprend aussi qu'à La Paz, Rodolfo Saldaña, à la demande des Cubains, a renoncé à organiser un deuxième *foco* et qu'on lui a suggéré d'essayer d'entrer en contact avec lui. Enfin, dernière nouvelle, le groupe qui s'entraîne à La Havane se compose déjà de vingt-trois hommes de différentes formations politiques de gauche.

Le 26 juillet, bien que harcelé par l'asthme, le Che fait un petit topo au groupe sur le sens de la révolution cubaine : *Rébellion contre les oligarchies et contre les dogmes révolutionnaires*. Il ne sait pas que la route qu'il prend pour rejoindre le Rio Grande a été détectée par l'armée qui a envoyé le régiment Trinidad par avion pour rejoindre la zone. Quelques heures plus tard, cette compagnie tombera dans une embuscade montée par le Che : *Voici comment les choses se sont passées, huit soldats sont apparus sur la crête ; ils ont marché vers le sud en suivant un ancien petit sentier ; puis ils sont repartis en tirant quelques coups de mortier et en faisant des signaux avec un bout de chiffon*. Ils reviennent peu après, et huit d'entre eux tombent dans l'embuscade. Les tirs des guérilleros font quatre morts. *Nous nous sommes retirés sans leur prendre leurs armes ni leur équipement, trop difficiles à récupérer, et nous sommes redescendus en aval du torrent. Après la jonction du torrent et d'une autre petite gorge, nous avons tendu une nouvelle embuscade ; les chevaux ont continué jusqu'au bout du chemin*.

Trois jours plus tard, après une nuit blanche pour le Che à cause de son asthme, à 4 heures 30 du matin les soldats du régiment Trinidad entrent à nouveau en contact avec la guérilla. *Alors que De la Pedraja faisait le café, il nous avisa qu'il voyait une lanterne qui traversait la rivière ; Manuel Hernández qui s'était réveillé pour prendre son tour de garde et De la Pedraja sont allés arrêter les marcheurs. De la cuisine j'ai entendu le dialogue suivant : « Eh ! Qui va là ? Détachement Trinidad. » Puis immédiatement la fusillade. Manuel Hernández a aussitôt rapporté un M-1 et la cartouchière d'un blessé et il nous a annoncé que vingt et un hommes marchaient vers Abapo et qu'ils étaient cent cinquante à Moroco. Nous leur avons causé d'autres pertes difficiles à évaluer étant donné la confusion régnante. Il nous a fallu beaucoup de temps pour charger les chevaux, et Restituto s'est égaré avec la hache et le mortier qu'il avait pris à l'ennemi. Il était déjà près de 6 heures, et nous avons encore perdu du temps parce que des chargements sont tombés. Si bien qu'aux derniers passages nous étions toujours sous le feu de l'ennemi qui s'était enhardi.*

J'ai pressé les hommes et, toujours sous le feu, j'ai traversé la gorge avec Villegas à l'endroit où se termine le chemin et où on peut organiser la résistance. J'ai envoyé Manuel Hernández, Coco et Mario Gutiérrez de l'avant, tandis que je pressais les chevaux. Le cheval du Che glisse et tombe en traversant un gué, mais Coco, Mario Gutiérrez et Manuel Hernández forment une ligne défensive pour éviter que l'armée ne concentre le feu sur lui. Les soldats crient : « Nous allons le descendre ! »

Douze hommes couvrent la retraite, la guérilla se replie sur des positions échelonnées pendant plusieurs heures. Lors d'un des derniers mouvements, Martínez Tamayo, Raúl, Pacho, Simon Cuba, Jaime Arana et Aniceto restent sous le feu de l'armée. Des tirs atteignent Raúl qui meurt sur le coup d'une balle dans la bouche, Martínez Tamayo et Pacho sont blessés, mais ils arrivent à contenir l'armée pendant deux heures. *Après une marche laborieuse dans la forêt, ils ont regagné la rivière et nous ont rejoints. Pacho était à cheval, mais Martínez Tamayo ne pouvait pas monter, et il a fallu le transporter dans un hamac. J'ai envoyé*

Manuel Hernández, Francisco Huanca, Adriazola, Coco et Aniceto occuper l'embouchure du premier torrent sur la rive droite pendant que nous soignions les blessés. Pacho a une blessure superficielle, une balle lui a traversé les cuisses et la peau des testicules, mais Martínez Tamayo était gravement atteint et nous avions perdu ce qui restait de plasma dans le sac de Simon. Il est mort à 22 heures, nous l'avons enterré près de la rivière, dans un endroit bien caché pour que les soldats ne le trouvent pas. L'armée a eu trois morts et cinq blessés au cours de l'affrontement. Les guérilleros ont perdu le poste émetteur défaillant et le magnétophone qui leur servaient à capter, enregistrer et déchiffrer les émissions codées de La Havane. Dès lors, les messages de La Havane seront incompréhensibles ou très difficiles à déchiffrer. La guérilla dépend de plus en plus des radios commerciales pour s'informer sur le monde extérieur. Ils ont aussi perdu onze sacs à dos, des médicaments, des livres (un de Trotski et un autre de Debray annoté de la main du Che).

La guérilla se replie dans la forêt en effaçant ses traces. Le bilan du Che qui a perdu deux camarades est aussi laconique que d'habitude. *Pour ce qui est de nos morts : de Raúl nous ne pouvons pas dire grand-chose tant il était renfermé ; il était peu combatif et peu travailleur, mais on voyait qu'il s'intéressait toujours aux problèmes politiques, même s'il ne posait jamais de questions. Martínez Tamayo était le plus indiscipliné du groupe des Cubains et celui qui était le moins disposé aux sacrifices quotidiens, mais c'était un combattant extraordinaire et un vieux compagnon de route depuis le premier échec de Masetti, au Congo, jusqu'à maintenant, ici. C'est une nouvelle perte importante compte tenu de ses qualités d'homme. Nous sommes vingt-deux, dont deux blessés, Pacho et Villegas, et moi avec un asthme à tout casser.*

C'est à nouveau avec une grande froideur que le Che rédige son analyse du mois de juillet. Il fait allusion à leur isolement (absence de contact avec le réseau de La Paz et avec La Havane) comme étant un problème organisationnel et non politique. Curieusement, au même moment, devant les succès militaires et la dure répression exercée par l'armée, les trois organisations les plus importantes de la gauche bolivienne (le PCB, le PC prochinois de Zamora et le POR trotskiste de Lora) annoncent, en dépit de leurs divergences politiques, leur soutien à la guérilla et acceptent que leurs militants rejoignent individuellement la lutte armée.

Pour un observateur extérieur, incapable d'évaluer objectivement les points faibles de la lutte armée : pertes en hommes, isolement et absence de recrues paysannes, il est certain que *la légende de la guérilla prend des dimensions continentales ; Ongania ferme ses frontières et le Pérou prend des précautions*.

Le Che évalue d'une part la maturité du groupe des combattants : *Le moral et l'expérience de la lutte des guérilleros se renforcent à chaque combat, cependant Orlando Jiménez et Jaime Arana ne changent pas, ils sont toujours aussi mous,* et d'autre part l'incapacité de l'armée qui *continue à faire n'importe quoi, mais certaines unités ont l'air plus combatives*.

Mais, outre la nécessité de rétablir les contacts et d'incorporer des combattants, il y a maintenant une nouvelle priorité qui est de retourner aux grottes des anciennes bases pour prendre des médicaments, du matériel médical pour les soins d'urgence et des remèdes contre l'asthme pour soigner le Che. *L'asthme m'a durement secoué, j'ai épuisé mes dernières piqûres et je n'ai plus de comprimés que pour une dizaine de jours*.

Les blessés récupèrent peu à peu, et la guérilla cherche le chemin du retour vers les bases. Le 3 août, le Che note dans son journal : *Nous avançons très lentement. Aucune nouvelle. Pacho se remet bien, en revanche, moi, je vais mal ; j'ai passé une mauvaise journée et une mauvaise nuit, et je ne vois pas d'issue à court terme. J'ai essayé une intraveineuse de novocaïne, sans résultat.* Pacho ajoute : « Le Che ne mange plus, ou à peine un bol de maïs. Monter à cheval est mauvais pour son asthme. Son état empire chaque jour malgré les piqûres. »

Deux jours plus tard le Che écrit : *Mon asthme a été implacable ; bien que j'aie horreur des séparations, je vais devoir envoyer un groupe devant ; Dariel Alarcón et Mario Gutiérrez se sont portés volontaires.*

Comme si cela n'était pas suffisant, le lendemain, dans la montagne, son cheval le jette par terre et il reste accroché à l'étrier, pris d'une forte crise d'asthme. En dépit du danger que cela représente, il ne peut plus remettre sa décision. Le 7 août il écrit : *Mon asthme ne s'améliore pas et les médicaments s'épuisent. Demain je prendrai une décision en ce qui concerne l'envoi du groupe à Ñancahuazú. Cela fait exactement neuf mois aujourd'hui que la guérilla s'est constituée et est arrivée ici. Des six premiers guérilleros, deux sont morts* (Martínez Tamayo et Coello), *un a disparu* (Vázquez Viaña est mort, mais le Che ne le sait pas) *et deux sont blessés* (Pacho et Villegas) ; *et moi, avec mon asthme que je n'arrive pas à calmer.* Le Che, généralement stoïque, doit être vraiment très mal.

Dans ces mêmes jours du début du mois d'août, le président Johnson reçoit un mémorandum de la CIA, dans lequel elle fait une évaluation de la guérilla. En résumé : il s'agit d'un groupe de cent guérilleros, dont la majorité sont des Boliviens et des Cubains avec quelques Péruviens ; ils sont : « disciplinés et bien entraînés, mieux dirigés et équipés que l'armée bolivienne si mal entraînée et si mal organisée ». Sur la question cruciale de la présence du Che en Bolivie, le scepticisme prime, car si des sources d'une crédibilité aléatoire l'affirment (parmi lesquelles les déclarations de Bustos et de Debray), « aucune information probante n'en fait état ». Au niveau le plus élevé de la CIA, la thèse de la mort du Che à Cuba semble prévaloir.

Le rapport montre l'embarras des États-Unis vis-à-vis de leurs alliés boliviens, et en particulier du président Barrientos dont le seul but est d'obtenir des Américains un plus grand pouvoir de feu, et vis-à-vis de l'armée bolivienne qui, outre sa nullité, agit comme une force d'agression contre la population civile « en terrorisant les habitants des villages et en molestant les femmes, donnant ainsi une mauvaise image d'elle-même face aux guérilleros bien disciplinés ». Le rapport conclut en disant : « Rien à l'horizon ne laisse présager que le problème de la guérilla puisse se résoudre rapidement. »

Une semaine plus tôt, un nouveau groupe opérationnel de la CIA a débarqué à l'aéroport de La Paz, sous la conduite de Félix Rodríguez, un exilé cubain qui avait déjà joué un rôle dans la guerre sale contre Cuba et au Viêt-Nam. Les membres de ce groupe sont directement rattachés au service des renseignements militaires et opèrent avec un uniforme et des papiers boliviens.

À peu près à la même époque, le Che réunit ses hommes pour une mise au point : *Nous sommes dans une situation difficile ; Pacho se remet, mais moi je suis un déchet humain et l'histoire de la petite jument prouve qu'à certains moments j'en arrive à ne plus me contrôler* (dans un acte de désespoir il a poignardé le cheval qu'il montait) ; *cela s'arrangera, mais la situation doit être aussi pesante pour tout le monde, et celui qui ne se sent pas capable de tenir le coup doit le dire.*

Nous sommes arrivés à un moment où il faut prendre de grandes décisions ; ce genre de lutte nous donne l'opportunité de devenir des révolutionnaires, l'échelon le plus élevé pour l'espèce humaine, et nous permet aussi de devenir des hommes. Ceux qui ne se sentent capables d'atteindre aucune de ces deux conditions doivent le dire et abandonner la lutte. Tous les Cubains et quelques Boliviens ont déclaré qu'ils continueraient jusqu'au bout.

Certains membres du groupe commencent à se faire de petites critiques, mais le Che reprend la parole : *J'ai clos la discussion en disant que nous étions en train de parler de deux choses très différentes : l'une était de savoir si l'on était disposé à continuer, tandis que l'autre n'était que des petites querelles et des petits problèmes internes à la guérilla qui enlevaient de la grandeur à la décision importante à prendre.*

Les guérilleros progressent très lentement dans la forêt vierge en s'ouvrant un chemin à la machette. Ils ont mangé les chevaux. Ils apprennent par la radio la mort d'Antonio Jiménez, un guérillero du groupe de Vilo Acuña, qui est tombé en rompant l'encerclement. Curieusement, à la mort d'Antonio, qui était natif de Tarata, tout le village s'est couvert de peintures murales en signe de soutien ; une répression s'ensuivra. La sympathie pour la guérilla grandit, mais la guérilla est incapable d'en tirer profit. Sa zone d'influence politique se situe à l'extérieur de sa zone d'action géographique.

Finalement, le 13 août, le Che sous la pression d'Inti et de Pacho se décide à envoyer un groupe à Ñancahuazú pour aller chercher des médicaments dans une des grottes. *Pacho se remet rapidement, mais mon asthme a tendance à s'aggraver depuis hier, je prends maintenant trois comprimés par jour. Mon pied est presque guéri.*

Ce que le Che ne peut savoir et qui n'est pas de bon augure pour la patrouille qu'il envoie au camp, c'est qu'à la fin juillet Hugo Silva et Eusebio, deux hommes du groupe de Vilo Acuña, ont déserté. Capturés par l'armée ils ont été envoyés à Lagunillas où ils ont été interrogés par les militaires et la CIA et torturés par le colonel Reque Terán. Et les 10 et 11 août, Silva conduit le capitaine Saravia jusqu'aux quatre grottes qui servent de dépôt aux guérilleros.

L'armée découvre des munitions, des médicaments, des documents et des photos très importantes. À cause d'une erreur des militaires, la nouvelle se répand, elle est publiée dans le journal *Presencia* et diffusée à la radio. Le Che l'apprendra quelques jours plus tard. *Journée noire. Crise en ce qui concerne les activités, aucune nouveauté, mais le soir nous avons appris en écoutant les informations la prise de la grotte vers laquelle se dirigent nos envoyés ; ils ont donné tant de détails précis que cela ne fait aucun doute. Je suis maintenant condamné à souffrir de mon asthme pour un temps indéfini. Ils nous ont aussi pris des documents de toutes sortes et des photos. C'est le coup le plus dur qu'ils nous aient porté ; quelqu'un a parlé.* Aux pertes matérielles s'ajoutent les risques énormes que courent les hommes partis à la recherche de médicaments.

Parmi le matériel pris par l'armée, il y a une série de photographies, un manuscrit du Che sur l'économie politique latino-américaine, son passeport, des pellicules et bien sûr les médicaments contre l'asthme. La photo du passeport de « Benítez » coïncide avec celle qui a été découverte antérieurement. Nouvelle preuve de la présence du Che en Bolivie.

Le 16 août, la monture du Che lui joue à nouveau un mauvais tour : *La mule m'a proprement jeté par terre en se piquant sur un bout de bois, mais je ne me suis rien fait ; mon pied va mieux.* Le lendemain, ils atteignent la rivière Rosita. Pénurie de vivres, peur d'alerter l'armée en chassant au fusil. Journée épuisante le 19 août, Pacho note : « Les blessures faites par la balle qui m'a transpercé sont cicatrisées, il faut encore que l'entrejambe cicatrise. Mes testicules vont bien. » Une semaine plus tard, après avoir été à plusieurs reprises en contact visuel avec l'armée, les guérilleros tendent une embuscade, mais l'empressement d'Olo Pantoja à tirer trop tôt, permet aux soldats de réagir. *Inti et Coco leur sont tombés dessus par-derrière, mais les soldats se sont abrités et les ont repoussés. Tandis que je les observais, je me suis aperçu que des balles tirées par les nôtres passaient très près d'eux, je suis parti en courant et je suis tombé sur Lucio Galván qui tirait sur eux car Olo Pantoja ne l'avait pas prévenu. J'étais dans une telle colère que j'ai perdu tout contrôle, et j'ai maltraité Olo*.

Lorsqu'ils se replient, l'armée ne les suit plus. Mais leur préoccupation majeure n'est pas là, c'est le manque de nourriture et d'eau. Le 27 août, le Che note : *Nous avons passé la journée à chercher désespérément une issue, et le résultat n'est pas encore concluant ; nous sommes près du Rio Grande, nous avons déjà passé Yumao, mais d'après les nouvelles il n'y a pas de nouveau gué, de sorte que l'on pourrait passer par là et continuer par le rocher escarpé de Manuel Hernández, mais les mulets n'y arriveront pas. On peut aussi traverser une petite chaîne de montagnes et continuer ensuite vers le Rio Grande-Masicuri, mais nous ne saurons que demain si c'est faisable*. Pacho ajoute : « Pas de nourriture, pas d'eau. »

Heureusement le groupe dirigé par Dariel, qui était allé chercher les médicaments au camp, réapparaît. *Ça a été toute une odyssée car il y avait des soldats à Vargas et à Yumao, et ils se sont presque heurtés, puis ils ont suivi une troupe qui après avoir descendu le*

Saladillo, a remonté le Ñancahuazú, et ils ont trouvé près du torrent Congri trois raidillons ouverts par les soldats. La grotte de l'Ours, où ils sont arrivés vers le 18 août, est un campement antiguérillero où il y a environ cent cinquante soldats. Là, ils ont failli être surpris, mais ils ont réussi à faire demi-tour sans être vus.

La soif est maintenant pire que la faim. Le 29 août, le Che écrit : *Journée pénible et angoissante. Les hommes qui ouvrent le chemin à la machette ont très peu progressé et, à un moment donné, ils se sont trompés de route en croyant se diriger vers Masicuri. Nous avons campé à 1 600 mètres d'altitude, dans un endroit relativement humide où pousse une espèce de petite canne dont la pulpe trompe la soif. Quelques camarades, Jaime Arana, Eustaquio et Chino sont complètement anéantis par le manque d'eau.* Pacho précise dans son journal : « On a fait cuire six boîtes de haricots de la réserve et on a fait un bouillon avec de la viande de cheval pourrie et pleine de vers. »

Le lendemain, le Che dit : *La situation devient angoissante ; les hommes qui débroussaillent à la machette se sont évanouis ; Manuel Hernández et Adriazola ont bu leur urine, Chino a fait de même, résultat : diarrhées et crampes.* Heureusement Tamayo et Alarcón trouvent de l'eau au fond de la gorge.

Dans son résumé du mois, le Che écrit : *Ce fut sans aucun doute le mois le pire en ce qui concerne la guerre. La perte de toutes les grottes avec les documents et les médicaments qui s'y trouvaient a été un coup dur, surtout psychologiquement. La perte de deux hommes à la fin du mois et la marche qui a suivi à coups de viande de cheval (lors de la traversée de la montagne de San Marcos) ont démoralisé les guérilleros ; et à cela s'ajoute le premier cas (intention) d'abandon de la part d'Orlando Jiménez, ce qui en soi serait plutôt une bonne chose, mais pas dans ces circonstances. Le manque de contact avec l'extérieur et avec Joaquín, et le fait que les hommes de son groupe, pris par l'armée, aient parlé, ont encore contribué à démoraliser la troupe. Ma maladie a fait perdre confiance à certains, et cela se reflète dans le seul accrochage que nous ayons eu où nous n'avons fait qu'un seul blessé, alors que nous aurions dû causer des pertes à l'ennemi. Par ailleurs la marche difficile et sans eau dans les montagnes a fait ressortir certains traits négatifs des hommes.*

Nous traversons un moment critique pour notre moral et notre légende révolutionnaire.

Le Che ne sait pas que la situation va encore se dégrader. Le 31 août, un événement très grave pour la survie de la guérilla va se produire. Une patrouille commandée par le capitaine Vargas Salinas rôde autour de la maison de Honorato Rojas en attendant le retour des guérilleros. Le paysan Honorato, recruté comme guide par l'armée, a avoué avoir eu des contacts avec le Che en mars et s'est engagé à collaborer avec les militaires. Or, vers la fin du mois d'août, le groupe de Vilo Acuña, dans une tentative désespérée pour reprendre contact avec le Che, décide de se rendre chez Honorato pour avoir des nouvelles. L'expédition dirigée par Gustavo Machín arrive chez le paysan qui accepte de les conduire jusqu'à un gué non loin de là. Ce que les guérilleros ne savent pas, car ils sont restés sur le pas de la porte à cause des chiens qui aboient férocement, c'est que, tandis qu'ils parlent avec Honorato, deux soldats sont à l'intérieur de la maison.

Quelques heures plus tard, l'armée est alertée et Vargas prépare une embuscade avec Honorato. Le paysan portera une chemise blanche et conduira les guérilleros jusqu'à un gué du Rio Grande où il les laissera pour revenir chez lui. Le Che et ses hommes sont alors à moins d'une quarantaine de kilomètres de là.

Vers 5 heures et demie du matin, la colonne des guérilleros apparaît au gué du Yeso. Vargas écrit : « Celui qui est entré dans l'eau était un homme grand, robuste et brun, il portait un sac à dos comme tous les autres et une arme que je n'arrivais pas à distinguer. Ils sont tous arrivés au gué, y compris Tania. » Honorato Rojas s'est retiré. La colonne est conduite par Israel Reyes qui porte une mitraillette dans la main gauche et une machette dans la main droite. Il se penche pour boire de l'eau de la rivière et fait signe à ses camarades de le suivre. Le groupe est formé de neuf guérilleros. Soudain les tirs commencent, Israel est le seul à pouvoir réagir, il tire et tue un soldat. Vilo Acuña, Gustavo Machín et Moisés Guevara tombent morts dans le courant. En voyant Tania blessée, le médecin Fredy Maimura essaye de la sauver et se laisse emporter par le courant. José Castillo se rend et est fait prisonnier.

Maimura sortira Tania de l'eau, morte. Certaines sources disent qu'il sera fait prisonnier peu après, d'autres disent qu'il errera plusieurs jours par les sentiers avant d'être arrêté par l'armée et assassiné. Castillo sera emmené à Vallegrande, où il sera interrogé par les renseignements militaires et la CIA.

Le 1er septembre, le Che, à la recherche de l'arrière-garde, suit le torrent qui mène à la maison de Honorato Rojas. À la tombée de la nuit, il découvre qu'elle est vide, *mais elle s'est agrandie de plusieurs baraquements pour l'armée, abandonnés pour le moment. Nous avons trouvé de la farine, de la graisse, du sel et des chevreaux. Nous en avons tué deux pour les manger avec la farine, nous avons attendu le festin toute la soirée à cause de la préparation.*

Cela, à peine vingt-quatre heures après l'embuscade tendue à Joaquín.

CHAPITRE 54

« Partir et chercher des zones plus propices »

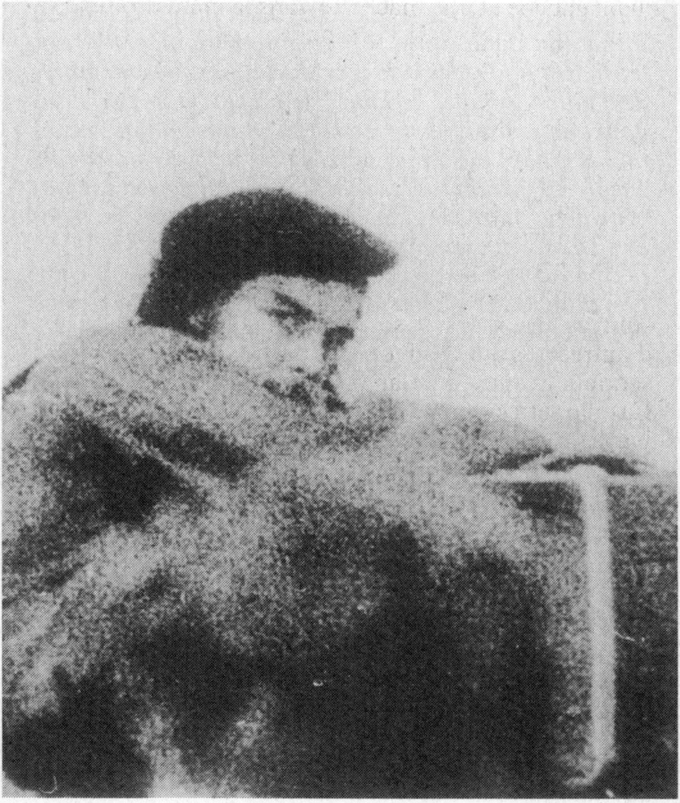

Le 2 septembre, le Che apprend par la radio l'anéantissement de l'arrière-garde. Pendant trois jours il doutera de la véracité de cette nouvelle, bien que différentes radios donnent de plus en plus de détails. Et, comme s'il s'efforçait de ne pas y croire tout à fait, il n'abordera plus ce sujet jusqu'au jour où il fait son bilan du mois de septembre : *Par ailleurs, parmi les nouvelles données sur la mort des membres de l'autre groupe, certaines semblent vraies et nous pouvons considérer le groupe comme liquidé, néanmoins il n'est pas impossible qu'un petit noyau circule encore en évitant tout contact avec l'armée, car la nouvelle de la mort simultanée de sept guérilleros est peut-être fausse ou du moins exagérée.*

Quand le Che accepte finalement la réalité, il comprend qu'il doit quitter la zone avec le reste du groupe des guérilleros. Le premier jour, après un accrochage avec un soldat isolé, il entreprend une marche en direction du nord-est. Le dimanche 3 septembre, son avant-garde arrive chez un gros propriétaire terrien où campent quarante soldats : *Il y a eu un engagement confus au cours duquel les nôtres ont tué au moins un soldat, celui qui avait un chien ; les soldats ont réagi et les ont encerclés, mais ils se sont rapidement retirés devant leurs cris ; nous n'avons pas réussi à prendre le moindre grain de riz.*

La marche pour sortir de la zone se poursuit. Les guérilleros voient des traces partout et les paysans leur donnent des renseignements sur le passage de la troupe. Le Che écrit : *Se rappeler que l'essentiel est de ne pas subir de pertes ; la plus grande prudence est recommandée.*

Cinq jours après avoir reçu un message de La Havane, ils réussissent à le déchiffrer. C'est un rapport sur les résultats de la conférence de l'OLAS à Cuba : ratification d'une grande convention de la gauche latino-américaine pour relancer le projet de guérilla continentale et approbation à la majorité des propositions guévaristes, malgré l'opposition de certains partis communistes plus proches de Moscou. *La délégation bolivienne était une merde ; Aldo Flores du PCB a prétendu être le représentant de l'ELN ; il a fallu le démentir.* Enfin, une note finale les informe de la perquisition de la maison du Dr Lozano, un des hommes du réseau urbain.

Le 6 septembre, la guérilla affronte une nouvelle patrouille de l'armée guidée par des chiens. Le Che reste coupé des huit hommes qui tiennent l'embuscade pendant plusieurs heures. *Cependant Manuel Hernández est revenu avec tous ses hommes, en coupant à travers la forêt.* L'armée est passée à côté de lui sans le voir et sans que les guérilleros eux-mêmes s'en aperçoivent.

Le Che pense être au milieu d'une grande concentration de soldats et avance avec précaution dans la forêt. *L'aviation ne nous cherche pas par ici bien qu'elle soit arrivée au campement, et la radio annonce que je dirige le groupe. La question est donc : ont-ils peur ? C'est peu probable. Pensent-ils qu'il est impossible de passer par en haut ? Vu ce que nous avons déjà fait, ce qu'ils savent, je ne le crois pas. Nous laissent-ils avancer pour nous attendre à un point stratégique ? C'est possible. Croient-ils que nous allons rester dans la zone de Masicuri pour nous ravitailler ? C'est aussi possible.*

La radio commerciale est toujours leur seul contact avec l'extérieur ; parfois les nouvelles qu'elle donne provoquent la colère du commandant : *Un journal de Budapest critique Che Guevara : figure pathétique et paraît-il irresponsable, et salue l'attitude marxiste du Parti chilien qui prend des mesures pratiques face à l'action. Comme j'aimerais arriver au pouvoir, rien que pour démasquer les lâches et les laquais de tout poil et leur mettre le nez dans leur merde.* Deux jours plus tard il s'en prendra à la radio cubaine : *Radio La Havane a annoncé que l'OLAS avait reçu un message de soutien de l'ELN ; miracle de la télépathie !*

Ils remontent le Rio Grande dans de terribles conditions, au cours d'une traversée à la nage, le Che perd ses chaussures, Ñato Méndez lui fabrique des sandales. Ils perdent aussi des armes et des mules de portage, le Dr De la Pedraja est dans une très mauvaise condition physique et le Che continue à avoir de l'asthme. Il y a des jours où il n'arrive pas à dormir. *J'allais oublier de relater un événement : aujourd'hui, après un peu plus de six mois, j'ai pris un bain. C'est un record que plusieurs camarades atteignent aussi.* Des conflits naissent entre les guérilleros pour des petits riens, discussions sur la nourriture, refus de porter des charges. Ils avancent complètement épuisés, escaladent des parois rocheuses presque infranchissables, traversent des petites rivières. Un jour, Olo Pantoja voyant cinq soldats marcher dans un sentier, prévient le Che. *En fin de compte ce n'était qu'une hallucination, c'est dangereux pour le moral de la troupe, on s'est aussitôt mis à parler de psychose. Alors j'ai parlé avec Olo et, manifestement, il n'est pas normal ; il s'est mis à pleurer, il a dit qu'il n'avait pas de problèmes particuliers et que c'était seulement dû au manque de sommeil car il était de corvée depuis six jours (depuis le jour où il s'est endormi à son poste et qu'il n'a pas voulu le reconnaître).*

Barrientos, reniant toutes ses déclarations antérieures, accepte la version nord-américaine et annonce à la radio que le Che est mort et que les nouvelles de sa présence en Bolivie ne sont que de la propagande ; mais curieusement, le même jour, l'armée bolivienne offre plus de 4 000 dollars à celui qui donnera des renseignements permettant de capturer le Che mort ou vif. L'ambassadeur américain, Henderson, rit de la contradiction. Mais le même genre d'ambiguïté existe au sein de la direction de la CIA et dans l'entourage de Johnson qui continuent à douter que le Che soit vivant et qu'il agisse en Bolivie.

Ceux qui n'ont plus de doutes, ce sont les agents de la CIA qui travaillent sur le terrain, sous la direction de Félix Rodríguez, et qui ont interviewé José Chávez et lu le journal d'Israel Reyes, fait prisonnier dans l'embuscade du gué du Yeso. Les nouveaux renseignements qu'ils obtiennent leur permettent maintenant de distinguer clairement le groupe de Vilo Acuña, l'arrière-garde récemment anéantie, du corps de la guérilla dirigé par le Che. Ils savent désormais qui ils cherchent et connaissent l'importance du groupe des guérilleros.

Le 15 septembre, la radio annonce au Che de très mauvaises nouvelles : Loyola Guzmán, la trésorière de l'ELN, cadre essentiel du réseau urbain, a été arrêtée à La Paz. Identifiée grâce à des photos trouvées dans les grottes, puis arrêtée, elle a essayé de se suicider en se jetant par la fenêtre du palais du gouvernement. Son arrestation provoque des manifestations étudiantes, des protestations de la part des professeurs et la publication de manifestes par des intellectuels. Les parents de plusieurs guérilleros sont arrêtés et persécutés. C'est le ministre de l'Intérieur, Antonio Arguedas, conseillé par la CIA, qui est derrière cette opération. Le réseau urbain est désormais pratiquement inopérant ; il ne reste plus que Rodolfo Saldaña, qui reçoit la visite d'un agent cubain dont le pseudonyme est Natacha, mais il ne peut pas reprendre contact avec la guérilla.

Le 19 septembre, le Che note dans son journal : *Signe des temps, je n'ai plus d'encre.* Deux jours plus tard, lors d'une marche nocturne en pleine montagne, le Che constate sur son altimètre qu'ils sont à 2 040 mètres d'altitude. *Les habitants ont très peur et tentent de nous fuir. Nous avons perdu beaucoup de temps faute de mobilité.* Ils mettent quatre heures et demie pour parcourir les deux dernières lieues. Le lendemain, en arrivant au village d'Alto Seco, situé à environ 35 kilomètres au sud de Valle Grande, ils sont accueillis par de furieux aboiements, mais voyant que les guérilleros ne leur prêtent pas attention les chiens finissent par se taire. *C'est un petit bled de cinquante maisons, situé à 1 900 mètres d'altitude, on nous a reçus avec un mélange bien dosé de peur et de curiosité.*

Inti et le Che organisent une réunion dans l'école, un groupe de paysans les écoute en silence. Des années plus tard, l'un d'eux se rappellera les paroles du Che : *Demain les militaires viendront, ils sauront que vous existez et comment vous vivez. Ils construiront une école et un dispensaire, ils arrangeront la route qui mène à Valle Grande, ils feront fonctionner le téléphone et apporteront de l'eau...* Le Che disait vrai, ils ont construit une école et un dispensaire et installé le téléphone, mais maintenant c'est pire qu'avant, le téléphone ne marche plus, il n'y a ni médecin ni médicaments dans le dispensaire et la route est défoncée.

Interrogés plus tard par la police, les paysans assureront qu'il y avait deux Noirs qui parlaient portugais (!) parmi les guérilleros et que le Che semblait malade et exténué.

Le 24 septembre, la guérilla arrive au hameau de Loma Larga. Le Che *souffre d'une crise de foie et de vomissements, les hommes sont épuisés par ces marches vaines.* Les paysans fuient en les voyant. Des rumeurs les précèdent, mais d'après les nouvelles, l'armée n'a pas pénétré dans cette zone. Deux jours plus tard ils atteignent le village d'Abra de Picacho, en pleine fête. Un paysan racontera : « Don Che est arrivé à dos de mulet, suivi par d'autres bêtes chargées de vivres. Il est resté trois heures avec nous. Il a bu de la *chicha*, mais il n'a pas voulu danser car il disait qu'il était fatigué. Quand il est parti, nous lui avons dit d'éviter La Higuera et de passer par la montagne, mais il semblait se méfier de nous et il est parti par en bas, par le Yuro. » *En arrivant à La Higuera tout a changé : les hommes avaient disparu, il ne restait que quelques femmes. Coco s'est rendu chez le télégraphiste (car il y avait le téléphone) et il a rapporté une communication du 22 dans laquelle le sous-préfet de Valle Grande informe le maire qu'ils avaient appris la présence de guérilleros dans la zone et que toute nouvelle information à ce sujet doit être communiquée à Valle Grande où on paiera les frais. Le télégraphiste s'était enfui.*

Ninfa Arteaga, la femme du télégraphiste, raconte : « Ils étaient faibles et affamés. Ils ont mangé jusqu'à satiété et ils ont dit qu'ils ne nous oublieraient jamais... Le médecin était du Béni. Il nous a si joliment parlé de l'avenir, si la guérilla triomphait. Il a dit qu'il y aurait des médecins et des médicaments. On reconnaît tout de suite les gens. On sait s'ils sont bons ou mauvais.

En sortant du village, l'avant-garde tombe dans une embuscade tendue par le bataillon Galindo. Dariel Alarcón, qui marche en tête, s'arrête pour enlever un caillou de sa chaussure et sort sain et sauf de la première rafale de balles qui foudroie Manuel Hernández, Mario Gutiérrez Ardaya et Coco Peredo, mais alors qu'il essaye de récupérer le corps de Coco et le met sur ses épaules, une balle transperce le corps de son ami et le blesse.

Le Che organise la défense dans le village. *Peu après Alarcón est arrivé, blessé, suivi d'Aniceto et de Francisco Huanca avec un pied en mauvais état.*

Deux combattants boliviens ont disparu dans le combat, Antonio Dominguez et Camba Jiménez. *L'arrière-garde est partie rapidement par le chemin et je l'ai suivie, toujours avec les deux mules ; ceux de derrière ont reçu le feu tout près et ont pris du retard et Inti a perdu le contact. Après l'avoir attendu une demi-heure dans une petite embuscade et avoir essuyé des tirs provenant de la montagne, nous avons décidé de le laisser, mais il nous a rejoints peu après.*

C'est alors qu'Inti apprend la mort de son frère : « Je ne l'ai pas vu mourir. Et je n'ai pas versé une larme, c'est une question de caractère, je pleure très difficilement. » *Cette fois-ci nos pertes ont été très lourdes, la plus importante est celle de Coco, mais Manuel Hernández et Mario Gutiérrez étaient de magnifiques combattants, et la valeur humaine de ces trois hommes était incommensurable. Antonio Dominguez peignait bien.*

La fuite de Dominguez, qui est au courant de la route qu'ils pensent suivre, oblige le Che à modifier ses plans, mais leur encerclement par l'armée rend les choses difficiles. La nuit suivante, avant de faire une tentative pour sortir de la zone, le Che réunit les survivants et donne aux Boliviens le choix d'abandonner la colonne, personne n'accepte. Et d'après Alarcón, il dit aux Cubains : *Nous sommes le fleuron de la révolution cubaine, et ce fleuron, nous le défendrons jusqu'au dernier homme, jusqu'à la dernière balle.*

Accepte-t-il effectivement sa défaite et se prépare-t-il à en assumer les ultimes conséquences ? Ce n'est pas la première fois qu'il se trouve dans une situation limite, et il n'est certes pas homme à céder devant l'adversité, mais au cours de ces deux derniers mois, il a perdu une douzaine de ses amis, il s'est complètement isolé, il ne peut plus faire appel ni au réseau urbain pratiquement détruit ni à la lointaine arrière-garde de La Havane et il n'a pas de base d'appui solide chez les paysans ; pourtant, si ce qui compte ce sont les actes, le Che ne parle pas de défaite et il ne dit pas non plus qu'il est prêt à se rendre ou même à se replier.

Pendant ce temps, stimulée par les rumeurs et encouragée par les agents de la CIA, l'armée se décide à envoyer le bataillon de rangers qui s'entraîne à La Esperanza, dans la zone de Vallegrande. L'identification des morts et les informations données par les déserteurs confirment que le Che et son groupe se trouvent dans cette zone, que le commandant Guevara est malade et que le groupe est affaibli ; à partir de là, l'armée peut organiser sa stratégie.

Le 28 septembre, le Che écrit : *Jour d'angoisse, au point que nous avons pensé que ce serait le dernier.* Chaque fois qu'ils essayent de sortir de la gorge, ils tombent sur des soldats. À 10 heures du matin, *un groupe de quarante-six hommes a mis des siècles à s'éloigner. À midi un autre groupe de soixante-dix-sept hommes est apparu, et, pour comble, on a entendu un coup de feu juste à ce moment-là et les soldats ont pris position ; l'officier leur a donné l'ordre de descendre dans un ravin qui semblait être le nôtre, mais finalement, après avoir communiqué par radio, ils ont eu l'air satisfaits et ils ont repris leur marche. Notre refuge n'est pas protégé contre une attaque d'en haut et s'ils nous avaient découverts, nous n'aurions eu aucune possibilité d'en réchapper*. Pacho écrira dans son journal : « Pour aussi prudents que nous étions, il nous semblait que les boîtes de sardines en s'ouvrant faisaient un terrible raffut. »

Ils passent trois jours enfermés dans la gorge, les reconnaissances ne donnent pas d'issue. La radio chilienne annonce que le Che est enfermé dans un canyon en pleine forêt bolivienne. Le troisième jour, ils continuent à voir passer des patrouilles et, finalement, à 10 heures du soir, ils décident de se mettre en marche avec le médecin et Alarcón en mauvais état et ils réussissent à sortir de cette souricière. Le Che avouera à Pacho : *C'est une deuxième naissance.*

Dans son bilan du mois, le Che écrit : *La tâche la plus importante est de partir et de chercher des zones plus propices ; ensuite, il faut rétablir les contacts, bien que le réseau soit entièrement démantelé à La Paz où nous avons également été durement touchés. Le moral du reste de la troupe s'est relativement bien maintenu, je n'ai de doutes que sur Simon Cuba qui risque de profiter d'un branle-bas pour s'enfuir seul si je ne parle pas avec lui.*

D'après Pacho : « Seule la voix du Che fait marcher les guérilleros. » Aiguillonnés par cet homme qui semble inoxydable et invincible, ils arrivent à un nouveau campement dans une clairière, et le Che leur accorde un temps de repos. *J'ai décidé de rester ici un jour de plus car l'endroit est bon et permet une retraite aisée, étant donné qu'on domine pratiquement tous les mouvements des troupes ennemies.*

Les deux nuits suivantes, ils marcheront dans l'obscurité, anxieux et sans eau, cherchant toujours à sortir de l'encerclement.

CHAPITRE 55

La gorge du Yuro

Le dernier combat du Che en Bolivie restera un cruel souvenir gravé, figé et récurrent dans la mémoire des guérilleros survivants, et la question : aurait-il pu en être autrement ? se reposera toujours.

Le 4 octobre, le Che conduit son équipe de désespérés privés d'eau par monts et par vaux, le plus vite possible compte tenu des contraintes imposées par la prudence. Son journal montre qu'il est encore capable de rire des militaires : *La radio dit... que si les forces de la IVe Division me capturent, je serai jugé à Camiri et que si ce sont les forces de la VIIIe Division, je serai jugé à Santa Cruz.*

La nuit suivante, ils suivent un sentier muletier. Dariel et Pacho marchent devant, ils cherchent de l'eau. *Alors qu'ils finissaient d'explorer les lieux, ils ont vu six soldats se diriger vers la maison, ils avaient l'air d'être de passage. Nous sommes sortis à la tombée de la nuit, les hommes étaient épuisés par la soif, et Lucio Galván se donnait en spectacle en pleurant pour une gorgée d'eau. Après une très mauvaise marche jalonnée d'arrêts, nous sommes arrivés au petit matin dans un petit bois et nous avons entendu des chiens aboyer non loin de là.*

Le 6 octobre, les dix-sept guérilleros conduits par le Che trouvent de l'eau et décident de camper là temporairement. Pacho écrit dans son journal : « Je confonds les jours entre eux, nous marchons à n'importe quelle heure, principalement la nuit, le jour nous nous relayons pour les gardes et nous tendons des embuscades, je ne sais plus quand les jours finissent et quand ils commencent. »

Le même jour, la revue *Life* publie un grand reportage illustré : « *Bolivian pictures of missing Che*

Guevara ». Les photos publiées et vues par la planète entière provoqueront la surprise et renforceront le mythe guévariste. Elles proviennent du matériel trouvé dans les grottes et vendu par quelque militaire à la revue américaine. Sur l'une d'elles, on voit Juan Pablo Chang au premier plan et le Che, derrière, fumant un cigare. Sur une seconde photo d'un campement, on distingue clairement le Che assis dans l'herbe sur une colline, entouré d'une douzaine de guérilleros parmi lesquels Coello, Pacho et Olo Pantoja.

Le 7 octobre, le Che écrira : *Ce onzième mois depuis le début de la guérilla s'est terminé sans complications, de manière bucolique jusqu'à 12 heures 30, heure à laquelle une vieille femme est venue faire paître ses chèvres dans la gorge où nous campions et nous aurions dû la faire prisonnière. Elle ne nous a donné aucune information digne de foi sur les soldats, elle répondait à tout en disant qu'elle ne savait pas et que cela faisait longtemps qu'elle n'allait plus par là-bas*.

Inti, Aniceto et Francisco Huanca la raccompagnent jusque chez elle. La femme fait la sourde, elle dit qu'elle ne parle pas espagnol et qu'elle ne veut pas que les guérilleros entrent. C'est un spectacle désolant.

La nuit tombée, la troupe se remet en route au clair de lune : *La marche a été très fatigante et nous avons laissé de nombreuses traces dans la gorge où nous étions ; il n'y avait pas de maisons proches, mais il y avait des champs de pommes de terre irrigués par des petits canaux venant du torrent*. Ils aperçoivent une lumière dans l'obscurité, mais il est difficile de distinguer d'où elle vient exactement ; des années plus tard, on apprendra que c'était un paysan qui ramassait des pommes de terre et qui vit passer la guérilla. Les guérilleros marchent très lentement à cause de Juan

Pablo Chang qui est épuisé et qui perd ses lunettes sans lesquelles il ne voit rien ; le médecin est aussi complètement anéanti physiquement. La radio annonce que l'armée encercle la guérilla entre le Rio Grande et l'Acero, ce qui, cette fois, est vrai. Alarcón racontera plus tard : « Il semble que tout soit contre nous : les mois d'entraînement, la faim, le dénuement, les maladies, la soif, l'isolement et maintenant Radio Bemba (expression cubaine pour désigner la rumeur publique) qui dit que nous avons été détectés. L'armée déclare sur les ondes que notre anéantissement n'est plus qu'une question d'heures. »

Soudain un rocher escarpé barre la route. Les hommes s'arrêtent. Au sommet du rocher il y a une brèche d'un mètre cinquante par-dessus laquelle il faut sauter, et dans le trou il y a un puits d'eau glacée. Alarcón se souvient : « Le Che nous regardait. Personne ne voulait se lancer et escalader le premier ce rocher. L'homme n'est pas un chat... Alors il a dit qu'il le ferait et il s'est mis à grimper en s'agrippant à la paroi. » *À 2 heures nous nous sommes arrêtés pour nous reposer, car il était inutile de continuer à avancer.*

À 4 heures 30 du matin, après deux heures de repos seulement, le groupe est à nouveau sur pied. Ils suivent une nouvelle gorge, la gorge du Yuro.

Le Che l'appelle la gorge du Churo, les Cubains disent Yuro. Cette gorge, des milliers d'yeux l'ont vue sans jamais y avoir été, ils ont vu ses versants rocailleux qui culminent en monts pelés, échancrés de ravins couverts de forêt vierge au fond desquels dévalent des torrents. Une gorge de merde, sans importance, à mille lieues de tout.

À 5 heures 30 du matin, le 8 octobre, le Che donne l'ordre de faire trois reconnaissances, une sur le flanc gauche avec Dariel Alarcón et Pacho, une autre devant avec Tamayo et Ñato Méndéz et une troisième également devant avec Adriazola et Aniceto.

Alarcón raconte : « Nous étions en reconnaissance... et Pacho m'a dit : Regarde, il y a un homme ! J'ai vu un premier soldat qui se dressait comme une sentinelle. Puis un autre s'est levé devant, le jour commençait à poindre. Quand nous avons vu qu'ils étaient nombreux à se lever, nous nous sommes baissés. »

Le Che ordonne alors de lever l'embuscade et aux trois groupes en reconnaissance de se replier. Inti Peredo raconte : « Nous ne pouvions pas retourner en arrière car le sentier que nous avions pris était à découvert et faisait de nous des proies faciles. Nous ne pouvions pas non plus avancer car cela signifiait marcher droit sur les positions ennemies. Che prit alors la seule décision possible, il donna l'ordre de se cacher dans une petite gorge latérale et organisa la prise de positions. Il était à peu près 8 heures 30 du matin. Nous étions tous les dix-sept, assis au centre et de chaque côté de la gorge, à attendre. Notre grand dilemme à tous était de savoir si l'armée avait découvert notre présence. »

Les rangers ont ratissé une zone beaucoup plus large, mais ils n'ont pas eu de contact avec la guérilla qu'ils situent dans le périmètre d'encerclement de l'accrochage du 1er octobre.

Le 8 octobre à l'aube, le paysan, Pedro Pena, qui a vu les guérilleros passer près de son champ de pommes de terre, se présente au camp voisin du sous-lieutenant Carlos Peréz pour les dénoncer.

Deux pelotons de la compagnie A du bataillon des rangers se dirigent vers la gorge après avoir informé leur capitaine, Gary Prado. Ce dernier les rejoint avec des mortiers et des mitrailleuses à la jonction des gorges du Churo et de la Tusca où il établit son poste de commandement et il donne l'ordre aux rangers d'investir les hauteurs de la gorge.

Le Che, ne connaissant pas le nombre d'hommes auxquels il a affaire, décide de se replier vers le fond de la gorge et d'attendre la tombée de la nuit pour gagner la falaise et rompre l'encerclement.

Vers 11 heures 30, le Che envoie Aniceto et Ñato Méndez pour remplacer Tamayo et Villegas qui se trouvent à l'extrémité de la gorge. Alarcón raconte : « Quand Aniceto part pour exécuter cet ordre et qu'il longe le versant du ravin, il entend l'armée au-dessus de lui et, poussé par la curiosité, il se penche. De là où je suis, je le vois, mais je ne peux l'alerter, je ne peux lui parler car on nous aurait découverts. » Un soldat le voit et le tue d'une balle dans la tête. Le groupe d'Alarcón et d'Inti se met à tirer et blesse un militaire. « Trois soldats et un sergent viennent lui porter secours, nous leur tirons également dessus. » Prado informe La Higuera que ses hommes sont entrés en action et demande un hélicoptère pour récupérer les blessés.

Le sommet de la falaise de gauche est prévu comme point de ralliement, mais on ne peut pas y accéder car l'armée occupe le passage. De là où ils sont embusqués, Dariel Alarcón, Inti et Adriazola répondent au feu de l'armée qui commence à lancer des grenades au fond de la gorge, là où se trouve le groupe du Che. Inti raconte : « Nous ne tirions que lorsqu'ils faisaient feu sur nous pour ne pas nous faire repérer et pour économiser nos munitions ; de là où nous étions, nous avons mis hors combat plusieurs soldats. »

Les tirs durent trois heures. Vers 2 heures 30 de l'après-midi, le Che a probablement donné l'ordre à Francisco Huanca de se replier avec les hommes qui sont dans le plus mauvais état physique : le médecin péruvien De la Pedraja, Lucio Galván et Jaime Arana ; et avec le reste de son groupe (Pacho, Simon, Chino, Olo Pantoja et René) il retient les rangers. Prado envoie le peloton du sergent Huanca dans la gorge et ordonne d'orienter la mitrailleuse et les mortiers vers le point de conjonction des deux gorges, là où il pense que les guérilleros vont tenter de rompre l'encerclement.

Depuis sa position privilégiée, Alarcón observe les premiers mouvements du groupe du Che. Lui et ses compagnons pensent que le Che a réussi à rompre l'encerclement. Villegas et Tamayo sont sur une autre position en surplomb.

C'est à ce moment-là que le Che est blessé au mollet droit, environ dix centimètres au-dessus de la cheville, par une rafale, le chargeur de son fusil M-2 est détruit et son béret est transpercé d'une balle ; il est obligé de se replier à l'intérieur de la gorge. Son groupe se disperse.

Villegas raconte : « Il faut s'imaginer les lieux, un terrain très accidenté, plein de zigzags et de collines qui s'enchaînent de telle sorte qu'à 300, 400 ou 500 mètres de distance on ne voit pas ce qui se passe d'une position à l'autre. » Les seize guérilleros survivants affrontent alors une centaine de rangers.

CHAPITRE 56

La capture

La dernière photo du Che vivant, 9 octobre 1967. Dans le village de La Higuera, après sa capture. À sa gauche l'agent de la CIA, Félix Rodríguez, portant l'uniforme des rangers boliviens. Le Che a été blessé à la jambe droite par une balle. Trois heures plus tard il sera assassiné dans l'école.

Vers 2 heures 30 de l'après-midi, trois soldats de la compagnie B des rangers, qui n'ont pas directement participé aux combats car ils ont la garde d'un mortier, voient avec surprise apparaître à quelques mètres d'eux, au sommet d'une colline, un guérillero avec son fusil en bandoulière qui porte ou plutôt traîne péniblement un autre guérillero blessé à la jambe et suffoquant.

Après une ascension de 60 mètres, Simon Cuba (dont le Che avait dit une semaine plus tôt *qu'il serait bien capable de profiter d'un branle-bas de combat pour tenter de s'enfuir seul*) arrive au sommet de la pente en soutenant le commandant Guevara presque incapable de marcher à cause d'une blessure à la jambe droite et d'une terrible crise d'asthme. Le Che porte encore le fusil M-2 dont il s'est servi lors du dernier combat.

Le caporal Balboa et les soldats Encinas et Choque les laissent avancer, puis Balboa leur crie de se rendre. Simon n'a pas même le temps de lever son fusil que les soldats le mettent en joue. On dit qu'il aurait alors crié : « Bon sang ! C'est le commandant Guevara, vous allez le respecter ! »

Les soldats, déconcertés, s'inclinent, et l'un d'eux aurait dit : « Je vous en prie, monsieur, asseyez-vous. » Puis, se remettant de leur surprise, ils prennent leurs armes aux prisonniers, le fusil de Simon, le M-2 enrayé du Che, son revolver et un poignard Solingen.

L'histoire de la capture du Che sort enfin des brumes ; mille fois racontée, elle l'a été mille fois de manière erronée. Il y a ceux qui ont menti pour s'introduire en douce dans l'histoire, ou à des fins politiques ; il y a ceux qui ont fait d'un souvenir partiel, un souvenir parfait auquel ils ont fini par croire ; et il y a ceux qui ont craintivement donné des éléments épars, par bribes, tout au long des vingt-cinq années qui ont suivi l'événement. Curieusement, ce sont des détails infimes qui obscurcissent encore la version finale, en particulier l'étrange mystère qui entoure le revolver Xalter PPK 9 mm du chef de la guérilla bolivienne.

Pacho Fernández Montes de Oca commence son journal du 1er octobre, c'est-à-dire une semaine avant les faits racontés ici, en disant : « Fernando me demande une cigarette et de mettre des balles dans le chargeur de son revolver. Il tient son revolver dans la main comme s'il était résolu à se suicider au cas où il serait fait prisonnier. Je suis dans les mêmes dispositions que lui. » Des années plus tard, Dariel Alarcón fera la réflexion suivante : « Il est évident que dans la frénésie du combat, ou pour tout autre raison inconnue, le Che a perdu le chargeur que Pacho lui avait préparé, et c'est ce qui l'a empêché de prendre une décision que personne ne pouvait ignorer connaissant son extraordinaire courage et son mépris de la mort. » Fidel Castro, lui-même, dit dans son introduction au *Journal du Che en Bolivie* : « On a pu savoir avec précision que le Che, blessé, a continué à se battre jusqu'à ce que le canon de son fusil M-2 ait été détruit d'un coup de feu et rendu totalement inutilisable. Le pistolet qu'il avait sur lui n'avait plus de chargeur. Ces circonstances incroyables expliquent qu'on ait pu le prendre vivant. »

La version de sa capture donnée un an plus tard par le ministre de l'Intérieur bolivien, Antonio Arguedas, confirme que le revolver n'avait pas de chargeur, mais dans les versions données par les militaires, dans l'inventaire des objets appartenant au Che et dans le rapport fait par le responsable des renseignements militaires, le colonel Saucedo, le pistolet apparaît comme étant muni de son chargeur.

Les militaires mentent-ils dans la version qu'ils ont donnée de la capture du Che, comme ils ont menti à maintes autres occasions ? Y avait-il volonté de se suicider chez le commandant Guevara au cas où il serait capturé ? A-t-il perdu son chargeur pendant le combat ? L'a-t-il utilisé après que son fusil eut été détruit ? Ou n'a-t-il tout simplement pas eu le temps de réagir au moment de sa capture, accablé par l'asthme et surpris par l'apparition inattendue des trois soldats ? Impossible de savoir.

Au-delà des petits mystères, les sources s'accordent sur les premiers contacts du Che avec les militaires qui le font prisonnier et sur la brève conversation qu'il aurait eue avec le caporal à ce moment-là :

— *Comment t'appelles-tu ?*

— Caporal N. Balboa Huayllas.

— *Quel beau nom cela ferait pour un commandant guérillero !*

Puis il offre des cigarettes Astoria aux soldats.

Le capitaine Gary Prado, dont le poste de commandement est situé à proximité, raconte (en parlant de lui-même à la troisième personne) :

« Un soldat vient aviser le commandant de la compagnie qui se trouve à une quinzaine de mètres :

— Mon capitaine, nous avons capturé deux hommes.

Le capitaine Prado arrive sur les lieux, observe les guérilleros et demande :

— Qui êtes-vous ?

— Willi, répond Simon Cuba.

— *Je suis Che Guevara*, dit l'autre.

L'officier sort une copie des dessins de Bustos et compare les visages, puis il lui demande de tendre la main gauche et il voit clairement sur le dos de sa main la cicatrice qui est un signe particulier d'identification. »

Un des rangers dira que le Che parlait « avec fierté, sans baisser la tête et sans quitter le capitaine des yeux ». Des années plus tard, Gary Prado dira de son ennemi, en parlant de l'image qu'il garde gravée pour toujours dans la mémoire : « Le Che avait un regard impressionnant, des yeux clairs, une chevelure presque rousse et une barbe assez longue. Il portait un béret noir, un uniforme de soldat très sale, une veste bleue avec une capuche, sa poitrine était pour ainsi dire dénudée, car sa chemise n'avait plus de boutons. »

Avec sa radio GRC9 qui date de la Seconde Guerre mondiale, Prado prend contact avec le village voisin d'Abra de Picacho, pour que son auxiliaire, le lieutenant Toti Agilera, communique avec Vallegrande, siège de la VIIIe Division. Il est 14 heures 50 quand le message envoyé par Aguilera à Saturno (nom codé du colonel Zenteno) est enregistré : « Trois guérilleros morts et deux grièvement blessés. Information confirmée par la troupe : Ramón est tombé. Sans confirmation de notre part. Deux morts chez nous et quatre blessés. »

Prado raconte à nouveau : « De retour à mon poste de commandement, j'ai pris certaines mesures. Nous étions installés à l'ombre d'un petit arbre, au bord de la gorge, mais dix mètres en surplomb et protégés par une petite dépression. J'ai donné l'ordre d'attacher les pieds et les mains des prisonniers avec leur ceinturon, les mains derrière le dos. »

Toujours d'après lui le Che aurait dit :

— *Ne vous en faites pas, capitaine, c'est fini.*

— Pour vous, oui, mais il y a encore quelques bons combattants qui rôdent par là et je ne veux pas prendre de risques.

Et le Che aurait répondu :

— *C'est inutile, nous avons échoué...*

En réponse à son message, le lieutenant Aguilera informe Prado qu'à Vallegrande on demande confirmation de la capture du Che. Les colonels, qui font la guerre à des kilomètres de la zone de combat, n'arrivent pas à y croire. À 15 heures 30, Prado envoie un second message par radio : « Chute de Ramón confirmée. J'attends des ordres, que doit-on faire ? Il est blessé. »

Une demi-heure plus tard, le colonel Andrés Selich quitte Vallegrande en hélicoptère pour La Higuera, le village le plus proche de la gorge du Churo. Vers 4 heures 30, l'hélicoptère survole la gorge et reçoit le feu des guérilleros qui continuent à combattre.

Deux avions chargés de napalm s'approchent de la zone de combat. Prado leur demande par radio de ne pas bombarder car les combats se déroulent à faible distance. Au fond de la gorge et dans la gorge adjacente, guérilleros et rangers se déplacent comme des ombres. Quelques minutes plus tard, un peloton de l'armée rencontre Olo Pantoja et René Martínez Tamayo ; un soldat est blessé et meurt peu après, deux autres sont blessés ; des grenades à main sont lancées sur les guérilleros et les tuent. Telle est la version officielle.

À 5 heures de l'après-midi, un communiqué laconique est envoyé de Vallegrande à l'état-major de l'armée à La Paz : « Chute de Ramón confirmée. » Ils ont mis deux heures et demie à se décider à informer l'état-major.

À peu près au même moment, un des trois groupes de guérilleros qui combat encore dans la partie haute de la gorge (Inti Peredo, Harry Villegas, Alarcón, Ñato Méndez, Leonardo Tamayo et Adriazola) et qui a réussi à échapper aux soldats boliviens, arrive au point de ralliement prévu par le Che. En chemin ils trouvent de la farine par terre et ils s'inquiètent : le Che n'aurait jamais permis cela. Ensuite ils voient la gamelle du

Che piétinée. Inti Peredo raconte : « Je l'ai reconnue parce que c'est une écuelle creuse en aluminium. Nous n'avons trouvé personne au lieu de rendez-vous, mais nous avons vu des traces de pas et les empreintes des sandales du Che, facilement reconnaissables car elles laissaient des traces différentes des autres. Mais plus loin les traces se perdaient. » Alarcón complète : « Nous avons vu le Che sortir et rompre l'encerclement, nous avons donc pensé qu'il était hors de danger, mais ce que nous n'avons pas vu, c'est qu'il est ensuite revenu pour porter secours à Simon et au Chino... Le combat a pris fin vers 5 heures. »

Où est le Che ? On continue d'entendre des tirs. Un autre groupe, celui des malades, conduit par Huanca, réussit à s'infiltrer, avec le médecin Morogoro, les Péruviens Cabrera et Galván, et Jaime Arana. Pacho, isolé des autres, se cache dans une grotte au fond de la gorge.

La nuit commence à tomber. Le capitaine Prado décide de se replier vers La Higuera, avec sa précieuse prise, le commandant Guevara.

Une étrange procession mortuaire se met en route. Une centaine de soldats effarés portent les cadavres de leurs compagnons et ceux d'Olo Pantoja et de René Tamayo sur des civières improvisées. Le Che, attaché et porté par deux autres soldats, est emmené avec Simon au milieu d'un important « dispositif de sécurité ».

La Higuera est à deux kilomètres et demi de là, en chemin ils rencontrent d'autres soldats blessés qui sont évacués. Le Che propose de les soigner, le capitaine Gary Prado refuse et l'accuse d'être responsable de la situation ; le Che lui répond, laconique : *C'est la guerre*. Le capitaine lui offre une cigarette blonde Pacific, mais le Che accepte une brune, une Astoria, que lui offre un des soldats.

Il doit être près de 7 heures du soir. Les hommes de la colonne ont l'ordre de ne pas adresser la parole aux guérilleros. De toutes les manières, le Che n'a plus dit un mot de tout le reste du chemin. Peut-être se souvient-il de ce qu'il a écrit sur la Bolivie lorsqu'il la parcourait pour la première fois : *Ici la vie humaine a peu d'importance, on la donne et on la quitte sans plus de simagrées.*

CHAPITRE 57

Les dix-huit heures de La Higuera

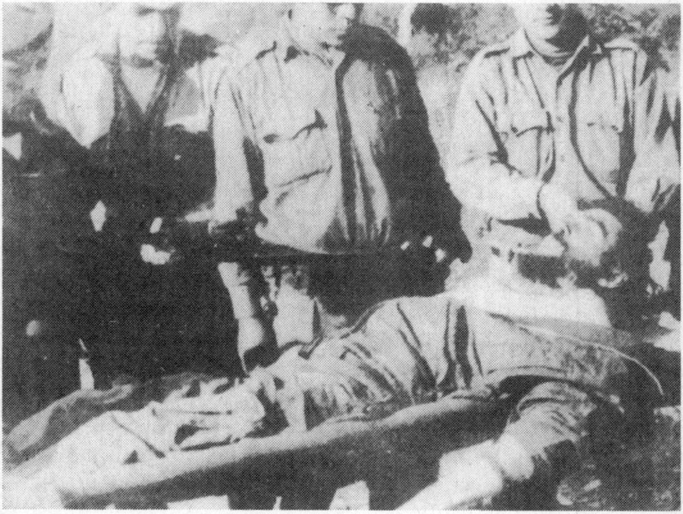

Le cadavre du Che à La Higuera, entouré des rangers boliviens.

Vers 7 heures et demie du soir, Ernesto Guevara, maintenant vaincu, entre pour la deuxième fois de sa vie à La Higuera, un village misérable, d'à peine trente maisons de torchis et de quelque 500 habitants, qui doit son nom aux figues que l'on y trouvait en abondance autrefois, plus aujourd'hui ; un village isolé dont le seul accès est un chemin muletier sur lequel les véhicules ne peuvent pas passer. La Higuera, un lieu où, selon la légende populaire, seules les pierres sont éternelles.

Quelques paysans terrorisés se pressent aux abords du village. Un vieil homme racontera vingt ans plus tard qu'il a vu passer le Che devant sa maison de La Higuera au milieu d'une procession, et qu'ensuite ils l'ont emporté dans le ciel... en hélicoptère..., ajoutera-t-il au bout d'un moment, comme s'il s'était résigné à accepter l'explication qu'on lui avait si souvent donnée, mais qui lui semble étrange face à la certitude qu'il était allé au Ciel.

Le major des rangers, Ayoroa, et le colonel Selich qui vient d'arriver en hélicoptère attendent le Che. Les prisonniers et les morts de la guérilla sont emmenés dans l'école, une maison de torchis, couverte de tuiles irrégulières, composée de deux pièces séparées par une cloison, avec une porte en bois mal encastrée dans le mur de briques sèches et de mortier. Dans l'une des pièces ils enferment Simon avec les cadavres d'Olo Pantoja et de René, dans l'autre le Che qu'ils détachent et à qui ils donnent une aspirine pour le soulager de la douleur causée par sa blessure à la jambe.

Chino, Juan Pablo Chang, blessé au visage, est maintenant avec eux dans l'école. A-t-il été arrêté en même temps ou plus tard ? Les versions sont contradictoires.

Il est 8 heures 30, Gary Prado télégraphie à nouveau le même message déjà envoyé à deux reprises au cours de l'après-midi : « Papa blessé. » Puis, avec le major Ayoroa et le colonel Selich, ils fouillent le sac à dos du Che : douze rouleaux de photos, deux douzaines de cartes corrigées au crayon de couleur par le Che, un transistor, deux petits « livres de clés » (clés servant à déchiffrer les messages codés), deux carnets où sont notés les messages reçus et envoyés, un cahier vert avec des poèmes et deux cahiers pleins de notes, s'agit-il de son journal ? On reconnaît l'écriture serrée et pressée du Che.

À 9 heures, Selich demande des instructions par téléphone à l'état-major de la VIIIe Division. Dix minutes plus tard on lui répond : « Les prisonniers de guerre doivent être gardés vivants jusqu'à réception des ordres du commandement supérieur. » Une heure plus tard, un nouveau message arrive de Vallegrande : « Garder Fernando vivant jusqu'à mon arrivée en hélicoptère demain matin à la première heure. Colonel Zenteno. »

Les trois officiers supérieurs tentent d'interroger le Che, ils n'obtiennent pas grand-chose, le Che refuse de leur parler. D'après Prado, Selich lui aurait dit : « Et si on te rasait d'abord la barbe ? » Et il a essayé de lui arracher les poils de la barbe, alors le Che l'a frappé.

Mais d'après le télégraphiste de La Higuera, Selich va plus loin. Devant le refus du Che de donner la moindre information, il va jusqu'à le menacer de mort et lui prend ses deux pipes et sa montre.

Le village est en état d'alerte, on s'attend à tout moment à être attaqué par les guérilleros survivants. Deux rangées de soldats en cercle autour de l'école et une sentinelle montent la garde.

À 22 heures 10, « Saturno » (Zenteno), qui dirige la VIIIe Division à Vallegrande, envoie à La Paz, au commandant en chef de l'armée, le général Lafuente, un message codé concernant l'épineuse affaire de la capture du Che :

« Fernando (le Che) 500. Vivant : 600, mort : 700.

Très bonne nuit. Dernier rapport confirme 500 se trouve en notre pouvoir désirons recevoir instructions concrètes sur 600 ou 700. »

Le commandant en chef de l'armée répond : « Doit être gardé 600. Secret maximum, il y a des fuites. »

À La Paz, le haut commandement de l'armée bolivienne délibère. Le premier message a été reçu par le général Lafuente Soto (commandant en chef de l'armée), le général Vázquez Sempertegui (chef de l'état-major de l'armée) et le lieutenant colonel Arana Serrudo (des renseignements militaires). Jorge Gallardo a laissé une description assez peu aimable de ces trois personnages : Lafuente : un individu insignifiant, tête d'orang-outan, barbe fournie, surnommé Chkampu (ce qui signifie « tête poilue » en quechua) ; Vázquez : gras, sourire cynique, responsable des massacres des mineurs ; Arana est difforme, il a un gros cou très long qui contraste avec son corps, il est très brun.

Ils vont chercher Alfredo Ovando, le ministre de la Guerre, dans son petit bureau de la forteresse militaire de Miraflores. Ce dernier envoie chercher le général Juan José Torres, le chef de l'état-major des Forces armées, qui occupe le bureau d'en face. Et les cinq militaires vont se réunir dans la salle contiguë. Il est possible que d'autres membres de l'état-major des Forces armées aient également été consultés, comme le commandant des Forces aériennes, Léon Kolle Cueto, le frère du dirigeant du PCB, Jorge Kolle.

Nous ne disposons d'aucun document sur ce qui a été discuté dans cette salle, en dehors de la décision finale. Arrivés à un accord, les généraux en réfèrent au président René Barrientos qui donne son aval.

À 23 heures 30, l'état-major des Forces armées envoie au colonel Zenteno à Vallegrande le message suivant en morse : « Ordre du président Fernando 700. » Le Che est condamné à mort.

Pour le biographe le plus froid, et plus encore pour le plus ardent, ces dix-huit heures à La Higuera s'avèrent absolument désespérantes. Ernesto Guevara a vécu en laissant derrière lui un fleuve de papiers qui fixent ses impressions, ses pensées et parfois même ses émotions les plus intimes ; journaux, lettres, articles, interviews, discours, rapports. Il a vécu entouré de témoins et de voix amies qui racontent et le racontent. Mais pour la première fois, l'auteur ne peut faire appel qu'à des témoins hostiles, qui ont souvent intérêt à déformer les événements, à construire une version mensongère. Ce que l'on sait aujourd'hui est apparu au compte-gouttes, tout au long des vingt-huit ans qui ont suivi sa mort, fruit de la ténacité des journalistes et des mémoires tardives qui cherchent à se disculper. La Higuera est un désert de paroles où seules les questions sont autorisées : le Che sait-il qu'on va le tuer ? Comment juge-t-il maintenant Simon Cuba, après l'avoir si souvent renié dans son journal ? Fait-il le compte des guérilleros vivants, prisonniers et morts ? Il reste Pacho, Pombo, Inti, Dariel, Darío, Ñato et Tamayo ; ainsi que Huanca et le Dr De la Pedraja qui ont échappé aux soldats avec les blessés. L'ont-ils vu quand il a été fait prisonnier ? Ont-ils tenté de le sauver ? Consacre-t-il ces heures à penser à Aleida et à ses enfants, au petit Ernesto qu'il connaît à peine ? Aux morts ? Aux morts qui ont jalonné sa route, Ramos Latour et Geonel ; Patojo, Camilo et Masetti ; San Luis, Manuel, Vilo et Tania... la liste est interminable. Ce sont ses morts, ils sont morts parce qu'ils croyaient en lui. Sa blessure le fait-elle souffrir ? Lui qui n'a jamais laissé un blessé sans soins, on l'a soigné d'une aspirine pour une balle dans la jambe. Pense-t-il à sa défaite ? Ultime maillon d'une longue chaîne : le groupe de Puerto Maldonado, celui de Salta, maintenant le sien, la guérilla du Che. Qu'est-ce qui l'attend ? Cinquante ans de prison ? Une balle dans la nuque ? Ce n'est pas sa première défaite, qui sait si c'est la dernière ? Son journal est dans la maison du télégraphiste, à quelques mètres de l'endroit où il est retenu prisonnier. Il a déjà vécu d'autres déroutes, mais, pour la première fois de sa vie, Ernesto Guevara est un homme sans papier et sans plume. Un homme essentiellement désarmé, car il ne peut pas raconter ce qu'il vit.

À La Higuera, il y a une heure et demie que le premier changement de garde a eu lieu. Le Che est allongé par terre, sa blessure a cessé de saigner.

Un des soldats qui montent la garde dans la pièce où il se trouve, racontera des années plus tard : « Une des choses que j'ai vues et qui m'a paru être un outrage au guérillero, ça a été lorsque Carlos Pérez Gutiérrez est entré, lui a pris la tête et lui a craché à la figure ; alors le Che n'a pu se retenir, il a fait la même chose et l'a envoyé valdinguer d'un coup de pied ; je ne sais pas où il l'a frappé, mais j'ai vu Carlos Pérez Gutiérrez étendu par terre et Eduardo Huerta et un autre officier le retenir. »

Un peu plus tard, un infirmier de l'armée vient lui laver la jambe avec du désinfectant ; ce sera tout pour les soins. Ninfa Arteaga, la femme du télégraphiste, propose d'apporter de la nourriture aux prisonniers, le sous-officier de garde refuse. « Si vous ne me laissez pas lui donner à manger, je ne donnerai à manger à personne. » Sa fille Elida apporte une assiette au guérillero aveugle (s'agit-il du Chino Chang ?) dans l'autre pièce. Le dernier repas du Che sera une assiette de soupe de *mani* (arachide).

Le sous-lieutenant Toti Aguilera entre dans la pièce.

— Monsieur Guevara, vous êtes sous ma garde.

Le Che lui demande une cigarette. Aguilera lui demande s'il est médecin, le Che répond que oui et qu'il est aussi dentiste, qu'il a déjà arraché des dents.

Le lieutenant arpente la pièce en essayant d'engager la conversation. Il finit par renoncer, toute tentative de contact s'avérant inutile avec cet ours mythique et blessé ; il n'arrive pas à rompre cette distance implacable que le Che a toujours gardée avec les siens et plus encore avec ceux qui lui sont étrangers, à plus forte raison avec ses ennemis.

Plus tard, plusieurs soldats entrent dans la pièce. Ils parlent de tout et de rien, sans entrain. Y a-t-il une religion à Cuba ? Est-il vrai qu'on veut l'échanger contre des tracteurs ? Est-ce vous qui avez tué mon ami ? Il y a aussi des insultes. On dit qu'un sous-officier lui a demandé, en le voyant recroquevillé sur lui-même dans un coin de la pièce :

— Tu penses à l'immortalité de l'âne ?

Guevara, qui aimait tant les ânes, aurait souri et répondu :

— *Non, lieutenant, je pense à l'immortalité de la révolution que craignent tant ceux que vous servez.*

Vers 11 heures 30 du soir, deux soldats restent seuls avec le Che, sans sous-officiers et sans officiers. Le Che parle avec eux et leur demande d'où ils sont. Ils sont de la région des mines, l'un d'eux est fils de mineur. Ils discutent. Les soldats pensent qu'au mieux ils pourraient s'enfuir avec lui. L'un d'eux sort de l'école pour voir comment cela se passe dehors. Le village est toujours en état d'alerte. Trois rangées de soldats entourent l'école, le troisième rang est composé de soldats d'un autre régiment. Ils en informent le Che qui aurait répondu : *Ne vous en faites pas, je suis sûr que je ne vais pas rester très longtemps en prison, car de nombreux pays vont me réclamer, il n'y a pas lieu de se préoccuper, je ne pense pas qu'il puisse m'arriver quoi que ce soit.*

Un des deux groupes de guérilleros survivants a réussi à rompre l'encerclement de l'armée, Inti Peredo raconte : « En cette nuit de tension et d'angoisse, nous ignorions tout de ce qui était arrivé et nous nous demandions à voix basse si en dehors d'Aniceto un autre camarade avait été tué au cours du combat. » Au lever du jour, ils redescendent dans la gorge et, après une courte attente, ils vont vers le deuxième point de ralliement, à quelques kilomètres de La Higuera. Alarcón raconte : « Nous nous sommes dirigés vers le deuxième point de ralliement, près de la rivière Naranjal. Nous devions retourner vers La Higuera, mais le jour nous a surpris en chemin, non loin du village. »

Nous sommes le 9 octobre au matin. Échange de télégrammes entre l'ambassade américaine à La Paz et Washington ; l'ambassadeur Henderson annonce au Département d'État que « le Che fait partie des prisonniers et qu'il est très malade ou blessé ». Les conseillers pour l'Amérique latine de Lyndon Johnson, s'appuyant sur les informations données par la CIA, disent que le président Barrientos affirme avoir capturé le Che et qu'il veut vérifier ses empreintes digitales.

Ce même matin, à La Higuera, les gardes sont relevés et les prisonniers entendent le ronflement d'un hélicoptère. L'appareil vient de Vallegrande, il transporte le colonel Zenteno, accompagné de l'agent de la CIA, Félix Rodríguez. À leur arrivée, les deux hommes se dirigent vers la maison du télégraphiste où sont gardés les documents trouvés dans le sac à dos du Che.

Sous le commandement du major Ayoroa, les rangers, toujours à la recherche des survivants, ratissent la gorge. Le capitaine Gary Prado donne la version officielle : « Cette opération commence dans la matinée du 9 octobre, les gorges sont fouillées au centimètre près. La compagnie A découvre les grottes où se sont réfugiés Chino et Pacho ; quand elle leur donne l'ordre de se rendre, ils tirent et tuent un soldat, les rangers réagissent promptement avec leurs grenades à main et leurs mitrailleuses et les réduisent au silence. » Curieusement, dans une autre partie de son rapport, il dit que les soldats ont fait mention de la présence d'un guérillero » et non de deux. S'il y avait deux hommes dans la gorge, comment se fait-il que les survivants ne les aient pas vus la nuit précédente ? Pourquoi Pacho n'a-t-il rien noté dans son journal le 8 octobre ?

À La Higuera, le colonel et l'agent de la CIA vont voir le Che. Un soldat racontera des années plus tard : « Un des commandants a discuté assez violemment avec le Che, il y avait un journaliste sérieux à côté de lui, qui les enregistrait avec une espèce de grand magnétophone qui pendait sur sa poitrine. »

D'après Rodríguez les choses se passent plus aimablement. Ils font sortir le Che de l'école et lui demandent l'autorisation de faire une photo. Félix pose à côté du guérillero. Il est 10 heures du matin, c'est le pilote de l'hélicoptère, le major Niño de Guzmán, qui prend la photo avec le Pentax de l'agent de la CIA. Cette photo est arrivée jusqu'à nous : le Che a une certaine tristesse âpre sur le visage, les cheveux en broussaille, la barbe sale, les yeux creusés par l'épuisement et le sommeil, les mains jointes comme si elles étaient attachées.

Il y aura deux autres photos très semblables prises ce matin-là par des soldats ; sur les deux photos, le commandant Guevara, vaincu, refuse de regarder l'objectif.

Zenteno se rend dans la gorge du Churo pour superviser l'opération en cours, tandis que Rodríguez envoie un message codé avec son RS48 portable. Selich qui l'observe le décrit avec beaucoup de précision : « Il avait un émetteur d'une grande portée qu'il a immédiatement mis en marche, et il a transmis un message codé d'environ 65 groupes. Ensuite il a installé sur une table au soleil un appareil photo monté sur quatre pieds télescopiques et il a commencé à prendre des photos. »

Il s'intéresse surtout aux journaux du Che, au « livre des clés » et à son carnet avec des adresses dans le monde entier. Les militaires et l'agent de la CIA se trouvent dans le patio devant la maison du télégraphiste.

Rodríguez fait un commentaire en photographiant le « livre des clés » : « Il n'y a que deux exemplaires de ce livre dans le monde, un entre les mains de Fidel et celui-ci. » Selich repart en hélicoptère à Vallegrande avec deux soldats blessés. À 11 heures 30, Zenteno revient à La Higuera avec un garde et le colonel Ayoroa, ils retrouvent l'agent de la CIA en plein travail et le regardent faire. Zenteno fait une vague réflexion et Rodríguez lui assure qu'un exemplaire des photos leur sera remis à La Paz. Le major Ayoroa dira plus tard : « Personne n'a fait d'objection à ces photos, personne ne s'y est opposé. »

Dans la solitude de sa prison, le Che demande à ses gardiens de pouvoir parler avec l'institutrice de l'école, Julia Cortez ; elle rapportera leur conversation :

« — Vous êtes l'institutrice. Savez-vous que le " e " de " sé " ne prend pas d'accent dans " ya se leer ", et il montre le tableau noir. *Bien sûr à Cuba il n'y a pas d'école comme celle-ci. Nous aurions l'impression*

d'être en prison. Comment les enfants des paysans peuvent-ils étudier ici ? C'est antipédagogique.

— Notre pays est pauvre.

— *Mais les fonctionnaires du gouvernement et les généraux ont des Mercedes et beaucoup d'autres choses... n'est-ce pas ? C'est ce contre quoi nous combattons.*

— Vous êtes venu de très loin pour vous battre en Bolivie.

— *Je suis révolutionnaire et j'ai été dans de nombreux pays.*

— Vous êtes venu tuer nos soldats.

— *Écoutez, à la guerre, ou on gagne ou on perd.* »

À quel moment le colonel Zenteno a-t-il transmis à Ayoroa l'ordre du Président d'assassiner le Che ? Félix Rodríguez a-t-il essayé de le convaincre de ne pas le tuer en lui disant que le Che était plus utile vivant et vaincu que mort ? Dans ses mémoires l'agent de la CIA affirme que oui, dans ses déclarations ultérieures Zenteno n'en fait pas mention.

Rodríguez raconte qu'il a parlé pendant une heure et demie avec le Che et que le commandant lui a même demandé de dire à Fidel que la révolution latino-américaine triompherait et à sa femme qu'elle se remarie et soit heureuse.

Mais l'heure et demie ne dépasse pas en réalité le quart d'heure et, d'après d'autres sources militaires, le Che aurait reconnu Rodríguez comme étant un *« gussano »* (ver de terre, nom donné aux contre-révolutionnaires à Cuba) au service de la CIA, il l'aurait traité de mercenaire et leur conversation se serait limitée à un échange d'insultes.

Toujours est-il qu'à 11 heures 45, Zenteno prend le journal et le fusil du Che et repart en hélicoptère avec Rodríguez.

À midi le Che demande à nouveau à parler avec l'institutrice. Mais elle ne veut pas, elle a peur.

Pendant ce temps, à cinq ou six cents mètres du village, les guérilleros survivants attendent la nuit pour se déplacer. Alarcón raconte : « Là, nous avons appris que le Che avait été fait prisonnier... Nous avons entendu la nouvelle à la radio, nous avions un tout petit poste avec un seul écouteur... Nous avons pensé qu'il s'agissait d'une fausse information donnée par l'armée. Mais vers 10 heures du matin, ils ont dit que le Che était mort et... ils parlaient d'une photo de sa femme et de ses enfants qu'il avait dans sa poche, alors quand nous avons entendu cela, les trois Cubains présents, nous nous sommes regardés en silence, les larmes aux yeux... D'après la nouvelle nous avons compris que le Che était mort au combat et nous n'avons pas pensé une seconde qu'il pouvait être vivant et prisonnier à cinq cents mètres de nous. »

Au milieu de la matinée, Ayoroa demande s'il y a des volontaires parmi les rangers pour servir de bourreaux. Le sous-officier Mario Terán demande qu'on le laisse tuer le Che. Un soldat se souvient : « Son argument était que dans la compagnie B, trois Mario avaient été tués et, en leur honneur, il demandait qu'on lui donne le droit de tuer le Che. » Il est à moitié ivre. Le sergent Bernardino Huanca se propose pour assassiner les camarades du Che.

À 1 heure passée, Terán, un homme insignifiant, petit, pas plus d'un 1 m 60, 65 kilos, entre dans la petite pièce de l'école où se trouve le Che, il a un M-2 à la main, prêté par le sous-officier Pérez. Dans la pièce voisine Huanca tue Chino et Simon.

Le Che est assis sur un banc, le dos au mur et les poings liés. Terán hésite et dit quelque chose, le Che répond :

— *Pourquoi être gêné ? Tu viens me tuer.*

Terán fait le geste de partir, puis il tire une première rafale en réponse au Che qui, dit-on trente ans après, lui aurait dit : *Tire, trouillard, tu vas tuer un homme.*

« Quand je suis entré, le Che était assis sur le banc. En me voyant il a dit : *Vous êtes venu me tuer ?* Je ne pouvais pas me décider à tirer, alors il m'a dit : *Calmez-vous, vous allez tuer un homme.* J'ai reculé d'un pas vers le seuil de la porte, j'ai fermé les yeux et j'ai tiré une première rafale. Le Che est tombé par terre les jambes déchiquetées, il s'est recroquevillé et a commencé à perdre beaucoup de sang. J'ai repris courage et j'ai tiré une deuxième rafale qui l'a atteint au bras, à l'épaule et au cœur. »

Peu après, le sous-officier Carlos Pérez entre dans la pièce et tire sur le corps ; il ne sera pas le seul, le soldat Cabrera tire également sur le Che pour venger la mort de son ami Manuel Morales.

Les différents témoignages semblent concorder sur l'heure de la mort d'Ernesto Che Guevara : vers 1 heure 10 de l'après-midi le dimanche 9 octobre 1967.

L'institutrice hurle contre les assassins.

Un prêtre dominicain d'une paroisse voisine, Roger Schiller, a essayé d'arriver à temps pour parler avec Ernesto Guevara. Il raconte : « Quand j'ai appris que le Che était prisonnier à La Higuera, j'ai trouvé un cheval et je m'y suis rendu. Je voulais le confesser. Je savais qu'il avait dit : *Je suis cuit.* Je voulais lui dire :

— Vous n'êtes pas cuit, Dieu continue de croire en vous.

En chemin j'ai rencontré un paysan qui m'a dit :

— Ne vous pressez plus, mon père, ils l'ont liquidé. »

Vers 4 heures de l'après-midi, après la dernière incursion des rangers dans les gorges avoisinantes, le capitaine Gary Prado rentre à La Higuera. À l'entrée du village, le major Ayoroa l'informe qu'ils ont exécuté le Che. Prado fait un geste de dégoût, il l'avait pris vivant. On se prépare à transporter le corps en hélicoptère. Prado lui attache la mâchoire avec un mouchoir pour que son visage ne se déforme pas.

Un photographe ambulant prend des photos des soldats autour du cadavre allongé sur une civière ; des photos populaires d'un photographe du dimanche, où il ne manque que les sourires. Une des photos montre Prado, le curé Schiller et doña Ninfa à côté du corps du Che.

Le curé entre dans l'école, il ne sait que faire, il ramasse les douilles et se met à laver les taches de sang. Terrible péché que de tuer un homme dans une école, il veut laver le péché.

On a promis à Mario Terán une montre et un voyage à West Point pour suivre un cours de sous-officier. Les promesses ne seront pas tenues.

L'hélicoptère s'élève, emportant le cadavre du Che Guevara attaché sur ses patins.

CHAPITRE 58

Le cadavre disparu

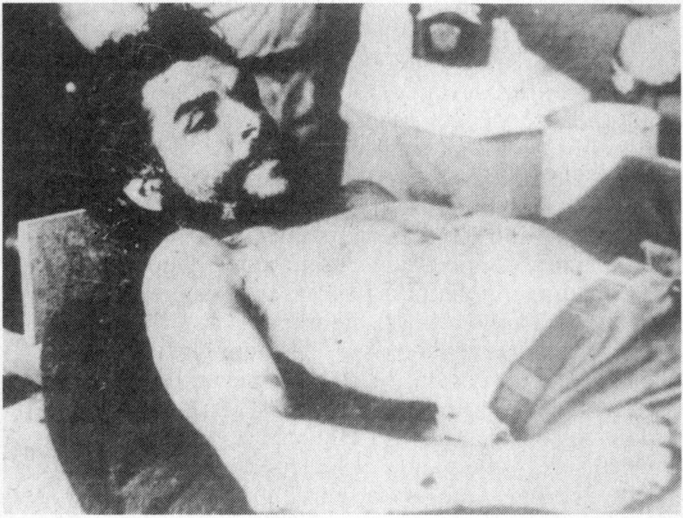

Le cadavre du Che à l'hôpital de Malta, Vallegrande, Bolivie. Conférence de presse des militaires boliviens au cours de laquelle on annonce que le Che est mort de dix coups de feu au combat, dans un accrochage avec les rangers dans la gorge du Yuro.

Vallegrande, 770 kilomètres au sud-est de La Paz, siège de la VIIIe Division, 10 heures du matin, le 10 octobre 1967. Le journaliste uruguayen Ernesto González Bermejo décrit les lieux : « Un village comme tant d'autres, avec sa grand-place, une fontaine à sec, un buste en mémoire de quelqu'un, ses pierres de taille ; la mairie, avec son horloge arrêtée pour l'éternité à 5 heures 10 d'un jour dont on ignore la date, la pharmacie de Julio Duran, le magasin Montesclaros, la boutique de doña Eva, qui accueille aussi des pensionnaires, et l'église bien sûr, sans doute un peu pompeusement appelée cathédrale. »

Les militaires boliviens, impatients d'annoncer leur victoire, convoquent la presse. Sans même laisser au cadavre du commandant Guevara le temps de refroidir, avec un cynisme qui dépasse toutes les limites, et personne mieux qu'eux ne le sait en cet instant précis, ils annoncent la mort du Che alors qu'il est encore vivant. Le président Barrientos l'a annoncée de manière confidentielle à un groupe de journalistes à 10 heures du matin à La Paz, et le colonel Joaquín Zenteno l'annonce à 1 heure de l'après-midi, lors d'une conférence de presse qu'il tient dans la caserne de la VIIIe Division. Il dit que Guevara est mort au cours d'un engagement entre l'armée et les guérilleros dans les environs de La Higuera, à environ 35 kilomètres de Vallegrande : « Le combat a duré quatre heures... mais Guevara atteint à l'aine et au poumon est mort au début de l'engagement. »

Le chef de l'armée, le général Ovando, arrive à Vallegrande à 1 heure 50, accompagné du général Lafuente et du contre-amiral Ugartechea. Ils se rendent au cercle militaire où l'on veille les soldats morts au cours des derniers combats. Ovando est tendu et raide, comme s'il essayait de cacher sa nervosité. C'est une étrange victoire qui donne aux vainqueurs plus de peur que de joie.

Quatre heures plus tard, à 5 heures de l'après-midi très exactement, l'hélicoptère qui transporte le corps du Che attaché sur un de ses patins atterrit à l'aéroport de Vallegrande. L'homme qui est chargé de l'opération est vêtu d'un uniforme militaire, mais sans signe distinctif, ce qui attire l'attention de la presse. On dit que c'est un agent de la CIA. Plusieurs journalistes le prennent en photo, il s'agit du Dr González. Son collègue Félix Rodríguez est également sur la piste. Les journalistes s'approchent des deux agents et leur demandent d'où ils viennent. De Cuba ? De Porto Rico ?

— *From Nowhere.*

Puis Rodríguez crie à son collègue : « *Let's get the hell out of here.* »

Un paysan venu en curieux à l'aéroport voit passer le corps du Che et dira : « On aurait dit un homme normal. Il n'avait pas l'air mort. Il était étendu sur une civière, ses yeux semblaient nous regarder, il avait l'air vivant. » Le corps est transporté à l'hôpital San José de Malta dans une camionnette Chevrolet fermée, au milieu d'un énorme déploiement de soldats. Là, il est déposé sur une dalle dans la buanderie.

À l'hôpital, l'infirmière Susana Osinaga le déshabille : « Il portait une veste, des pantalons, un béret noir avec un petit insigne cousu dessus, je ne sais plus s'il était rouge ou vert, c'était une petite étoile de marin. Trois chaussettes à chaque pied, une marron, une autre rayée et une troisième bleue. » Elle est aidée par deux médecins. Selich, qui ne quitte pas le corps, est également présent.

Une deuxième conférence de presse est donnée dans la buanderie. On montre le corps du Che, que certains verront comme une reproduction hyperréaliste du tableau de Rembrandt : *La Leçon d'anatomie du professeur Tulp*. Le journaliste Alberto Zuazo, correspondant de l'UPI, écrit : « La transparence légèrement aqueuse de ces yeux verts expressifs et ce sourire énigmatique à peine ébauché sur ce visage donnaient l'impression que ce corps était en vie. Je pense que parmi les journalistes présents à Vallegrande ce 10 octobre 1967, nous étions plus d'un à n'attendre qu'une chose, qu'Ernesto Che Guevara nous parle. »

Des photos sont prises pendant qu'un militaire montre les impacts de balles, comme s'il voulait confirmer que le Che était bien mort. Le lendemain ces photos seront publiées dans le monde entier.

Les militaires se trompent à nouveau en voulant exorciser le fantôme du Che et en voulant démontrer sans le moindre doute que le Che est bien mort, en soumettant son cadavre à l'évidence brutale des photographies. Fausses preuves de la raison. Les terribles photos de ce visage, son étrange sérénité et sa tranquillité après un an de faims éprouvantes, d'asthme, de fièvres, de désarrois et de doutes vont, grâce à la magie de la technologie et des communications, captiver le monde entier. En Amérique latine où perdure l'effroyable tradition chrétienne d'adorer les saints couverts de blessures et les christs torturés, l'image est évidemment évocatrice.

Mort, rédemption, résurrection.

Comme attirés par ces fantasmes, les paysans de Vallegrande défilent devant le cadavre, dans un terrible silence. L'armée tente de contrôler l'accès des lieux, mais une marée humaine rompt le cordon de soldats. Et pour la première fois cette nuit-là des bougies sont allumées dans toutes les maisons de la petite ville. Un saint laïc est né, un saint des pauvres.

À 5 heures 30, les officiers de haut grade se font photographier à côté du cadavre. C'est alors qu'Ovando met cette fameuse phrase dans la bouche du Che prisonnier et blessé : « Je suis le Che, je vaux plus vivant que mort. » Puis cette autre : « Je suis le Che, j'ai échoué. » C'est le début d'une longue chaîne de mensonges. Un officier montre le journal du Che aux journalistes et cite une phrase qu'il aurait soi-disant écrite : « Je n'aurais jamais pensé que les soldats boliviens puissent être aussi résistants. »

Le président Lyndon Johnson apprend la mort du Che à 6 heures 10 de l'après-midi, dans un mémorandum de W. Rostow, qui l'informe du communiqué du journal *Presencia* sur sa capture et de la déclaration de Barrientos annonçant sa mort à 10 heures du matin. Curieusement, il ne s'appuie sur aucune des informations données par la CIA, pourtant de première main et beaucoup plus précises.

La réaction de La Havane est prudente. Cinq jours après les événements, Fidel reconnaît qu'avec l'arrivée des photographies il commence à accepter la mort du Che comme une certitude ; mais il attend des confirmations plus précises. Ce n'est pas la première fois que la presse assassine le Che quelque part dans le monde. Ce qu'il ne peut pas dire, c'est que ses incertitudes étaient dues au fait que les communications avec la guérilla étaient rompues depuis des mois et que les contacts avec le reste du réseau urbain étaient inexistants.

À la fin de l'après-midi, le directeur de l'hôpital, Abraham Baptista, et un interne, José Martínez Casso, font l'autopsie du cadavre du Che, sous la surveillance de Toto Quintanilla, chef des renseignements au ministère de l'Intérieur, et du « Dr González » de la CIA. Le rapport d'autopsie sera évidemment plein d'ambiguïtés. Dans l'acte de décès, on peut lire : « La mort est due à de multiples blessures par balle, au thorax et aux membres. »

L'autopsie parle de neuf blessures par balle : deux aux jambes, une au milieu de la jambe droite et l'autre en séton au milieu de la cuisse gauche, deux dans la région de la clavicule, deux dans la région costale et une à la poitrine. Les causes de la mort sont « les blessures au thorax et l'hémorragie consécutive ».

Mais un officier de l'armée compte dix blessures devant les journalistes, une de plus que dans le rapport, une blessure à la gorge, qui n'est pas mentionnée dans l'autopsie. Au début, la contradiction passe inaperçue, comme le fait que les blessures au thorax soient mortelles, car si l'autopsie est correcte, le Che n'a pu être capturé et transporté vivant, même blessé, jusqu'à La Higuera, comme cela a été dit lors de la deuxième conférence de presse ; par ailleurs, avec une blessure à la gorge, il n'aurait pas pu parler avec ceux qui l'ont capturé. L'incurie de l'armée bolivienne commence à apparaître au grand jour. Ils se sont mis d'accord pour exécuter le Che, mais pas pour expliquer comment il est mort.

Il reste maintenant une question à résoudre pour les militaires : que va-t-on faire du corps ? À 10 heures du matin, un télégramme du chef de l'état-major, le général Juan José Torres, arrive : « Guevara doit être incinéré et ses cendres doivent être gardées. » Mais le corps ne peut disparaître avant d'avoir été dûment identifié. Le fantôme du Che est plus dangereux encore que sa tombe. Ovando suggère qu'on lui coupe la tête et les mains et qu'on les embaume afin de pouvoir procéder par la suite à une identification qui ne laissera plus aucun doute. L'agent de la CIA, Félix Rodríguez, essaye de convaincre Ovando que les mains suffisent pour vérifier les empreintes digitales, et que le gouvernement bolivien passerait pour une tribu barbare aux yeux du monde si on lui coupait la tête.

Nouvelle opération à l'hôpital. La situation est tendue, un des médecins, le Dr Martínez Casso, ne peut supporter cette boucherie et se saoule. C'est le Dr Abraham qui coupera les mains du Che à la hauteur des poignets et les mettra dans un bocal de formol. On fait un moulage de son visage, mais d'après le témoignage de l'infirmière Susana Osinaga, « en faisant le moulage, ils lui ont déchiré le visage ».

Vers 3 heures du matin, le 11 octobre, le colonel Zenteno et le lieutenant-colonel Selich, qui sont chargés de l'opération, mandatent le capitaine Vargas Salinas (l'homme qui avait anéanti la guérilla de Vilo Acuña dans une embuscade un mois plus tôt) pour faire disparaître le cadavre du Che et ceux de Pacho Montes de Oca, Olo Pantoja, Simon Cuba, Aniceto, Chino Chang et René Martínez Tamayo, soit sept au total. La tombe du Che ne doit sous aucun prétexte être localisable ; il ne doit y avoir en Bolivie aucun lieu où l'on puisse se livrer au culte du Che ou de ses camarades. À l'origine le Che devait être incinéré, mais un des médecins explique aux militaires qu'il est difficile d'incinérer un corps sans four crématoire.

Malgré toutes les précautions prises, un vieux qui travaille en face de l'hôpital de Malta les verra opérer dans l'obscurité, et il racontera dix ans plus tard au journaliste Guy Guglietta :

— Ils ont mis le cadavre du Che dans la vieille buanderie et ensuite ils l'ont sorti avec les autres corps. La nuit, ils ont jeté les cadavres dans un grand camion de l'armée et ils sont partis.

— Où est parti le camion ?

— Dieu seul le sait !

Mais le journaliste Erwin Chacón, du journal *Presencia*, qui n'a pas été invité cette nuit-là à la fête qu'Ovando donne pour les militaires au casino de Vallegrande, a une vague idée. Il monte la garde devant l'hôpital de Malta et suit le camion à la trace jusqu'à une caserne voisine. Là, les traces se perdent. Mais il sait aussi que c'est à Selich et à Vargas qu'a été confié le sale boulot d'enterrer clandestinement le corps du Che.

Le cadavre a donc été transporté en camion à la caserne du régiment Pando à Vallegrande. Là, en dépit de ce qu'ont dit les médecins, quatre réservoirs de combustible sont prêts et attendent l'escouade nocturne pour incinérer les corps, mais le jour commence à poindre, c'est le 11 octobre, et le capitaine Vargas décide finalement de les enterrer clandestinement. Profitant d'un chantier à côté de la caserne et de la piste d'aviation, les fossoyeurs jettent les corps dans un trou et les recouvrent d'un tombereau de terre.

Aux yeux du monde, le corps a disparu. À partir de ce moment, le haut commandement de l'armée bolivienne entre dans une valse de déclarations contradictoires et ridicules quant au destin du cadavre du Che. Tandis que Torres dit qu'il a été incinéré, Ovando parle d'un enterrement secret, ce que confirme Barrientos. Torres est alors obligé de se corriger en disant qu'il a d'abord été incinéré, puis enterré.

Le 13 octobre à 6 heures 15, Lyndon Johnson reçoit un mémorandum de Rostow : « Monsieur le Président, on m'a dit que vous aviez demandé à Covey Olivier s'il était vrai que les Boliviens avaient incinéré le corps de Che Guevara. La CIA a fait savoir au Département d'État que tel était le cas. »

Le lendemain, trois inspecteurs de la police argentine font une analyse graphologique des journaux du Che et prennent les empreintes digitales des doigts des mains du Che conservées dans le formol. Comparaison faite, la conclusion est positive.

Roberto Guevara, le frère du Che, accompagné

d'un groupe de journalistes, arrive à Santa Cruz pour récupérer le corps de son frère (« J'ai été en Bolivie dans un avion de journalistes parce que je n'avais pas d'argent »). Il ne reçoit que des réponses évasives et des informations contradictoires de la part des militaires. Il existe une photo de Roberto à Santa Cruz, en costume trois-pièces, l'air perdu, ne sachant pas où poser son regard.

Les rumeurs sur la disparition du cadavre vont parcourir toute la gamme des possibles et même plus. Le journaliste mexicain, José Natividad Rosales, a prétendu que le corps était enterré dans la caserne de La Esperanza (là où avaient été entraînés les rangers) et qu'il reposait dans un cercueil avec un couvercle de verre. Le bruit a couru que le corps avait effectivement été incinéré et que les cendres avaient été éparpillées dans la forêt depuis un hélicoptère. On a aussi dit qu'il était emmuré dans la mairie de Vallegrande. Enfin, deux mois après la mort de Guevara, Michelle Ray a entendu dire que le corps était conservé dans la glace dans une cave quelque part à La Paz.

Comment était mort le Che ? Où se trouvait son cadavre ?

La dépêche d'Interpress du 11-12 octobre est le premier document qui remet en cause la version officielle de la mort du Che. Elle s'appuie sur une déclaration du médecin légiste, Martínez Casso, qui a dit en hésitant que la mort s'était produite entre 11 heures du matin et midi le lundi 9 octobre. Par conséquent si les combats ont eu lieu le 8...

Le dimanche 15 octobre, le capitaine Gary Prado, qui a été accusé de la mort du Che par un journaliste, accorde une interview au correspondant de l'UPI, il ne donne aucun éclaircissement sur la mort du Che, mais en revanche il parle de sa propre intervention :

il a pris le Che vivant et il l'a ramené vivant à La Higuera. Était-il blessé ? gravement blessé ? De cela il ne dit rien.

Le 15 octobre, dans sa première apparition à la télévision cubaine pour confirmer la mort du Che, Fidel Castro, s'appuyant sur les contradictions entre l'autopsie et les multiples déclarations qui font état d'un Che blessé, mais sans gravité, lors de sa capture, accuse les militaires de l'avoir exécuté. Une dépêche du 17 octobre donne une nouvelle version des Forces armées boliviennes : « Le Che est mort quelques heures après avoir été fait prisonnier... des suites de ses blessures », mais le même jour, la revue *Time*, sans doute informée par les services de renseignements du gouvernement américain, confirme la version de Fidel : les militaires boliviens ont donné l'ordre d'exécuter le Che, qui a été pris vivant et blessé. Quelques jours plus tard, l'Anglais Richard Gott écrit dans *Punto-Final* au Chili, que le 8 octobre, il a été informé secrètement de la capture du Che (probablement par Papy Shelton lui-même, au club de golf de Santa Cruz).

Le 5 février 1968, soit quatre mois après les faits, un reportage intitulé : « L'exécution du Che par la CIA » de la Française Michelle Ray pour la revue américaine *Ramparts*, donne la première version largement détaillée disant que le Che a été pris le 8 et exécuté le lendemain dans l'école de La Higuera.

Au fil du temps, à force de luttes contre la désinformation, la vérité historique sur la mort du Che commence à émerger et à se faire jour. Mais sa tombe et celles de ses camarades seront plus difficiles à trouver. À la fin des années quatre-vingt, les Cubains Cupull et González, qui mènent une enquête approfondie, ont eu vent de rumeurs concernant sa situation : « On parle de deux endroits, un terrain derrière le dortoir du régiment Pando ou à côté de la piste d'atterrissage de l'aéroport de Vallegrande. Il y a 200 mètres entre les deux. » Le premier à rompre le silence officiel sur le lieu de la tombe sera le major Saucedo Parada des renseignements militaires boliviens, en donnant, des années plus tard, des éléments clés permettant de reconstituer les faits.

Il aura fallu vingt-huit ans pour que l'un des fossoyeurs, en l'occurrence le capitaine Vargas Salinas, aujourd'hui général à la retraite, reconnaisse avoir participé à l'enterrement avec le major Flores. Il raconte qu'à l'aube du 11 octobre 1967 ils ont creusé une fosse avec un tracteur sur le bord de la piste d'atterrissage, qu'ils y ont jeté les corps du Che et de ses camarades et qu'ils ont ensuite recouvert la tombe de manière qu'il n'y ait pas de traces.

Cette révélation a fait beaucoup de bruit en novembre 1995. L'armée a été ébranlée et elle s'est contredite, le maire de Vallegrande a proposé que l'on déclare les alentours de l'aéroport « patrimoine historique » pour développer le tourisme dans ce village abandonné des dieux ; et le Président bolivien, Gonzalo Sánchez, a proposé de faire des recherches afin de donner au Che une sépulture plus chrétienne...

En novembre et en décembre 1995, des équipes, sous la direction d'experts argentins, ont entrepris des excavations avec la collaboration d'un médecin légiste cubain. Des bruits ont couru sur un deuxième enterrement collectif dans la gorge de l'Arroyo, il s'agirait du groupe de Huanca et des malades assassinés à Cajones. Pour ce qui est des recherches du corps du Che, jusqu'à la remise de ce manuscrit à l'imprimerie, elles se sont avérées infructueuses...

CHAPITRE 59

Les nombreuses montres du commandant Guevara

L'officier de la CIA, le « Dr González », monte dans une Jeep à l'aéroport de Vallegrande.

Il est surprenant qu'un homme qui a montré autant de détachement pour les choses matérielles durant sa vie puisse laisser derrière lui, après sa mort, une si grande quantité d'objets lui ayant personnellement appartenu ou lui ayant prétendument appartenu.

À Cuba ces objets font l'objet d'une vénération laïque. Dans le hall du siège de la revue *Verde Olivo*, on peut voir dans une petite vitrine la caméra Exakta 35 mm que le Che avait prêtée puis donnée à la revue en 1960. Les visiteurs s'arrêtent immanquablement devant cette vitrine, puis lèvent les yeux et voient une photo du Che souriant.

Lina González, une vieille paysanne de Las Lomas del Pedrero, montre avec tendresse au journaliste Maríano Rodríguez « la petite tasse, la table et le tabouret où il s'asseyait pour manger et boire son café ».

À Cabaiguán, dans le musée municipal consacré au Che, on montre aux visiteurs le plâtre de son bras gauche, cassé dans les derniers jours de la bataille de Santa Clara. Comment a-t-il abouti là ? Est-ce vraiment son plâtre ? Car le Che est entré à La Havane avec son plâtre et il y a des photos qui le montrent, le bras plâtré, dans son petit bureau de La Cabaña. Comment le plâtre est-il retourné à Cabaiguán ?

Il y a des années, on a fait une exposition, au musée de la Révolution, des objets qui avaient un rapport avec la guérilla bolivienne, mais la Jeep de Tania n'était pas celle de Tania, pas plus que les chaussettes fines du Che (comme celles que l'on porte avec l'uniforme d'apparat dans l'armée cubaine) n'étaient celles du Che. Le Che portait de grosses chaussettes bleues achetées en France. De plus, les petites chaussettes fines étaient propres et neuves, alors que celles du Che étaient trouées et raides de crasse car « il ne se lavait jamais les pieds » (propos rapportés par un des survivants de la guérilla).

Comme les reliques de la sainte Croix ou les porte-bonheur, les choses ayant appartenu au Che ont fait l'objet, de la part de ses amis comme de ses ennemis, d'une chasse presque religieuse, d'une pieuse vénération, d'un trafic amoral, voire d'une multitude de falsifications grotesques.

Après sa capture, tout un commerce des rares objets lui ayant appartenu s'organise entre La Higuera (où, comme dit le poète chilien Enrique Lihn, « le Che a installé *post mortem* son quartier général »), Vallegrande et La Paz. Une mentalité où se mêlent droit au pillage, butin de guerre et fétichisme incite les militaires d'abord, puis les civils, à voler tout ce qui leur passe sous le nez et ayant appartenu à Che Guevara. À La Higuera, dollars américains, pesos boliviens et dollars canadiens se partagent les dépouilles dans le dos des autorités supérieures ; le stylo Parker du Che atterrit entre les mains d'un sous-officier qui l'échange ensuite à un journaliste contre une série de photos ; l'alliance du Che est prise par un autre qui en fait des copies et qui, des années plus tard, en vendra encore ; son fusil M-2 enrayé échoue entre les mains du colonel Zenteno, qui, dit-on, le donnera ensuite au général Ovando pour se faire bien voir ; une de ses pipes est volée par le colonel Selich et l'autre par le sergent Bernardino Huanca. Personne n'a voulu des sandales de cuir et de corde qui avaient remplacé ses bottes déchirées.

Mais rien n'a jamais eu autant de propriétaires simultanés que la montre du Che.

Le 8 octobre 1966, le commandant Guevara porte deux montres Rolex, la sienne et celle que Coello lui a remise avant de mourir. Quand il est fait prisonnier, les soldats lui prennent les deux montres. Lors de sa première conversation avec Gary Prado dans l'école de La Higuera, il s'en plaint à Prado qui appelle les soldats et récupère les deux Rolex Oster Perpetual.

— Voici vos montres, gardez-les, personne ne vous les prendra.

Le Che lui répond qu'il préfère que ce soit lui qui les garde et lui demande *de les faire parvenir à sa famille* s'il lui arrive quelque chose. Prado lui demande d'identifier la sienne, le Che la marque d'un X au dos avec un petit caillou. Prado garde celle du Che et donne celle de Coello au major Ayoroa.

Jusque-là, c'est l'histoire officielle, mais Cortez, le télégraphiste de La Higuera, a vu Selich prendre la montre du Che en profitant qu'il était attaché. Et l'agent de la CIA, Félix Rodríguez, raconte comment il a pris la montre du Che en faisant une entourloupe au soldat qui la lui avait enlevée, et comment il se l'est mise au poignet en montant dans l'hélicoptère lors de son départ de La Higuera, et dans la manœuvre la Rolex Oster Perpetual était devenue une Rolex GT Master. Quant au journaliste hispano-mexicain Luis Suárez, il affirme que la Rolex du Che a fini entre les mains du sergent Bernardino Huanca qui l'a prise sur le cadavre.

D'autres versions font du général Ovando le propriétaire de la montre ; et une autre encore, la plus fantastique de toutes, fait parcourir à la montre des milliers de kilomètres, passant du cadavre au médecin qui a fait l'autopsie, et du médecin à son fils, qui l'a finalement laissée dans un restaurant de la ville mexicaine de Puebla en paiement d'une dette.

CHAPITRE 60

Les pérégrinations du journal

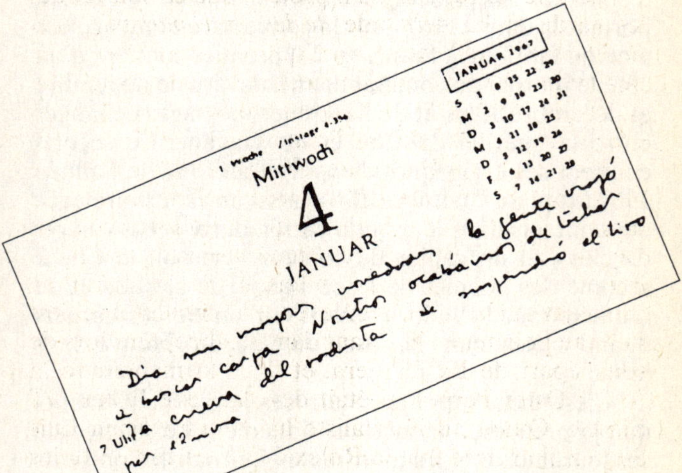

Parmi le matériel pris à la guérilla pendant le combat de la gorge du Yuro, au-delà de toute obsession fétichiste, il y a un butin juteux pour les militaires, une série de cahiers et d'agendas, et en particulier deux d'entre eux : un cahier rougeâtre à spirale de 14 x 20 cm, portant la date « 1967 » sur la couverture et un agenda marron fabriqué à Francfort. Le premier contient d'un côté le journal du commandant Guevara de novembre et décembre 1966, et de l'autre les messages échangés entre la guérilla du Che et La Havane. Le second contient ses écrits quotidiens tout au long de l'année 1967 jusqu'au 7 octobre. Il y a aussi un répertoire avec des contacts dans le monde entier, deux petits « livres de clés » et un cahier de couleur verte où le Che a recopié des poèmes de Leon Felipe, de Neruda et de Guillén. Gary Prado a inscrit sur un de ces carnets quand il était dans la gorge du Churo : « trouvé dans le sac ».

C'est le chef des Forces armées, le général Ovando, qui, le premier, annonce publiquement l'existence de ces journaux, et il les montre aux journalistes présents à sa conférence de presse du 10 octobre à l'hôtel Santa Teresita.

Les deux premiers jours, le journal passe de main en main : du capitaine Gary Prado qui fait l'annotation citée ci-dessus, au colonel Zenteno à La Higuera, à l'agent de la CIA, Rodríguez, qui le photographie, au Département des renseignements militaires de Vallegrande, à Ovando qui l'examine dans son appartement de la Banque centrale, à son adjoint, le lieutenant Olmos, qui le remet au commandant de la VIIIe Division pour une conférence de presse et qui découvre quand il va le réclamer qu'il est passé entre les mains d'un autre agent de la CIA, García, et qui le rend finalement à Ovando, qui le donnera plus tard aux services des renseignements militaires qui le mettront dans un coffre-fort.

La copie photographiée par la CIA arrivera à Washington dans les jours qui suivent. Le mémorandum de Rostow, du 11 octobre 1967, adressé au Président, fait sans doute allusion aux journaux : « Ce matin nous avons acquis la certitude à 99 % de la mort du Che Guevara... (censuré)... Ils (elles) doivent arriver à Washington aujourd'hui ou demain. »

Une semaine plus tard, les deux grandes figures de la dictature militaire bolivienne entament une guerre de communiqués et une série de manigances autour des journaux du commandant Guevara : le 16 octobre, l'armée bolivienne annonce dans une dépêche de l'ANSA qu'elle a l'intention de « vendre le journal pour se dédommager des pertes causées par la guérilla ».

Le 7 novembre, le général Ovando annonce que le journal sera vendu au plus offrant. Pour le contrarier, Barrientos annonce que le journal a déjà été vendu à une maison d'édition américaine.

Tout au long du mois de novembre, les généraux vont tenter de vendre le journal ; ils reçoivent les offres de Doubleday aux États-Unis et de Magnum. L'intervention de la revue *Paris-Match* dans les enchères sera une feinte d'une journaliste française pour en savoir plus. On dit que les offres « ont commencé à 20 000 dollars pour arriver à 400 000 dollars », ce qui paraît un peu exagéré. Le 22 novembre, un décret présidentiel autorise les Forces armées à disposer des documents et des objets ayant appartenu au Che.

Plusieurs chercheurs cubains ont insisté sur le fait que l'opération éditoriale n'était pas importante en soi, mais qu'il s'agissait de légitimer une version du journal que la CIA était en train de retoucher. Cupull et González affirment qu'au siège de la CIA à La Paz des techniciens et des calligraphes étaient déjà en train de travailler à la falsification du journal, pour en donner une nouvelle version avec des omissions et des altérations, qui serait très utile dans la guerre contre Cuba. Il était effectivement très intéressant pour la CIA de donner une version qui lui permettrait entre autres d'opposer la figure du Che à celle de Fidel, d'accroître les tensions entre les Cubains et le bloc soviétique, de discréditer le Che en le faisant apparaître comme un aventurier despotique ou un utopiste, ou encore d'accentuer les tensions entre le guévarisme et les partis communistes latino-américains. Mais une opération de cette ampleur était très délicate, non seulement d'un point de vue technique, mais aussi sur le fond, car il fallait arriver à donner une version du journal qui soit crédible et le plus cohérente possible avec la personnalité du Che et avec ses écrits antérieurs.

Que cette hypothèse soit vraie ou non, le fait est que dans cette première phase des négociations avec des maisons d'édition américaines, les intermédiaires par lesquels passent les militaires boliviens sont deux journalistes américains, Andrew Saint George et de Juan de Onis du *New York Times*, que Fidel qualifie de « journalistes proches de la CIA » et qui détiennent une copie du journal du Che, même s'ils se sont engagés à ne pas le publier. Mais cette opération n'aboutira pas, car Doubleday se retire en prétextant que les droits d'auteur pourraient être remis en question par Aleida March, la veuve du Che.

Tandis que les négociations se poursuivent, un événement tout à fait inattendu se produit. À la fin du mois de janvier 1968, un mystérieux messager, venu de nulle part, se présente au siège de l'agence d'information cubaine Prensa Latina à Santiago du Chili et, tel un magicien qui sort un lapin de son chapeau, fait la proposition suivante :

— Je viens de la part d'Antonio Arguedas. Il veut remettre le journal du Che à Cuba.

Le messager dit que cette offre vient du ministre de l'Intérieur bolivien, qui est très agacé par l'ingérence américaine dans les affaires intérieures de son pays. Un groupe de journalistes se réunit sous la direction d'Hernan Uribe pour étudier l'insolite proposition. Ils n'ont rien à perdre, de sorte qu'ils acceptent la proposition de l'envoyé d'Arguedas et préviennent le vice-ministre de l'Intérieur cubain, Manuel Piñeiro. Le Bolivien revient peu après à Santiago avec les microfilms cachés dans une pochette de disque de musique folklorique. C'est le journaliste Mario Díaz Barrientos, connu sous le nom de « El enano » (le nain), qui sera chargé d'emporter le journal à Cuba ; il se rendra à La Havane *via* Mexico escorté, sans le savoir, par des agents du ministère de l'Intérieur cubain.

Fidel Castro dira plus tard : « Bien que l'authenticité du document lui-même ne fasse aucun doute, toutes les photocopies ont été soumises à un examen rigoureux, afin de vérifier non seulement cette authenticité, mais toute altération éventuelle, si petite fût-elle. Les faits ont été en outre confrontés au journal de l'un des guérilleros survivants. » Le déchiffrement de l'écriture est réalisé par Aleida, la veuve du Che, avec l'aide de son secrétaire, Manresa ; les trois survivants cubains de la guérilla : Alarcón, Tamayo et Villegas collaborent également à ce travail.

Une seule réserve subsiste pour les Cubains, Fidel en parle dans son introduction du Journal : « Comme ce Journal indique à plusieurs reprises les relations de la révolution cubaine avec le mouvement guérillero, certains pourront prétendre qu'en le publiant nous nous livrons à un acte de provocation susceptible de fournir des arguments aux ennemis de la révolution, aux impérialistes yankees et à leurs alliés, les oligarques d'Amérique latine pour renforcer leurs projets de blocus, d'isolement et d'agression de Cuba. » Mais l'existence de copies du journal entre les mains des Boliviens et de la CIA rend l'objection absurde.

L'édition du livre se fait dans le plus grand secret. Plusieurs mois sont consacrés à l'authentification et à la transcription du manuscrit, et le samedi 22 juin, il est envoyé à l'imprimerie Osvaldo Sánchez. À 11 heures 45 du matin le dimanche 30 juin, le *Diario del Che en Bolivia* est prêt. Il est tiré à des millions d'exemplaires. Le lendemain il est distribué gratuitement dans les librairies de La Havane. Il est édité presque en même temps au Chili par Punto Final, en France par Maspero, par Ruedo Ibérico, en France, pour l'Espagne franquiste, au Mexique par Siglo XXI, en Italie par Feltrinelli, en RFA par Trinkot et aux États-Unis par la revue *Ramparts*. Curieusement les éditeurs et les journaux des pays de l'Europe de l'Est sont absents de la liste, ce qui donne une idée des tensions entre le socialisme « irréel » européen et la révolution cubaine, et des préventions des bureaucrates de l'Europe de l'Est contre le Che. L'agence tchèque CTK se donnera même le luxe de douter de l'authenticité du journal dans une dépêche où elle commente l'édition cubaine.

Les librairies de La Havane sont pleines à craquer, des photos montrent une foule spectaculaire et des milliers de gens faisant la queue. Le professeur Israel Díaz est le premier à recevoir le livre dans la librairie de L et 27, il fait la queue depuis 4 heures du matin. En quelques semaines des millions de lecteurs dans le monde entier ont lu le livre, les réimpressions de centaines de milliers d'exemplaires se succèdent.

Les Tchèques ne sont pas les seuls à mettre en doute l'authenticité de la version cubaine ; de manière assez surprenante le journaliste Saint George le fait aussi, alors qu'il connaît l'authenticité du Journal, et il dit que l'original qu'il a vu contient des critiques sur Fidel et que *Stein and Day* publiera la vraie version.

La réponse du premier mandataire cubain ne se fait pas attendre. Le 3 juillet 1968, il dit à la télévision cubaine : « Il est inconcevable, à moins d'être fou, que quelqu'un publie une fausse version d'un document dont l'original est entre les mains d'un autre, cet autre étant de surcroît son ennemi. »

Mais l'édition cubaine du Journal a un défaut, il y manque trois jours. Ce n'est pas très important, ils ne contiennent aucune information importante, mais ils seront une piste pour découvrir comment le Journal est arrivé à Cuba. Quelques jours plus tard, une main nationaliste et amie, ou les militaires boliviens eux-mêmes, transmettent secrètement le Journal du Che au journal de La Paz *Presencia* et à la radio bolivienne Nueva América, qui le publie et le diffuse les 11 et 12 juillet dans sa version complète. Toute intention de falsifier le journal, si elle existe, est désormais vaine.

Cela fait un scandale public et le jour même une enquête est ouverte en Bolivie pour savoir d'où viennent les fuites. Le général Ovando organise une conférence de presse pour innocenter l'armée et montre aux journalistes que les journaux sont bien là, enfermés dans une boîte à chaussures dans un coffre-fort.

Une semaine plus tard le Président annonce une nouvelle enquête. Le même jour le ministre de l'Intérieur, Antonio Arguedas, disparaît avec son frère pour réapparaître au Chili où il demande l'asile politique.

Antonio Arguedas est un personnage, disons singulier, pour employer un euphémisme ; avocat de quarante ans, ex-major de l'aviation, ex-membre du Parti communiste, ex-militant de la faction de gauche du MNR, ex-agent de la CIA, il accumule trop de revirements politiques pour être crédible. Il a été accusé d'avoir mené la répression contre les cadres urbains de la guérilla du Che et d'avoir fermé les yeux sur les tortures et les assassinats. Pourtant, en exil, il déclare qu'il admire Fidel et qu'il veut reprendre le fusil laissé par « son ami » Coco Peredo. Doit-on le croire ? Quelques mois plus tard, il expliquera ses motivations : « Mon but fondamental était d'éviter que l'impérialisme américain ne falsifie ou ne modifie partiellement le Journal du Che Guevara. » Fidel Castro confirmera par la suite que c'est effectivement par Arguedas qu'il a eu le Journal du Che et de manière totalement désintéressée.

Puis, nouvelle histoire étrange. Du Chili où il est exilé, Arguedas va à Londres où il est interrogé par la CIA et les services de renseignements britanniques, puis à New York (!) et de là à Lima, pour finalement retourner à La Paz où il est jugé et libéré sous caution grâce à un chantage : il menace de révéler les liens du gouvernement bolivien avec la CIA dans la campagne contre le Che en s'appuyant sur 134 documents qui sont en sa possession. L'affaire s'envenime de manière rocambolesque, une bombe explose chez lui, il échappe à un attentat et il finit par se réfugier à l'ambassade du Mexique à La Paz.

Avec la fin de « l'affaire Arguedas », la fantastique histoire du Journal de Bolivie du Che semble condamnée à l'oubli, mais au milieu des années quatre-vingt, un nouveau scandale éclate quand Sotheby's annonce que le manuscrit original du journal du Che, estimé à 250 000 livres sterling, sera prochainement mis aux enchères. Comment le Journal est-il arrivé là ? Le gouvernement bolivien ouvre une enquête et remonte facilement la filière jusqu'à l'ex-dictateur, le général Luis García Meza, qui l'a vendu à « un Brésilien » qui l'a revendu à son tour ou qui utilise une galerie anglaise comme intermédiaire pour le revendre... Sur les instances répétées et légales du gouvernement bolivien, en juin 1984, Sotheby's suspend les enchères.

CHAPITRE 61

La « malédiction » du Che

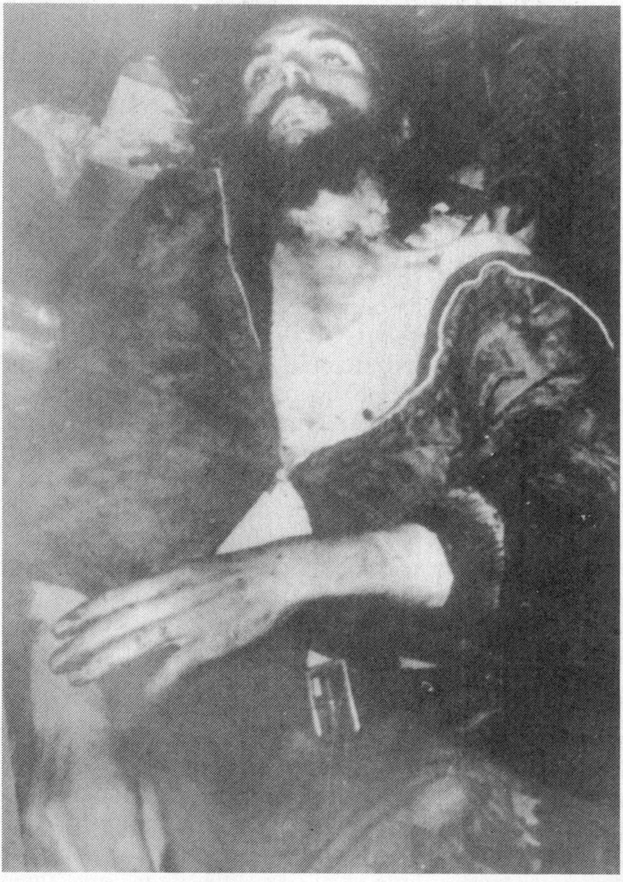

Le cadavre, 9 octobre 1967.

Au cours des quinze années qui suivirent, comme par une série de hasards surprenants, sans doute dus au fait que c'était une époque confuse où ils vivaient sur le fil du rasoir, la majorité des personnages compromis dans la capture, l'ordre d'assassinat ou la disparition du cadavre d'Ernesto Guevara, furent victimes d'étranges accidents mortels, en hélicoptère ou en voiture, ou bien exécutés par les héritiers de la guérilla, ou déportés, ou atteints de maladies mystérieuses, ou la cible d'attentats, ou tués par des groupes terroristes de la gauche fantasmagorique ou de la droite la plus réactionnaire, ou encore assassinés à coups de bâton par leurs propres ex-compagnons.

Comme si le fantôme du Che était revenu demander des comptes à ses assassins, une vague de violence frappa un à un, et de manière systématique, la plupart de ceux qui avaient participé aux événements. Il n'est pas étonnant que cette succession de hasards ait donné naissance à la légende de la « malédiction du Che » qui, d'après la rumeur populaire, aurait organisé de là-haut ces accidents, ces assassinats et provoqué ces maladies. On raconta aussi, sans aucune preuve à l'appui, que les services secrets cubains menaient une opération de vengeance internationale.

Reprenons :

Honorato Rojas, devenu un personnage public après cette photo sur laquelle le vice-président Siles le félicitait d'avoir dénoncé la guérilla et conduit le groupe de Tania et de Vilo Acuña jusqu'à l'embuscade de la gorge du Yeso, sera la première victime. Cette photo où on le voit en uniforme de ranger, avec une casquette trop grande et sa fille d'un an et demi dans les bras, est pathétique.

Le 14 juillet 1969, un commando de l'ELN renaissant le tue de deux balles dans la tête. Il vivait alors aux environs de Santa Cruz dans une petite ferme de cinq hectares offerte par Barrientos.

Le général Barrientos sera le deuxième à tomber. Le 29 avril 1969, moins d'un an après la mort du Che, le président de la Bolivie qui avait confirmé l'ordre d'assassinat meurt carbonisé dans un accident d'hélicoptère non loin du village d'Arque. L'accident n'a jamais pu être expliqué. On accusera son vieux compagnon, le général Ovando, de cet assassinat, survenu au moment où Barrientos préparait un coup de force pour se libérer des Oppositions intérieures et extérieures. En 1970, Ovando, qui a accédé au pouvoir grâce à un coup d'état contre le suppléant de Barrientos, sera délogé par un autre militaire, le général Miranda.

L'écrivain Jorge Gallardo, qui a été en contact étroit avec la direction militaire instigatrice du coup d'état progressiste de Torres quelques années plus tard, raconte : « Trois ans après la mort du Che, la superstition populaire prédisait que, du fond de sa tombe, il entraînerait avec lui les responsables de sa mort. » Et deux historiens cubains qui ont parcouru la zone de la guérilla du Che dans le sud de la Bolivie, notent : « Ces superstitions furent à l'origine d'une chaîne de lettres qui commença à circuler dans les milieux militaires boliviens, disant que la mort de Barrientos était un châtiment de Dieu et qu'un grand malheur attendait tous ceux qui étaient coupables de l'assassinat du Che. Pour être sauvé, il était recommandé de réciter trois *Notre Père* et trois *Ave Maria*. La lettre devait ensuite être reproduite à neuf exemplaires et envoyée à autant de destinataires. »

Ou bien les lettres envoyées n'ont pas été assez nombreuses, ou les actions se sont succédé sans aucune coordination, mais le fait est que, peu après

« l'accident » de Barrientos, une nouvelle mort va contribuer à renforcer la rumeur : le 10 octobre 1970, le lendemain du troisième anniversaire de la mort du Che, le lieutenant Eduardo Huerta, qui avait été le premier officier à participer à sa capture, meurt dans un accident de voiture.

La chaîne se poursuit avec le violent assassinat du lieutenant-colonel Selich, qui fut un des rares militaires de haut rang à avoir parlé avec le Che dans l'école de La Higuera et qui avait essayé de l'humilier. Au début des années soixante-dix, sous le gouvernement de Banzer dont il a été le ministre de l'Intérieur, il est battu à mort lors d'un « interrogatoire » par des agents de la sécurité militaire, après avoir été découvert en train de fomenter un coup d'état militaire, un de plus dans la longue liste de l'histoire de la Bolivie.

Peu après, le colonel Roberto Quintanilla, qui, en tant que chef des services de renseignements du ministère de l'Intérieur, avait assisté à l'amputation des mains du Che pour l'identification et qui, des années plus tard, assassina Inti Peredo, sera exécuté à Hambourg en avril 1971 par une militante de l'ELN, Monica Earlt. Celle-ci s'était présentée au consulat en tant que citoyenne allemande pour demander un visa pour la Bolivie et avait demandé à parler au colonel Quintanilla qu'elle tua de deux balles dans la poitrine avant de disparaître saine et sauve.

La « malédiction » du Che ne fut pas seulement l'œuvre de militants révolutionnaires, elle prit parfois des formes différentes : l'agent de la CIA, Félix Rodríguez, qui avait identifié le Che et pris des photos de son Journal, commença à souffrir d'asthme à son retour à Miami, et bien que l'asthme se manifeste généralement dès l'enfance, il n'en avait jamais souffert auparavant. « Quand je suis arrivé à Miami... j'ai eu une crise d'asthme. On m'a fait des tests d'allergie de toutes sortes, sans résultat positif. Que le climat soit sec ou humide, chaud ou froid, j'avais toujours de l'asthme. J'en ai conclu que c'était la malédiction du Che, ou que c'était psychologique. »

Le major Juan Ayoroa, dont la troupe de rangers avait participé à la phase finale de la campagne contre le Che, à sa capture et à sa mort, sera déporté par le gouvernement de Banzer à la fin septembre 1972.

Juan José Torres, qui était le chef de l'état-major de l'armée bolivienne pendant la campagne du Che et qui avait été favorable à l'ordre d'exécution, arriva des années plus tard au pouvoir et en fut chassé par un coup d'état militaire d'extrême droite. Et le 12 février 1976, il sera assassiné à Buenos Aires de trois balles dans la tête, par un militant de l'organisation d'extrême droite « triple A ».

Deux mois plus tard, en mai 1976, à l'extrême opposé du spectre politique, le général Joaquín Zenteno Anaya, qui, en tant que commandant de la VIIIe Division, avait transmis l'ordre d'exécuter le Che, sera assassiné à Paris, où il exerçait les fonctions d'ambassadeur de Bolivie, par un commando éphémère appelé « Brigade internationaliste Che Guevara » dont on n'entendit plus jamais parler. Il reçut trois coups de 7.65 à bout portant, devant la porte de son bureau. Pour les enquêteurs cet assassinat était lié au fait que Zenteno avait été publiquement accusé de protéger de vieux nazis cachés en Bolivie, comme Barbie.

Au début de l'année 1981, alors qu'il affrontait un groupe fasciste qui occupait une compagnie pétrolière à Santa Cruz, Gary Prado Salmon, le capitaine qui avait capturé le Che, fut blessé par une balle qui lui perfora le poumon et causa des lésions à la colonne vertébrale qui en feront un paralysé. Curieusement c'est un de ses soldats, dont le nom n'a jamais été divulgué, qui l'a accidentellement blessé.

Vingt ans après l'assassinat du Che, l'ex-ministre de l'Intérieur, Antonio Arguedas, dont la maison avait été détruite par une bombe et qui avait échappé à un assassinat à la fin des années soixante, purgera une peine de huit ans dans une prison de La Paz pour avoir séquestré un commerçant.

On sait peu de chose du destin du sous-officier Mario Terán ; des journaux ont dit qu'il s'adonnait à l'alcool et errait dans les rues de Cochabamba, poursuivi dans ses cauchemars par l'image du Che, et que comme le sergent Bernardino Huanca il avait dû suivre plusieurs traitements psychiatriques.

CHAPITRE 62

Images et fantasmes

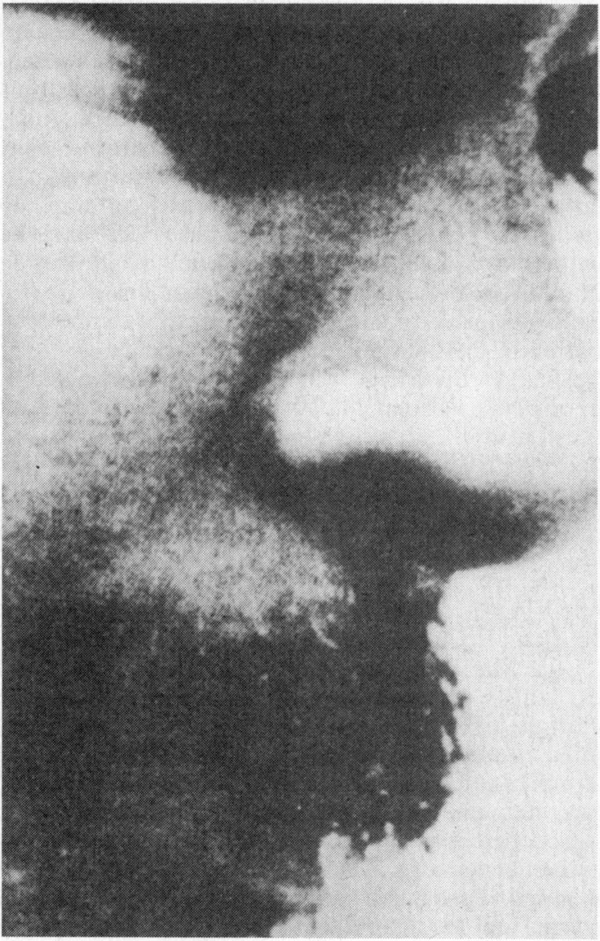

Le poète Paco Urondo, qui sera assassiné des années plus tard par les militaires argentins, a écrit en apprenant la mort du Che à Buenos Aires : « Il pleuvra sans interruption pendant une semaine, les plus sceptiques, ou ceux qui ne sont pas superstitieux, penseront que c'est un hasard, un pur hasard : que c'est un peu exceptionnel mais accidentel. Les amis arrivent de plus en plus trempés, cette fois ce temps de merde s'est bel et bien détraqué. Mais cette fois ce ne sont pas les conjectures habituelles, on ne parle pas de l'humidité et des calamités qui en découlent, ni de son foie, cette fois les conjectures sont autres, ce n'est pas la sérénité, c'est le silence. »

Celia, la quatrième fille du Che, née en 1963, à l'époque où le commandant Guevara est encore au ministère de l'Industrie, deux ans et demi avant son départ pour La Paz, ne se rappelle son père qu'à travers les souvenirs des autres. Elle a essayé à plusieurs reprises de lire le *Journal de Bolivie*, sans jamais y parvenir.

Fidel a souvent vu le Che en rêve ces dernières années. Et il confesse au journaliste italien, Gianni Mina, que le Che lui parle, « lui dit des choses... ».

Ana María, la sœur du Che, racontera au début des années soixante-dix à un journaliste espagnol : « Parfois je sens qu'on me regarde au-delà de moi-même, comme si j'étais lui, et dans ces moments-là on a l'impression de n'être personne, on ne sait comment réagir ni que faire. J'ai dû apprendre à vivre ainsi. »

Ce n'est pas extraordinaire, nous savons tous de quelle manière à la fois cruelle et merveilleuse les morts laissent un vide, un creux tendre dans les proches qui leur survivent. Mais Ernesto Guevara s'était auréolé dans ces années-là d'un halo magique que même sa mort n'a pas pu effacer et qui continue à fasciner tant de gens qui ne l'ont jamais connu.

Après le passage de la guérilla sur ses terres et après avoir abrité le cadavre du Che dans son école, le village de La Higuera fut victime d'une terrible sécheresse, les animaux et les plantes moururent et les paysans durent émigrer. La légende populaire, les rumeurs, les histoires disaient que c'était un châtiment de Dieu pour avoir laissé mourir le Che entre les mains des militaires.

Chez les paysans de Cochabamba une étrange litanie est apparue : « Petite âme du Che, fais un miracle, fais que ma petite vache guérisse, accorde-moi cela, petite âme du Che. »

Dans le village de La Higuera on montrera comme des reliques des mèches de cheveux et des morceaux du pantalon ensanglanté du commandant Guevara. À Lagunillas, un photographe ambulant s'est enrichi en vendant des photos du Che ; de nombreux habitants se vantent d'avoir la vraie photo du Che mort, sur la table de pierre de la buanderie de l'hôpital de Malta, la photo du Christ laïc.

L'infirmière de Vallegrande qui l'a déshabillé, dit : « Je rêve parfois du Che et je le vois vivant, il me rend visite et me parle, et il me dit qu'il va me sortir de la misère. »

L'école de La Higuera a été démolie, on a construit un dispensaire à la place qui n'a jamais fonctionné, jamais aucun médecin n'y est venu et aucun médicament n'y est arrivé. Après des années on a fait une nouvelle école, en 1971 un journaliste uruguayen, Gonzalez Bermejo, est venu la visiter. Et profitant de l'inattention de l'institutrice, il demande à un enfant :

— Que sais-tu du Che ?

— C'est l'homme qui est là, répond l'enfant en montrant un portrait de Simon Bolivar.

Francisco Rivas, un paysan des environs de La Higuera, soixante ans, quatorze enfants, raconte : « Sur le moment je ne me rendais pas compte, mais maintenant je sais que j'ai beaucoup perdu. »

Dans une église de Matanzas, à Cuba, Ernesto Guevara est représenté sur un retable, perdu au milieu des saints de la cour céleste catholique ; par contre, dans une église de l'État de Tamaulipas, au Mexique, le Che partage le coin d'une fresque avec le diable.

La mort d'Ernesto Guevara a provoqué la stupeur, la consternation, l'étonnement, le trouble, la rage, voire un sentiment d'impuissance, chez des milliers d'hommes et de femmes. Onze brèves années de vie politique avaient fait du Che, sans qu'il le veuille, le symbole de la révolution latino-américaine si souvent ajournée ou trahie, et notre seule certitude en ce temps-là était que les rêves ne meurent jamais. Pourtant le Che était mort en Bolivie. Le poète Mario Benedetti en témoigne :

> « Ainsi nous sommes
> consternés
> en colère
> bien que la mort soit
> un des absurdes prévisibles. »

Les années ont passé. La statue de bronze de sept mètres de haut qui le représente et qui se trouve à Santa Clara est l'œuvre de José Delarra, ce même sculpteur qui a donné à un astronaute cubain une tête du Che en porcelaine pour qu'il voyage dans la stratosphère. La statue représente un Che robuste, presque gros, avec une barbe de Père Noël, il ne sourit pas. C'est ça le problème des statues. Le bronze reproduit mal le sourire.

J'interviewe Dariel Alarcón dans une maison des environs de La Havane, c'est un homme amusant et souriant, mais vers la fin de l'interview, une ombre passe dans la pièce, quand il se souvient qu'Inti Villegas, Tamayo et lui auraient peut-être pu le sauver en cet après-midi d'octobre. Ce sont de ces choses qui ne vous laissent pas vivre en paix.

Je discute dans l'obscurité avec Manresa, il y a une panne d'électricité dans le quartier. Parfois sa voix s'arrête, on devine l'émotion. Je lui dis :

— Vous, les guévaristes, les hommes qui avez vécu près du Che vous donnez l'impression d'être marqués, d'avoir une marque sur le front, un Z comme Zorro.

— Nous étions de pauvres diables, qui sait où nous aurait menés la vie, nous attendions de rencontrer un homme comme le Che.

Il y a un long silence. Puis des sanglots. Alors on ne sait plus que dire.

Ce sentiment d'abandon, dû au fait que le Che soit parti sans eux, tue. Joel Iglesias est entré dans une crise grave qui l'a fait sombrer dans l'alcool, Mora s'est suicidé, Díaz Argüelles n'a jamais pu pardonner au Che d'avoir emmené son meilleur ami, Gustavo Machín, et pas lui ; pas même à l'heure de sa mort alors qu'il barrait la route aux chars sud-africains en Angola, dans une épopée qui n'avait rien à envier aux exploits du Che. Ameijeiras se débat entre le sentiment qu'il aurait pu freiner le Che dans son obstination et le regret de ne pas avoir été là pour le faire. Dreke s'est demandé pendant des années ce qu'il avait fait de mal en Afrique pour que le Che ne l'emmène pas en Bolivie. Et bien que la réponse fût : « Rien », la question le ronge toujours. Les Acevedo continuent aussi à se le demander. De même que son ami Fernández Mell ; de même qu'Aragonés qui a souffert d'une terrible maladie à son retour d'Afrique, qui l'a presque tué ; de même qu'Estrada qu'il avait renvoyé de Prague parce qu'il était trop repérable ; de même que Borrego, son vice-ministre ; de même qu'Oltuski qui n'a pas encore écrit son livre pour dire qu'ils étaient souvent en désaccord tous les deux, sur beaucoup de choses... Et je pourrais parier ma tête, sans risquer de la perdre, qu'à Cuba, encore aujourd'hui, presque trente ans après sa mort, il existe une centaine d'hommes et de femmes qui auraient vendu leur âme au diable pour pouvoir mourir avec le Che en Bolivie.

J'ai trouvé une dernière photo du Che dans la maison de Teo Bruns à Hambourg, c'est une affiche, avec la légende suivante : « Camarades : J'ai un poster de vous tous chez moi. Che. » Nous lui saurons gré de ce souffle, de cet humour caustique qu'il a si souvent pratiqué de son vivant.

Juan Gelman, mon voisin et ami, a écrit il y a longtemps : « Mais / ce qui est sérieux c'est qu'en vérité / le commandant Guevara est entré dans la mort / et là-bas d'après ce qu'on dit il est / beau / avec des pierres sous le bras / je suis d'un pays où maintenant / Guevara doit mourir d'autres morts / chacune résoudra maintenant la sienne / celui qui s'est réjoui n'est plus que misérable poussière / celui qui a pleuré qu'il réfléchisse / celui qui a oublié qu'il oublie ou se souvienne. »

Le souvenir.

Il y a un souvenir. De ces milliers de photos, posters, tee-shirts, cassettes, disques, vidéos, cartes postales, portraits, revues, livres, phrases, témoignages, tous ces fantasmes de la société industrielle qui ne sait pas laisser reposer ses mythes dans la sobriété de la mémoire, le Che nous observe. Au-delà de tout délire, il est de retour. Dans une époque de débâcle il est notre saint laïc. Presque trente ans après sa mort, son image traverse les générations, son mythe perdure au milieu des délires de grandeur du néolibéralisme. Insolent, moqueur, têtu, moralement têtu, inoubliable.

NOTES

CHAPITRE 29

1) *Sources*

De nombreux discours du Che couvrent cette période : Discours à la convention nationale des conseils techniques ouvriers ; Prise de parole devant les ouvriers récompensés, à la rencontre nationale des sucriers à Santa Clara, aux miliciens à Pinar del Río et à la cérémonie commémorative de la mort de Guiterras ainsi que deux articles, « Contra el bureaucratismo » et « Cuba, excepción histórica o vangardia en la lucha anticolonialista ».

Mon interview de Enrique Oltuski et son article, « ¿Qué puedo decir ? », le livre de Boornstein, *The econonic transformation of Cuba* ; la brochure de Borrego, « El estilo de trabajo del Che » ; deux interventions de Luis Pavón, son article « Che, la ventana encendida » et son prologue à *Días de combate* ; un recueil de textes de et sur le Che, *Che*, *El recuerdo y sus propias palabras* ; les documents, CIA Intelligence Memorandum, Directorate of Intelligence : « Cuba, Delay and misdirection of the industrial production program », novembre 1965 ; mes interviews récentes avec Manresa, Gravalosa et Maldonado ; les notes de Acevedo dans *Entre nosotros* ; et les articles de Tania Peña, « Un día conocí al Che », de Galeano, « El alucinante viaje del yo al nosotros » et de Rojo, *Mi amigo El Che*.

Il existe une abondante bibliographie sur Girón (ou la baie des Cochons). Le livre le plus intéressant sur le sujet, Peter Wyden *Bay of Pigs*, ainsi qu'un manuscrit inédit du romancier cubain Juan Carlos Rodríguez « La batalla inevitable ». Pour les témoignages, voir aussi *Girón en la rnemoria* de Víctor Casaus, *Girón, la bataille más corta* de Efigenio Ameijeiras, *La batalla de Girón* de Quintín Pino Machado, *Diario de Girón* de Gabriel Molina et *Amanecer en Girón* de Rafael del Pino. Pour le meilleur document les quatre tomes des Edicions R sous la direction de Lisandro Otero, *Playa Girón derrota del imperialismo*. Pour des témoignages de contre-révolutionnaires capturés, *Historia de una agresión*, et *El interrogatorio de La Habana* de Hans Magnus Enzensberger. Les documents récents de la CIA ont été partiellement regroupés dans « Playa Girón la gran conjura ». Pour un mélange de narration et de témoignage, voir l'anthologie *Relatos de Girón* de José Manuel Marrero.

CHAPITRE 30

1) *Sources*
Le Che produit, entre avril 1961 et avril 1962, quantité de discours, de conférences de presse et d'interventions télévisées. « Discurso en la graduación de las escuelas populares de estadística y dibujantes mecánicos », « Conferencia en el ciclo Economía y Planificación de la Universidad Popular », « Discurso en la V sesión plenaria CIES, Punta del Este, 8 agosto », « Conferencia de prensa en Montevideo, 9 de agosto », « Intervención en la reunión del CIES, 16 agosto 1961 », « Discurso en la Universidad Nacional de Montevideo », « Comparecencia televisada en Cuba sobre la reunión de Punta del Este, 23 agosto 61 », « Discurso en la Primera Reunión Nacional de Producción, 27 agosto 1961 », « Discurso clausura en la Primera Asamblea de Producción de la Gran Habana, 24 septiembre 1961 », « Charla a los trabajadores del Ministerio de Industria », « Discurso en la inauguración de la planta de Sulfometales Patricio Lumumba, 29 octubre 1961 », « Discurso en la commemoración del 27 de noviembre de 1871 », « Conferencia de el curso de adiestramiento del Ministerio de Industria », et l'intervention a la TV du 27 janvier 1962.

Les articles utilisés, « Discusión colectiva, decisión y responsabilidad única », « Tareas industriales de la revolución en años venideros ».

Documents divers, les Actes du Conseil de direction du Ministère de l'Industrie du 20 janvier et du 10 mars 1962 ; le résumé de la Première Réunion nationale de Production et « Intervención sobre el ausentismo y los males del trabajo » ; la préface du livre *El partido rnarxista-leninista*, comme les actes de la réunion bimestrielle du 22 février 1964.

L'interview de Dumont dans *Cuba socialist and development*, Karol *Les Guérilleros au pouvoir* et Huberman dans *Cuba and the USA*. À noter aussi l'entrevue avec Juan Gelman et les travaux de Carlos Rafael Rodríguez, « Che y el desarrollo de la economía cubana », de Tablada, « El pensamiento económico del Che », de Borrego dans *Entre nosotros* et le document de la CIA Intelligence Memorandum, Directorate of Intelligence. « Cuba, Delay and misdirection of the industrial production program. »

Pour les activités au ministère de l'Industrie, l'interview de Valdés Gravalosa, le livre de Boornstein *The economic transformation of Cuba*, l'article de Soto, « Che comandante, Che ministro » et les chronologies de Cupull et González et de Juventud Rebelde.

Les articles de Bianchi, « Un constructor llamado Che », d'Agancinio, « El Che entusiasta y consurnado ajedrecista », de Barreras, « El Che ajedrecista entusiasta », de Sara Mas, « Su incurable pasión creadora », de Galich, « El comandante Guevara en Punta del Este », de Carlos María Gutiérrez, « Telefoto exclusiva », de Barrero, « Amigo, sus recuerdos del Che », de Rojo, *Mi amigo El Che* (ce sera le seul à noter l'entretien du Che avec le président argentin Frondizi), « Los dos interlocutores eran muy distintos por su origen » de Isidrón « Che ejemplo de moral », de Palacio, « Che ajedrecista », l'entretien de Martí avec Eliseo de la Campa, le livre de Saverio Tutino, *L'ottobre cubano* et celui de Sol Arguedas, *Cuba no es una isla.* Aussi, « Operación Moongoose, una guerra interminable », Enzensberger, « Antecedentes, estructura e ideologia del Partido Comunista de Cuba » et « Resultado final de la campaña ».

Pour avoir une idée du choc culturel des jeunes Cubains en Russie et des conseillers soviétiques à Cuba, le roman de Luis Manuel García, *Aventuras eslavas de Don Antolín del Corojo y crónica del Nuevo Mundo según Iván el Terrible* est cent fois plus parlant que toute analyse sociologique.

2) *Avions et baptêmes*

Dans sa jeunesse en 1947, le Che avait déjà volé dans un planeur mais ce n'est qu'à la fin de 1959 qu'il vole pour la première fois dans un véritable avion. Quand un pilote volait seul pour la première fois, il était de tradition à Cuba de le « baptiser » en le mettant dans un tonneau d'eau et en lui jetant de la terre et de l'huile. Mais ses camarades avaient trop peur du Che. Plus tard, il confessera qu'il avait été meurtri par cette discrimination qui l'avait privé de baptême.

CHAPITRE 31

1) *Sources*

Quelques articles, « La influencia de la Revolución Cubana en América Latina », « Táctica y estrategia de la revolución Latinoamericana », « Tareas industriales de la revolución en los años venideros », « El cuadro, columna vertebral de la revolución » et quelques discours clés, « El Che con las delegaciones fraternales extranjeras », « En el aniversario de las organizaciones juveniles », « En el teatro América reunión sobre emulación en acto de la

CTC ». Interventions très importantes, dans le cadre de ses fonctions, voir la réunion du 14 juillet 1962 dans les procès-verbaux des conseils de direction du ministère de l'Industrie et celle du 28 septembre au cours d'une des réunions bimestrielles du ministère.

Sur la crise des missiles, voir *The cuban missile crisis, 1962*, édité par Laurence Chang et Peter Kornbluth ; Tutino, *L'occhio del barracuda*, Franquí, *Retrato de familia...*, Szulc, *Fidel, un retrato crítico*.

Voir aussi Gilly, « Cuba en octubre » (dans *La senda de la guerrilla*).

Pour la participation du Che dans la crise, consulter, Naón « Cuando El Che estuvo en San Andrés de Caiguanabo », Julio Martí, « Cuando cantan los ruiseñores » et Luis Ubeda, « Una cueva con historia ».

Mes interviews avec Leonardo Tamayo, Miguel Figueras, Heras León, Enrique De la Ossa ; l'interview de Rogelio Acevedo dans *Entre nosotros* ; les articles de Oltuski, « ¿Qué puedo decir ? », de Rolando Montalbán, « La huella imborrable del guerrillero de América » et les livres de Mariano Rodríguez, *Con la adarga al brazo*, de Hikla Gadea, K. S. Karol, Resnick, *Black beret*, et de David C. Martin, *KGB vs CIA*.

CHAPITRE 32

1) *Sources*
Discours du Che à l'école de Minas del Frío ; lettres à Lisandro Otero et Ezequiel Vieta ; Préface à *El partido marxista-leninista* ; Rapport au conseil des ministres 1963 ; son livre *Pasajes de la guerra revolucionaria* ; l'intervention à la réunion du Conseil de Direction du ministère de l'Industrie du 12 octobre 1963 ; la lettre du Che à Carlos Franquí et la réponse de celui-ci, « Carta del Che a *Revolución* y una aclaración nuestra » (document très intéressant).

Essentiel, « Retrato de familia con Fidel » de Franquí, mes entretiens avec Miguel Alejandro Figueras, Gravalosa, Jorge Risquet, De la Ossa, Oscar Fernández Mell ainsi que la lettre de Lázaro Buría de février 1995 ; aussi le « Che ministro, Che funcionario » de Angela Soto et de Gerónimo Alvarez, *Che, una nueva batalla*.

On peut trouver trace des anecdotes du Che dans les usines dans Ernesto Montero, « Con los creadores de la riqueza », Lagarde, « Esos refrescos que saben a jarabe de Tolú », Siquitrilla, « Cinco temas breves », et dans le documentaire filmé de Pedro Chaskel, *Constructor cada día compañero*, Pedro Ortiz, « Che en Gibara » et Liset García, « Lecciones para no olvidar ».

Sur sa passion de joueur d'échecs, voir Severo Nieto, « Pasión por el deporte » ; Adolfo Fernández, « Ajedrecista fuerte » ; Eleazar Jiménez, « El Che y el ajedrez », « El Che, ajedrecista entusiasta » de José Luis Barreras et Agacillo, « El Che, un entusiasta y consumado ajedrecista ».

La revue *Nuestra industria* ; Ezequiel Vieta, « Mi llamada es » ; Ernesto Cardenal, *En Cuba* ; Oltuski, « ¿Qué puedo decir ? » ; Purón, « Un ejemplo de virtudes revolucionarias » ; Gleijeses, « Cuba's first venture in Africa, Algeria, 1961-1965 » ; Gregorio Ortega, *En la brecha* ; Rodolfo Walsh en préface à Masetti, *Los que luchan y los que lloran* ; Valdés, « Un trabajador incansable » et le document « Implications of Cuba's renewed campaign of incitation to violent revolution in Latin America » sous la direction de Bowdler. NSF, Country File, Cordon Chase file vol A. LBJ Library.

2) *La polémique*
Pour les lecteurs intéressés par la vaste polémique sur la loi de la valeur et ses implications dans le modèle de l'administration agraire et industrielle à Cuba, se référer à Alberto Mora, « En torno a la cuestión del funcionamiento de la ley del valor en la economía cubana en los actuales momentos » et à Ernesto Guevara, « Sobre el concepto de valor, contestando algunas afirmaciones sobre el tema ». Voir en France *Partisans*, n° 37.

Pour des raisons d'ordre chronologique, nous avons divisé la polémique en deux parties, la suivante sera traitée dans le chapitre 33. Au-delà des deux textes cités, on peut utilement se reporter à Michael Lowy, *La Pensée de Che Guevara* ; au chapitre 7 du tome 11 de l'ouvrage *Pensar al Che* avec les travaux de Tablada, de Pérez-Rolo et d'Orlando Borrego ; à Tablada dans « El pensamiento económico de Ernesto Che Guevara » et à la troisième partie de l'anthologie de José Aricó, *El socialismo y el hombre nuevo* qui reprend une préface de Ernest Mandel, la même que celle du numéro cinq des cahiers du *Pasado y Presente* ; le chap. 3 du livre de Massari, *Che Guevara, grandeza y riesgo de la utopía* ; l'article de Mandel, « El debate económico en Cuba durante el periodo 1963-1964 » publié dans *Partisans* et qui a été repris dans l'anthologie du Che, *El socialismo y el hombre nuevo* ; enfin, l'article de Sergio de Santis, « Debate sobre la gestión socialista en Cuba » dans l'ouvrage *Cuba, una revolución en marcha*.

CHAPITRE 33

1) *Sources*
Le Che a eu tout au long de 1964 une intéressante correspondance qui fut reprise dans les éditions de ses œuvres. En outre, beaucoup

des discours de cette période ont été conservés, « En la entrega de certificados de trabajo comunista », « En la asamblea de emulación del Ministerio de Industria », « En el homenaje a Camilo Cienfuegos », « En la conmemoración del 30 de noviembre », le discours prononcé à Genève le 25 mars et le discours du 28 octobre, le discours du ministère de l'Industrie du 9 mai et celui prononcé à l'école Patrice Lumumba des administrateurs le 2 août. Ces documents du Che sont essentiels : « Tareas fundamentales para 1965 » et les procès-verbaux des réunions du conseil de direction du ministère de l'Industrie du 22 février, du 12 septembre et du 5 décembre ; le PV de la session ordinaire du 20 avril, le PV du Rapport de l'Entreprise consolidée des Silicates du 20 juillet ; le Rapport de l'Entreprise consolidée des Équipes électriques du 11 mai et celui de l'Entreprise consolidée de Tenerías du 8 août. Deux interviews utiles, dans le journal *El Popular* de Montevideo à Moscou et « Tiene la palabra El Che Guevara ».

Sur le financement des entreprises, Guevara, « Sobre el sistema presupuestario de financiamiento », Fernández Font, « Desarrollo y funciones del banco socialista en Cuba », Guevara, « La banca, el crédito y el socialismo », Bettelheim, « Formas y métodos de la planificación socialista y nivel de desarrollo de las fuerzas productivas », Mandel, « Las categorías mercantiles en el periodo de transición », Guevara, « La planificación socialista, su significado », Infante, « Características del funcionamiento de la empresa autofinanciada », Alvarez Rom, « Sobre el método de análisis de los sistemas de financiamiento ».

Mes interviews avec Vilaseca, Figueras et Hilda Guevara Gadea ainsi que celles de Travieso et Román Orozco ; quelques articles importants, Liset García, « Lecciones para no olvidar » ; Lara, « El día en que el Che inauguró la fábrica de bujías », Bianchi, « Un constructor llamado Che », Nemira, « La última entrevista del Che en Moscú », Galeano, « El alucinante viaje del yo al nosotros », Tablada, « Che y los comités de calidad », Gilly, « Entre la coexistencia y la revolución », Lleras Restrepo, « El Che » et « Lleras fue amigo del Che Guevara », Oltuski, « ¿Qué puedo decir ? », *Hasta la victoria siempre*, le documentaire dirigé par Santiago Alvarez.

Aussi Habel, *Proceso al sectarismo* comprenant la très longue intervention de Fidel au procès et le mémorandum de la direction de l'Intelligence du département d'État des USA du 26 février ; Franquí, *Retrato de familia con Fidel*, Massari, *Che Guevara, grandeza y riesgo de la utopía* et Draper, « Castroism, theory and practice ».

À propos de Guanahacabibes, voir l'interview de Gravalosa « Che ministro, Che funcionario » faite par Angelo Soto ; Cazalis,

« Un día sin ver un eucalipto », Borrego, « Lecciones para no olvidar » et Francisco Martínez Pérez dans *Entre nosotros*.

CHAPITRE 34

1) *Sources*
La lettre du Che à Sábato et les articles « Táctica y estrategia de la revolución Latino-americana », « La influencia de la revolución en América Latina », le discours sur la problématique du travail dans le cadre de l'hommage rendu aux travailleurs méritants du 21 août 1962.

Pour le sens donné au concept de « Libération », voir l'entretien de Jorge Castañeda avec Ulises Estrada. Malheureusement, le commandant Manuel Piñeiro, mieux connu sous le surnom de « Barbarroja », n'a pas été interviewé et n'a rien écrit (à ma connaissance) sur cette étape.

Pour la relation avec les futurs sandinistes, en particulier avec Carlos Fonseca, voir les deux livres de Tomás Borge, *Carlos, el almanecer ya no es una tentación* et *La paciente impaciencia* ainsi que le livre de Iosu Perales, *Querido Che*. Les pré-sandinistes ont reçu 20 000 dollars du Che qu'ils ont utilisés pour armer la guérilla du Rio Coco et du Bocay. Un groupe a été entraîné par des militaires cubains pour apprendre le tir au mortier et Borge note que Fonseca « s'était lié d'amitié avec le commandant Guevara » et curieusement avec aussi Tamara Bunke (Tania). Ces relations remontent à l'année 1959 et se poursuivent jusqu'en 1963.

Pour des renseignements sur la première guérilla péruvienne et la collaboration des Boliviens, se référer au livre de Lara sur Inti Peredo. La version de Béjar est relatée dans l'ouvrage de Humberto Vázquez Viaña. Il est aussi intéressant de voir ce que Fidel en dit dans « Una introducción necesaria », introduction pour le journal du Che en Bolivie.

Pour la passionnante histoire de Hugo Blanco, voir son propre livre, *Hugo Blanco y la rebelión campesina* de Víctor Villanueva aussi que le travail de Hugo Neira, « Cuzco, Tierra y muerte » sans oublier l'écrivain péruvien Manuel Scorza, qui a écrit probablement une des sagas romancées les plus intéressantes sur l'Amérique latine, *Roulements de tambour pour Rancas, Garabombo l'invisible, Le Cavalier insomniaque*, *Le Chant d'Agapito Robles* et *La Tombe de l'éclair*.

Fidel, dans le discours du 20e anniversaire de la mort du Che confirma que le commandant Guevara était beaucoup plus qu'un simple collaborateur de l'EGP, et considérait ce projet comme un des « premiers efforts qui seront réalisés par lui ».

Sur la présence de Martínez Tamayo en Bolivie et son réseau d'appui, voir le travail de Alina Martínez, « Antecedentes, preparativos y principales acciones de la guerrilla del Che en Bolivia » ainsi que l'interview de Rodolfo Saldaña de Valenzuela.

Pour la guérilla de Masetti, Régis Debray, « Le Castrisme, la longue marche de l'Amérique latine », dans *Essai sur l'Amérique latine* tout comme la lettre ouverte de deux survivants, Méndez et Jouvé, à Ricardo Rojo reproduite dans « El Che y los argentinos » ; le livre de Frontini, *Los guerrilleros de Salta* et surtout la préface de Rodolfo Walsh à *Los que luchan y los que lloran* de Masetti lui-même. À propos de l'entraînement de Masetti en Afrique et l'appui des Algériens à l'opération, « Cuba's first venture in Africa Algeria, 1961-1965 » de Piero Gleijeses.

Dans le livre, *Mártires del periodismo*, on date la mort de Masetti au 21 avril 1964, sans citer aucune source qui permettrait de la confirmer, il doit s'agir de la date de sa disparition. À propos de la présence des Cubains dans la guérilla de Masetti, se référer au livre de Sánchez Salazar et à mon entretien avec le commandant Oscar Fernández Mell ainsi qu'aux souvenirs de Juan Gelman dans mon interview à Mexico. Comme autre source, la version romancée de la guérilla de l'EGP, contenant des sources de première main, dans la 3e partie du livre de Iverna Codina, *Los guerrilleros*. Pour la recherche du corps de Masetti par le Che, voir l'entretien de Ulises Estrada.

Sur la présence de Luis de la Puente à La Havane et les liens entre son projet et celui du Che, « Los sindicatos guerrilleros en el Perú » et « Una carta desde la sierra peruana » dans l'ouvrage *La senda de la Guerilla* de Adolfo Gilly.

Sur l'entrée en scène de Tania, l'entretien de Ulises Estrada, qui fut son compagnon, et qui affirme que Tania et le Che ne se sont entretenus que deux fois, dans cette affaire, la première au début de son entraînement et à la fin du processus ; voir aussi le livre de Marta Rojas et de Mirta Rodríguez Calderón, *Tania la guerillera involvidable*.

L'identification de Iván/Renán m'a été confirmée par un de ses collègues. J'ai cherché à de nombreuses reprises à le contacter mais il est inaccessible. Curieusement, Miguel Bonasso, dans un travail publié dans la revue mexicaine *Proceso*, l'identifie comme Andrés Barahona López.

2) *Martínez Tamayo*

On raconte que cet homme, avec sa tête de Galicien au visage dur et renfrogné, est né le jour où des lions sont arrivés dans son village. Né à Mayarí en 1936, il dut arrêter l'école très jeune et devint conducteur de tracteur. Il rejoignit le soulèvement cubain en 1957, en volant l'escopette du grand-père. Il combattit dans le Second Front avec Raúl Castro et travailla dans les services secrets.

Il avait déjà accompli une mission importante au Guatemala en pleine crise d'octobre. Un brave type, prêt à donner tout ce qu'il avait à quelqu'un dans le besoin. Une force physique hors du commun. Il n'aimait pas les études et n'avait pas terminé l'école primaire. Grand cueilleur de fleurs tout au long de sa vie. Il savait tout des roses, il en cultivait dans son jardin. Il avait appris à piloter des avions après le triomphe de la révolution. (Pour en savoir plus, voir les articles de Mariano Rodríguez, « Ellos lucharon con El Che » et « Con la adarga al brazo » ainsi que celui de Reyes Trejo, « Capitán José María Martínez Tamayo »). Víctor Dreke : « Le Capitaine José María Martínez Tamayo était un blanc costaud, affectueux, avare de ses mots, qui aimait avec une tendresse du tonnerre le Che, il l'idolâtrait, très correct avec les camarades, audacieux, il payait toujours de sa personne. Il n'aimait pas parler de questions personnelles. Ce qui lui plaisait le plus, l'espionnage, la lutte clandestine mais ce n'était pas un mauvais guérillero. »

3) *Sur Tania*

La légende noire à propos de Tania semble être de l'affabulation. Selon James, un agent des services secrets d'Allemagne de l'Est qui déserta, elle aurait travaillé pour eux pour le contrôle des étrangers. En outre, certains affirment qu'elle était la maîtresse du Che (il n'existe aucun fondement à cela ni qu'elle travailla pour le KGB comme extension naturelle de son travail pour les services allemands). Une chose est certaine, c'est que Tania offrit une entière fidélité à Cuba lorsqu'elle fut recrutée par les services cubains puis ensuite par le Che. Après la mort de Tania, une campagne d'accusations assez minables fut montée, basées sur des petits détails de la vie de la guérilla de Vilo Acuña : qu'elle criait la nuit, qu'elle était responsable de la lenteur du groupe, qu'elle était enceinte, qu'elle avait un cancer de l'utérus, etc.

Les versions qui sous-tendent la légende noire se trouvent dans les ouvrages suivants, Andrew Saint George, *La verdadera historia de cómo murió El Che Guevara*, de James, *Che Guevara, una biografía*, de Hetmann, *Yo tengu siete vidas* et de Elmer May, *Che Guevara*.

4) *Sur l'Argentine*

Leonardo Tamayo, « Le Che avait l'Argentine en tête même s'il disait beaucoup d'horreurs sur sa terre natale et ses paysans. Il disait : *Le dernier pays à se libérer en Amérique latine sera l'Argen-*

tine. En Argentine, il y a des pauvres, mais le paysan mange de bons steaks et on ne va à la lutte que dans un état d'extrême pauvreté. Ces Argentins, pour les sortir de chez eux, il faut les soulever avec une grue, alors... »

CHAPITRE 35

1) *Sources*

Le Che laissa comme témoignage de sa tournée en Afrique le manuscrit *Pasajes de la guerra revolucionaria en Africa*. Autres documents essentiels, *L'Homme et le Socialisme à Cuba*, son discours à l'Assemblée générale de l'ONU et son droit de réponse, le discours au IIe séminaire de Solidarité Afro-asiatique en Algérie, l'interview à *Face the nation* et celle de Josie Fanon dans *Révolution africaine*.

Le livre de Mohammed Heikal, *Los documentos de El Cairo*, à ceci près qu'il s'agit de souvenirs, c'est-à-dire ce que le Che dit à Nasser qui le transmit à l'auteur ; l'entretien avec Rivalta dans *L'Année où nous n'étions nulle part* ; l'interview par Aragonés de Jorge Castañeda ; le travail de Humberto Vázquez Viaña, *Antecedentes de la guérilla del Che en Bolivia* ; le livre de Tuttino, *L'occhio del barracuda* ; les deux articles de Retamar, « Aquel poema » et « Un montón de memorias ».

Le numéro 13 de la revue *Nuestra Industria* de juin 1965 ; les articles « Luis Miranda se refiere al Che », « Para combatir al imperialismo o ir de vacaciones a la Luna » et les travaux de C. M. Gutiérrez, *Los hombres de la historia. Che Guevara*, « Los motivos del Che », ainsi que l'essai de Piero Gleijeses sur les Cubains en Algérie.

Le mémorandum de la conversation entre Tschombé et le sénateur Dodd à l'hôtel Savoy le 31 janvier 1965, le mémorandum de Thomas Hugues du Département de l'Intelligence au secrétaire d'État du 5 janvier 1965 et le rapport « Cuba en Africa ».

2) *Le groupe qui ira au Congo*

En janvier 1965, tandis que le Che était encore en tournée, Victor Dreke, l'ex-dirigeant du Directoire qui accompagna le Che lors de la bataille de Santa Clara et qui était engagé dans des opérations de contre-guérillas à Las Villas, est convoqué pour une mission secrète.

On lui demande s'il désire se porter volontaire pour une mission hors de Cuba et quand Dreke accepte, on lui demande de recruter un peloton de combattants cubains à peau noire ayant l'expérience du combat. À La Havane, Dreke apprend qu'il existe trois groupes, le sien, un provenant de la province d'Oriente dirigé par le capitaine Santiago Terry et un autre originaire de Pinar del Río sous les ordres de Barthelemy. Dreke sera le chef de la colonne.

Les entraînements commencent au camp de Peti/1, dans les collines de Candelaria, du côté de Pinar del Río où étaient entraînés des révolutionnaires d'Amérique latine. L'ensemble de la colonne est emmenée dans ce camp dans la nuit du 2 février et quand le matin on allume la lumière dans les baraquements, quelqu'un s'exclame : « Putain, il n'y a que des nègres ici ! Ils ont dû ramasser tous les nègres de Cuba et les ramener ici. » L'entraînement est intensif, préparation au tir, entraînement aux marches longues, aux tours de garde et aux passages d'obstacles, au tir au canon de 75 et aux bazookas, minage et déminage, fabrication de cocktails Molotov et surtout entraînement aux actions de commando.

Fidel en personne leur rend visite et participe aux entraînements.

Finalement, le groupe est informé que l'objectif de la mission était l'Afrique et parmi les éléments qu'on leur donna à lire se trouvaient des textes relatant la lutte de Lumumba. En moins de 45 jours, la colonne était prête.

CHAPITRE 36

1) *Sources*

La lettre d'adieu du Che se trouve dans toutes les éditions de ses œuvres.

Les entretiens que j'ai eus avec Maldonado, Valdés Gravalosa, Vilaseca, Figueras, Mansera et l'entretien réalisé avec Aragonés par Castañeda, ainsi que celui avec Dreke pour *L'Année où nous n'étions nulle part* ont été très importants.

Voir aussi les paroles de Fidel rapportées par Gianni Mina : « Habla Fidel », le discours pour la fondation du Comité central, et le discours pour le vingtième anniversaire de la mort du Che.

Également : Raúl Roa : « Che », Carlos María Gutiérrez : « Los motivos del Che » et le livre de Rojo : *Mon ami le Che*.

2) *Les cadres du Che*

Le 1er octobre est annoncée la composition du Comité central : curieusement, trois ministres en sont exclus, les trois guévaristes : Borrego (canne à sucre), Alvarez Rom (finances) et Arturo Guzmán (le remplaçant du Che à l'industrie).

La CIA produisit au mois de novembre un rapport spécial où elle étudiait la composition du CC ; il y était écrit que les guévaristes avaient été mis à l'écart, que la vision (économique) « discréditée » du Che n'avait pas de défenseurs au Comité central.

Mais curieusement aussi, la liste des cent membres du CC comprenait plusieurs cadres de la révolution pleinement identifiés avec le Che, tels San Luís, Dreke, Zayas, José Ramón Silva, Fernández Mell, Vilo Acuña, Acevedo. Et la conception économique du Che se poursuivit sans changement durant deux ans. Raúl Maldonado, qui avait dû renoncer à son poste de vice-ministre, offre une version des faits plus conforme à la réalité : « Les trois ministres furent exclus pour des raisons politiques, ils avaient une certaine sympathie pour les Chinois. Ils étaient moins prosoviétiques » (rapport spécial de la CIA sur le parti communiste cubain du 5 novembre 1965). Dans cette même ligne, l'article de Gilly : « La renuncia del Che » dans la revue *Arauco* d'octobre 1965.

CHAPITRE 37

1) *Sources*
Pratiquement tout le matériel de ce chapitre provient de *L'année où nous n'étions nulle part, extraits du journal de Ernesto Che Guevara en Afrique*, écrit en collaboration avec Froilán Escobar et Félix Guerra ; il est fondé sur le livre inédit du Che *Pasajes de la guerra revolucionaria en Africa*, et des entretiens avec Victor Dreke, l'ambassadeur Pablo Rivalta, Freddy Ilanga, le Dr Rafael Zerquera, le sergent Eduardo Torres, réalisés en 1991-1992 pour ce livre.

Voir aussi : Juana Carrasco : « Tatu, un guérillero africain » et Jesús Barreto : « Camarada Tato ».

2) Abandonnant d'autres traditions guévariennes, j'utiliserai pour le récit de l'opération au Congo les véritables noms ou les surnoms courants des combattants cubains au lieu des pseudonymes qui apparaissent dans les écrits du Che et les rapports sur la guérilla.

Pour comparer avec d'autres versions, voici les pseudonymes des cadres principaux : Le Che au Congo s'appelle Ramón ou Tatu. Dreke est Moja, Eduardo Torres est Nane, Martínez Tamayo est Ricardo ou Papi ou M'bili, le Dr Rafael Zerquera est Kumi, Norberto Pichardo est Inne, Santiago Terry est Aly, Crisógenes Vinajeras est Ansurene, Israel Reyes est Azi, Arcadio Benítez est Dogna, Erasmo Videaux est Kisua, Catalino Olachea est Mafu, Octavio de la Concepción de La Pedraja est Morogoro, Harry Villegas est Pombo, Carlos Coello est Tuma, Victor Shueb est Ziwa et Roberto Sánchez Bartelemy est Changa.

3) *Le territoire*
Che : *Le cadre géographique où nous avons opéré se caractérise par la grande dépression remplie par le lac Tanganyika, qui couvre*

35 000 kilomètres carrés de superficie pour une largeur moyenne de 50 kilomètres. Il sépare la Tanzanie et le Burundi du territoire du Congo ; de chaque côté de la dépression, on trouve une chaîne de montagnes, l'une appartenant à l'ensemble Tanzanie-Burundi, l'autre au Congo. Cette dernière est d'une altitude moyenne de 1 500 mètres au-dessus du niveau de la mer (le lac est à 700 mètres), et part des environs d'Albertville (aujourd'hui Kalemie) *au sud, traverse la zone de combats et se perd au-delà de Bukavu au nord, s'achevant semble-t-il par des collines qui descendent vers la forêt tropicale. La largeur de ce système est variable, mais nous pouvons l'estimer pour la zone à 20 ou 30 kilomètres en moyenne. Il y a deux chaînes plus hautes, escarpées et boisées, l'une à l'est et l'autre à l'ouest, avec entre les deux un plateau ondulé, propice à l'agriculture dans ses vallées et à l'élevage bovin, opération effectuée surtout par les bergers des tribus rwandaises, traditionnellement vouées à l'élevage du bétail. À l'ouest la montagne tombe à pic sur un plateau d'une altitude de 700 mètres qui appartient au bassin du fleuve Congo. C'est une savane, avec des arbres tropicaux, des pâturages et des prairies naturelles qui rompent la monotonie du maquis ; la zone la plus proche des montagnes n'est pas non plus un vrai maquis, mais plus on va vers l'ouest, dans la zone de Kabambare, plus il est touffu et présente des caractéristiques vraiment tropicales.*

Les montagnes se dressent directement au-dessus du lac et donnent au terrain un aspect très accidenté ; il y a de petites zones plates, propices au débarquement et à la concentration de troupes, mais elles sont très difficiles à défendre si l'on ne tient pas les hauteurs. Les voies de communication terrestres se terminent au sud à Kabimba où se trouvait l'une de nos positions, à l'ouest, elles contournent les montagnes par la route Alberville (Kalemie)-*Lulimba-Fizi* ; *de là, une branche se dirige vers Bukavu par Muenga et l'autre suit la rive du lac par Baraka et Uvira pour arriver à la même destination. Partant de Lulimba, la route pénètre dans la montagne, cadre propice à la guerre d'embuscades, de même que, dans une moindre mesure, la partie qui traverse la plaine du fleuve Congo.*

Les pluies sont très fréquentes, quotidiennes d'octobre à mai et presque nulles de juin à septembre, où des précipitations isolées peuvent se produire. Dans les montagnes, il pleut toute l'année, mais avec une fréquence moindre durant les mois de sécheresse.

CHAPITRE 38

1) *Sources*

De même que, dans les chapitres antérieurs, les sources essentielles sont tirées de *L'année où...*, ou directement des *Pasajes de la guerra revolucionaria en el Congo* du Che et des entretiens avec Dreke, Ilanga, Zerquera, Rivalta et de ceux avec Videaux, Torres, Benítez, *Kahama*, le journal de guerre d'Emilio Mena. Il faut y ajouter la série d'articles de José Ramos Pichaco dans le journal *Vanguardia*.

2) *Lettre de sa mère*
La lettre de sa mère est reproduite dans le livre de Rojo ; l'une de mes sources cubaines a suggéré que la lettre pourrait être un faux. Je ne le crois pas.

Celia : « Tu trouves mes lettres bizarres ? Je ne sais pas si nous avons perdu le naturel dans notre façon de nous parler ou si nous ne l'avons jamais eu, et nous nous sommes toujours parlé sur ce ton légèrement ironique habituel aux habitants des rives du Rio de la Plata, aggravé par notre propre code familial, encore plus rigide. Le fait qu'en cas de grande inquiétude j'abandonne ce ton ironique pour être directe. Il paraît que c'est alors qu'on ne comprend pas mes lettres et qu'elles deviennent bizarres et énigmatiques. Dans ce ton diplomatique adopté dans notre courrier je dois aussi lire entre les lignes la signification cachée et l'interpréter. J'ai lu ta dernière lettre comme je lis la *Prensa ou La Nación de Buenos Aires*, devinant, ou essayant de le faire, la vraie signification de chaque phrase et sa portée. Le résultat a été un océan de confusion, un malaise et une inquiétude encore plus grands... Je n'utiliserai pas de langage diplomatique. Je serai très directe. Je pense que c'est une véritable folie que le peu de cerveaux capables d'organiser les choses à Cuba partent tous couper la canne à sucre pendant un mois. Et ne fassent que ca, alors que les bons coupeurs de canne ne manquent pas au sein du peuple. Le faire comme un travail volontaire, pendant les moments de loisir ou de repos, le samedi ou le dimanche, c'est autre chose. Cela a un sens aussi comme travail principal lorsqu'il s'agit de prouver de manière incontestable l'avantage et la nécessite d'utiliser les machines pour la récolte, puisque le nombre total de tonnes récoltées rapporte des devises dont Cuba a besoin. Mais un mois c'est long. Peut-être y a-t-il des raisons que j'ignore. Pour en revenir à ton cas personnel, si à l'issue de ce travail d'un mois tu prends la direction d'une entreprise, ce que Castellaños ou Villegas font très bien, il me semble que la folie touche à l'absurde, surtout s'il te faut encore y passer cinq ans avant d'être considéré comme un véritable cadre.

Connaissant tes scrupules pour t'absenter un seul jour de ton ministère, quand j'ai su que ton voyage à l'étranger se prolongeait autant, je me suis posé cette question : est-ce qu'Ernesto sera toujours ministre de l'Industrie à son retour à Cuba ? Qui a eu gain de cause et a imposé ses vues dans la controverse sur les stimulants matériels ? J'ai une partie de la réponse. Si tu vas diriger une entreprise, c'est que tu as cessé d'être ministre. On saura si la polémique a été équitablement réglée quand on connaîtra le nom de ton successeur. Mais de toute façon, vu tes capacités, cinq ans à la direction d'une usine, c'est du gâchis. Et ce n'est pas ta mère qui parle, c'est une vieille dame qui aspire à voir le monde entier converti au socialisme. Et qui croit que si tu fais ce que tu as dit, tu ne seras pas un bon serviteur du socialisme mondial. Si pour une raison quelconque les issues te sont fermées à Cuba, il y a en Algérie un certain monsieur Ben Bella qui te serait reconnaissant que tu organises son économie ou que tu le conseilles, ou une certain monsieur Nkrumah au Ghana, qui le serait aussi. Oui, tu seras toujours un étranger. Cela semble être ton destin permanent. »

CHAPITRE 39

1) *Sources*

Sur la chaîne de désinformations, les livres de R. Hetmann, May, Lartéguy, K.S. Karol : *Les guérilleros au pouvoir* et la chronologie de Cupull et Gonzalez : *Un hombre bravo*.

Voir aussi l'article de *Newsweek* dans l'édition du 28 juin, mon entretien avec Manresa et le rapport du Département d'État américain du 10 août 1965.

CHAPITRE 40

1) *Sources*

Aux sources mentionnées pour les chapitres 37 et 38, il convient d'ajouter Juana Carrasco : « El combate de Force Bendera » et « Tatu, un guerrillero africano » (entretien avec Victor Dreke), « Proyecto de informe al acto central por la conmemoración del XX aniversario de la formación, salida y cumplimiento de la misión internacionalista de la Columna 1 en el Congo-Leopoldville », Marchetti et Marks : *The CIA and the Cult of Intelligence*, Blum : *The CIA, a Forgotten History*.

2) *Les premiers tirs cubains*

On ne sait pas très bien si ce fut l'embuscade d'un canot par le groupe de Santiago Terry selon la version de Mena dans le journal de la colonne, ou l'action du 19 juin contre des avions Camberra, qui avaient fait des victimes en bombardant et en mitraillant le hameau appelé Kisosi au bord du lac. Des mitrailleuses 12,7 mm installées sur les hauteurs de la base de Kibamba ouvrirent le feu. Les avions ne ripostèrent pas.

3) *Les avions qui les bombardaient*
Marchetti : « La CIA fournissait de l'argent et des armes à la cause de Tschombé, Mobutu et Cyril Adoula. En 1964 la CIA importait ses propres mercenaires au Congo. Les B-26 pilotés par des Cubains vétérans de la baie des Cochons bombardaient assidûment les insurgés. Lors de l'intervention de la CIA en 1964, les pilotes vétérans cubains qui intervinrent avaient été engagés par une compagnie appelée Caramar (Caribbean Marine Aero Corporation, une autre propriété de la CIA). Des armes et du matériel étaient fournis par différents marchands d'armes « privés ». Le plus important aux États-Unis était l'International Armament Corporation (Interarmco), dont le siège était à Alexandria en Virginie. Un journaliste écrivit en 1966 un article de Tucson, Arizona, où il déclarait avoir vu plus de 100 avions B-26, préparés pour recevoir des mitrailleuses et des bombes. La CIA expliqua qu'il s'agissait d'avions appartenant à Intermountain, une compagnie de surveillance et de lutte contre les incendies de forêts. Ils étaient en réalité destinés au Congo et au Sud-Est asiatique. »

Le spécialiste William Blum ajoute que les pilotes de la CIA réalisaient des missions de bombardement sur les insurgés, mais qu'il y eut des problèmes avec certains Cubains qui refusèrent de bombarder des populations civiles.

CHAPITRE 41

1) *Sources*
De nouveau, comme dans les chapitres antérieurs, se reporter à *L'année où nous n'étions nulle part*. Il faudrait y ajouter l'intervention de Harry Villegas dans *Entre nosotros* et l'entretien que j'ai réalisé avec Fernández Mell.

Dans *Les Masques*, Régis Debray mentionne brièvement cette étape, mais de façon plutôt inexacte, puisqu'il parle d'« internationalistes blancs ».

2) *Repli martial*
Dreke : « Le Che faisait très attention aux hommes. *Nous devons arriver à les faire combattre, à ce qu'ils sachent construire des tranchées dans une guerre de positions. Il faut courir, mais avec élégance. Tu t'arrêtes, tu tires deux coups, tu t'arrêtes, tu cours. Il ne s'agit pas de ne pas se replier, il faut savoir le faire.* Pour s'amuser, il montrait l'exemple : *Ce que je ne veux pas*, *c'est* : *je lâche mon fusil et je m'en vais en courant.*

Pour plaisanter, on lui disait : Commandant, je me suis retiré, mais martialement. »

CHAPITRE 42

1) *Sources*

Il faut rajouter au texte du Che et aux entretiens déjà mentionnés contenus dans *L'année où...* un entretien réalisé par Jorge Castañeda avec Emilio Aragonés et mon entretien avec Fernández Mell. Le livre de Blum : *CIA, a Forgotten History* apporte des éléments intéressants.

2) *L'argent*

Dans sa lettre à Fidel, le Che se montrera très explicite dans sa recommandation de ne pas donner d'argent aux dirigeants congolais : *L'histoire de l'argent est ce qui me fait le plus mal, vu que je n'ai pas arrêté de vous mettre en garde. Au comble de mon audace de gaspilleur, et, bien que cela me fît mal, je m'étais engagé à ravitailler l'un des fronts, le plus important, à condition de diriger la lutte et de former une colonne mixte spéciale sous mon commandement direct […] ; pour ce faire, j'avais calculé une somme de cinq mille dollars par mois, et je t'assure que ça me faisait mal. Et j'apprends maintenant que les touristes ont reçu vingt fois plus, d'un coup d'un seul, pour mener la belle vie dans les capitales du monde entier […]. À un front misérable où les paysans souffrent de toutes les misères du monde, y compris la rapacité de ceux qui sont censés les défendre, il n'en arrivera pas un sou, et les pauvres diables coincés au Soudan n'en verront pas non plus la couleur.*

3) *La faim*

La faim revient tout le temps dans les récits des combattants cubains. Videaux : « Tu brûles plus que ce que tu manges. L'homme se sent comme un loup, tout ce qu'il voit, il pense à le manger […]. Si nous avions pu manger un lion, nous l'aurions fait. »

Marco Antonio Herrera, alias Genge : « On ne trouvait plus de singes si facilement. Ils se cachaient à cause des bombardements. Il nous fallait vivre de farine et de feuilles de manioc. »

Aragonés raconte que le jour où ils tuèrent une antilope, ils la partagèrent à trente, et que lui-même et le Che demandèrent de faire griller un petit morceau sur les braises plutôt que de le diluer dans une sauce avec du manioc, et ils étaient là très contents en train de manger la viande au bout d'un petit bâton lorsque l'un des Africains demanda : « C'est bon ? » Le Che lui donna son morceau et Aragonés fut bien forcé de faire de même (« ce salopard, au lieu de dire : merci, j'ai déjà mangé... »). Aragonés qui pesait plus de cent kilos n'en faisait plus qu'une cinquantaine à son retour à Cuba où il fut victime d'une grave insuffisance rénale, à cause du manque de protéines.

CHAPITRE 43

1) *Sources*

La lettre du Che se trouve dans toutes les éditions de ses œuvres. Pour la façon dont Fidel en donna lecture, voir le documentaire de Enrique Pineda, *Che* et l'émission de l'ICAIC n° 278. L'authenticité de la lettre d'adieu fut contestée par certains, mais il n'y a aucun doute. Selon Cazalis, Siquitrilla, en exil, prétendit que le Che n'aurait jamais pu écrire une chose pareille. Des auteurs tels que May soulignent que l'original n'a jamais été montré, seulement la copie écrite à la machine. Mais le Che en parle dans ses *Pasajes de la guerra revolucionaria en Africa*, après sa lecture publique par Fidel, et il n'en conteste pas la teneur.

On trouve d'autres éléments pour ce chapitre dans les livres de Hettman, Lartéguy : *Les Guérilleros*, la biographie sans auteur *Che Guevara* éditée par Planeta Agostini, l'article de Gilly « Cuba, entre el coexistencia y la revolución » et le reportage dans *O Estado de Sao Paulo* du 9 juillet 1967. Et le mémorandum américain du 26 septembre 1966 adressé à W.G. Bowdler.

CHAPITRE 44

1) *Sources*

Les mêmes que dans les chapitres précédents. Il faut ajouter : Jules Chomé, *L'Ascension de Mobutu* ; et le rapport de Godley au Secrétaire d'État, en date du 4 février 1966, « The situation in Congo ».

CHAPITRE 45

1) *Sources*

Les mêmes que dans les chapitres antérieurs.

CHAPITRE 46

1) *Sources*

Essentiellement le livre *Pasajes de la guerra revolucionaria en Africa* et les entretiens avec Fernández Mell, Pablo Rivalta, et celui de Jorge Castañeda avec Aragonés.

Le rapport de 1965 sur la situation au Congo de la direction de Sécurité et d'Investigation du Département d'État américain est d'une certaine utilité.

CHAPITRE 47

1) *Sources*

Ce chapitre est construit comme un puzzle, avec de courts fragments des documents suivants :

Interview de Harry Villegas par Irene Izquierdo dans : « Bolivia fue el Moncada de América ». Vazquez Viañia : « Antecedentes de la Guerrilla del Che en Bolivia ». Régis Debray : *La Guérilla du Che*. García Márquez : « El Che en Africa, los meses de tinieblas ». Lara : « Guerrillero Inti Peredo ». Cupull et González : « La CIA contra el Che ». Marta Rojas et Mirta Rodríguez Calderón : *Tania, la guerillera inolvidable*. L'interview d'Oscar Fernández Mell par moi-même. L'interview d'Ulises Estrada par Jorge Castañeda. Enfin F.A. Dwight, B. Heath : « Guerrillas vs the bolivian metaphor ».

CHAPITRE 48

1) *Sources*

Sur cette étape, voir les journaux de Harry Villegas, de San Luis et d'Israel Reyes. Dariel Alarcón, connu dans la guérilla bolivienne comme Benigno, a laissé de longs témoignages sur l'entraînement, dans « Dialogo con Benigno » et dans une interview faite par Elsa Blaquier : « Mucho gusto Ramón ». Et dans l'entretien qu'il m'a accordé en 1995 ; j'ai comparé ses informations avec celles données par Leonardo Tamayo dans une autre interview. Voir également les écrits des survivants : « Su eiemplo immortal », Harry Villegas et Maria Garcés : « Materiales sobre la guerrilla de Nancahuazú » ; Dariel Alarcón : « Héroes inmortales de nuestra América ».

Aleida Guevara raconte les adieux du Che à sa famille dans le livre d'Héctor Danilo Rodríguez : *El último encuentro del Che con su familia*, et Hilda Guevara les commente dans l'article de Campa : « Han hecho del Che un mito... »

Régis Debray a écrit plusieurs textes sur la guérilla bolivienne et sur sa préparation ; voir : *La Guérilla du Che* et mon interview de lui.

Il y a des éléments intéressants dans la chronologie de Cupull et Gonzáles. Dans une interview de Fidel par Miná. Et dans le discours de Fidel pour le XXe anniversaire de la mort du Che.

Sur les compagnons du Che dans l'expérience bolivienne, voir : Alfredo Reyes Trejo : « Capitán José María Martinez Tamayo ». Mariano Rodriguez : « Ellos lucharon con el Che » et « Abriendo senderos ». Raymundo Betancourt : « La guerrilla boliviana ».

Enfin : Marta Rojas et Mirta Rodriguez Calderon : *Tania, la guerrillera inolvidable*. Gary Prado : *La guerilla inmolada*. Franquí :

Vida, aventuras y desastres de un hombre llamado Castro. Carlos María Gutiérrez : « Los motivos del Che ». Alcazar : « Murio el Che... » Dariel James : *Che Guevara, una biografia*.

L'histoire d'Aleida et du Che nous vient d'un informateur anonyme. Dans mon interview de Leonardo Tamayo, celui-ci prétend qu'elle ne peut être vraie, car Aleida n'a jamais quitté la maison dans laquelle ils étaient confinés les dernières semaines avant le départ du Che pour la Bolivie.

2) *Les pseudonymes*
À l'encontre des us et coutumes, je garderai dans le récit de l'opération bolivienne comme je l'ai fait dans celui de l'opération africaine, les vrais noms ou les surnoms couramment usités des combattants cubains plutôt que de les appeler par leurs pseudonymes comme le font le Che et ses camarades dans leurs journaux et dans les rapports de guérilla. La liste des correspondances ci-dessous permettra de les identifier dans le *Journal du Che en Bolivie* :

Le Che prendra d'abord le pseudonyme de Ramón qu'il changera par la suite pour Fernando. Alberto Fernández Montes de Oca conservera son surnom familier de Pacho ou Pachungo. Le commandant Vilo Acuña sera Joaquin. Eliseo Reyes ou « San Luis » sera également Rolando. Manuel Hernández sera Miguel. Le vice-ministre Suárez Gayol sera Rubio. Orlando, Olo Pantoja, utilisera le pseudonyme d'Antonio. José María Martinez Tamayo, M'bili Papi, sera aussi connu comme Ricardo. Son frère René sera Arturo. Harry Villegas conservera le surnom de Pombo comme en Afrique. Gustavo Machín Hoed utilisera le pseudonyme d'Alejandro. Antonio Sanchez ou « Pinares » sera Marcos en Bolivie. Leonardo Tamayo sera Urbano. Carlos Coello sera comme en Afrique Tuma ou Tumaini. Dariel Alarcón sera Benigno. Israel Reyes utilisera le nom de Braulio.

3) *Le pseudonyme Ramón*
Paco Urondo raconte dans un texte qu'il a écrit sur le Che pour la revue *Casa de las Americas* : « Le protagoniste d'un conte de Cortázar qui pourrait être le Che s'appelle Ramón, comme le Che en Bolivie. Le Che a pris ce nom dans ce conte dont il est le protagoniste. » J'ai lu attentivement : *Todos los fuegos el fuego* de Julio Cortázar. La première édition sud-américaine de ce livre date de 1966, il est donc possible que le Che l'ait lu à Prague et qu'il ait par la suite adopté le pseudonyme de Ramón, mais Urondo se trompe, car le personnage que l'on peut identifier au Che dans le conte intitulé *Reunión* n'a pas de nom, c'est un personnage anonyme.

4) *Autre version des adieux*
Tomás Borges raconte sur un ton similaire un autre moment préalable aux adieux des deux hommes, à la fin de l'entraînement : « Le Che s'assit sur un tronc d'arbre à côté de Fidel, (et) ils restèrent là, assis côte à côte, durant plus d'une heure sans se dire un mot. À la fin, toujours sans un mot, la main du Che retomba sur l'épaule de Fidel et celle de Fidel sur l'épaule du Che dans une vigoureuse accolade. »

5) *Voyager par quatre chemins*
La reconstitution du voyage du Che de Cuba jusqu'en Bolivie est un véritable casse-tête chinois.

Le Che quitte très probablement Cuba le 23 octobre (d'après certaines sources ce serait le 19 octobre, ce qui est peu vraisemblable vu que l'entraînement se termine le 22 octobre). De La Havane il se rend à Moscou avec un passeport cubain établi au nom de Luis Hernández Galván, fonctionnaire de l'Institut national de la réforme agraire.

Le lendemain, le 24 octobre, à Moscou, il change de passeport, prend l'identité de Ramón Benitez de nationalité uruguayenne et part pour Prague. De là, il prend le train pour Vienne, le 25 octobre, avec un passeport au nom d'Adolfo Mena.

Pour effacer toutes traces de ces faux passeports, deux pages du registre du département des passeports du ministère des Relations extérieures uruguayen seront arrachées. Sur les deux passeports uruguayens il y a la même photo, les différences sont mineures, sur l'un il est né le 25 juin 1920, sur l'autre le 25 juin 1921.

Tout s'embrouille à partir de son départ de Vienne. Les passeports portent de faux tampons des passages à Madrid datés du 9 et du 19 octobre (c'est-à-dire avant son départ de Cuba). Il semble évident qu'il passe par Francfort où il achète le carnet qui lui servira de journal, ou par Paris (ou encore de Vienne à Francfort en train et ensuite à Paris) avant d'arriver à São Paulo le 1er novembre. Le Che, accompagné de Pacheco, aurait donc voyagé cinq jours à travers l'Europe ; cinq jours dont nous n'avons aucune trace. Certaines sources disent qu'ils ont fait une étape ensemble sous l'identité de deux marchands de bétail espagnols.

A São Paulo, le Che reprend l'identité de Mena. Il est retenu à la douane par les autorités qui exigent un certificat de vaccination (« Il faut savoir que les certificats de vaccination uruguayens doivent être tamponnés, j'ai dû en faire faire un autre à São Paulo », dira le Che dans un message qu'il adresse à La Havane début novembre). Tamayo raconte : « Le Che nous a dit que cela s'était passé à 9 heures du matin et qu'à 4 heures de l'après-midi le même jour on l'avait laissé partir à condition qu'il se présente le lendemain avec des papiers en règle. Et il a ajouté que cela le préoccupait un peu car les autorités n'avaient rien demandé aux autres latinos qui étaient dans le même cas. » Le Che dira : « J'ai cru que j'étais découvert. »

Le 3 novembre, il demande un visa de touriste pour la Bolivie et se rend à La Paz, à nouveau sous l'identité de Mena. Néanmoins aucun des deux passeports ne porte le tampon d'entrée en Bolivie. Le Che dira plus tard : « J'ai fait une grande découverte : je sais maintenant que, même déguisé en éléphant, on entre dans ce pays. » (Journal d'Israel Reyes. Interview de Tamayo. Interview d'Alarcón. Message du Che à La Havane vers novembre 1966. Journal de Pacho. Interview de Tamayo par Mina dans « Un continente desaparecido ». Chronologie : « Un hombre bravo ». Régis Debray *La Guérilla du Che*. René Villegas : « Fantasma del Che rondó por Brasil antes de por Ñancahuazú ». James analysera les passeports de même que Gary Prado.)

6) *Révolution dans la Révolution*
Le livre de Debray est publié en janvier 1967 dans *Cuadernos de Casa* à La Havane. Le Che aurait pu lire en septembre-octobre les épreuves ou une copie du livre. Il en avait un exemplaire en Bolivie, et Vilo Acuña en avait certainement aussi un exemplaire dans son sac à dos.

CHAPITRE 49

1) *Sources*
L'histoire narrée dans ce chapitre s'appuie essentiellement sur : *Le Journal du Che en Bolivie* et les journaux de Villegas (Pombo), Eliseo Reyes (San Luis) et Pacho Montes de Oca, ainsi que sur les livres d'Inti Peredo : *Mi Campaña con El Che*, de Régis Debray : *Les Masques* et de Dariel Alarcón (et Mariano Rodriguez) : *La Guerrilla del Che*. Et enfin sur les interviews que j'ai faites d'Alarcón et Leonardo Tamayo.

Les messages envoyés par le Che à Fidel et de La Havane au Che sont dispersés : la version mexicaine de Siglo XXI du *Journal du Che* ; les articles de Vacaflor ; le livre de James ; les notes des livres des militaires boliviens (Gary Prado, Diego Martinez Estévez, Arnaldo Saucedo Parada et Vargas Salinas). Ils n'ont jamais été réunis et classés chronologiquement, ni mis en contrepoint du *Journal du Che*.

Le livre de Cupull et González : *De Nancahuazú a La Higuera* s'avère particulièrement important, ainsi que celui de Rodriguez Calderón et Rojas : *Tania*, *La guerrillera inolvidable*, de même que l'article de Lidice Valenzuela : « Tania la guerrillera. Combatiente de América », qui les complète.

Le meilleur compte rendu de la conversation du Che avec Monje se trouve dans le livre de Sánchez Salazar et González qui comprend en outre une version ultérieure de Kolle. La photo de la rencontre des deux hommes se trouve dans l'article de Luis Hernández Serrano : « La selva en la mochilla ».

Le livre de Lara sur Inti Peredo, l'article de Rafaelli : « Del oriente al altiplano » et les entretiens de Valenzuela avec Rodolfo Saldaña et d'Alberto Zuazo avec Loyola Guzmán sont également très intéressants.

Autre source : la liste écrite de la propre main du Che des livres qu'il lisait dans « La canallada... ».

Quelques informations proviennent du court métrage de Santiago Álvarez *Hasta la victoria siempre* (ICAIC), d'un article intitulé « Hablan la hermana... » et de l'article de Diana Iznaga : « Che Guevara y la literatura de testimonio ».

Pour la connaissance que la CIA avait de la guérilla, les informations proviennent d'un document de la Direction des renseignements de la CIA : « The Bolivian Guerrilla Movement. An Interim Assessment ».

2) *Les voyages et les nationalités*

Les voyages des Cubains qui accompagneront le Che prirent plusieurs jours (de la fin octobre jusqu'à la mi-novembre) ; ils sortaient toujours deux par deux et prenaient des routes compliquées.

Israel Reyes : « J'ai quitté la maison le 25 octobre et La Havane le 29 octobre. Ce fut le début de l'aventure. Je me rendais en Bolivie sous le nom d'Israel Reyes, avec un passeport panaméen et 26 000 dollars en poche, 1 000 pour mes frais personnels et 25 000 pour Ramón. L'itinéraire que je devais suivre était Moscou-Prague-Francfort-le Chili-la Bolivie. »

Israel Reyes, Vilo Acuña, Pinares, San Luis seront panaméens, Tamayo sera mexicain, Manuel Hernández sera espagnol, De la Pedraja, Suárez Cayol, Olo Pantoja seront équatoriens. James admire l'efficacité des services cubains qui ont fabriqué vingt et un passeports équatoriens, panaméens, colombiens, péruviens, uruguayens ou boliviens, absolument impeccables, et encore il n'est pas au courant pour les espagnols.

3) *Les pseudonymes*

J'utilise à nouveau pour raconter l'opération bolivienne les noms réels ou les surnoms communément employés des combattants péruviens et boliviens plutôt que leurs pseudonymes selon le même principe qu'au chapitre 47. Dans la même logique, les pseudonymes seront remplacés par les vrais noms ou les surnoms dans les extraits cités du *Journal du Che en Bolivie* et des autres journaux. Ci-dessous la liste des équivalences :

Le groupe de la jeunesse communiste :

Guido Peredo sera connu comme Inti ; Jorge Vázquez Viaña comme Loro ; Rodolfo Saldaña gardera son nom ; Roberto Peredo comme Coco ; Lorgio Vaca Marchetti comme Carlos ; Orlando Jiménez Bazan comme Camba ; Julio Méndez Korne comme Ñato ; David Adriazola sera Dario ; Jaime Arana sera Chapaco ou Luis ; Mario Gutiérrez Ardaya sera Julio ; Fredy Maimura sera connu comme le médecin Ernesto. Raúl Quispaya, Salustio Choque et Benjamin Coronado garderont leur nom.

Les paysans chargés par le PC de s'occuper de la ferme, et qui rejoindront la guérilla :

Najo a pour nom Apolinar Aquino ; Aquino Tudela sera Serapio ; Antonio Dominguez sera León.

Le groupe de Moisés Guevara :

Simón Cuba sera Willi ou Willy ; Casildo Condori sera Victor ; Jose Castillo sera Paco ; Hugo Choque sera Chingolo ; Julio Velazco sera Pepe ; Francisco Huanca sera connu comme Pablo ; Antonio Jiménez comme Pan Divino ou Pedro. Pastor Barrera, Vicente Rocabado, Walter Arancibia, Aniceto Reinaga et Eusebio Tapia garderont leur nom.

Les Péruviens :

Juan Pablo Chang sera connu comme Chino ; Lucio Edilberto Calvan Hidalgo comme Eustaquio ; Restituto José Cabrera comme le Médecin ou Negro.

4) *Manila*

Dans les journaux, on dit des communications qui viennent de Cuba, qu'elles viennent de « Manila ». Il s'agit d'un centre de communication près de La Havane. Situé dans les environs du petit village de Punta Brava, près de San Antonio de los Baños. Grands hangars en bois démontables à l'entrée ; environ un kilomètre et demi plus loin, des bunkers en béton sans fenêtres, avec des installations souterraines et du matériel de transmission de 50 000 watts. Dans la salle de contrôle, 35 à 40 postes de transmission, émetteurs et récepteurs, qui fonctionnent 24 heures sur 24. (Remigio : « Manila : centre de contact. »)

5) *Commandant suicide* ?

Il y a chez certains auteurs la vision d'un Che marchant vers la mort dans la guérilla bolivienne. Dans une sorte de mission suicide.

Debray : « Ramón est seul avec lui-même. Bientôt il marchera à la mort, résigné, avec son asthme, d'insupportables crampes dans le dos, la nuque, et au fond de l'âme une bucolique sérénité. » *Les Masques*.

Carlos Maria Gutiérrez : « Convaincu de sa solitude et des faibles probabilités de réussite, il décide d'entreprendre la guérilla en Bolivie et de la marquer du sceau de son immolation. » *Los hombres de la historia. Ernesto Guevara.*

Dolores Moyano parle de l'aventure bolivienne en ces mots : « harakiri, sepuku ».

Il semble évident que ça n'a pas été cela.

CHAPITRE 50

1) *Sources*

Essentiellement les journaux du Che, de Pacho, de Harry Villegas, de San Luis et les fragments du journal de De la Pedraja (Morogoro) lus au procès de Camiri et cités par Labreveux dans *La Bolivie sous le Che.*

Sont également essentiels, les interviews d'Alarcón et de Debray, ainsi que les livres de ce dernier : *La Guérilla du Che* et *Les Masques*.

La version du capitaine Silva est tirée de *De Ñancahuazu a La Higuera* de Cupull et González. La phrase de Coco Peredo est citée dans le livre de Vargas Salinas : *El Che mito y realidad*. Sont également très intéressantes les déclarations de Pastor et de Rocabado lors du procès de Camiri.

Enfin : Cupull et González : *La CIA contra El Che*. James : *Che Guevara, una biografia*. Et Gary Prado : *La Guerilla inmolada*.

2) Certains auteurs font apparaître la prise ultérieure des grottes et l'affaire des documents comme le résultat de l'irresponsabilité « volontaire » de Tania. Dans la version de James, la Jeep que Tania avait laissée à Camiri contenait des documents qui la compromettaient et qui « ont attiré l'attention des autorités ». Il y avait entre autres quatre carnets avec des adresses du réseau urbain et des contacts à l'extérieur de Bolivie. Pour James c'est aussi la cause de la venue de la police dans la ferme. Et il pense que son irresponsabilité est d'autant plus en jeu qu'elle avait l'ordre des Soviétiques de rester dans le campement.

Dans mon interview de Régis Debray, il confirme que ces interprétations ne sont pas très fondées.

CHAPITRE 51

1) *Sources*

Pour la guérilla, les sources essentielles sont toujours les journaux du Che et de Pacho Fernández Montes de Oca, et les notes d'Inti, San Luis et Harry Villegas.

Sont également très intéressants le manuscrit de Dariel Alarcón et Mariano Rodriguez : « Che y la guerrilla de Ñancahuazú » et les livres de Debray : *La Guérilla du Che* et *Les Masques*. Ainsi que mes interviews d'eux.

Pour l'intervention nord-américaine, voir les livres de Cupull et González : *La CIA contra El Che* et *De Ñancahuazú a La Higuera*. Le reportage d'Andrew Saint George. Le livre d'Alcázar : *Ñancahuazú, la guerrilla del Che en Bolivia*. Le reportage de Hernández Serrano où il cite Phillip Agee. La version du ministre de l'Intérieur, Arguedas, dans ses déclarations à EFE pendant son procès en Bolivie. Le livre de Blum. Et les documents américains de la direction des renseignements et des enquêtes du Département d'État.

Les messages échangés entre Fidel et le Che ont été repris en appendice du *Journal du Che en Bolivie* et dans un article de Vacaflor.

D'autres détails intéressants proviennent du livre de Luis Suárez, du reportage de *Granma* du 17-4-1967, du reportage de Muray : « Las guerrillas... », de l'interview de Rodolfo Saldaña par Valenzuela et de l'interview que j'ai faite de Juan Gelman Bustos pour la revue *Punto Final* : « Las revelaciones de Ciro Bustos ».

La version de l'armée est reprise dans Cupull et González : *De Ñancahuazú a La Higuera*, dans le livre de Gary Prado et dans l'interview du major Rubén Sánchez par González Bermejo : « Quién es Rubén Sánchez ? »

Pour la note d'Aleida voir Hetmann. Et pour la réunion avec les dirigeants du PC bolivien à La Havane, voir l'interview de Fidel par Miná (« Il y a eu cette crise, c'est très délicat, et je vous ai convoqués pour en discuter, il faut à tout prix que vous apportiez votre aide au Che. » Ils se sont engagés à le faire).

2) *Sur les Argentins*

Le point le plus faible de l'opération semble avoir été la connexion avec l'Argentine. Luis Faustino qui est alors à La Havane ne saura que le Che voulait collaborer avec lui qu'un an plus tard en lisant *le Journal*. La confusion sur l'identité de Gelman n'a toujours pas été éclaircie. On dira au poète argentin, qui milite alors dans un petit groupe révolutionnaire, que le Che cherche à le contacter, puis une information contradictoire rectifiera qu'il ne s'agit pas de lui, mais d'Alfredo Hellman, un jeune dirigeant communiste de Mendoza. Tania perd le contact avec le groupe du « Negro Jáuregui » et Jozami va en Bolivie, mais ne prend pas contact avec le Che.

3) *Le journal de « Braulio »*

Adys Cupull et Froilán González insistent, à juste titre, sur le fait que le journal d'Israel Reyes n'est pas tombé entre les mains de l'armée et de la CIA en avril, mais cinq mois plus tard quand Vargas Salinas et sa patrouille le tuent, et que la version de Roth (qui s'abrite derrière ce prétendu journal) a été inventée de toutes pièces, il avait vu le nom d'Israel Reyes sur un petit bout de papier adressé à Rubio, ce qui permettra d'identifier Israel Reyes qui était entré dans le pays avec un passeport au nom d'Israel Reyes Tapi et qui avait ensuite disparu.

CHAPITRE 52

1) *Sources*

En plus des journaux du Che et des guérilleros déjà cités, une interview que j'ai faite de Leonardo Tamayo et une autre faite par Katia Valdés : « Che Guevara facetas de un jefe militar ». Mariano Rodriguez : « Los que cayeron con honor seran immortales ». Et Vazquez Diaz : « Bolivia a la hora del Che ».

Pour ce qui est de l'aide nord-américaine à l'armée bolivienne, voir : les mémorandums de Bowdler et Rostow ; Blum : *CIA. A Forgotten History* ; Marchetti et Marks : *The CIA and the Cult of Intelligence* ; les déclarations du colonel Joaquin Zenteno au cours de l'instruction d'Arguedas ; « La CIA en Bolivia » dans *Marcha* et Jay Mallin : *Ernesto Che Guevara.*

Il est intéressant de comparer les deux versions de Bustos : d'une part la transcription de ses déclarations dans le livre de Martinez Estévez et d'autre part ses déclarations à Punto Final : « Las revalaciones de Ciro Bustos », ainsi que l'article de Roth dans *Evergreen* .

Enfin : Alcazar : *Ñancahuazú, la guerrilla del Che en Bolivia* ; Cupull et González : *La CIA contra El Che* ; James : *Che Guevara, una biografia* ; Suárez : *Entre el fusil y la palabra* ; Prado : *Cómo capturé al Che* et l'article : « Debray en peligro ». Les photos du 1er mai à La Havane sont de Roberto Salas.

2) *L'abandon*

Certains auteurs ont spéculé sur l'idée que La Havane et en particulier Fidel auraient décidé de ne plus soutenir « l'aventure du Che » ; ce qui expliquerait qu'il n'y ait eu aucune tentative sérieuse de faite pour rétablir les contacts. Dariel Alarcón en particulier insiste sur ce point dans son dernier livre (ce qu'il n'a pas fait au cours du long entretien de plus de six heures que j'ai eu avec lui). Il semble évident que, étant donné la rupture des communications et des contacts avec les réseaux, les Cubains ne pouvaient plus faire autre chose qu'une action au grand jour. Un point reste dans l'ombre, c'est le départ précipité de Monleon (Renan-Iván) qui

« était brûlé » et qui n'a pas été remplacé à temps par « un combattant cubain de la Sierra ».

Cette question ne sera pas éclaircie tant que Monleon lui-même et son chef, le commandant Piñeiro, n'auront pas donné leur version de l'histoire.

CHAPITRE 53

1) *Sources*

Les journaux du Che, de Pacho et de Villegas ; les interviews de Leonardo Tamayo et de Dariel Alarcón ; le livre de Dariel Alarcón avec Mariano Rodriguez : *Che y la guerilla de Ñancahuazú*. Certains éléments dans l'interview de Villegas dans *Che teoria y acción*.

Pour le massacre de l'arrière-garde, le livre de Mario Vargas Salinas : *El Che mito e realidad* ; le livre déjà cité d'Alcazar ; les deux articles de González Bermejo repris dans *El escalón más alto* ; l'article de Mariano Rodríguez : « Los que cayeron con honor » ; le livre de Marta Rojas : *Tania la guerrillera* ; le livre de Cupull et González : *De Ñancahuazú a La Higuera*. Pour la version nord-américaine : Intelligence Information Cable. NSF Country File. Bolivia. C8, vol. 4, cables. LBJ Library.

Enfin Vásquez Dias : *Bolivia a la hora del Che* ; la dépêche de l'UPI, du 15 juillet 1967, signée par Betsy Zavala ; le livre de Gary Prado et la nouvelle *Reunión* de Julio Cortázar dans son livre : *Todos los fuegos el fuego*.

Pour la CIA : *The Bolivian Guerrilla Movement. An Interim Assessment*.

2) *Le gué du Yeso ?*

Adys Cupull et Froilan González pensent qu'en réalité l'embuscade du gué du Yeso a eu lieu au gué de Puerto Mauricio sur le Rio Crande, dans la zone contrôlée par la IVe Division, mais l'embuscade ayant été réalisée par des unités de la VIIIe Division, une autre version a été donnée.

Il est certain qu'au début, Vilo Acuña n'a pas été correctement identifié. La CIA et les services de renseignements militaires boliviens pensaient qu'il s'agissait du major cubain Antonio E. Lusson, membre du Comité central.

CHAPITRE 54

1) *Sources*

Les journaux du Che, de Pacho et de Villegas sont à nouveau des sources essentielles, de même que les interviews de Tamayo et Alarcón et l'article de ce dernier : « La quebrada del Yuro ».

Également : l'article de Mariano Rodriguez sur Coco Peredo : « Miguel, Coco, Julio : inmortales soldados de la libertad americana » ; le livre de l'agent de la CIA Félix Rodriguez et John Weisman : *Shadow Wamor The CIA Hero of Hundred Un-known Battles* ; le livre de Gary Prado et le manuscrit inédit d'Emilio Suri et Manuel González Bello : *Los ultimos dias del Che*.

Certains éléments proviennent du livre de Cupull et González : *De Ñancahuazú a La Higuera* ; de l'article de Araoz : « Hablan los testigos de la muerte del Che » ; de l'article de la revue *Punto Final* : « Debray reitera su apoyo a la guerrilla » ; et du texte collectif : « Quebrada del Yuro » dans *Che teoria y accion*.

L'information sur les sources officielles nord-américaines provient des dépêches reçues par la direction des services de renseignements du Département d'État.

2) *Le journal de León*
Le capitaine Mario Vargas Salinas cite un passage du journal d'un des combattants boliviens, « León » (Antonio Dominguez), qui témoigne de leur isolement : « Que se passe-t-il maintenant dans notre camp ? Pourquoi le doute s'empare-t-il des guérilleros ? Nous sommes venus de loin pour combattre jusqu'à la fin. En d'autres mots, nous sortirons d'ici vainqueurs ou morts. On dirait que les Cubains pensent que nous avons peur et ils nous traitent de trouillards. Ce n'est pas vrai, et nous l'avons prouvé chaque fois que l'occasion s'est présentée. Ce qu'il y a c'est que nous devons être plus pratiques et voir la réalité telle qu'elle est. Je suis un peu malade, nous le sommes sans doute tous, à cause du manque de nourriture et d'une mauvaise alimentation, mais d'ici à ce que les gens comprennent nos saines intentions, à ce que les ouvriers et les camarades des villes viennent nous aider ? Ça, personne n'y croit plus. »

L'authenticité de ce journal n'a pas été prouvée.

3) *La mobilisation des rangers de La Esperanza*
Ils ont reçu l'ordre de se rendre à Vallegrande le 25 septembre (Prado), et l'embuscade a lieu le 26. La version de Félix Rodriguez n'est donc pas crédible, quand il dit que les pertes indiquaient qu'il s'agissait du groupe du Che et que c'est ce qui a motivé la mobilisation.

CHAPITRE 55

1) *Sources*

Fragments des journaux du Che et de Pacho Montes de Oca. On trouve une version plus complète du combat dans deux interviews collectives d'Alarcón, de Villegas et de Tamayo : « El combate de la quebrada del Yuro » dans la revue *Verde Olivo* et « La quebrada del Yuro, recuerdos de un combate » dans la revue *Tricontinental*. Tamayo m'a donné un complément d'informations dans une interview en février 1995, et le journal d'Inti complète la vision des guérilleros.

Dariel Alarcón a donné plusieurs autres versions, toutes concordent, mais certaines donnent des détails supplémentaires, voir : son livre écrit avec Mariano Rodriguez : *Che y la guerrilla de Ñancahuazú* ; l'interview que Mariano Rodriguez a faite de lui pour *Juventud Rebelde* ; l'interview que j'ai faite de lui en février 1995 ; et le texte de Mariano Rodriguez : « El día que cayó El Che ».

Pour l'année bolivienne : les livres de Martinez Estévez, de Saucedo et surtout le livre du capitaine Gary Prado. Et une vision plus critique, dans le livre d'Alcázar.

L'article de José Luis Morales pour la revue espagnole *Interviu* : « No sabiamos que el Che estaba vivo y preso » est également intéressant. Quelques éléments viennent des versions données par Fidel en octobre 1967, lors de ses déclarations aux médias et de la veillée funèbre.

Pour ce qui est de la description géographique de la gorge du Yuro : l'article de González Bermejo : « Che su paso por la tierra » et Cupull et González : *De Ñancahuazú a La Higuera*.

Enfin : *Bolivian Pictures of Missing Che Guevara*

2) *La délation*

Les survivants ont longtemps pensé que c'était la petite vieille qu'ils avaient rencontrée ce jour-là et à qui ils avaient donné 50 pesos pour qu'elle se taise qui les avait dénoncés. Dariel Alarcón dit que c'est sous le gouvernement de Torres, quand on a mieux connu le déroulement des événements, qu'on a su que c'était le fils du maire de La Higuera qui, après les avoir vus passer alors qu'il arrosait ses pommes de terre, avait couru au village pour les dénoncer.

Dans son journal du 7 octobre le Che dit que la vieille était accompagnée d'une naine ; vingt ans plus tard un journaliste cubain découvre la naine de La Higuera (qui est la petite-fille et non la fille de la vieille Epifania ; le Che s'est trompé dans son journal) et, quand il lui demande son nom, elle répond : « Je ne vous le dirai pas, car beaucoup de journalistes sont déjà venus et après ils racontent n'importe quoi. »

D'après González Bermejo elle s'appelle Florencia Cabritas et la fille s'appelle Alejita.

La vieille Florencia : « Je les ai vus arriver cette après-midi-là, barbus, avec leurs armes, et j'ai eu peur. Je ne voulais pas parler. Ensuite je leur ai dit plus ou moins où ils étaient. Je n'ai jamais su lequel était ce Che dont on parle » (Marta Rojas : « El Che Guevara bajo el cielo de La Higuera » ; Oramas Léon : « La Higuera, donde la muerte devino redencion » ; González Bermejo : « Che : su paso por la tierra »).

CHAPITRE 56

1) *Sources*

Le capitaine Gary Prado est le premier à avoir raconté la capture du Che dans son livre *La Guerrilla del Che*, où il donne deux versions des faits, l'une plus froide et l'autre plus personnelle, racontée à la première personne.

Le livre d'Armando Saucedo contient d'autres informations, entre autres sur les communications par radio de l'armée, ce qui permet de nuancer le récit de Prado et de remettre en question certaines de ses affirmations.

Dans le bulletin de l'université technique d'Orouro, Arguedas donne une autre version, qui contient des imprécisions, et qu'il tient d'un soldat qui a participé à l'opération et qu'il a connu quand il était en prison.

Parmi les journalistes boliviens, c'est José Luis Alcazar qui, grâce à son statut de correspondant de guerre, a fait l'enquête la plus approfondie en parlant avec des rangers. On peut lire son témoignage dans : *Ñancahuazú, la guerrilla del Che en Bolivia* et dans un article intitulé : « Murio el Che Guevara » qu'il a écrit avec Edwin Chacón pour le journal *Presencia*.

On trouve la version d'Inti dans ses mémoires : *Mi campaña con el Che*, et celle de Dariel Alarcón dans le manuscrit inédit qu'il a écrit avec Mariano Rodriguez Herrera : *Che y la guerrilla de Ñancahuazú*, ainsi que dans une interview que j'ai faite de lui en 1995.

2) *La phrase*

La phrase attribuée au Che : « Ne tirez pas, bon sang, je suis le Che et je vaux plus vivant que mort ! », reproduite avec des variantes dans une multitude de textes, par exemple, dans *Muerte y sepulcro del Che* de Gonzalo de Bethencourt, dans l'article du *Reader's Digest*, « La muerte del Che » et dans la biographie de Dariel James, n'apparaît dans aucune des versions de première main.

Les témoins oculaires affirment qu'il a simplement dit : « Je suis Che Guevara », et que la phrase tant de fois citée est apparue comme par magie lors d'une conférence de presse donnée par Ovando quelques jours plus tard.

3) *Chino*
Dans plusieurs versions, le Che apparaît accompagné de Simón Cuba et d'un troisième personnage (Juan Pablo Chang) aveugle, avec le visage blessé et ensanglanté, mais, dans la plupart des rapports officiels, ce personnage disparaît pour réapparaître plus tard, comme par magie, sous la forme d'un cadavre dans l'école de La Higuera.

Un soldat anonyme : « [...] soutenait de son bras droit un homme blessé et de son bras gauche il soutenait un autre homme le visage couvert de sang » (voir note 3 du chapitre suivant).

CHAPITRE 57

1) *Sources*
Les premières versions connues de l'assassinat du Che s'avèrent essentielles : Michelle Ray : « In cold blood. How the CIA executed Che », publié dans *Ramparts* ; Fidel Castro dans ses interventions publiques des 15 et 18 octobre 1967 et dans « Una introduccion necesaria » au journal du Che en Bolivie ; Arguedas qui, même s'il se trompe lorsqu'il dit que le sergent Huanca est l'assassin du Che, donne une multitude de détails intéressants, confirmés par les autres versions. Le récit le plus précis de l'assassinat du Che est celui qu'il a fait au cours d'une conférence restreinte à Cuba et dont j'ai une copie ; enfin, la version un peu plus tardive (1969) du journaliste bolivien José Luis Alcázar dans : *Ñancahuazú, la guerrilla del Che en Bolivia*.

Il y a eu par la suite les versions : du colonel Saucedo « No disparen, soy el Che » ; du capitaine Gary Prado dans « Como capturé el Che » ; du colonel Reque Terán interviewé par César Peña (qui comprend la confession du sergent Mario Terán) ; et dernièrement les versions de deux soldats anonymes qui sont reprises dans le livre, peu diffusé en dehors de Bolivie, de Soria Galvarro : *El Che en Bolivia*.

Sont également très intéressants les travaux des journalistes cubains Adys Cupull et Froilán González : *La CIA contra El Che* et *De Ñancahuazú à La Higuera* (bien qu'ils reprennent sans aucun fondement, la thèse selon laquelle la CIA serait à l'origine de l'ordre d'assassinat), et l'excellent texte du journaliste uruguayen González Bermejo : « Che, su passo por la tierra ».

Pour la réunion des généraux qui décide de l'assassinat du Che, il y a deux documents essentiels : le livre de Jorge Galardo Lozada : *De Torres à Banzer* et la dépêche de l'UPI du 12 juin 1978 : « Alfredo Ovando reconnait que les forces armées boliviennes ont donné l'ordre d'assassiner le commandant Ernesto Che Guevara. »

La version de l'agent de la CIA, Rodriguez, dans son livre : *Shadow Warrior* et les interviews de Jane Bussey : « CIA Veteran at Peace with Killing of Rebel El Che » et de Carlos Puig : « Senti por un momento que ya no lo odiaba ».

Dans les rapports de l'enquête interne menée par les militaires boliviens sur la disparition du journal du Che, il y a des interventions de Zenteno, de Selich et d'Ayoroa qui sont intéressantes.

Les deux mémorandums américains, celui du 9 octobre 1967 de Bowdler à Rostow et le télégramme du 9 octobre 1967 de Henderson au secrétaire d'État. Les travaux de Gustavo Sánchez : *El gran Rebelde* ; d'Alcázar et Badivia : *Bolivia, otra leccion para America* ; de Gonzalo de Bethencourt : *Muerte y sepulcro del Che* ; d'Enrique Araoz : *Hablan los testigos de la muerte del Che* ; et la dépêche du 3 octobre 1987 d'Eduardo Paz à l'Agence France-Presse.

Les photos du Che prisonnier ont été publiées dans les livres de Rodriguez et Saucedo, et la première photo de l'école de La Higuera dans *Life*.

2) *La condamnation*

La version la plus précise sur la manière dont a été prise la décision d'assassiner le Che est celle de Galardo, il se fonde sans doute sur des informations données par le personnage central de son livre, le général Torres. Il omet seulement de dire quelle était la position de Torres, par prudence ou par pudeur ; et ensuite, sans donner aucune justification, il dit que la CIA a donné l'ordre d'assassiner le Che.

Arguedas dit clairement que Torres est un de ceux qui ont voté en faveur de l'assassinat, ce qui explique les réticences ultérieures de Fidel Castro et du gouvernement cubain vis-à-vis du gouvernement progressiste bolivien dont Torres sera le Président pendant une brève période.

Le colonel Reque Terán dira plus tard que la décision a été prise par Ovando, Barrientos et Torres. Y.G. de Bethencourt ajoute un autre militaire, le général Belmonte Ardiles. Vacaflor complète en disant qu'un des militaires a voté contre, il s'agit du commandant de la force aérienne León Kolle Cueto, le frère du dirigeant du PCB.

Ovando a reconnu dix ans après que l'ordre d'assassiner le Che « avait été donné », sans préciser par qui, mais qu'il n'était pas parti de lui, alors chef des Forces armées (voir Alcazar et Baldivia).

Les Américains ont été gardés à l'écart de cette décision. Deux jours plus tard, le conseiller du Président, W.W. Rostow, envoie le mémorandum suivant au président Johnson : « (Deux mots censurés)... la dernière information est que le Che a été capturé vivant. Après un bref interrogatoire pour établir son identité, le général Ovando (chef des Forces armées boliviennes) a donné l'ordre qu'il soit fusillé. Je considère que c'est stupide, mais du point de vue bolivien c'est compréhensible, étant donné les problèmes que les communistes français et le messager de Castro, Régis Debray, leur ont causés. »

3) *L'ordre d'assassinat*
Dans le labyrinthe des petites contradictions et des mémoires défaillantes ou frauduleuses, c'est la confusion pour les détails précis tels que l'heure de l'arrivée de l'hélicoptère qui amène Zenteno et F. R. à La Higuera. Prado dit : 9 heures du matin, Selich dit 6 h 15, Saucedo dit qu'il est parti à 7 heures et Zenteno lui-même dit qu'ils sont arrivés à 7 h 30.

L'ordre d'assassiner le Che est arrivé à La Higuera par l'intermédiaire de Zenteno qui l'avait reçu la veille au soir à Vallegrande ; il est possible qu'il y ait eu une confirmation comme le dira le colonel Reque Terán, des années plus tard dans une interview, mais Zenteno l'a certainement transmis à Selich et à Ayoroa dans la matinée du 9 octobre.

Bien qu'il écrive dans ses mémoires qu'il a reçu l'ordre, qu'il l'a transmis aux Boliviens et qu'il a ensuite personnellement transporté le cadavre du Che, il semble évident, comme l'affirme le capitaine Prado, que ni Félix Rodriguez, l'agent de la CIA, ni le colonel Zenteno ne se trouvaient à La Higuera au moment de l'assassinat, car l'hélicoptère a quitté le village vers 11 h 45.

Quoi qu'il en soit, il semble certain que les instructions de l'agent de la CIA étaient de garder le Che en vie pour l'emmener ensuite à Panama où il devait être longuement interrogé, et que l'agence d'espionnage nord-américaine n'a aucunement participé à l'ordre d'assassinat.

Y a-t-il eu de l'alcool ? Les soldats étaient-ils ivres ? D'après l'Espagnol Gonzalo de Bethencourt, Alcázar et la journaliste française Michelle Ray, la réponse est affirmative, et tous sont d'accord sur le fait que Terán avait bu pour se donner du courage ; mais Gary Prado contredit l'histoire en disant que dans un village aussi petit que La Higuera, il n'y avait pas assez d'alcool pour abreuver quelque 150 soldats.

3) *Le mystère du Chino et de Pacho*
La femme du télégraphiste parle aussi du guérillero aveugle. Il y a

des indications sur lui dans le texte d'Arguedas. Et un des soldats anonymes affirme que dans la pièce contiguë à celle du Che deux guérilleros ont été tués dont l'un était l'aveugle.

Alors pourquoi les sources qui reconnaissent l'assassinat du Che et de Simón Cuba nient-elles celui du Chino ?

Ce n'est qu'un des nombreux petits mystères qui entourent la mort du Che. Pourquoi Pacho n'a-t-il rien écrit le 8 octobre dans son journal, s'il meurt le 9 ? Si Prado a inventé le combat du 9 octobre pour justifier le fait qu'il ne soit pas à La Higuera au moment de l'assassinat, Pacho serait-il mort au cours des combats du 8, et son cadavre n'ayant été retrouvé que le lendemain, sa mort n'aurait-elle été enregistrée que le 9 ? D'après la version de l'armée (Prado), Pacho et Chino étaient ensemble dans une des grottes... J'ai opté pour cette version car, tout au long de l'histoire de la guérilla et le mois suivant, l'armée a fait état de combats (en réalité inexistants) chaque fois qu'il s'agissait d'exécutions.

4) *Le major Rubén Sánchez*
Des années plus tard, le major Sánchez dira : « Je devais être détaché dans la zone ou le Che a été assassiné, mais à cette époque ma femme a dû se faire opérer et je n'ai pas pu y aller. Je peux dire que j'ai eu de la chance, enfin je ne sais pas. Si j'avais été là, ils n'auraient pas tué le Che comme ils l'ont fait, ou ils nous auraient tués tous les deux. »

CHAPITRE 58

1) *Sources*
Le travail de Michelle Ray dans *Ramparts* est intéressant, de même que les articles de journalistes qui étaient sur le terrain : Gott Richard « Yo vi el cadáver del Che en Vallegrande » ; Radaelli : « Del oriente al altiplano » ; Alberto Zuazo : « 20 años después sigue siendo un misterio qué pasó con el cadáver del Che Guevara » ; Alcazar et Edwin Chacón ; « Murió el Che Guevara ». Certaines informations données par les agences de presse sont des éléments clés : les déclarations du 9 octobre du général Ovando à l'AFP et l'AP. En ce qui concerne la foule de paysans venus à l'hôpital, voir le journal *El Diario* du 10 octobre : « Conmocion » et l'article : « Murió el Che ». Enfin les déclarations de Roberto Guevara dans « Che y los argentinos ».

Les discours de Fidel Castro. Gonzales Bermejo : *Su paso por la tierra*. La biographie de James. Le livre de Félix Rodriguez. Cupull et González : *De Ñancahuazú a La Higuera* et *La CIA contra El Che*. Marta Rojas : « La muerte del Che en la prensa internacional » et « El Che Guevara bajo el cielo de La Higuera ». La dépêche de Guy Guglietta pour l'UPI du 9 octobre 1977. Plusieurs mémorandums du Département d'État américain.

John Berger : « The legendary Che Guevara is death » est l'origine, une des origines, de la comparaison du cadavre du Che avec le tableau de Rembrandt.

Pour la récente entreprise de recherche du cadavre du Che, voir les articles de *La Jornada* des mois de novembre et décembre 1995 (« Descubren los restos de tres guerilleros », « Exigirán la entrega de los restos del Che sus familiares », « Los restos del Che, incinerados et enterrados en Vallegrande, Bolivia », « Militares bolivianos buscan ya los restos del Che », « Ordena Sánchez de Lozada que sean localisados los restos del Che Guevara », « Ordenan a Mario Vargas localizar los restos del Che »). L'article de John Lee Anderson dans le *NYT* : « Where is Che Guevara buried ? A Bolivian tells », et l'intervention de Luis Fondebrider interviewé par Miguel Bonasso pour l'émission de télévision : « Ernesto Che Guevara, el regreso de un mito ».

2) *L'odyssée des survivants*

Pendant les trois semaines qui suivront la mort du Che, les rangers tenteront d'encercler le groupe des guérilleros survivants dirigé par Inti Peredo et celui des malades. Le 12 octobre, dans les gorges de Cajones, une patrouille de rangers capture, puis plus tard fusille les membres du deuxième groupe (De la Pedraja, Huanca, Lucio Galvan et Jaime Arana). Le groupe d'Inti qui comprend trois Cubains, Villegas, Alarcón et Tamayo, après avoir affronté à plusieurs reprises l'armée et lui avoir causé des pertes, réussit à rompre l'encerclement ; Nato meurt au combat. Inti retrouve ses contacts avec le PC et tandis qu'il retourne à l'intérieur avec Adriazola, à la mi-février 1968, les trois Cubains accompagnés de deux nouveaux guides passent la frontière chilienne et parcourent un long chemin avant d'arriver à La Havane.

Après avoir réorganisé la guérilla de l'ELN, Inti Peredo reprend les armes, et en 1969, après avoir été choqué par l'explosion d'une grenade dans un affrontement avec l'armée puis capturé, il meurt sous la torture. Alarcón retourne en Bolivie en 1968 pour une deuxième opération de l'ELN ; cerné par les troupes du régiment Sucre et la police nationale dans une banque de La Paz, il sort en criant : « Patria o muerte ! » et tente de se suicider d'une balle qui lui transperce la paroi pariétale inférieure et supérieure. Il est miraculeusement sauvé. Le gouvernement de Torres le libérera et l'amnistiera. David Adriazola meurt dans un affrontement avec la police près de Lagunillas en avril 1968.

L'odyssée des survivants est racontée avec une grande précision dans le journal d'Inti Peredo : *Mi campaña con El Che* et dans le livre de Mariano Rodriguez et Dariel Alarcón : *Les Survivants du Che*. Du point de vue militaire, pour l'encerclement et la poursuite, voir : les travaux de Gary Prado et Martínez Estévez. L'interview de Tamayo et de Villegas par le journaliste italien Gianni Miná dans : *Un continente desaparecido* et bien sûr, la suite de l'histoire donnée par Alcázar dans : *Ñancahuazú, la guerrilla du Che*. Enfin, la version américaine dans NSF Country File. Bolivia. C8, vol. 4, cables. LBJ Library.

CHAPITRE 59

1) *Sources*
Pour le butin bolivien, voir Cupull et González : *De Ñancahuazú a La Higuera* ; Uribe : *Operción Tia Vidoria* ; l'article d'Enrique Araoz : « Hablan los testigos de la muerte del Che » ; le livre du capitaine Prado ; Luis Suárez : *Entre el fusil y la palabra* ; le livre de Félix Rodriguez ; et les déclarations des deux soldats anonymes dans le livre de Soria Galvarro. L'histoire de Puebla m'a été racontée par mon ami Fritz Glockner. La phrase d'Enrique Lihn se trouve dans : « Elegia a Ernesto Guevara ».

En terminant ces notes, j'ai découvert dans le livre inédit de mon ami Emilio Suri que la troisième semaine de septembre le Che avait quatre montres dans son sac à dos.

CHAPITRE 60

1) *Sources*
Sur les périples du journal du Che, le livre de Cupull et González : *La CIA contra El Che*, l'article de Michelle Ray et surtout l'enquête faite auprès des militaires dont j'ai réexaminé les comptes rendus et qui sont partiellement cités dans l'article de *Marcha* : « La CIA en Bolivia ». Les informations reçues par le président Johnson sur le journal du Che se trouvent dans NSF Country file. Bolivia. C8, vol. 4, cables. LBJ Library. Sur l'introduction clandestine du journal à Cuba, voir Hernán Uribe : *Opéración Tia Victoria* ; l'introduction de Fidel Castro au journal du Che en Bolivie : « Una introduccion necesaria » ; et l'interview que j'ai faite de Manuel Manresa, secrétaire du Che en février 1965. Pour ce qui est de l'intervention d'Arguedas et de sa fuite rocambolesque, voir ses déclarations pendant son procès, publiées dans la revue uruguayenne *Marcha* ; les articles de José Natividad Rosales : « En exclusiva mundial Antonio Arguedas revela a *Siempre* como y por qué entrego a Fidel Castro

el diario del Che » et « El caso Arguedas » dans la revue *Bohemia*. Sur les péripéties des années quatre-vingt relatives au journal : *Newsweek* du 18 juin 1984, *Prensa Latina*, dépêche du 6 août 1984, et les deux articles de Humberto Vacaflor : « El diario del Che fue robado por una banda de nazis y traficantes de drogas » et « Encuentran paginas perdidas del diario del Che Guevara ».

Les jours qui manquent dans l'édition originale mondiale du *Journal du Che en Bolivie* sont les 4, 5, 8, et 9 janvier, les 8 et 9 février, les 4 et 5 avril, les 9 et 10 juin et les 4 et 5 juillet.

2) *L'opération de falsification*

Fidel insinue dans son introduction au journal du Che qu'il est possible qu'on cherche à falsifier le journal : « Du point de vue révolutionnaire, la publication du journal du Che en Bolivie n'admet aucune hésitation. Le journal du Che est resté entre les mains de Barrientos qui en a immédiatement donné une copie à la CIA, au Pentagone et au gouvernement des États-Unis. Des journalistes liés à la CIA ont eu accès au document en Bolivie même et en ont fait des photocopies, en s'engageant à ne pas le publier pour le moment » (Una introduccion necesaria).

Cupull et González dans : *La CIA contra El Che* affirment qu'« au dernier étage de l'ambassade, les calligraphes de la CIA sont en train de monter une opération de falsification du journal, en faisant des altérations et des omissions ». Mais ils ne donnent aucun élément qui puisse justifier cette affirmation.

Les déclarations de Saint John comme quoi le journal publié par les Cubains n'était pas le vrai laissent à penser qu'il était peut-être vrai qu'ils travaillaient à fabriquer un journal apocryphe.

2) *Les mains et le masque*

En mai 1969, Arguedas, de retour à La Paz et recherché par la police, dira avant de se réfugier à l'ambassade du Mexique à son avocat Victor Zannier (« le mammouth ») que les mains du Che conservées dans un bocal de formol et le masque en plâtre se trouvent dans une urne en bois. Zannier les emportera dans un sac et, après maintes péripéties, il réussira à les faire parvenir à Cuba.

Dans son discours du 26 juillet 1970, Fidel fait un aparté et demande de la sérénité aux gens qui l'écoutent, puis il les informe qu'Arguedas a non seulement fait parvenir le journal du Che à Cuba, mais qu'il a également envoyé le masque du Che et ses mains embaumées. Lorsqu'on lui demande s'il faut les enterrer ou les conserver, sa réponse est : « Conservez-les, conservez-les ! » Et il leur annonce qu'ils seront déposés sous la statue de Marti avec les manchettes de l'uniforme vert olive du Che et ses galons de commandant. (Interview faite par Marta Rojas, Homero Campa : « Complicado itinérario de las manos del Che antes de llegar a La Habana en 1970 », *Bohemia*, 31 juillet 1970.)

CHAPITRE 61

1) *Sources*
Mariano Baptista Gumucio s'est donné la peine de compiler plusieurs des cas cités et d'établir des corrélations entre eux dans *La Venganza del Che* ? Pour les autres informations, voir les livres de Gallardo : *De Torres a Banzer* ; de Luis Suárez et de Cupull et González : *La CIA contra El Che* ; et les articles de Zeballos pour Reuter : « 20 anos después el cadáver del Che es aún un misterio ». Pour l'asthme de Rodriguez, voir une interview de Carlos Puig. Pour le cas de Prado, voir l'article de Sebastian Gómez : « Vacio de poder militar ? » Et pour la déportation d'Ayoroa, voir le livre de Gorgio Selser : *El cuartelazo de los cocadoles*. Il y a des précisions importantes qui proviennent de la lettre explicative de José Luis Alcázar, publiée dans le journal *Excélsior* de Mexico, de même que dans son livre écrit en collaboration avec José Baldivia.

CHAPITRE 62

1) *Sources*
Les poèmes de Benedetti et de Gelman sont publiés dans le numéro spécial de *Casa de Las Americas* de janvier-février 1968.

Pour les autres informations, voir : *De Ñancahuazú a La Higuera* ; José Luis Morales : *No sabiamos que El Che vivía y estaba preso* ; González Bermejo : *Che su paso por la tierra* ; Martinez Estévez : *Hablan el padre y la hermana del Che* ; Natividad Rosales : « En exclusiva mundial Antonio Arguedas revela a *Siempre* cómo y por qué entregó a Fidel Castro el diario del Che » ; Héctor Danilo : « El último encuentro del Che con su familia » ; Sergio Berrocal : service des dépêches de l'AFP, 8 décembre 1987 ; Enrique Araoz : *Hablan los testigos de la muerte del Che*.

2) *Les films*
Hollywood a essayé de s'approprier un peu de la magie du Che. Essai qui fut un échec total. En 1968, la 20th Century Fox a tourné : *Che*, réalisé par Richard Fleisher, avec Omar Sharif en vedette et Jack Palance dans le rôle de Fidel Castro. Malgré le soin pris pour filmer les scènes dans des décors naturels (à Porto Rico) et la préci-

sion quant aux armes utilisées et aux cigares qu'ils fumaient, le scénario est désastreux. L'histoire est schématisée et n'importe quel spectateur latino-américain a l'impression de s'être fait avoir ; le Che est un fanatique qui ressemble à un moine, sans aucun sens de l'humour, quant à Fidel, il a plutôt l'air d'un alcoolique. C'est en outre bourré d'erreurs qui viennent aussi bien du scénario de Wilson et Bartlet que de la mise en scène. Le film a été vu dans l'Amérique latine bouillonnante des années soixante comme un produit de plus de la guerre entre l'impérialisme et l'insurrection populaire. Les cinémas qui ont projeté le film au Chili et au Venezuela ont été attaqués avec des cocktails Molotov, le film a été saboté dans toute l'Amérique, malgré l'admiration ostensible et un peu naïve de Sharif pour le personnage qu'il interprète. Il dort aujourd'hui, sans peine ni gloire, sur les étagères de n'importe quel vidéoclub. (« Interview exclusive d'Omar Sharif », Gregorio Ortega : « Ladridos desde la cuenta ».)

La version italienne de Paolo Heush a eu à peu près le même sort, avec Paco Rabal dans le rôle du Che.

BIBLIOGRAPHIE

1) *Bibliographies*

Bibliografia del comandante Ernesto Che Guevara, Biblioteca Nacional José Martí departamento de consulta y referencia, *Revista de la Biblioteca Nacional Josée Martí*, julio-diciembre 1967.

Bibliografia cubana del comandante Che Guevara, García Carranza, Araceli y Georgina coordinadoras, Ministerio de la Cultura, La Habana, 1987.

Bonich Fernández, Georgina y Maidique Patricio, Hilda : *Ernesto (Che) Guevara, estudio bibliografico*, La Habana : Centro de Información Científica y Técnica, Universidad de La Habana, 1975.

Cozean, Jon D : *Cuban guerilla training centers and Radio Havana, a selected bibliography*, Center for Research in Social Systems, Washington, American University, 1968.

Ernesto Che Guevara, estudio bibliografico, coordinador Georgina Bonich Fernández : Centro de Información Científica y Técnica, Universidad de La Habana, 1975.

Ernesto (Che) Guevara, bibliografia, coordinador Georgina Bonich Fernández. Coordinacion de Información Científica y Técnica Universidad de La Habana, 1985.

La insurreccion armada ; Camiloy Che en Las Villas, Bibliografia, coordinadores Clara Salgado Moya, Juan R. Vázquez, Clara de la Torre, Reina Morales, *Revista de la Biblioteca Nacional José Martí*, septiembre-diciembre, La Habana, 1987.

Para leer al Che, *Verde Olivo*, Imprenta de la Dirección Política de las FAR, La Habana, 1988.

Pérez, Louis A. Jr : « Armed Struggle and Guerrilla Warfare in Latin America : A Bibliography of Cuban Sources, 1959-1979 ». *Revista Interamericana de Bibliografia*, n° 4, 1983.

2) *Anthologies*

Pensamiento critico, octubre, 1967.

El Che en la revolución cubana, obra en 7 tomos, Ediciones del Ministerio del Azúcar, La Habana, 1969.

Escritos y discursos, obra en 9 tomos, Editorial de Ciencias Sociales, La Habana, 1977.

Obras escogidas, obra en 2 tomos, Casa de las Américas, La Habana, 1970.

El hombrey la economia en el pensamiento del Che, compiladores Gerardo Gómez Moreno. René Castellanos y otros, Editora Política, La Habana, 1988.

Educación y hombre nuevo, Editora Política, La Habana, 1989.

3) *Autres ouvrages et articles du Che*

Guevara, Ernesto Che : « Guerra y población campesina », *Revolución*, 14 enero 1959.

Guevara, Ernesto Che : « Qué es un guerrillero ? », *Revolución*, 19 febrero 1959.

Guevara, Ernesto Che : « Discurso del Che en Santa Clara », *Revolución*, 29 diciembre 1959.

Guevara, Ernesto Che : « El divulgador de las teorías revolucionarias debe antes que nada mostrar su ejemplo », *Verde Olivo* 31, 1960.

Guevara, Ernesto Che : « No habrá desempleados en 62 », *Verde Olivo*, septiembre 1960.

Guevara, Ernesto Che : « La idea de la defensa de la revolución no puede desligarse de la idea de trabajo », *Bohemia*, 1 octubre 1961.

Guevara, Ernesto, Bettelheim, Charles, *et al.* : *Escritos económicos [de] Ernesto Che Guevara Cuadernos de pasado y presente*, Ediciones Pasado y Presente, Córdoba, Argentina, 1969.

Guevara, Ernesto Che : « Discurso en el palacio presidencial », *Granma*, 26 octubre 1967.

Guevara, Ernesto Che : « Palabras del Che a la policía », Editorial San Luis, La Habana, s/f.

Guevara, Ernesto Che : *Notas de viaje*, Centro Latinoamericano Che Guevara, Santiago de Chile, 1993.

Guevara, Ernesto Che : « Ante la agresion económica, si nos quitan la cuota perderán sus inversiones en nuestra patria », *Verde Olivo* 17, 1969.

Guevara, Ernesto Che : Una carta inédita del Che Guevara : « Triunfo con Cuba o muero allá », *Crisis*, Buenos Aires, n° 5, septiembre 1973.

La influencia de la revolutión cubana en América Latina, palabras a miembros de la DSE, folleto, spi, 18 mayo 1962.

Guevara, Ernesto Che : *El gobierno revolucionario ha destruido los lazos coloniales en lo económico y politico*, Gobierno Provincial de Oriente, Santiago 1960.

Guevara, Ernesto Che : *Pasajes de la guerra revolucionaria (Congo)*, manuscrit dactylographié anoté par le Che, 160 p. et 7 p. d'appendice.

Guevara, Ernesto Che : *Aclaración de algunos términos*, dactylographié anoté par le Che sur les termes utilisés dans *Pasajes de la guerra en Africa*.

Guevara, Ernesto Che : « La escuela de Minas del Frío », 3 abril 1963, *Opina*, febrero 1989.

Guevara, Ernesto Che : « Que el hombre sienta la necesidad de hacer trabajo voluntario », dactylographié, intervention au conseil de direction, Ministerio de Industria, 5 diciembre 1964.

Guevara, Ernesto Che : *Diario de Bolivia*, edición especial de la *Bohemia*, La Habana 1968. L'édition de la Editora Politica de 1987 comprend les pages manquantes et a été anotée par Adys Cupull et Froilán González.

Guevara, Ernesto Che a Fidel, *Fotocopia*, 6 enero 1958.

Guevara, Ernesto Che a Àngel Salgado, *Nota*, 9 septiembre 58.

Guevara, Ernesto Che : « Poemas », dans l'épilogue du livre de Hilda Gadea et *Bohemia*, 10 juin 1988.

Guevara, Ernesto Che : « El Che con las delegaciones fraternales extranjeras », (resumen del discurso en el MINID con delegados obreros extranjeros asistentes a los actos del 1 de mayo), *Bohemia*, 11 mayo 1962.

Guevara, Ernesto Che : « Los últimos días, dos documentos », *Granma*, 21 diciembre 1968.

Guevara, Ernesto Che : « Carta de despedida del Che » (a Carlos Rafael Rodríguez), *Miami Herald*, 11 diciembre 1983.

Guevara, Ernesto Che : « Discurso pronunciado por el comandante Che Guevara en asamblea de obreros portuarios, 6 enero 1962 », *Granma*, 8 octubre 1968.

Guevara, Ernesto Che : « Camilo », *Granma*, 25 octubre 1967.

Guevara, Ernesto, Raúl Castro y otros : *La conquista de La Esperanza* (diarios inéditos de la guerrilla cubana), Mortiz, México DF, 1995.

Traduit en français :

Guevara, Ernesto Che : *Œuvres*, Maspero, Paris, 1972. Textes inédits.

Guevara, Ernesto Che : *La Guerre de guérilla*, Maspero, Paris, 1962.

Guevara, Ernesto Che : *Épisodes de la guerre révolutionnaire*, Institut du livre, La Havane, 1967.

Guevara, Ernesto Che : *Souvenirs de la guerre révolutionnaire*, Maspero, 1967.

Guevara, Ernesto Che : *Le Socialisme et l'Homme*, La Découverte, Paris, 1987.

Guevara, Ernesto Che : *Journal de Bolivie*, Maspero, Paris, 1968, La Découverte, 1995.

Guevara, Ernesto Che : *Latinoamericana* Astral, Paris, 1994.

Guevara, Ernesto Che et Bettelheim, Charles, *Écrits d'un révoluhonnaire*, La Brèche, Paris, 1987.

Guevara, Ernesto Che : *L'Homme et le socialisme à Cuba*, Cujas, Paris, 1966.

4) *Bibliographies, périodiques, entretiens et manuscrits*

22 años de Revolución, cronologia, Editora Politica, La Habana, 1983.

« A new old Che Guevara interview », *Hispanic Amencan Historical Review,* Agosto 1966.

A Standard Swahili-English Dictionary, Oxford University Press, GB, 1963.

Abreu, Carlos y Carlota Guillot : *Sancti Spiritus, apuntes para una cronología*, Editora Política, La Habana, 1986.

Abreu, Luis : *Algunas consideraciones acerca del pensamiento económico-militar del Che*, Conferencia científica sobre el pensamiento militar del comandante Ernesto Che Guevara, s/f.

Abreu, Ramiro : *En el ultimo año de aquella república*, Editorial de Ciencias Sociales, La Habana, 1984.

Abreu, Ramiro, Ricardo Alarcón, Carmen Almodóvar, José Bell Lara y otros : Pensar al Che, tomo I, *Desafíos de la lucha por el poder politico* y tomo II, *Los retos de la transición socialista*, CEE-Editorial José Martí, La Habana, 1989.

Acevedo, Enrigue : *Descamisado*, Editorial Cultura Popular, La Habana, 1993.

Acevedo, Enrique : « Los últimos días en la Sierra Maestra », *Verde Olivo*, abril 1989.

Acevedo, Enrique : « Jefe en toda su dimensión », *Verde Olivo*, 10 octubre 1985.

Acevedo, Rogelio : « Audacia, audacia y más audacia », *El Oficial*, noviembre-diciembre 1978.

Acevedo, Rogelio : « Apuntes de la invasión », *Verde Olivo*, 1 septiembre 1983.

Acevedo, Rogelio : « El Che que yo conocí », *Verde Olivo*, junio 1988.

Acevedo, Rogelio : « La Federal », en *Días de combate*.

Acevedo, Rogelio : « Si sobresaliente fue el Che como guerrillero, aún más brilló su extraordinario talento en la hermosa obra de construir la nueva sociedad », *Granma*, 30 diciembre 1988.

Acosta, Bruno : *Ernesto Che Guevara y la disciplina militar consciente*, Conferencia científica sobre el pensamiento militar del comandante Ernesto Che Guevara, spi, s/f.

Acta de Matrimonio de Ernesto Guevara de la Serna e Hilda Gadea Acosta en el registro civil de Tepoztlan, *documento*, 18 de agosto de 1955.

Acuña, Manuel : « Manuel Acuña cuenta del Uvero »,*Juventud Rebelde*, 27 mayo 1987.

Adán, Orestes : *El Dorado*, Letras Cubanas, La Habana, 1986.

Adoum, Jorge Enrique : « El Che sin nosotros », COLAE, febrero 1968.

Afont Robaina, José M. : « El amanecer victorioso de la Plata », *Verde Olivo*, 15 enero 1987.

Agacino, Ricardo : « El Che, un entusiasta y consumado ajedrecista », *Cuba Internacional*, septiembre 1987.

Agee, Phillip : *Diario de la CIA*, Laia, Barcelona, 1978 (versión original : Stonehill and Penguin Books, Londres, 1975).

Agüro, Luis, Antonio Benítez, Reynaldo González y otros : *Che comandante*, Diógenes, México DF, 1969.

Aguilar, José : « La niñez de Che », *Granma*, 16 octubre 1967.

Aglular, José : « 82 hombres y una sola causa » (entrevista a Arsenio García Dávila), *Verde Olivo*, 6 diciembre 1964.

Aguilera Morales, Roger : « El cantor de la tropa del Che », *Verde Olivo*, noviembre 1989.

Aguilera, Armando R : « Creo en ti, Fidel, creo en la Revolución », *Bohemia*, 18 enero 1959.

Aguirre, Manuel Agustín : El *Che Guevara. Aspectos politicos y económicos de su pensamiento*, Editorial La Oveja Negra, Bogotá, Colombia, 1970.

Aguirre Bayley, Miguel : *Ernesto Che Guevara arquetipo de la solidaridad revoluciónana*. De la Puerta, 1988.

Aiguesvives, E. : « Un lector infatigable », *Verde Olivo*, 15 octubre 1987.

Alarcón, Dariel, Harry Villegas y Leonardo Tamayo : « La quebrada del Yuro, recuerdos de un combate », *Tricontinental*, julio-octubre 1970, repris aussi dans *Bohemia* et *Granma*, 8 octubre 1969.

Alarcón, Dariel, Harry Villegas y Leonardo Tamayo : « El combate de la quebrada del Yuro », *Verde Olivo*, 19 octubre 1969.

Alarcón, Dariel : Entretien, février 1995.

Alarcón, Dariel : *Vie et mort de la révolution cubaine*, Fayard, Paris, 1996.

Alarcón, Dariel : « Héroes inmortales de nuestra América », *Bohemia*, 26 agosto 1977.

Alarcón, Dariel y Mariano Rodríguez Herrera : « Che y la guerrilla de Ñancabuazú », *manuscrito inédito*.

Alarcón, Dariel y Mariano Rodríguez Herrera : *Les Survivants du Che*, Le Rocher, Paris 1995.

Alcázar, José Luis : *Ñancahuasú, la guerilla del Che en Bolivia*, Era, México DF, 1969.

Alcázar, José Luis y José Baldivia : *Bolivia otra lección para América*, Era, México DF, 1973.

Alcázar, José Luis y Edwin Chacón : « Murió el Che Guevara », *Presencia*, La Paz, 10 octubre 1967.

Allende, Salvador : Intervención en el senado, *Diario de sesiones de la República de Chile*, 18 octubre 1967.

Alles, Agustin : « Criminal bombardeo en Santa Clara », *Bohemia*, 11 enero 1959.

Almeida, Juan : *La Sierra*, Editora Política, La Habana, 1989.

Almeida, Juan : *La Sierra Maestra* y *más allá*, Editora Politica, La Habana, 1995.

Almeida, Juan : *Exilio*, Editorial de Ciencias Sociales, La Habana, 1987.

Almeida, Juan : *Desembarco*, Editorial de Ciencias Sociales, La Habana, 1988.

Almeida, Juan : *La única ciudadana,* Editorial de Ciencias Sociales, La Habana, 1987.

Almeida, Juan : « Un capitán, jefe de la vanguardia », *Verde Olivo*, febrero 1988.

Alonso, Armando : « Una anécdota en la fundición », *Juventud Rebelde,* 7 octubre 1968.

Alonso, Mercedes : « Quién ha dicho que el marxismo no tiene alma ? », *Granma*, 25 mayo 1987.

Alonso, Mercedes y Rafael Rodríguez Cala : *Reencuentro*, Ediciones Verde Olivo, 1993.

Althusser, Louis : « Ante la muerte de Ernesto Che Guevara », *Casa de las Américas*, enero-marzo 1993.

Alvarez, Gerónimo : *Che : una nueva batalla*, Editorial Pablo de la Torriente, La Habana 1994.

Alvarez, Verónica y Sergio Ravelo : « Ñico López : simbolo de valor y fidelidad », *Bohemia*, 2 octubre 1987.

Alvarez García, John (compilador) : *Che Guevara*, Antorcha Monserrate, Medellín Colombia, 1968.

Alvarez Palomares, Alodia : « Allí comienza el Che », *Verde Olivo*, 29 enero 1987.

Alvarez Rom, Luis : « Sobre el método de análisis de los sistemas de financiamiento » *Cuba Socialista,* 35, 1964.

Alvarez Tabío, Pedro (coordinador) : *La epopeya del Granma*, Oficina de Publicaciones del Consejo de Estado, La Habana, 1986.

Alvarez Tabío, Pedro : « El más extraordinario de nuestros combatientes », *Bohemia,* 26 julio 1985.

Alvarez Tabío, Pedro : « En espera del desembarco », *Bohemia*, 26 diciembre 1986.

Alvarez Tabío, Pedro y Otto Hernández : *El combate del Uvero*, Gente Nueva, La Habana, 1980.

Amaya, Juana : « La pequeña hazaña que dejó valiosas experiencias guerrilleras », *Trabajadores*, 28 agosto 1982.

Ameijeiras, Efigenio y René Rodríguez : « Con los fusiles, los uniformes y las balas », *Verde Olivo*, 2 diciembre 1962.

Ameijeiras, Efigenio : *Más allá de nosotros*, Editorial Oriente, Santiago de Cuba, 1984.
Ameijeiras, Efigenio : 1956. *Un año tremendo*, Editora Abril, La Habana, 1986.
Ameijeiras, Efigenio : « Encuentro con hdel en Puriales de Vicana », *Somos Jóvenes*, enero 1986.
Ameijeiras, Efigenio : « Las guerras no se ganan en el último combate », *Bohemia*, 15 julio 1988.
Ameijeiras, Efigenio : « Miedo a las ballenas », *Verde Olivo*, septiembre 1988.
Ameyeiras, Efigenio : « Capitan Habana », *Verde Olivo*, diciembre-enero 1988-1989.
Ameijeiras, Efigenio : « La batalla más corta » I y II, *Bohemia*, 7 y 14 julio 1989.
Ameijeiras, Efigenio : « Dibujó con flores su sonrisa en el mar », *Verde Olivo*, octubre 1989.
Anderson, Perry y Rohin Blackburn : « Che and Debray in Bolivia », *Ramparts*, octubre 1967.
Abdrial, Alberto : « La fe que me inculcaste », *El Mundo*, octubre 1967.
Amador, Castor : « El desembarco del Granma y el 30 de noviembre », *Verde Olivo*, 30 noviembre 1969.
Aragonés, Emilio : Entretien avec Jorge Castañeda, 10 de febrero de 1975, mecanográfico.
Araoz, Enrique : « Hablan los testigos de la muerte del Che », *Cambio 16*, Madrid, 19 de octubre 1987.
Arcocha, Juan : *Candle in the wind ;* L. Stuart, New York 1967.
Arcocha, Juan : *Fidel Castro en rompecabezas*, Ediciones R, Madrid, 1973.
Arguedas, Antonio : *Fotocopia* sin titulo del folleto de la Universidad Técnica de Oruro sobre la captura y muerte del Che, archivo autor, s/f.
Arguedas, Antonio, intervención en una reunión restringida con Fidel Castro en La Habana sobre los acontecimientos que rodearon la muerte del Che y la posterior entrega del diario a Cuba, *mecanográphico*.
Arguedas, Sol : « Dónde está el Che Guevara ? », *Cuadernos Americanos*, mayo-junio 1966.
Arguedas, Sol : *Cuba no es una isla*, Era, México DF, 1961.
Ariet, María del Carmen : « Hasta vencer o morir », *Moncada*, octubre 1987.
Ariet, María del Carmen : *Che, pensamiento politico*, Editora politica, La Habana, 1988.
Aroca, Santiago : « Fidel y el Che », *El Mundo*, Madrid, 4 octubre 1992.
Aróstegui, María Begoña y Gladys Blanco : *Un desafio al monopolio de la intriga*, Editora Politica, La Habana, 1981.

« Arribaron a Cuba los cinco guerrilleros que lucharon en Bolivia junto al Che », *Recorte de prensa*, archivo L. A. Betancourt.

Arrufat, Berta y otros : *Vigencia del pensamiento ético del Che para el trabajo político y de partido en el Minint*, Instituto Superior Minint, s/f.

Ascuy, René : « Treinta años de la foto más famosa del mundo », *Juventud Rebelde*, 30 marzo 1990.

Asociación Nacional de Economistas de Cuba : *La presencia del Che en el Banco Nacional de Cuba y la selección del 26 de noviembre como Dia del economista*, panfleto, spi, s/f.

Avila, Bienvenido : « Tres guías hablan de la invasión », *Sierra Maestra*, 8 octubre 1972.

« Aviones pilotados por yankis son utilizados en bombardeos contra las áreas guerrilleras en Bolivia », *Granma*, 17 abril 1967.

Aznares, Juan J. : « Buscando al Che », *El Pais*, Madrid, 22 enero 1996.

Bacallao, Sergio : « Relatos históricos de hechos ocurridos en la Sierra Maestra desde mediados de junio 1957 », *manuscrito*.

Báez, H. Vitier : « Che en Buey arriba » *Verde Olivo*, junio 1988.

Báez, Luis : « Yo soy el oscuro teniente... », *Bohemia*, 26 mayo 1978.

Barquín, Ramón : *Las luchas guerrilleras en Cuba. De la colonia a la Sierra Maestra*, Editorial Playor, Madrid, fotocopia, archivo del autor.

Barral, Fernando : « Che estudiante », *Bohemia*, 13 junio 1969.

Barrera, Orlando : *Sancti Spintus, sinopsis histórica*, Editorial Oriente, Santiago de Cuba, 1966.

Barreras, José Luis : « El Che, ajedrecista entusiasta », *Cuba Internacional*, octubre 1963.

Barreras Ferrán, Ramón : « 15 de diciembre de 1958 », *Vanguardia*, Santa Clara, 15 diciembre 1978.

Barreras Ferrán, Ramón : « 19 de diciembre de 1958 », *Vanguardia*, Santa Clara, 19 diciembre 1978.

Barrero Pérez, Eráclides : « Amigo : sus recuerdos del Che », *Trabajadores*, 15 octubre 1985.

Barreto, Jesus : « Camarada Tatu », *Moncada*, octubre 1987.

Barrientos Ortuño, René : *El Che Guevara, el intervencionismo, un pueblo libre y heroico,* Editorial del Estado, La Paz, 1967.

Baptista Gumucio, Mariano con Ted Córdoba Claure, Sergio Almaraz y Simón Reyes : *Guerrilleros y generales sobre Bolivia*, Editorial Jorge Alvarez, Buenos Aires 1968.

Baptista Gumucio, Mariano : *¿La venganza du Che ?*, Editorial e Imprenta Artística, La Paz, 1988.

« Batalla de Santa Clara », *Granma*, 27 diciembre 1967.

Batista, Fulgencio : *Paradajas*, Botas, México DF, 1963.

Bauer Paiz, Alfonso : « Testimonio sobre Ernesto », *Casa de las Américas*, septiembre-octubre 1977.

Bayo, Eliseo : « El mejor alumno », *El Mundo*, 19 octubre 1967.
Bayo, Eliseo : *Mi aporte a la Revolución Cubana*, Imprenta del Ejército Rebelde, La Habana, 1960.
Bedregal, Guillermo : *Los militares en Bolivia*, Extemporáneos, México DF, 1971.
Bejar Rivera, Héctor : *Perú 1965, una experiencia libertadora en Américo*, Siglo XXI, México DF, 1969.
Bellinghausen, Herman : « Fiesta en la selva en memoria del Che », *La Jornada*, México DF, 11 octubre 1994.
Benítez, Augusto : « El cerco de Santa Clara », *Bohemia*, 9 diciembre 1983.
Benítez, Augusto : « La colaboración campesina », *Bohemia*, 26 diciembre 1986.
Benítez, Augusto F. y Katia Valdés : « Reflejos de una época » (entrevista a Vilma Espín), *Bohemia*, 21 noviembre 1986.
Benítez, Augusto F. y Katia Valdés : « Vivencias de una heroica hazaña »., *Bohemia*, 21 noviembre 1986.
Benítez, José A. : Bolivia : « Dinamita y revolución », *Bohemia*, 6 octubre 1967.
Benedetti, Mario : « Consternados, rabiosos »., *Casa de las Américas*, La Habana, enero-febrero 1968.
Berger, John : « The legendary Che Guevara is death », *New Statesman*, 28 agosto 1992.
Bergquist, Laura : « 2.30 am interview with Che Guevara », *Look*, 8 noviembre 1960.
Berrocal, Sergio : *Servicio cablegráfico* de la AFP, 8 diciembre 1987.
Beruvides, Esteban M ; Parodi, Arsenio e Ilario Morfa Vilariño : *Cuba y sus mártires*, ed autor, Coral Gables, Florida, 1993.
Betancourt, Luis Adrían : Entretien avec Sergio Bacallao, *manuscrito*, inédita.
Betancourt, Luis Adrían : Entretien avec Faure Chomón, *mecanográfica* inédita.
Betancourt, Luis Adrían : Entretien avec Universo Sánchez, *mecanográfica* 19 cuartillas, inédita.
Betancourt, Luis Adrían : « Mi hermano el Che », *Moncada*, octubre 1987.
Betancourt, Luis Adrían : « Un hombre hecho en los fuegos », *Moncada*, octubre 1987.
Betancourt, Luis Adrían : « La campaña en Las Villas », *Bohemia*, 7 octubre 1968.
Betancourt, Luis Adrían : « Campaña del Che », *Bohemia*, 19 enero 1968.
Betancourt, Luis Adrían : « Che, arquitecto de una victoria », *Bohemia*, 20 octubre 1967.
Betancourt, Luis Adrían : « XXII aniversario del asalto al cuartel Moncada. Santa Clara, ciudad 16 », *Bohemia*, 25 julio 1975.

Betancourt, Luis Adrían : « Habla el comandante Guevara », *Bohemia*, 11 enero 1959.

Betancourt, Luis Adrían : « Pasión y muerte de Joaquín Casillas », *Bohemia*, 11 enero 1959.

Betancourt, Luis Adrían : « Así murió el criminal. Ultimo minuto de Casillas Lumpuy », *Bohemia*, 18-25 enero 1959.

Betancourt, Luis Adrían : « Batista, capítulo final », *Verde Olivo*, diciembre 1988-enero 1989.

Betancourt, Luis Adrían : « Apareció para siempre », *Moncada*, 6 octubre 1984.

Betancourt, Raymundo : « La guerrilla boliviana », *mimeográfico*, spi.

Bethencourt, Gonzalo : « Muerte y sepulcro del Che », *Pueblo*, Madrid, 14 mayo 1969.

Bettelheim, Charles : « Formas y métodos de la planificación socialista y nivel de desarrollo de las fuerzas productivas », *Cuba Socialista* 32,1964.

Bettelheim, Charles et Guevara Ernesto Che, *Écrits d'un révolutionnaire*, La Brèche, Paris, 1987.

Bianchi Ross, Ciro : « Tiempo del Che », *Cuba*, octubre 1982.

Bianchi Ross, Ciro : « Un constructor llamado Che », *Cuba*, recorte de prensa, archivo del autor.

Blaquier, Elsa : « Faltaba papel y tinta, pero salía » (entrevista Luis Pavon), *Verde Olivo*, abril 1989.

Blaquier, Elsa : « Así se cumplen las órdenes », *Verde Olivo*, octubre 1989.

Blaquier, Elsa : « Mucho gusto, Ramón », *Verde Olivo*, junio 1988.

Blum, William : *The CIA, a forgotten history,* Zed Books Ltd. New Jersey, 1986.

« Bolivia : former dictator sentenced to 30-year prison term », *Nolisur*, 30 abril 1993.

« Bolivian pictures of missing Che Guevara », *Life*, 6 octubre 1967.

Bonache, Ramón y Marta S. Martin : « *The cuban insurrection* », Transaction Books, New Brunswick, 1974.

Bonne, Berta : *Menelao, su lucha y acción*, Editorial Oriente, 1987.

Borge, Tomás : *Carlos, el amanecer ya no es una tentación*, Editorial Nueva Nicaragua, Managua, 1982.

Borge, Tomás : *La paciente impaciencia*, Editorial Vanguardia, Managua, 1989.

Bornot, Thelma, Enzo Infante, Magaly Chacón, Oscar de los Reyes y Andrés Castillo Bernal : *De Tuxpan a la Plata*, Sección de Historia de las Fuerzas Armadas Revolucionarias, La Habana, 1979.

Boornstein, Edward : *The economic transformation of Cuba*, Modern Reading, New York, 1968.

Borrego Díaz, Orlando : *El estilo de trabajo del Che*, Asociación Nacional de Economistas de Cuba, marzo 1988.

Bouder, Rosa lleana : *El Vaquerito*, Editorial Gente Nueva, La Habana, 1983.

Breccia, Alberto con Enrique Breccia y Héctor Osterheld : *Che*, Ikusager Ediciones, Vitoria, 1987.

Bremauntz, Alberto : *México y la revolución socialista cubana*, edición del autor, Morelia, Mich, 1966.

Brugioni, Dino A. : *Eyeball to eyeball. The cuban missile crisis*, Random House, New York, 1991.

Buría Lázaro : *Lettre à l'auteur*, 17 février 1995.

Bussey, Jane : « CIA Veteran at Peace with Killing of Rebel El Che », *Miami Herald*, 9 octubre 1992.

Buznego, Enrique, Andrés Castillo, Verónica Alvarez y otros : *Diciembre del 58*, Editorial de Ciencias Sociales, La Habana, 1977.

Buznego Rodríguez, Enrique y Luis Rosado Eiro : « Estrategia del Che en Las Villas », *Granma*, 2 enero 1983.

Cabrera, P.E. : « En la cueva de Los Portales », *Verde Olivo*, recorte en el archivo de L.A. Betancourt.

Cabrera, Migdalia (coordinador) : « La batalla de Santa Clara », s/f, spi.

Cabrera Alvarez, Guillermo : *Hablar de Camilo*, Instituto Cubano del Libro, La Habana, 1970.

Cabrera Alvarez, Guillermo : « Operación caja de tabaco », *Bohemia*, 23 octubre 1979.

Calzadilla, Iraida : « La huella imborrable del guerrillero de América », *Trabajadores*, 21 septiembre 1982.

Campa, Homero : « Han hecho del Che un mito para venerar, no un ejemplo a seguir : Hilda Guevara », *Proceso*, 25 octubre 1993.

Campa, Homero : « Complicado itinerario de las manos del Che antes de llegar a La Habana en 1970 », *Proceso*, 17 diciembre 1995.

Cantón Navarro, José : « Che, un modelo también para los que escriben historia », *Cuba Socialista*, marzo-abril 1989.

Cantor, Jay : *La muerte de Che Guevara*, Grijalbo, Barcelona, 1985.

Capote, Angela : « La efigie simbólica del Che », *Tribuna*, 7 marzo 1990.

Capote, María Helena : « Tres relatos inéditos », *Opina*, diciembre 1988.

Cardenal, Ernesto : *En Cuba*, Era, México DF, 1977.

Cárdenas, Aída : « Médico y soldado », *Bohemia*, 25 octubre 1974.

Cardosa, Santiago : « Che en el recuerdo de dos fotógrafos », *Granma*, 3 julio 1988.

Carrasco, Juana : « Pablo Ribalta : Sin darle tregua al enemigo », *Verde Olivo*, agosto 1988.

Carrasco, Juana : « Tatu, un guerrillero africano » (entrevista con Victor Dreke) en *Verde Olivo*, junio 1988, *y Cuba*, febrero 89.

Carrasco, Juana : « El combate de Forces Bendera », *Verde Olivo*, junio 1990.

Carrasco, Juana : « El Che hacía las portadas », *Verde Olivo*, mayo 1989.

Carrillo, Justo : *A Cuba le tocó perder*, Ediciones Universal, Miami, 1993.

Carta al compañero Lawton de los compañeros de la Columna 1, 6 noviembre 1985, *manuscrito*.

« Carta del Che a *Revolución* y una aclaración nuestra », *Revolución*, 29 diciembre 1962.

Casal Guerra, Jesús : « Aquella madrugada amaneció más temprano », *Verde Olivo*, 27 diciembre 1984.

Casaús, Victor : *Girón en la memoria*, Casa de las Américas, La Habana, 1970.

Castañeda, Jorge : « El Che es el último superviviente de la utopía naufragada », *Proceso*, 17 diciembre 1995.

Castelló, Humberto : « Segundo Frente Nacional del Escambray », « Negación del ejército rebelde », *Verde Olivo*, 19 febrero 1961.

Castillo, Rolando : « Alto de Escudero », *Sierra Maestra*, 7 octubre 1973.

Castillo Bernal, Andrés : *La batalla de Pino del Agua*, Editora Política La Habana, 1993.

Castillo Ramos, Rubén : « Junto al Che en la Sierra » (entrevista Arístides Guerra), *Bohemia*, 21 noviembre 1969.

Castillo Ramos, Rubén : « Che Guevara, iniciando el trabajo voluntario en Cuba », *Bohemia*, 18 octubre 1985.

Castro, Fidel : « Sirvo a Cuba », *Bohemia*, 20 noviembre 1955.

Castro, Fidel : « Carta sobre Trujillo », *Bohemia*, 26 agosto 1955.

Castro, Fidel : « El Movimiento 26 de Julio », *Bohemia*, 19 marzo 1955.

Castro Fidel : « El Movimiento 26 de Julio y la conspiracion militar », *Aldabonazo*, 15 mayo 1956.

Castro, Fidel : Discurso pronunciado en Santiago de Cuba el I de enero del 89, *Granma*, 3 enero 1989.

Castro, Fidel : *Discurso pronunciado en La Concepción para dar inicio a las actividades de la Brigada Invasora de Maquinarias*, octubre 30 de 1967, Instituto del Libro, La Habana 1967.

Castro, Fidel : 5 mensajes al Che de 16 febrero y junio del 58, fotocopias del original, mecanográfico.

Castro, Fidel, Haydée Santamaría, Vilma Espín y otros : *Dice la palma*, Lettras Cubanas, La Habana, 1980.

Castro, Fidel : « El diario del Che en Bolivia. Una introducción necesaria », Edición especial de la revista *Bohemia. Le Journal du Che en Bolivie*, Maspero, Paris, 1968. La Découverte, Paris, 1995.

Castro, Fidel : « Comparecencia de Fidel ante la prensa para informar sobre la muerte del Che », *Bohemia*, 15 octubre 1967. *Allocution prononcée par Fidel Castro afin d'informer le peuple de la mort de Che Guevara*, 15 octubre 1976, Instituto del Libro, La Habana, 1967.

Castro, Fidel : « Discurso pronunciado en la Plaza de la revolución, en la velada solemne en memoria del Che, 18 de octubre del 67 », *El Mundo*, 19 octubre 1967, *Bohemia*, edición especial.

Castro, Fidel : « Discurso pronunciado el 8 de octubre 1987 en el XX aniversario de la caída del Che en combate », *Cuba Socialista*, noviembre-diciembre 1987.

Castro, Fidel : « Discurso pronunciado en el acto de presentación del Comité Central del PGG » (3 octubre 1965), *Bohemia*, 8 octubre 1965.

Castro, Fidel : « La juventud del mundo ve en el Che todo un simbolo », CCLAE, noviembre 77.

Castro, Fidel : « Las manos del Che », *Bohemia*, 31 julio 1970.

Castro, Fidel : « Discurso del 13 de marzo del 91 », *Granma*, 16 marzo 1991.

Traduit en français :

Castro, Fidel : *Fragments de discours*, Comité central du Parti Communiste de Cuba / Département de l'orientation révolutionnaire, 1975.

Castro, Fidel : *L'Histoire m'acquittera*, Instituto cubano del libro / Ediciones sociales, La Havane, 1971.

Castro, Fidel : Castro, Fidel : *Revolution cubaine : textes choisis*, vol. 1 : 1953-1962, vol. 2 : 1962-1968, Maspero, Paris, 1968.

Castro, Fidel : *La Crise économique et sociale du monde*, Encre, Paris, 1983.

Castro, Fidel : *Fidel Castro parle*, Maspero, 1961.

Castro, Fidel : *Discours de la révolution*, Union générale d'édition, 1966.

Castro, Fidel: *La Division face à l'ennemi n'a jamais été une stratégie*, Discours du 13 mars 1965, Direction nationale du PURSC.

Castro, Raúl, « Un testimonio de la gratitud de todo un pueblo », *Bohemia*, 13 octubre 1978.

Castro, Raúl : « Discurso en la inauguración del Congreso campesino en armas », *Bohemia*, 16 septiembre 1988.

« Castro's brain », *Time*, 8 agosto 1960.

Cato, Susana : « Operación Tia Victoria relata la burla a la CIA y la llegada del diario del Che a Cuba », *Proceso*, 13 abril 1987.

Cazañas, José : « Radio Rebelde. Su combate invisible y poderoso », *Verde Olivo*, febrero 1988.

Cazañas, José : « Che, una de sus proezas militares », *Verde Olivo*, 7 octubre 1973.

Cazes Camarero, Pedro Luis : *El Che y la generación del 70*, Dialéctica, Buenos Aires, 1989.

« Celia número especial de *Moncada*, mayo 1990.

Cerecedo, Francisco : *Ernesto Che Guevara, protagonista de la historia*, Ibérico Europea de ediciones, Madrid, 1968.

Cernadas Lamadrid, Juan Carlos y Ricardo Halac : *El Che Guevara*, Editorial Perfil, Buenos Aires, 1968.

César, Antonieta : « Che : la tentación de un beso », *Trabajadores*, 5 septembre 1994.

Chang, Arturo : « Aquel hermoso amanecer de la liberación », *Trabajadores*, 23 diciembre 1983.

Chávez, Armando : « Tan cubano como el que más », *Moncada*, octubre 1987.

Chávez, Armando : *El pensamiento ético del Che*, Editora Politica, La Habana, 1983.

Che, Ediciones Cuba, La Habana, 1973.

« Che, avance incontenible », *Vanguardia*, 23 diciembre 1967.

« Che Comandante », *Cine Cubano,* 47, 1967.

« Che. El recuerdo y sus propias palabras », *Juventud Rebelde*, mayo 1988.

« Che en Bolivia » (fotografias), *Granma*, 8 octubre 1968.

Che Guevara, Planeta Agostini, Bareelona, 1996.

« Che y Pinares hablan de Camilo », *Verde Olivo*, 27 octubre 1974.

Chichkov, Vasili : « Crónica de un periodista soviético en Cuba », *Verde Olivo*, 5 enero 1984.

Chinea, Hugo : « La primera armería de la guerra », *Cuba Internacional*, junio 1972.

Chomé, Jules : *L'ascension de Mobutu*, Complexe, Bruxelles, 1974.

Chomón, Faure : « Cuando el Che llegó al Escambray », *Verde Olivo*, 1 diciembre 1965.

Chomón, Faure : « Santa Clara, la batalla final », *Combatiente*, 15 diciembre 1969.

Chomón, Faure : « Che en el Escambray », *Bohemia*, edición especial, 20 octubre 1967.

Chomón, Faure : « Entrevista de Luis Adrían Betancourt del 19 de julio de 1987, mecanográfica, inédita.

Ciechanower, Mauricio : « Con el padre del Che Guevara », *Plural*, México DF, julio 1984.

Cienfuegos, Camilo : « Mensajes al Che » de abril 24 1958.

Cienfuegos, Camilo : « Informe de la invasión » (páginas del diario de campaña), en *Días de Combate*, Instituto del Libro, La Habana, 1970. Otra versión en *La Sierra y el llano*, Casa de las Américas, La Habana, 1969.

Colás, Iván : « Che, de Santa Clara a La Cabaña », *Juventud Rebelde*, 3 enero 1990.

Collado, Norberto : « Una travesía heroiea », *Verde Olivo*, 1 diciembre 1963.

Collier Jr, Dariel M. : « Guevara's last words », *New York Times*, 10 diciembre 1995.

« Concurso de la vida del Vaquerito », *Verde Olivo*, 12 junio 1960.

« Combatientes de la patria », *Verde Olivo*, 24 diciembre 1972, 20 mayo 1973, 2 julio y 22 noviembre 1974.

Compañeros del Che : *Días de Bolivia* (Villegas, San Luis, Reyes), Ediciones Barbara, Caracas, 1970.

« Composición de la columna 8 Ciro redondo », *Verde Olivo*, 25 agosto 1963.

« Conmoción popular por ver el cadáver del Che », *El Diario*, La Paz, 10 octubre 1967.

Constantin, Elio : « Por las huellas del Che en su 45 aniversario. Su paso por la escuela primaria, la secundaria y la universidad », *Granma*, 14 junio 1973.

Constela, Julia : « Cuando Ernesto Guevara aún no era el Che » (entrevista con Celia de la Serna), *Bohemia*, 27 agosto 1961.

Conte Agúero, Luis : *Paredón*, Colonial Press, Miami, 1962.

Contreras, Orlando : « El tren blindado », *Verde Olivo*, 5 enero 1964.

Constantín, Elio : « Por las huellas del Che en su 45 aniversario », *Granma*, 14 junio 1973.

Cormier, Jean, avec la collaboration de Alberto Granado et Hilda Guevara : *Che Guevara*, Le Rocher, Paris, 1995.

« Corte Suprema de Justicia firmó sentencia contra Luis García Meza », *Presencia*, 16 abril 1993.

(CRISP compiladores) : *Congo 1965. Political documents of a developing nation*, Princeton University, New Jersey, 1967.

Cruz Díaz, Rigoberto : *Chicharrones, la Sierra chiquita*, Editorial Oriente, Santiago de Cuba, 1982.

« Cuba's new banker », *US News and World Report*, 7 diciembre 1959.

Cubela, Rolando : « La batalla de Santa Clara », *Bohemia*, 22 julio 1963.

Cubela, Rolando : « Che, su campaña en Las Villas », *Verde Olivo*, 3 diciembre 1961.

Cupull, Adys y Froilán González : *La CIA contra el Che*, Editora Política, La Habana, 1992.

Cupull, Adys y Froilán González : *Un hombre bravo*, Editorial capitán San Luis, La Habana, 1994.

Cupull, Adys y Froilán González : *Cálida presencia. Su amistad con Tita Infante*, Editorial Oriente, Santiago, 1995.

Cupull, Adys y Froilán González : « Ernesto y los poemas de amor », *Verde Olivo*, septiembre 1989.

Cupull, Adys y Froilán González : « De Ñancahuasú a La Higuera. Etapa de combate » *Moncada*, mayo 1989.

Cupull, Adys y Froilán González : « Desde Ñancahuasú a La Higuera », *Moncada*, octubre 1987.

Cupull, Adys y Froilán González : « La Higuera », *Moncada*, octubre 1987.

Cupull, Adys y Froilán González : « Nunca podré olvidar su mirada », *Moncada*, octubre 1987.

Cupull, Adys y Froilán González : « Ninfa Arteaga. Nunca podré olvidar cómo el Che me miró », *Bohemia*, 13 noviembre 1987.

Cupull, Adys y Froilán González : *De Ñancahuasú a La Higuera*, Editora Política, La Habana, 1989.

Cupull, Adys y Froilán González : *Ernestito vivo y presente*, Editora Política, La Habana, 1989.

Dalton, Roque : « Combatiendo por la libertad de América Latina ha muerto nuestro comandante Ernesto Guevara », Casa de las Américas, La Habana, enero-febrero 1968.

Dalton, Roque : « *Revolución en la revolución* » *y la critica de derecha*, Cuadernos Casa de las Américas, La Habana, 1970.

Daniel, Jean : « Che Guevara en Algérie », *L'Express*, 15 juillet 1963.

Darushénkov, Oleg : *Cuba, el camino de la revolución*, tercera edición ampliada, Editorial Progreso, Moscú, 1984.

Davis, Thomas M. Jr : « Prado Salmón, Gary : « The Defeat of Che Guevara : Military Response to Guerilla Challenge in Bolivia », *Hispanic American Historical Review*, noviembre 1991.

De la Fuente, Inmaculada : « Del poster al olvido », *El Pais*, 4 octubre 1992.

« De la guerrilla rural a la guerrilla urbana » *Presencia*, La Paz, 6 diciembre 1990.

De la Ossa, Enrique, *Entretien*, février 1995.

De la Ossa, Enrique : *Sangre y pillaje*, Editorial Pablo de la Torriente, La Habana, 1990.

De los Reyes Gavilanes, Roberto : « Llegaron los barbuditos, avisen al Che », *Tribuna*, La Habana, 26 noviembre 1989.

De Vos, Pierre : *Vida y muerte de Lumumba*, Era, México, 1962.

« Debray reitera su apoyo a la guerilla », *Punto Final*, Santiago de Chile, 24 octubre 1967.

« Debray en peligro », *Bohemia*, 6 enero 1968.

Debray, Régis : « Un arcángel sin espada », *El Pais*, 4 octubre 1992.

Debray, Régis : « Les deux morts du Che », *Le Nouvel Observateur*, 10 octobre 1975.

Debray, Régis : *Entretien*, 3 mayo 1995.

Debray, Régis : « Ante la muerte de Ernesto Che Guevara », *Islas*, Santa Clara, enero-mars 1968.

Debray, Régis : *Escritos en la prisión*, Siglo XXI Editores, México DF, 1972.

Debray, Régis : « El castrismo, la larga marcha de América Latina », *Marcha*, Montevideo, julio de 1967.

Debray, Régis : « Bolivia : Nota para un analisis de la situación política », *Oclae*, abril 1970.

Debray, Régis : *Essai sur l'Amérique latine*, Maspero, Paris, 1967.

Debray, Régis : *La Révolution dans la révolution*, Maspero, Paris, 1967.

Debray, Régis : *La Critique des armes*, Seuil, Paris, 1974.

Debray, Régis : *Les Epreuves du feu*, Seuil, Paris, 1974.

Debray, Régis : *La Guérilla du Che*, Seuil, Paris, 1974.

Debray, Régis : *Journal d'un petit-bourgeois entre deux feux et quatre murs*, Seuil, Paris, 1976.

Debray, Régis : *Loués soient nos seigneurs*, Gallimard, Paris, 1996.

Debray, Régis : *Les Masques*, Gallimard, Paris, 1988.

Del Cueto, Mario C. : « Lo que vio el Che en la URSS », *Bohemia*, 11 diciembre 1960.

Del Conde, Antonio (a) « El cuate », *Entrevista*, 6 diciembre 1995.

Del Pino, Rafael : *Amanecer en Girón*, Edición de las FAR, La Habana, 1969.

Delgado, Carlos Jesús : « La concepción de la guerra revolucionaria de guerrillas de Ernesto Che Guevara », Casa de las Américas, julio-agosto 1987.

Departamento de consulta y referencia de la Biblioteca José Martí : *Tiempo de Che, primer ensayo de cronología*, Anagrama Barcelona 1976.

« Descubren los restos de tres guerrilleros », *La Jornada*, México DF, 14 diciembre 1995.

Desnoes, Edmundo : « Aniversario », Casa de las Américas, La Habana, enero-febrero 1968.

Desnoes, Edmundo : « El tren blindado », *Cuba*, agosto de 1965.

« Despachos cablegráficos sobre los acontecimientos de Bolivia », *Granma*, 18 octubre 1967.

« Después de la victoria primeras horas en la capital », *Bohemia*, 11 enero 1959.

Deutscher, Isaac : *Rusia, Chinay Occidente*, Era, México DF, 1974.

Días de combate, Instituto Cubano del Libro, La Habana, 1970.

Díaz Castro, Tania : « Del Moncada al triunfo », *Bohemia*, 26 de julio 1968.

Díaz González, Angel : *El pensamiento militar del Che y su vigencia en la exploración*, Conferencia científica sobre el pensamiento militar del comandante Ernesto Che Guevara, s/f. spi.

Díaz Loyola, Jesús : « La hija menor del Che », *Bohemia*, 7 octubre 1988.

Díaz Martínez : *Camilo, por los montes surcados*, Editorial oriente, Santiago, 1989.

Díaz Tamayo, Circular del mayor general del 30 septiembre 1958, *manuscrito*.

Dickens, Beverley : *Paths to pacifism*, Exposition Press, New York, 1972.

Dieterich, Heinz, « Diarios inéditos de la guerrilla cubana », *Proceso*, 20 febrero 1995.

Díez Acosta, Tomás : « El vestuario en las montañas », *Verde Olivo*, 27 marzo 1986.

Díez Acosta, Tomás : « Las comunicaciones en la guerrilla », *Verde Olivo*, 6 y 13 de marzo 1986.

Dirección de Propaganda y Agitación de la Dirección Politica central de las FAR : *Preparacíon Politica de sargentos, soldados y marineros*, La Habana, 1987.

Dolgoff, Sam : *The cuban revolution*, Black Rose Books, Montreal 1976.

Dolset, Huan : « Che en la ciencia y la técnica. Sueños hechos realidad de un revoluciónario », *Juventud Rebelde*, 12 mayo 1988.

Dolutski, Ivan : « En torno a un articulo sobre el Che », *América Latina*, Moscu, octubre 1987.

Dopico Asensio, Adrían : « Treinta aniversario de la liberación de Trinidad », *manuscrito mecanografiado*.

Dorschner, John y Roberto Fabricio : *The Winds of December*, Coward, McCann & Geoghegan, New York, 1980.

« Dónde está el Che ? », *Newsweek*, 28 junio 1965.

« Dos expertos argentinos en leprología recorren Sudamérica en motocicleta », *Diario Austral*, 19 febrero 1952.

Douglas, María Eulalia : « Hasta la victoria siempre », *Opina*, diciembre 1987.

Dreke, Victor : « La toma del escuadrón 31 » *Bohemia*, 28 diciembre 1973.

Dreke, Victor : « Victor Dreke habla sobre el combate en el escuadrón 31 », *Vanguardia*, Santa Clara, 27 diciembre 1978.

Dreke, Victor (Moja) : Entretiens, octobre, novembre, décembre 1991, février 1992 (pour *L'Année où nous n'étions nulle part*).

Dubois, Jules : *Fidel Castro, rebel, liberator or dictator*, New Bobbs and Merrill co., Indianápolis, 1959.

Dubois, Jules : « Las ejecuciones en Cuba », *Bohemia*, 1 febrero 1959.

Dumont, René : *Cuba, socialisme et developpement*, Seuil, Paris, 1964.

Dumpierre, Erasmo : « De Alegría de Pío al Purial de Vicana. Relatos del comandante Universo Sánchez », *Bohemia*, 25 diciembre 1970.

Ebon, Martín : *Che, making of a legend*, Universe Books, New York, 1969.

Echegaray, Patricio : *Débates y búsquedas actuales para la construcción de une alternativa politica revolucionaria en América Latina y el Caribe.* Seminario internacional, 12 al 14 de junio de 1992, Rosario, Argentina. spi, Rosario, Argentina 1992.

El alma de la revolución. Tomo 1. « Principales acciones combativas del primer frente José Martí », Editora Verde Olivo, La Habana, 1991.

El alma de la revolución. Tomo 2. « Segundo Frente oriental Frank Pais », Editora Verde Olivo, La Habana, 1992.

El alma de la revolucíon. Tomo 3. « Otros frentes y columnas », Editora Verde Olivo, La Habana, 1992.

« El Caso Arguedas, una fuga sensacional », *Bohemia*, 2 agosto 1968.

« El Che como militar », *El Official*, octubre 1972.

« El Che en el Escambray » (entrevista Faure Chomón), *Bohemia*, octubre 1967.

« El Che que conoce el pueblo », cronología 1959-1965, *Juventud Rebelde*, 16 octubre 1967.

« El embajador Smith : servidor del déspota », *Bohemia*, 11 enero 1959.

El escalón más alto, selección de escritos publicados en *Verde Olivo* sobre la guerrilla del Che en Bolivia, Ediciones Verde Olivo, La Habana, 1993.

« El Museo de la Revolución », *Bohemia*, 23 abril 1974.

« El recuerdo y sus propias palabras », *Juventud Rebelde*, 12 mayo 1988.

« El regalo de la foto del Che », *Reforma*, 23 diciembre 1995.

« Emplaza Guevara a Conrado Rodríguez », *Revolución*, 8 enero 1960.

Entralgo, Armando (seleccionador) : *Africa.* Tomo 4, Religión, Editorial Ciencias Sociales, La Habana, 1979.

« Entró primero la columna Almejeiras », *El Mundo*, 5 enero 1959.

Enzensberger, Hans Magnus : *El interrogotario de La Habana*, Anagrama, Barcelona, 1973.

Equipo de investigación y redacción del Centro de Estudios de Historia Militar de las FAR : *13 de marzo 1957*, *Asalto al Palacio Presidencial*, Editora Política, La Habana, 1982.

« Ernesto », *Juventud Rebelde*, 13 junio 1975.

Escobar, Milagros : « Guerrilleros y amigos », *Juventud Rebelde*, 12 mayo 1988.

Escobar, Froilán y Félix Guerra : *Che*, *Sierra adentro*, UNFAC, La Habana, 1982. Primera edición en revista *Cuba* mayo-junio 1970.

Escobar, Froilán y Félix Guerra : *Cinco Picos*, Editora Abril, 1988.

Espinosa, Reinaldo y Guillermo Grau : *Atlas histórico, biográfico y militar, Ernesto Guevara.* Tomo 1, Editorial Pueblo y Educación, La Habana, 1990.

« Esta revolución ha traspuesto los límites de Cuba », *Verde Olivo*, 14 septiembre 1959.

« Estampas de un libertador », *Bohemia*, s/f.

Estrada, Ulises, Entretien avec Jorge Castañeda, 9 février 1965.

Estrada Juárez, Adela : « Club Che Guevara, apoyar a los que luchan y sufren », *Bastón*, 23 noviembre 1989.

« (Exigirán la entrega de los restos del Che sus familiares », *La Jornada*, 16 diciembre 1995.

« Falleció Ernesto Guevara Lynch, padre del Che », *Granma*, 4 abril 1987.

Fava, Athos : « Che y los argentinos », *Tricontinental*, junio 1987.

Fazio, Carlos : « Castro relata su primer encuentro con el Che, en Mexico », *Proceso*, México DF, 12 diciembre 1988.

Feria, Manuel de : « Santo Domingo, antes y 20 años después », *Vanguardia*, 29 diciembre 1978.

Fermoselle, Rafael : *Cuban leadership after Castro*, North-South Center, University of Miami, 1992.

Fernández, Adolfo : « Ajedrecista fuerte », *Moncada*, octubre 1982.

Fernández, Juan Carlos : « La hazaña de Joaquin », *Moncada*, octubre 1987.

Fernández, Juan Carlos : « Che nació en Vallegrande », *Moncada*, octubre 1987.

Fernández, Juan Carlos : « Imágenes de la guerilla », *Moncada*, octubre 1987.

Fernández, Juan Carlos : « Osvaldo Sánchez », *Moncada*, diciembre 1975.

Fernández, Tony : « La batalla de Santa Clara », *Granma*, 28 diciembre 1974.

Fernández, Tony : « La batalla de Santa Clara », *El Official*, noviembre 1967.

Fernández, Tony : « La campaña del Che en Las Villas », *Granma*, 21 diciembre 1967.

Fernández Font, Marcelo : « Desarrollo y funciones del Banco Socialista en Cuba », *Cuba Socialista,* 30, 1964.

Fernández Mell, Oscar : « De Las Mercedes a Gavilanes », *Verde Olivo*, 25 agosto 1963.

Fernández Mell, Oscar : « La batalla de Santa Clara », *El Oficial*, mayo 1967.

Fernández Mell, Oscar : « La Sierra, la invasión, Las Villas », *Granma*, 29 noviembre 1967.

Fernández Mell, Oscar : « La campaña del Che en Las Villas », *Granma*, 21 diciembre 1967.

Fernández Mell, Oscar : Entretien, octobre 1995.

Fernández Montes de Oca, Alberto : *El diario de Pacho*, Editorial Punto y Coma, Santa Cruz, Bolivia, 1987.

Fernández Noa, Yurina : « Testimonio de Hilda Guevara », *El Habanero*, 25 octubre 88.

Fernández Retamar, Roberto : « Un montón de memorias », *Cuba Internacional*, agosto, 1965.

Fernández Retamar, Roberto : « Aquel poema », *Casa de las Américas*, La Habana, enero-febrero 1968.

Fernández Retamar, Roberto : « Para leer al Che », *Letras Cubanas*, La Habana, 1979.

Ferrera, Alberto : *El comandante Ernesto Guevara y la invasion de Las Villas*, folleto, s/t spi, Conferencia cientifica sobre el pensamiento militar del comandante Ernesto Guevara.

Ferrera, Alberto : « Principales características de la invasión de la columna 8 Ciro redondo a Las Villas », *El Official*, abril 1978.

Figueras, Miguel Alejandro : « Aspectos y problemas del desarrollo económico cubano », *Nuestra Industria,* 9, octubre 1964.

Figueras, Miguel Alejandro, Entrevista, febrero 1995.

Flores, Marcelo y otros : Ernesto Guevara, *Nomade del'utopia*, Manifestolibri, Milan, 1993.

Fonseca, Rubén : « La primera escuela del ejército rebelde », *Verde Olivo*, 3 diciembre 1981.

Fontaine, André : « La revancha del Che », *Cambio 16*, Madrid, 19 septiembre 1983.

Franquí, Carlos : *Cuba, el libro de los 12*, Era, México DF, 1966.

Franquí, Carlos : *Diario de la revolución cubana*, R. Torres, Barcelona, 1976. *Journal de la révolution cubaine*, Seuil, Paris, 1976.

Franquí, Carlos : *Retrato de familia con Fidel*, Seix Barral, Barcelona, 1981.

Franquí, Carlos : *Vida, aventuras y desastres de un hombre llamada Castro*, Planeta, Barcelona, 1988.

Freemantle, Brian : *CIA*, Michael Joseph Ltd, London, 1983.

Frías, Angel : « La Federal y Cuatro Compañeros », *Verde Olivo*, 4 septiembre 1963.

Fuentes, Fulvio y Aldo Isidrón del Valle : « Che, niñez, adolescencia, juventud », *Bohemia*, octubre de 1967.

Fuentes, José Lorenzo : « Las Villas bajo las balas », *Bohemia*, 26 julio 1968.

Fuentes, José Lorenzo : « Tres momentos con el Che », *Gaceta de Cuba*, septiembre-octubre 1967.

Fuentes, José Lorenzo : « La batalla de Santa Clara », *Bohemia*, 30 diciembre 1958.

Fuentes, Norberto : « La batalla del Che », *Cuba Internacional*, octubre 1977.

Gadea, Hilda : *Che Guevara, años decisivos*, Aguilar, México DF, 1972.

Cadea, Hilda : « A Ernesto Che Guevara », *Casa de las Americas*, La Habana, enero-febrero 1968.

Galeano, Eduardo : « El Che Guevara », en *Violencia* y *enajenación*, Editorial Nuestro Tiempo, México DF, 1971.

Galeano, Eduardo : « Ernesto Che Guevara : el alucinante viaje del yo al nosotros », *La Jornada*, 21 septiembre 1987.

Galeano, Eduardo : *Memoria del fuego*, III, El Siglo del Viento », Siglo XXI, Madrid, 1986.

Galich, Manuel : « El comandante Guevara en Punta del Este », 1961, *Vida Universitaria*, La Habana, octubre 1967.

Gallardo Lozada, Jorge : *De Torres a Banzer*, Ediciones Periferia, Buenos Aires, 1972.

Gálvez, William : *Camilo, señor de la vanguardia*, Editorial Ciencias Sociales, La Habana 1979.

Gálvez, WIlliam : « Recuerdos del combate de Yaguajay », *Juventud Rebelde*, 26 diciembre 1988.

Gambini, Hugo con J. Algañaraz y Leda Orellano : *El Che Guevára*, Paidós, Buenos Aires, 1968.

Garcés, María, editor : *Materiales sobre la guerilla de Ñancahuazú*, Editorial El Mañana, Quito, 1986.

García, Calixto : « Yo fui el numero 15 », *Verde Olivo*, 1 diciembre 1963.

García, Nelson y Osvaldo Rodríguez : « El capitán descalzo habla de su amigo El Vaquerito », *Juventud Rebelde*, 28 diciembre 1983.

García, Walterio : « El ejemplo de Camilo y el Che » (entrevista a Rogelio Acevedo), *Juventud Rebelde*, 16 noviembre 1965.

García Oliveras, Julio : *José Antonio*, Editorial Abril, La Habana, 1988.

García Márquez, Gabriel : « El Che en Africa, los meses de tinieblas », *Alternativa*, Colombia, 10 de octubre, 1996.

Gavi, Philippe : *Che Guevara*, Editions universitaires, Paris, 1970.

Gelman, Juan : « Conversaciones », *Casa de las Américas*, La Habana, enero-febrero 1968.

Gelman, Juan : Entretien, mayo 1995.

Geyer, Georgie Anne : *Guerilla prince. The untold story of Fidel Castru*, Little Brown, Boston, 1991.

Gianturco, Corrado : *La revolución congoleña*, Bruguera, Barcelona, 1972.

Gilly, Adolfo : *La senda de la guerilla*, Nueva Imagen, México DF, 1986.

Gilly Adolfo : « Cuba, entre la coexistencia y la revolución », *Monthly Review,* selecciones en castellano, noviembre 1964.

Gleijeses, Piero : « Cuba's first venture in Africa : Algeria, 1961-1963 », *mecanográfico*.

Goldar, Ernesto : « John William Cooke : de Perón al Che Guevara », *Todo es Historia*, junio 1991.

Gómez, Orlando : « Caballete de Casa en la memoria », *Granma*, 29 octubre 1975.

Gómez, Sebastián : « Vacío de poder militr ? », *Caretas*, 25 junio 1981.

Gómez Ferrals, Marta : « Sentirlo más cercano », *Cuban Internacionalt*, septiembre 1987.

González, Froilán : « Esa foto de Ernestito », *Verde Olivo*, junio 1989.

González, Froilán : « Mi primo Ernestito », *Verde Olivo*, julio 1989.

González, Froilán : « Ernesto y los poemas de amor », *Verde Olivo*, septiembre 1989.

González, Gloria, María Carolina Villazón y M. A. Fernández : *Santa Clara, tres asaltos en el camino hacia la victoria*, Editora Política, La Habana, 1985.

González, Luis y Gustavo Sánchez Salazar : *The great rebel, Che Guevara in Bolivia*, Grove Press, New York, 1969.

González, Mike : « The Culture of the Heroic Guerrilla : The Impact of Cuba in the Sixties », *Bulletin of Latin American Research*, diciembre 1984.

González, Nelson : *Ideas del comandante Ernesto Che Guevara acerca del ataque a columnas en movimiento*, spi, s/f.

González Acosta, Alejandro : *Che escritor*, Diógenes/Universidad de Guadalajara, Guadalajara, 1989.

González Bello, Manuel : « Así lo cuenta David », *Bohemia*, 29 octubre 1978.

González Bello, Manuel : « Fotos a Tirso », *Bohemia*, 5 julio 1985.

González Bermejo, Ernesto : « Che : su paso por la tierra », *Verde Olivo*, 1 agosto 1971.

González Bermejo, Ernesto : « ¿Quién es Rubén Sánchez ? », *Juvantud Rebelde*, 5 septiembre 71.

González Bermejo, Ernesto : « Odisea en la selva », *Verde Olivo*, 25 julio 1971.

González Bermejo, Ernesto : « El vado de la traición », *Verde Olivo*, 4 julio 1971.

González Cabrera, Heidy : « Rostros más alla de la memoria », *Mujeres*, La Habana, octubre 1983.

González Guerrero, Roger : « Con el escudo y los laureles », *Bohemia*, 1989 (recorte archivo L. A. Betancourt).

González-Mata, Louis Manuel : *Las muertes del « Che » Guevara*, Argos Vergara, Barcelona 1980.

González Rojas, Mori : *Réflexiones sobre el pensamiento del comandante Ernesto Che Guevara acerca de las comunicaciones*,

Conferencia cientifica sobre el pensamiento militar del comandante Ernesto Che Guevara, s/f.

Gorrín, Leonel : *El pensamiento pedagógico-militar del comandante Ernesto Che Guevara acerca de la preparación del hombre para las acciones combativas*. Conferencia cientifica sobre el pensamiento militar del comandante Ernesto che Guevara, s/f.

Gott, Richard : « Yo vi el cadáver del Che en Vallegrande », *Punto Final*, Santiago de Chile, 21 octubre 1967.

Granado, Alberto : « Un largo viaje en moto de Argentina a Venezuela », *Granma*, 16 octubre 1967.

Granado, Alberto : *Con el Che por Sudamérica*, Letras Cubanas, La Habana, 1986.

Gre, Jaime : « Entrevista a miembros del ELN en el Jigúe », servicio especial de *Prensa Latina,* boletín, mimeo, s/f.

Guavasamin, Oswaldo : Raúl Castro : « Che, es Granma vamos », *America Latina* n° 2, Moscú, febrero 1988.

« Guerra en el Escambray », *Cuba Internacional*, agosto 1963.

Guerra Alemán, José : *Barro y cenizas*, Fomento Editorial, Madrid, 1971.

Guerra, Estela : « Soldado de la revolución », *Moncada*, octubre 1987.

Guerra, Félix y Froilán Escobar : *El fuego que enciende los fusiles*, UNEAC, La Habana, 1988.

Guerra, Félix : « Un guerrillero y su fusil de tigre », *Bohemia*, 2 diciembre 1988.

Guerra, Félix : « Médico y combatiente », *Bohemia*, 10 junio 1988.

Guerra, Félix : « Camilo Cienfuegos. Un tránsito fulgurante », archivo del autor.

Guerra, Félix : « Brindis por el futuro », archivo del autor.

« Guevara out of Cuba or just out of favor », *US News and World Report*, 18 octubre 1965.

Guevara Gadea, Hilda : Entretien, février 1995.

Guevara Lynch, Ernesto : *Mi hijo el Che*, Planeta, Barcelona, 1981. *Che Guevara, mon fils*, Stanké, Paris, 1985.

Guevara Lynch, Ernesto : « Mi hijo el Che », *Cuba Internacional*, septiembre 1987.

Guevara Lynch, Ernesto : *Aquí va un soldado de América*, Planeta, México DF, 1987.

Guevara sconosciuto, Datanews, Roma, 1995.

Granma, rumbo a la libertad, Gente Nueva, La Habana, 1983.

Guglietta, Guy : *cable* de la UPI, 9 octubre 1977.

Guillén, Nicolás : « Un gran muerto invencible », *El Mundo*, 16 octubre 1967.

Guillot, Carlota : « Sancti Spiritus : una ciudad tomada por su propia población », *Vanguardia*, 23 diciembre 1978.

Guillot, Carlota : « Fomento : 100 fusiles para la fuerza de la libertad », *Vanguardia*, 19 diciembre 1978.

Gumucio, Mariano : *La venganea del Che*, Editorial e Imprenta Artística, La Paz, 1988.

Gustin : « Debray espera liberación », *El Mercurio*, Santiago de Chile, 11 diciembre 1970.

Gutiérrez, Carlos María : *Los homobres de la historia. Che Guevara*, Centro Editor de América Latina, Buenos Aires, 1970.

Gutiérrez, Carlos María : « Telefoto exclusiva », *Casa de las Américas*, mayo-junio 1968.

Gutiérrez, Carlos María : « El Che en lo suyo », *Bohemia*, 15 diciembre 1967.

Gutiérrez, Carlos María : « Una madrugada de febrero », *Casa de las Americas*, La Habana, enero-febrero 1968.

Gutiérrez, Carlos María : « Los motivos del Che », *Casa de las Américas*, La Habana, mayo-junio 1969.

Gutiérrez Barrios, Fernando : Entretien avec Jorge Castañeda, 18 julio 1995.

Habel, Janette y Fidel Castro : *Proceso al sectarismo*, Jorge Alvarez, Buenos Aires, 1965.

Habel, Janette : *Ruptures à Cuba*, La Brèche, Paris, 1989.

« Habla el comandante Guevara », *Bohemia*, 11 enero 1959.

« Hablan el padre y la hermana del Che », *ABC*, Lima, 15 noviembre 1979.

Hafkemeier, Jorg : « No es fácil ser el padre del Che pero trato de seguir su ejemplo », *Proceso*, 13 abril 1987.

Harris, Richard L : *Deadh of a revolutionary. Che Guevara's last mission*, Norton, New York, 1970.

Harnecker, Marta : *Che, vigencia y convocatoria*, Sistema Venceremos, San Salvador, 1989.

Harrington, Edwin : *Asi fue la revolución cubana*, Grupo Editorial, México DF, 1976.

Hart Dávalos, Armando : « Sobre el Che Guevara », *Casa de las Américas*, marzo-abril 1988.

Heikal, Mohamed : *Los documentos de El Cairo*, Lasser Press, México DF, 1972.

Heras, Eduardo : *Entretien*, febrero 1995.

Hernández, Gerardo : « Yo soy el niño de la foto », *Granma*, 5 noviembre 1988.

Hernández, Jesús : « Un gesto de solidaridad », *Moncada*, octubre 1987.

Hernández Artigas, J. : « Columna 8, Ciro Redondo. Los soldados de la revolución », *Revolución*, 14 enero 1959.

Hernández Betancourt, Arcadio Benito (Dogna) : Entretien pour *L'Année où nous n'étions...*, novembre 1991.

Hernández Pérez, Jesús : « Un gesto de solidaridad », *Moncada*, octubre 1987.

Hernández Serrano, Luis : « La selva en la mochila », *Juventud Rebelde*, 10 abril 1994.

Hernández Serrano, Luis : « Cómo la CIA obtuvo una foto del Che sin barba », *Juventud Rebelde*, 20 février 1994.

Herrera, José Ramón : Entretien, octobre 1995.

Herrera y Garrido, Marco Antonio (Genge) : Entretien pour *L'Année où nous n'étions*..., septembre, octobre 1991.

Hetmann, Frederik : *Yo tengo siete vidas*, Lónguez Ediciones, Salamanca, 1982.

Higgin, James : « A preview of history », *Monthly Review*, septiembre 1971.

Hinojosa, Oscar : « Murió convencido de la revolución continental, narra el que lo capturó, *Proceso*, 20 abril 1987.

Historia de una agresión, Ediciones Venceremos, La Habana 1962.

« Historia del II Frente Nacional del Escambray », *Combate*, 1 février 1961.

Hoz, Pedro de la : « Cuando Walcott cantó al Che, *Granma*, 13 octubre 1992.

Hoz, Pedro de la : « Cada santaclareño fue un combatiente », *Verde Olivo*, 6 abril 1981.

Huberman, Leo y Paul M. Sweezy : *Anatomía de una revolución*, Palestra, Buenos Aires 1961.

Huberman, Leo : « Cuba and the US » (entrevista al Che Guevara) : *Monthly Review*, septiembre 1961.

Huberman, Leo y Paul M. Sweezy : « El futuro de la economia cubana », *Monthly Review*, selecciones en castellano, mayo 1964.

Hutten, Mark : Boletin *AFP*, 6 octubre 1976.

Iborra Sánchez, Oscar : « Yo soy el hombre más odiado por Pedraza » (entretien avec Victor Bordón), *Carteles*, septiembre de 1959.

Iborra Sáinchez, Oscar : « Episodios de la revolución. El puente que dividió la isla en dos », *Carteles*, junio de 1959.

Iborra Sánchez, Oscar : « Primer aniversario. Fomento, el primer municipio libre de cuba », *Carteles*, 27 diciembre 1959.

Iglesias, Joel : *De la Sierra Maestra al Escambray*, *Letras Cubanas*, La Habana, 1979.

Iglesias, Joel : « En la guerra revolucionaria junto al Che ». (también titulado « Mis vivencias con el Che » y Junto al Che), *Verde Olivo*, octubre 1974 o *Tricontinental*, julio-octubre 1970.

Iglesias, Joel : « Che el combatiente », *Oclae*, 9-15 octubre 1972.

Iglesias, Joel : « Emboscada en Cuatro Compañeros », *Cuba Internacional*, octubre 1977.

Ilamga, Ernest (Ulanga) : Entretien pour *L'Année où nous n'étions*..., mars, avril, juin 1991.

« Inaugurada escuela con el nombre del Che », *Granma*, 2 agosto 1990.

Inclán Lavastida, Fernando : *Apuntes biográficos de J. M. Márques*, Comisión de Orientación Revolucionaria del CC del PCC, La Habana, 1972.

Infante, Juan : « Caracteristicas del funcionamiento de la empresa autofinanciada », *Cuba Socialista*, 34, 1964.

« Informaciones recibidas sobre la muerte del comandante Guevara », *Juventud Rebelde*, 17 octubre 1969.

« Invasión », *Bohemia*, 11 enero 1959.

Invencible como el espíritu de sus combatientes, antología introducida por Faustino Perez. Colección Verde Olivo, La Habana 1988.

Isidrón del Valle, Aldo : « Diciembre de fuego. Santa Clara. Semblanza de una batalla », *manuscrito mecanográfico*.

Isidrón del Valle, Aldo : « Che : ejemplo de moral revolucionaria, audacia y modestia (entretien avec Bordón), *Granma*, 8 octubre 1977.

Isidrón del Valle, Aldo : « La batalla de Santa Clara », *Granma*, 19 diciembre 1965.

Isidrón del Valle, Aldo : « Un largo viaje en moto de Argentina a Venezuela », *Granma*, 16 octubre 1967.

Isidrón del Valle, Aldo : « Che en Guatemala y México » (entretien Dalmau et Daríu López), *Granma*, 17 octubre 1967.

Isidrón del Valle, Aldo : « Che y el segundo Frente del Escambray », *Vanguardia*, 19 diciembre 1967.

Isidrón del Valle, Aldo : « Che y Camilo rechazan la of ensiva », *Vanguardia*, 22 diciembre 1967.

Isidrón del Valle, Aldo : « Anuncia Guevara el inminente colapso de la tiranía », *Vanguardia*, 23 diciembre 1967.

Isidrón del Valle, Aldo : « Che, avance incontenible », *Vanguardia*, 23 diciembre 1967.

Isidrón del Valle, Aldo : « Che Guevara : apuntes para una biografía », Islas, eneromarzo 1968.

Isidrón del Valle, Aldo : « Vaquerito. Jugó con la muerte una y mil veces por la libertad », *Granma*, 30 diciembre 1970.

Isidrón del Valle, Aldo : « Corrió la noticia, Che está herido », *Juventud Rebelde*, 27 diciembre 1973.

Isidrón del Valle, Aldo : « Aquel diciembre de victorias », *Bohemia*, 28 diciembre 1973.

Isidrón del Valle, Aldo : « Esos instantes que un revolucionario jamás olvida », *Granma*, 16 enero 1977.

Isidrón del Valle, Aldo : « Impresiones de un corresponsal de guerra », *Granma*, 23 enero 1977.

Isidrón del Valle, Aldo : « Santa Clara, semblanza de una batalla », *Granma*, 30 diciembre 1977.

Isidrón del Valle, Aldo : « La victoriosa marcha hacia el Escambray, brillante proeza militar y revolucionaria », *Granma*, 17 septiembre 1978.

Isidrón del Valle, Aldo : « Güinia de Miranda, primera victoria de la columna 8 en el Frente de Las Villas », *Granma*, 26 octubre 1978.

Isidrón del Valle, Aldo : « Con el Che por Sudamérica » (entrevista a Alberto Granado), *Cuba Internacional*, septiembre 1987.

Ivanov, Oleg : « La concepción de revolución en Ernesto Che Guevara », *América Latina*, Moscú, 9 septiembre 1988.

Iznaga, Diana : « Che Guevara y la literatura de Testimonio, *Revista de la Universidad de La Habana*, 232.

Izquierdo, Irene : « Bolivia fue el Moncada de América », *Tribuna*, La Habana, octubre 1994.

J.A. : « Apellidarse Guevara puede ser una tragedia », *Bianco y Negro*, Madrid, 12 diciembre 1979.

JCM : « Los fusilamientos y los Mal-donados », *Revolución*, 14 enero 1959.

JGS : « Ernesto Guevara, el Che, vida y hazañas, *Sucesos paro todos* », México DF, 27 julio, 3 agosto, 10 agosto, 17 agosto, 24 agosto, 31 agosto, 7 septiembre, 14 septiembre, 21 septiembre, 28 septiembre 1968.

James, Daniel : *Cuba, el primer satélite soviético en América*, Libreros Mexicanos Unidos, México DF, 1962.

James, Daniel : *Che Guevara, una biografia*, Diana, México DF, 1971, ed, original Stein and Day, New York, 1971.

Jardón, Edmundo : « El ejército puede tomar el poder », *El Universal*, 2 octubre 1995.

Jérez, Jaime : *Che Guevara, el hombre y la leyenda*, Circulo de Amigos de la Historia, Madrid, 1972.

Jiménez, Eleazar : « El Che y el ajedrez », *Bohemia*, La Habana, 20 octubre 1967.

Junénez Losantos, Federico : « La horrible aparición de los hijos del Che », *Firmas Press*, 18 marzo 1989.

Junta de Coordinación Revolucionaria del Cono Sur : *Che Guevara*, Resistance Publications, Oakland, s/f.

Kahama : « Diario », documento mecanográfico, 13 pp.

Karol, Claudia : *El Che y los argentinos*, Buenos Aires, Dialéctica, 1988.

Karol, K S. : *Les Guérilleros au pouvoir*, Laffont, Paris, 1970.

Klare, Michael : *War without end*, Knopf, New York, 1972.

Koningsberger, Hans : *The future of Che Guevara*, Doubleday, New York, 1971.

Korda, Alberto : « Una foto recorre el mundo », *Cuba Ibternacional*, septiembre 1987.

Koutzii, Flávio y José Correa Leite : *Che 20 años depois. Ensaios e testemunhos*, Busca Vida, Sao Paulo, 1987.

Kuchilán, Mario : « En zafarrancho. Santa Chra, la batalla final », *Bohemia*, 12 octubre 1968.

Kudin, Nikolai : « Mis encuentros con Che Guevara », *Novelades de Moscú,* 40, 1968.

Kuteischikova, Vera y Lev Ospovat : « La literatura en la vida de un revolucionario » *Casa de las Américas*, septiembre-octubre 1977.

« La canallada », *Zeta*, Venezuela, 11 julio 1984.

« La CIA en Bolivia », *Marcha*, 25 abril y 2 mayo 1969.

« La entrada del presidente Urrutia en palacio », *Bohemia*, 11 enero 1959.

« La fe del Che en Fidel », *Opina*, février 1989.

« La guerra en Las Villas », *Prensa Libre*, 6 de enero 1959.

La Rosa, Lesmes : « La campaña de Las Villas », *Verde Olivo*, 6 de enero 1974.

La Rosa, Lesmes : « Los ingenieros que soñó el Che », *Verde Olivo*, 7 mayo 1987.

La toma del tren blindado, folleto editado por las DPR dem PCC de Villa Clara, Santa Clara, junio 1986.

Labreveux, Phillip : *Bolivia bajo el Che*, Colección Replanteo, Buenos Aires, 1968.

Lagarde, Guillermo : « Esos refrescos que saben a jarabe de Tolú », *Juventud Rebelde*, 7 octubre 1968.

Landáburu, Ander : « Yo preparé al Che Guevara » (Entrevista Vanegas), *Cambi'o 16*, 23 noviembre 1987.

Lara, Jesús : *Guerrilleri Inti Peredo*, Diógenes, México DF, 1979.

Lara, Lui : « El día en que el Che inauguró la fábrica de bujías », *Juventud Revelde*, 8 octubre 1968.

Lartéguy, Jean : *Les Guérilleros*, Raoul Solar, Paris, 1967.

« Las revelaciones de Ciro Bustos », *Punto Fital*, Santiago de Chile, 2 février 1971.

Lauzán, Raúl Simón, Rafael Fernández Domínguez y otros : *Ideas del comandantee Ernesto Che Guevara sobre la moral del combatiente revolucionaro*, Conferencia cientifica sobre el pensamiento militar del comandante Ernesto Che Guevara, s/f.

Lavrevski : *Ernesto Che Guevara*, Editorial Progreso, Moscú, 1975.

« Lecciones para no olvidar », *Militante Comunista*, junio 1988.

Lebedinsky, Mauricio : *Cuba y el Che*, Dialéctica, Buenos Aires, 1988.

Lechuga, Carlos : *In the eye of the storm*, Ocean Press, 1995.

Lee, Susana : « La revolución entró en el banco », *Juventud Rebelde*, 26 noviembre 1979.

León, Laureano : « El Che, sus ideas sobre el control económico y la contabilidad », *Bohemia*, 10 junio 1988.

Lesnik, Max : « 10 de noviembre : Escambray heroico », *Bohemia*, 22 noviembre 1959.

Lihn, Enrique : *Escrito en Cuba*, Era, Mexico DF, 1969.

Llamazares, Julio : « En busca del Che », *Recorte de prensa*.
Lleras Restrepo, Carlos : « Me encontré en la vida con el Che », *Nueva Frontera*, s/f., spi.
« Lleras fue amigo del Che Guevara », *El Pais*, 12 abril 1977.
Llerena, Mario : *The unsuspected revolution*, Cornell University Press, Ithaca, NY, 1978, ed. español *La revolución insospechada*, Editorial Universitaria de Buenos Aires, Buenos Aires, 1981.
Llobet Tabolara, Cayetano : Guerrilla y clase (el caso boliviano), *Cuadernos*. Centro de Estudios Latino-americanos, México DF.
López, Miguel Angel : *Las acciones del enemigo aéreo y las enseñanzas del Che*, Conferencia cientifica sobre el pensamiento militar del Comandante Ernesto Che Guevara, s/f.
López Fresquet, Rufo : *My 14 months with Castro*, The World Publishing Co, Cleveland, 1966.
López Garcia, Delia Luisa : « Ernesto Che Guevara : aspectos de su pensamiento económico », *Economía y Desarrollo*, noviembre-diciembre 1985.
Lora, Guillermo : *Autopsia del gorilismo*, Ediciones Masas, La Paz, 1984.
Lorenz, Marita y Ted Schwarz : *Marita*, Planeta, México DF, 1995.
« Los dos interlocutores eran muy distintos por su origen », *Bohemia*, 13 agosto 1961.
« Los restos del Che, incinerados y enterrados en Vallegrande, Bolivia, *La Jornada*, 22 noviembre 1995.
Löwy, Michael : *La Pensée de Che Guevara*, Maspero, Paris, 1970.
Lugo, Reynaldo : « El primer embajador », *Moncada*, octubre 1987.
Lugo, Reynaldo : « Rolando, oficio de revolucionario », *Moncada*, octubre 1987.
Lugo, Reynaldo : « Este es mi hijo ! », *Moncada*, octubre 1987.
Lugo, Reynaldo : « Dos hermanos », *Moncada*, octubre 1987.
Luis, Roger Ricardo : « El hombre que me hizo guerrillero », *Granma*, octubre 1992.
Luis, Roger Ricardo : « La historia de Román García », *Granma*, 7 octubre 1989.
« Luis García Meza, acusado de robo de diario del Che », *Presencia*, La Paz, 11 enero 1989.
« Luis Miranda se refiere al Che », *Bohemia*, 29 enero 1989.
Lumumba, Patricio : *Linertad para el Congo*, Ediciones Venceremos, La Habana, 1964.
Lupiañez Reinlein, José : « Entre versos y fusiles », *Verde Olivo*, marzo 1987.
Luque Escalona, Roberto : *Yo, mejor*, Ediciones Universal, Miami, 1994.

Maestre Alfonso, Juan : *El Chey Latinoamérica, Akal*, Madrid, 1979.

Maldonado, Raúl : Entretien, 17 mars 1996.

Mallin, Jay : *Ernesto « Che » Gueuara, modern revolutionary, guerrilla theorist*, SamHar Press., Charlotteville, N.Y., 1973.

Mandel, Ernest : « Las categorías mercantiles en el periodo de transición », *Nuestra Industria*, junio de 1964.

Mandel, Ernest : *El socialismo y el hombre nuevo*, Siglo XXI, México DF, 1974.

Mandel, Ernest : *Écrits d'un révolutionnaire*, La Brèche, Paris, 1987.

Manifiesto I del 26 de Julio al pueblo de Cuba, 10 diciembre 1956, *Hoja impresa*, México DF.

Manresa, Manuel, Entrevista, La Habana, février 1995.

« Mapa del itinerario de la invasión », *Granma*, 16 octubre 1967.

March, Aleida : Entretien avec l'auteur, 1988.

Marchetti, Víctor y Marks, John D. : *The CIA and the Cult of Intelligence*, Laurel Book, Dell Publishing Co. Inc., N.Y., 1983.

Marrero, Damia : « Che, mi compañero en la mina », *Verde Olivo*, septiembre 1988.

Marrero, José Manuel : *Relatos de Girón*, Editorial Letras Cubanas, La Habana, 1982.

Martí, Julio : Entretien avec Leonardo Tamayo, *manuscrito* sin titulo.

Martí, Julio : « Tiene la palabra el Che Guevara », *Moncada*, octubre 1986.

Martí, Julio : « Mambo-Tango navega el Amazonas », *Moncada*, octubre 1982.

Martí, Julio : « Donde cantan 108 ruiseñores », *Moncada*, octubre 1987.

Martí, Julio : « El Che piloto aviador », *Moncada*, mayo 1978.

Martí, Julio : « Saber al Che frente a nosotros » (entrevista Reynaldo Perez Valencia), *Moncada*, octubre 1982.

Martin, David C. : *KGB versus CIA*, Planeta, Barcelona, 1980 (versión original *Wildeness of mirrors*, Harper and Row, 1980).

Martín, Eduardo y Benito Cuadrado : « Placetas un pueblo que forjó su liberación » *Vanguardia*, 23 diciembre 1978.

Martin, Lionel : *El joven Fidel*, Grijalbo, Barcelona 1982 (versión original *The early Fidel*, Lyle Stuart Secaucus, NJ, 1978).

Martínez, Ricardo : « Los órganos de la seguridad del Estado : 30 años de arduas y complejas misiones » (entrevista a Abrahantes), *Granma*, La Habana, 25 marzo 1989.

Martínez, Ricardo : « Como si fuesen dos columnas guerrilleras », *Moncada*, octubre 1987.

Martínez, Ricardo : *7RR, La historia de Radio Rebelde*, Editorial de Ciencias Sociales, La Habana, 1978.

Martínez, Sanjuana : « Desde que leí el diario juvenil de mi padre, el Che Guevara, intento ser mejor : Aleida », *Proceso*, 25 octubre 1993.

Martínez, Sanjuana : « A los 23 años, montado en una motocicleta y en " aventones " el Che Guevara cruzó Sudamérica y encontró su vocación », *Proceso*, 25 octubre 1993.

Martínez Estévez, Diego : *Ñancahuazú : Apuntes para la historia militar de Bolivia*, edición del autor, La Paz, 1989.

Martínez Estrada, Ezequiel : « Che Guevara, capitan del pueblo », *Casa de lasAmén'cas*, 33, 1965.

Martínez Heredia, Fernando : *Che, el socialismo y comunismo*, « Casa de las Américas », La Habana, 1989.

Martínez Paez, Julio : « Los médicos guerrilleros », *Granma*, 25 noviembre 1967.

Martínez Paez, Julio : *Un médico en La Sierra*, Editorial Gente Nueva, La Habana, 1990.

Martínez Triay, Alina : « Antecedentes, preparativos y principales acciones de la guerrilla del Che en Bolivia », *El Militante Comunista*, octubre 1982.

Martínez U., Haroldo ; Martínez U., Hugo : *Che, Antecedentes biográficos del Comandante Ernesto « Che », Guevara*, Talleres de Editorial Prensa Latinoamericana, Santiago de Chili, 1968.

Marx, Gary : « Even death Guevara sparks trouble », *Chicago Tribune*, 17 mayo 1992.

Más, Sara : « Su incurable pasión creadora », *Granma*, 30 octubre 1992.

Más, Sara : « El Che no pudo conocerlos pero si imaginarlos », *Granma*, 18 junio 1988.

Massari, Roberto : *Che Guevara, grandeza y riesgo de la utopia*, Txalaparta, Tafalla, 1993.

Masetti, Ricardo : « Che en Guatemala », *Granma*, 17 octobre 1967.

Masetti, Ricardo : *Los que luchan y los que lloran*, Punto Sur, Montevideo, 1987. Prólogo de Rodolfo Walsh.

Massip, José : « Che en el cine », *Cine Cubano*, 1947, 1967.

Matthews, Herbert L. : *The Cuban Story*, George Braziller, New York, 1961.

Matthews, Herbert L. : A *World in Revolution*, Scribners, New York, 1971.

Matthews, Herbert L. : *Revolution in Cuba an essay in understanding*, Scribners, New York, 1975.

May, Elmar : *Che Guevara*, Extemporáneos, México DF, 1975.

Mayo, José : « El primer apoyo », *Verde Olivo*, 3 diciembre 1978.

Mena, Emilio : « Informe en relación a la columna comandata por el comandante Moya » [en el Congo], *manuscrito mecanografico*, 60 pp.

Mena, Marcel : « Cinco meses después me ha llegado la noticia de su muerte », *Oclae*, agosto-septiembre 1970.

Mencia, Mario : « Cuando uno pasa con sed y bebe agua de la fuente », *Granma*, 9 junio 1972.

Mencia, Mario : « Entrevista tras un rostro. Por última vez » (con Alfonso Bauer), *Bohemia*, 28 octubre 1977.

Mencia, Mario : « Bolivia, 30 meses de historia y una interrogación », *Oclae*, diciembre 1967.

Mencia, Mario : « Así empezó la historia del guerrillero heroico », *Bohemia*, 10 octubre 1975.

Mencia, Mario : « Un chico argentino muy atractivo llamado Ernesto » (entrevista Mirna Torres) *Bohemia*, 14 octubre 1977.

Mencia, Mario : « Así era mi hijo Ernesto », *Bohemia*, 8 octubre 1976.

Mencia, Mario : « Los primeros cubaños que conocieron al Che », *Bohemia*, 7 octubre 1987.

Méndez Capote, Renée : *Che, comandante del alba*, Gente Nueva, La Habana 1977.

Meneses, Enrique : « Con Fidel en la Sierra », *El País semanal*, 7 enero 1979.

Meneses, Enrique : *Castro, comienza la revolución*, Espasa-Calpe, Madrid, 1995.

Meneses, Orlando : « Hacia donde sople el viento », *El Mundo*, 16 octubre 1967.

Mesa, Aída : « Juan Pablo Chang Navarro », *Bohemia*, 4 octubre 1974.

Mesa, Aída : « Manuel Hernández Osorio », *Bohemia*, 27 septiembre 1974.

Mesa, Aída : « Israel Reyes Zayas », *Bohemia*, 30 agosto 1974.

Mesa-Lago, Carmelo : *Cuba in the 70s, Pragmatism and institucionalization*, University of New Mexico Press, Albuquerque, 1974.

Mesa-Lago, Carmelo y June Belkin : *Cuba en Africa*, Editorial Kosmos, México DF, 1982.

Michaels, Albert : « Che Guevara, his life : myth and realiq » en Wilkie, James Wallace-Michaels, Albert L : *Two cssays on Latin American political myths, Octavio Paz, and Che Guevara.* Council on International Studies, State University of New York at Buffalo, 1981.

Mikoyan, Anastas : « Mis recuerdos de Cuba », *Prisma*, La Habana, junio 1978.

Mikoyan, *Anastas Mikoyan in Cuba*, Crosscurrent Press, NY, 1960.

Mikoian, Sergo Anastasovich : « Encuentros con Che Guevara ». *América latina*, 1974, 1. « Militares bolivianos buscan ya los restos del Chel », *La Jordana*, 24 de noviembre 1995.

Mina, Gianni : *Habla Fidel*, Edivisión, Méluco DF, 1988.

Mina, Gianni : Fidel. Edivisión, Mexico DF, 1991.

Mina, Gianni : *Un continente desaparecido*, Sperling and Kupler, Milano, 1995.

Mir, Pedro : « Una escala en mi diario donde aparece la gloria », *Casa de las Américas*, marzo-abril 1968.

Miranda, Caridad : « La debacle del tren blindado », *Moncada*, diciembre 1983.

Miranda, Luis : « Las relaciones cubano soviéticas en la revolución : historia y documentos », URSS, enero 1989.

Mironov, Vladimir : « Ernesto Che Guevara : hombre-revolución », *América Latina*, Moscú, nos 3 y 4, 1986.

Mojena, María Cristina : « Camilo era mucho Camilo » (entrevista Pablo Diaz), *Verde Olivo*, octubre 1989.

Molina, Gabriel : *Diano de Girón*, Editora Política, La Habana, 1984.

Molina, Gabriel : « Entrevista con un reporter gráfico », *Fototecnica*, julio-septiembre 1982.

Montané, Jesús, Faustino Pérez, Universo Sánchez y otros : « Testimonios sobre el Che », *Militante contunista*, octubre 1982.

Montaner, Carlos Alberto : *Informe secreto sobre la revolución cubana*, Sedmay, Barcelona, 1976.

Montero Acuña, Ernesto : « Con los creadores de la riqueza », *Trabajadores*, 13 junio 1987.

Montoto, Heli : « El directorio aspira a ver una patria nueva » (entrevista Faure Chomón), *Prensa Libre*, 6 enero 1959.

Montoya, Pedro : « El mito del Che », *El Mundo*, Madrid, 4 octubre 1992.

Mora, Alberto : « En torno a la cuestión del funcionamiento de la Iey del valor en la economía cubana en los actuales momentos », *Comercio exterior*, junio 1963.

Morales, Alberto y Fabián Ríos : *Comandante Che Guevara*, Editora América Latina, Buenos Aires, 1968.

Morales, José Luis : « No sabíamos que el Che vivía y estaba preso », *Interviú*, 14 octubre 1987.

Morales, Larry : *El jefe del pelotón suicida*, UNEAC, La Habana, 1979.

Morales, María Isabel : « Aquella visita a una agencia bancaria », *Juventud Rebelde*, 30 octubre 1992.

Moreno, José Antonio : *Che Che Guevara on guerrilla warfare, doetrine, practice and evaluation*, Center for Latin American Studies, University of Pittsburgh, 1970, Latin American studies occasional papers, n° 3.

Moyano Martín, Dolores : « The making of a revolutionary. A memoir of young Guevara », *The New York Times Magazine*, 18 agosto 1968.

Moyano Martín, Dolores : « From El Cid to el Che : the hero and the mystique of liberation in Latin América », in *The World and I*, Washington, feb. 1988.

Murió Che Guevara », *El Diaro*, La Paz, 10 octubre 1967.

Muñoz Unsain, Alfredo y Bertrand Rosenthal : « La guerrilla secreta del doctor Tatu », *Cable AFP*, 5 octobre 1987.

« Mystery man Guevara, bearded or beardless », US News and World report, 1 mayo 1967.

N.N. : « Cómo murió el Che », *Sucesos para Todos*, 17 février 1968.

Naón, Jesús : « Cuando el Che estuvo en San Andrés de Caiguanabo », *Granma*, 16 abril 1967.

Navarro, Osvaldo : « Con el Che terminé la guerra », *mecanográfico*.

Navarro, Osvaldo : *El caballo de Mayaguara*, Editora Política, La Habana, 1987.

Navarro, Noel : « Los días de nuestra angustia », *Bohemia*, 20 octubre 1967.

Nemira, Igor : « La última entrevista del Che en Moscú », *Bohemia*, 26 octubre 1973.

Nieto, Severo : « Che deportista », *Verde Olivo*, 21 junio 1984.

Nieto, Severo : « Pasión por el deporte », *Prisma*, abril 1987.

Nieves Portuondo, Alfredo : « El Che vuelve a volar », *Verde Olivo*, junio 1988.

Nillo, Carlos : *Reflexiones sobre la artilleria y el pensamiento militar del Che*, Conferencia científica sobre el pensamiento militar del comandante Ernesto Che Guevara, s/f.

Nkrumah, Kwame : *Challene of Congo*, International Publishers, New York, 1967.

« Notas de una gesta : En sus hombres », *Verde Olivo*, octubre 1988.

Noticuba : « De la tirania a la libertad », *Revolución*, 14 enero 1959.

Noval, Liborio : « La historia de Román García », *Granma*, 7 de octubre 1989.

« Nuestras estancias junto al Che », *Juvendud Rebelde*, 8 octubre 1968.

Núñez, Carlos : « Un diálogo con Regis Debray », *Casa de las Américas*, julio-agosto 1968.

Núñez, Carlos : « Regis Debray, culpable de ser revolucionario », *Tricontincntal*, noviembre 1967.

Nuñez Jiménez, Antonio : « En marcha con Fidel », *Letras Cubanas*, La Habana, 1982.

Núñez Jiménez, Antonio : « El tren blindado », *Bohemia*, 8 octubre 1971.

Nuñez Jiménez, Antonio : », El Che y un instante de la rendición de Santa Clara », *Casa de las Américas*, enero-febrero 1968.

Nuñez Jiménez, Antonio : « Santa Clara, la batalla final », *Combatiente*, 1 de enero 1968.

Nuñez Machín, Ana : « El Che Guevara, un hombre a través de sus anécdotas », *Bohemia*, octubre 1987.

Nuñez Machín, Ana : *De los héroes a los niños*, Editorial Gente Nueva, La Habana, 1985.

Oficina de Publicaciones del Consejo de Estado : « Guisa, preludio de la victoria », Suplemento de *Granma*, 30 de noviembre 1988.

Oliva, Enrique : « El embajador de Bolivia en Paris fue muerto a tiros », *Clarin*, Buenos Aires, 12 mayo 1976.

Oltuski, Enrique : « El día de la victoria », *Islas*, octubre-diciembre 1968.

Oltuski, Enrique : « Gente del Llano », *Casa de las Américas*, 40, 1967.

Oltuski : « ¿Qué puedo decir ? », *Casa de las Américas*, enero-febrero 1968.

Oltusky, Enrique : Entretien, enero 1995.

« Operación Moongoose : una guerra interminable », *Cuadernos de Estudios*, diciembre 1964. Centro de Estudios Para Asuntos de Seguridad, La Habana.

Oramas, Joaquín : « Un extraordinario formador de cuadros », *Granma*, 19 septiembre 1992.

Oramas León, Orlando : « La Higuera, donde la muerte devino redención », *Granma*, 7 octubre 1969.

« Ordena Sánchez de Lozada que sean localizados los restos del Che Guevara », *La Jornada*, 23 noviembre 1995.

« Ordenan a Mario Vargas localizar los restos del Che », *La Jornada*, 25 noviembre 1995.

Orestes, Raúl : « Una emisora histórica », *Opina*, février 1989.

Orfila, Arnaldo : « Recordando al Che », *Casa de las Américas*, La Habana, enero-febrero 1968.

Orozco, Román : « Mi padre tenía un gran sentido del humor » (entrevista Hilda Guevara), *Cambio 16*, Madrid, 26 septiembre 1992.

Ortega, Benjamin : *El Che Guevara. Reacción de la prensa del Continente americano con motivo de su muerte, octubre-noviembre 1967*, Centro Intercultural de Documentación, Cuernavaca, 1968, CIDOC : dossier n° 30.

Ortega, Gregorio : « Ladridos desde la cuneta », *Granma*, 15 octubre 1968.

Ortega, Gregorio : *Santo Domingo, 1965*, Ediciones Venceremos, La Habana, 1965.

Ortega, Gregorio : *En la brecha*, Editora Política, La Habana, 1985.

Ortega, Josefina : « Al Che le debo la vida », *Juventud Rebelde*, 4 octubre 1987.

Ortega, Josefina : « La batalla de Santa Clara », *Juventud Rebelde*, 29 diciembre 1985.

Ortiz, Pedro : « Che en Gibara », *Ahora*, Holguín, 1 mayo 1988.

Otero, Elena : « Diciembre de fuego », *Granma*, 30 diciembre 1966.

Otero, Lisandro : *Las Villas*, Ediciones Venceremos, La Habana, 1965.

Otero, Lisandro : « La entrada del presidente Urrutia en el palacio », *Bohemia*, 11 enero 1959.

Otero, Lisandro, coordinador : *Playa Girón : derrota del imperialismo*, Ediciones R., La Habana, 1962.

P.M. : « El honor que se merece », *Cuba*, diciembre 1987.

Pacheco, René, Entretien avec l'auteur, février 1995.

Pagés, Raisa : « Los reclamos obreros conquistados », *Granma*, 19 diciembre 1983.

« Palabras del Che en la TV de EU », *Bohemia*, 18 diciembre 1964.

Palacio, Carlos : « Che ajedrecista », *El Mundo*, 16 octubre 1967.

Palmero, Otto y Luz Maria Martínez : « Donde la libertad llegó de golpe », *Vanguardia*, 24 diciembre 1978.

« Para combatir al imperialismo o ir de vacaciones a la luna », *Juventud Rebelde*, 12 mayo 1988.

Guerra, Ramón : « El tren blindado » (en *Días de combate*).

Pardo Llada, José : *El Che que yo conoci*, Hedout, Medellín, Colombia, 1971. Repris dans *Fidel y el Che*, Plaza Janés, Barcelona 1988.

Pardo Llada, José : « Perdiódico de la palabra », guión radial, *mecanografico*, 25 noviembre 1959.

Pardo Llada, José : « Cómo se enteró Fidel de la caída de Batista », *Bohemia*, 11 enero 1959.

Parra, Jesús : Entretien, février 1995.

Pavón, Luis : « Che : la ventana encendida », *Verde Olivo*, 8 octubre 1987.

Pavón, Luis : Epilogo a la republicación del texto del Che « Lidia y Clodomira » en la revista *Cuba*, s/f recorte proporcionado por el autor.

Pavón, Luis : « Faltaba papel y tinta, pero salía, *Verde Olivo*, mayo 1989.

Pavón, Luis : « Cumpliendo la misión del comandante en jefe » (entrevista a Alfonso Zayas), *Verde Olivo*, agosto 1963.

Paz Rada, Eduardo : « Como murió Guevara », *cable* AFP, 3 octubre 1987.

Pellecer, Carlos Manuel : *Caballeros sin esperanza*, Guatemala, Editorial del Ejército, 1973.

Pentón, Jorge : *La ética del pensarniento del Che como fundamento de la actividad revolucionaria*, Instituto Superior del Minint, s/f.

« Pensamiento de valor permanente », *Bohemia*, 5 octubre 1979.

Peña, César : « Cómo fusilamos al Che : general Reque Tcrán », *El Universal*, 8 y 9 de octubre 1978.

Peña, Tania : « Un día conoci al Che », *Granma*, 3 septiembre 1988.

Perales, Iosu : *Querido Che*, Editorial Revolución, Madrid, 1987.

Peredo, Inti : « Che, hombre del siglo XXI », *Revista Che Guevara*, octubre-diciembre 1977.

Peredo, Inti : *Mi campaña con el Che*, Diógenes, México DF. 1971.

Pereira, Casilda : « Mi compañero de los aires », *Moncada*, octubre 1982.

Perera, Alina y Eduardo Jiménez : « Encargo de conciencia », *Juventud Rebelde*, 13 junio 1993.

Pérez, Faustino : « Un revés que se convirtio en victoria, *Bohemia*, octubre 1967.

Pérez, Faustino : « *El Granma* era invencible como el espíritu de sus combatientes » en *Dias de combate.*

Pérez, Faustino : « La Sierra, el llano, eslabones de un mismo combate », *Pensamiento Critico*, 1969.

Pérez, Faustino : « Yo vine en *el Granma* », *Bohemia*, 11 enero 1959.

Pérez, Roberto : Entretien, 5 février 1988.

Pérez Betancourt, Rolando : *Sucedio hace 20 años*, Editorial de Ciencias Sociales, La Habana, 1978.

Pérez Galdos, Victor : *Un holnore que actua como piensa*, Editora Política, La Habana, 1987.

Pérez Tarrau, Gabriel : *Camilo Gienfuegos cronologia de un la ro*, Comisión Nacional de Estudios Históricos, UJC, La Habana 1989.

Petinaud, Jorge : « Arturo : el más joven de los cubaños », *Moncada*, enero 1978.

Pino Machado, Quintin : *La oatalla de Giron*, Editorial de Ciencias Sociales, La Habana, 1983.

Pino Puebla, « Alfredo : La batalla de Santa Clara », *Bohemia*, 27 diciembre 1959.

Piñeiro, Sergio : « Che Guevara habla para Prensa Libre. Lo que interesa ahora es defender la libertad de Cuba », *Prensa Libre*, 6 enero 1959.

Piñeiro, Sergio : « Fue asaltante en el Moncada y vino con Fidel en el Granma » (entrevista a Ramiro Valdés), *Prónsa Liorc*, 6 enero 1959.

Piñera, Toni : « Visa europea para una imagen nuestra », *Granma*, 15 février 1990.

Pita Rodriguez, Francisco : « Cayó junto al Che en la quebrada del Yuro », *Bohemia*, 6 marzo 1981.

Playa Girón, la gran conjura, Editorial San Luis, La Habana, 1991.

Poemas al Che, Los Libros de la Frontera, Barcelona, 1976.

Pogolotti, Craciela : « Apuntes para el Che escritor », *Casa de las Américas*, 46, enero-febrero 1968.

Ponciano, Roberto : « Caballete de Casa : el primer campamento del Che en Las Vil las », *Juventud Rebelde*, 12 junio 1968.

« Por el robo del diario del Che : Comisión de justicia abrió proceso contra Carcia Meza », *Presencia*, La Paz, 21 noviembre 1988.

« Por sustracción de diarios del Che : Congreso ordenó detención formal del ex general Luis García Meza », *Presencia*, La Paz, 13 enero 1989.

Portuondo, Nieves : « El Che vuelve a volar », *Verde Olivo*, junio 1988.

Portuondo, Yolanda : *Franck, sus ultimos treinta días*, Letras Cubanas, La Habana, 1986.

Portuondo, Yolanda : *La clandestinidad tuvo un nombre, David*, Editora Política, La Habana, 1988.

Portuondo, Yolanda : *Guillermo sardiñas El sacerdote comandante*, Editorial Cultura Popular, La Habana, 1987.

Portuondo, Yolanda : *30 de noviembre*, Editorial Oriente, Santiago de Cuba, 1986.

Prado, Gary : « Felix Rodriguez es un mercenario fantasioso », *Presencia*, La Paz, 19 octubre 1989.

Prado, Gary : *La guerrilla inmolada*, Punto y Coma, Santa Cruz, Bolivia, 1987. Publié sous le titre : *Cómo capturé al Che*, Ediciones B, Barcelona 1987.

Prendes, Alvaro : *Prologo ura batalla*, Editorial Letras Cubanas, La Habana, 1988.

Prida, Eduardo y Rita María Estenoz : « Che, un maestro » (entrevista Universo Sánchez), SEP, julio-agosto 1984.

Prieto, Martín : « El último de los enigmas », *Cambio 16*, Madrid, 16 octubre 1992.

Prieto, Martín : « Che », *Cambio 16*, 26 octubre 1992.

« Principales combates en que participó el Che en la Sierra Maestra y en Las Villas », *Moncada*, octubre 1967.

« Prisión y muerte de Joaquín Casillas », *Bohemia*, 11 enero 1959.

Proyecto de informe al acto central por la conmemoración del XX aniversario, de la formación, salida y cumplimiento de misión internacionalista de la Columna 1 en el Congo-Leopoldville, *mecanográfico.*

Puig, Carlos : « Senti por un momento que ya no lo odiaba », *Proceso*, 12 octubre 1992.

Purón, Alfonso : « Un ejemplo de virtudes revolucionarias », *Moncada*, octubre 1982.

Quevedo, José : *El último semestre*, UNEAC, La Habana, 1982.

Quintana, Mirella : « Pachungo en la guerrilla del Che », *Verde Olivo*, 30 septiembre 1982.

Quintana, Victoria y Freddy Torres : « Luchar junto al Che » (entrevista Leonardo Tamayo), *Moncada*, octubre 1969.

Radaelli, Ana María : « Del oriente al altiplano », *Cuba Internacional*, septiembre 1987.

Ramírez, Aníbal F. : « Santa Clara, una batalla decisiva », *Verde Olivo*, diciembre 1978.

Ramos Pichaco, José : « Che y la misión en el Congo (Final). Feliz desenlace del incierto rescate », *Vanguardia*, 1 diciembre 1989.

Ramos Pichaco, José : « Che y la mision en el Congo. El doctor Tatu », *Vanguardia*, 8 octubre 1991.

Ramos Pichaco, José : « Che y la misión en el Congo. Si repites ese nombre te fusilo », *Vanguardia*, 13 junio 1991.

Ramos Pichaco, José : « Che y la misión en el Congo (I). Tatu, aquel hombre desconocido », *Vanguardia*, 29 noviembre 1989.

Ramos Pichaco, José : « Che y la mision en el Congo (II). « Yo no me voy : primero me muero aqui », *Vanguardia*, 30 noviembre 1989.

Ramos Zúñiga, Antonio : *El armero del Che*, Universidad de La Habana, 1985.

Rauber, María Isabel : *La guerra de guerrillas*, *cuestiones politico-idéologicas de la estrategia del Che*, Conferencia cientifica sobre el pensamiento militar del Comandante Ernesto Che Guevara, s/f.

Ray, Michelle : « In cold blood. How the CIA executed Che », *Ramparts*, 5 février 1968.

« Red dictator back of Castro », US *News and World Reports*, 18 junio 1960.

Reed, David : « Los últimos dias del Che Guevara », *Selecciones del Readers Digest****.

Remigio, Lionel : « Manila : centro de contacto », *Ideal*, 11 diciembre 1981.

« Repercusion mumdial por la muerte del comandante Ernesto Guevara », *Granma*, 18 octubre 1967.

« Reportaje a un billete », *Bohemia*, 16 octubre 1970.

Resnick : *The black béret : the life and meaning of Ernesto*, *Che Guevara*, Ballantines books, New York, 1969.

« Revela Alfredo Ovando que las fuerzas armadas bolivianas dieron la orden de asesinar al comandante Ernesto Che Cuevera, *cable de CPI*, 12 junio 1978.

« Revelan localización de la tumba del Che Guevara », *Novedades*, 16 noviembre 1995.

« Revista argentina acusa a la CIA) »,12 diciembre 1967.

Rey Yero, Luis : « Trinidad, 20 años de revolución triumfante », *Vanguardia*, 29 diciembre 1978.

Reyes Rodriguez, Eliseo : « Desde Las Mercedes hacia Las Villas », *Verde Olivo*, 4 mayo 1969.

Reyes Rodríguez, Eliseo (San Luis, Rolando en Bolivia) Diario (en *Compañeros del Che. Diarios de Bolivia* Barbara, Caracas, 1970).

Reyes Trejo, Alfredo: « Primer capitán Manuel Hernández Osorio » *Verde Olivo*, 25 septiembre 1977.

Reyes Trejo, Alfredo: « Capitán Orlando Pantoja Tamayo », *Verde Olivo*, 9 octubre 1977.

Reyes Trejo, Alfredo: « Gustavo Machín Hoed », *Verde Olivo*, 28 de agosto 1977.

Reyes Trejo, Alfredo: « Recuerdos del Che » (entrevista con el comandante Vicente de la O), *Verde Olivo*, 5 octubre 1969.

Reyes Trejo, Alfredo: « Cuba. Diciembre 1958 », *Verde Olivo*, 31 diciembre 1966.

Reyes Trejo, Alfredo: « Mis vivencias con el Che » (entrevista a Joel Iglesias), *Verde Olivo*, 13 de octubre de 1974.

Reyes Trejo, Alfredo: « Capitan Alberto Fernández Montes de Oca », *Verde Olivo*, 9 octubre 1977.

Reyes Trejo, Alfredo: « Capitán Jesús Suárez Gayol », *Verde Olivo*, 8 mayo 1982.

Reyes Trejo, Alfredo: « El maquinista del Granma » (entrevista a Chuchu Reyes), *Verde Olivo*, 30 noviembre 1975.

Reyes Trejo, Alfredo: « Capitán José María Martínez Tamayo », *Verde Olivo*, 5 agosto 1982.

Ribalta, Pablo: Entretien avec l'auteur, 18 février 1988, puis entretiens avec Froilán Escobar et Félix Guerra, décembre 1991, janvier 1992.

Rivalta, Pablo: *Notas varias sobre la operación Omega*, Manuscrito original, 34 pp. mecanografiadas,

Risquet, Jorge: Entretien, octobre 1995.

Rivas, Jesús y Miguel Naón: « El vaquerito », *Granma*, 30 diciembre 1967.

Roa, Raúl: « Che », *Moncada*, octubre 1982, también en *Casa de las Américas*, La Habana, enero-febrero 1968.

Roca, Blas: « Las calumnias troskistas no pueden manchar la revolución cubana », *Cuba Socialista*, abril 1966.

Rodda, José y Luis Borges: *La exploración en el pensamiento militar del comandante Ernesto Che Guevara*, Conferencia científica sobre el pensamiento militar del comandante Ernesto Che Guevara, s/f.

Rodríguez, Augusto: « Constructor del partido Comunista de Cuba », *Bohemia*, 30 octubre 1980.

Rodríguez, Carlos Rafael: « Sobre la contribución del Che al desarrollo de la economia cubana », *Cuba Socialista*, La Habana, mayo-junio 1988.

Rodríguez, Félix I. & Weisman, John: *Shadow Warrior (The CIA Hero of a Hundred Unknown Battles)*, Simon & Schuster Inc., NY, 1989.

Rodríguez, Héctor Danilo: « El último encuentro del Che con su familia », *Cranma*, La Habana, 25 octubre 1987.

Rodríguez, Horacio Daniel : *Che Guevara, ¿aventura o revolución ?*, Plaza y Janés, Barcelona, 1968.

Rodríguez, Javier : « Era muy humano, con un enorme, con un terrible concepto del deber », *Bohemia*, 10 octubre 1967.

Rodríguez, Javier : « Las mujeres que se alzaron en el Escambray », *Bohemia*, 9 agosto 1968.

Rodríguez, José Alejandro : « Santa Clara, la batalla que descarriló para siempre al ejército batistiano », *Trabajadores*, 31 diciembre 1983

Rodríguez, José Alejandro : « La bala que lo va a matar a uno nunca se oye » (entrevista Paulino Gutiérrez), *Trabajadores*, 29 diciembre 1983.

Rodríguez, José Alejandroy y Magda Resnick : « El Che hoy », Juventud Rebelde, 11 junio 1985.

Rodríguez, René : « Revoluciónarios de cuerpo entero », *Verde Olivo*, 13 junio 1985.

Rodríguez Calderón, Mirta : « Semillas de fuego » (entrevista a Faustino Pérez), *Granma*, 9 abril 1988.

Rodríguez Calderón, Mirta : « Anverso y reverso de una página de lucha », *Granma*, 14 abril 1988.

Rodríguez Calderón, Mirta : « De estrellas en las frentes », *Bohemia*, 19 agosto 1988

Rodríguez Cordovi, Angel : « Rodeada la ciudad fue tomada palmo a palmo », *El Mundo*, 6 enero 1959.

Rodríguez Cruz, René : « Se inicia la lucha en el Escambray », *Bohemia*, 25 diciembre 1964.

Rodríguez de la Vega, Adolfo : « Con Che en la batalla de Santa Clara », *Granma*, diciembre 1967 (recorte de prensa).

Rodríguez Herrera, Mariano : « En Pinar de Pinares », *Bohemia*, 10 junio de 1977.

Rodríguez Herrera, Mariano : *El otro Ignacio*, Editora Política, La Habana, 1989.

Rodríguez Herrera, Mariano : « Bolivia, 10 aniversario », *Bohemia*, 26 agosto de 1977.

Rodríguez Herrera, Mariano : « José María Martínez Tamayo, *Bohemia*, 29 julio de 1977.

Rodríguez Herrera, Mariano : « Antonio, Pachungo, Arturo, El Médico, El escalón mas alto », *Bohemia*, 14 octubre de 1977.

Rodríguez Herrera, Mariano : « Jesús Suárez Gayol : la estrella que ilumina y mata », *Bohemia*, 8 abril 1977.

Rodríguez Herrera, Mariano : « Miguel, Coco, Julio : inmortales soldados de la libertad americana », *Bohemia*, 30 septiembre 1977.

Rodríguez Herrera, Mariano : « Un poco de esta historia », *Caimán Barbudo*, octubre 1969.

Rodríguez Herrera, Mariano : « Acto nacional por el XXX aniversario de la apertua del Frente Norte de Las Villas », *Bohemia*, 13 octubre 1978.

Rodríguez Herrera, Mariano y Dariel Alarcón : « El día que cayo el Che », *Cuba International*, julio 1981.

Rodríguez Herrera, Mariano : « Che, Fidel, una historia que ya cumple 20 años, *Bohemia*, 19 marzo 1982.

Rodríguez Herrera, Mariano : « ¿Cómo estás, muchachón ? », *Bohemia*, junio 1982.

Rodríguez Herrera, Mariano : « Por la ruta invasora del Che, El Jíbaro, la partida, el combate en La Federal », *Bohemia*, 24 septiembre 1982.

Rodríguez Herrera, Mariano : « Por la ruta invasora del Che. De la Jagua a la Sierpe », *Bohemia*, 1 octubre 1982.

Rodríguez Herrera, Mariano : « Por la ruta invasora del Che. De Gavilanes al Pedrero », *Bohemia*, 8 octubre 1982.

Rodríguez Herrera, Mariano : « Uvero, mayo amaneció con dispaños de fusiles », *Juventud Rebelde*, 27 mayo 1987.

Rodríguez Herrera, Mariano : « Llanos del infierno, la primera emboscada guerrillera », *Juventud Rebelde*, 22 enero 1987.

Rodríguez Herrera, Mariano : « Las aventuras de Jacinto », *Juventud Rebelde*, 30 mayo 1987.

Rodríguez Herrera, Mariano : « Un joven llamado Ernesto », *Juventud Rebelde*, 10 junio 1987.

Rodríguez Herrera, Mariano : « Los que cayeron con honor seran los inmortales », *Juventud Rebelde*, 30 agosto 1987.

Rodríguez Herrera, Mariano : « Palma Mocha, un combate sangriento y poco conocido », *Juventud Rebelde*, 19 agosto 1987.

Rodríguez Herrera, Mariano : « Che, bandera flameando al viento de las libertades », *Juventud Rebelde*, 7 octubre 1987.

Rodríguez Herrera, Mariano : « Che en Cinco Palmas », *Juventud Rebelde*, 21-28 diciembre 1987.

Rodríguez Herrera, Mariano : « Por la ruta de Fidel en la Sierra Maestra », *Juventud Rebelde*, 25 diciembre 1987.

Rodríguez Herrera, Mariano : « La Plata, la gran sorpresa de Batista », *Juventud Rebelde*, 17 enero 1988.

Rodríguez Herrera, Mariano : « Cariño de buenos hermanos », *Juventud Rebelde*, 12 mayo 1988.

Rodríguez Herrera, Mariano : « La invasión, epopeya de gigantes », *Bohemia*, 26 mayo 1988.

Rodríguez Herrera, Mariano : « El niño de las sierras de Altagracia » en *Testimonios sobre el Che*, Editorial Pablo, La Habana, 1990.

Rodríguez Herrera, Mariano : *Abriendo senderos*, Gente Nueva, La Habana, 1977.

Rodríguez Herrera, Mariano : *Ellos lucharon con el Che*, Prelasa, México DF, 1982.

Rodri'guez Herrera, Mariano : « Cuando el Che comenzó a recorrer nuestra América », *Bohemia*, 14 junio 1974.

Rodríguez Herrera, Mariano : *Con la adarga al brazo*, Comisión Nacional de Historia UJC, La Habana, 1973.

Rodríguez Loeches, Enrique : *Bajando el Escambray*, Letras Cubanas, La Habana, 1982.

Rodríguez Ruiz, Hornedo : *Mando de las fuerzas guerrilleros de acuerdo con la concepción del comandante Ernesto Che Guevara*, Conferencia científica sobre el pensamiento militar del Comandante Ernesto Che Guevara, s/f.

Rodríguez Zaldivar, Rodolfo : « Desde la Sierra Maestra hasta Las Villas » (entrevista San Luis), *Bohemia*, 11 enero 1959.

Rojas, Manuel : « Comandante Che Guevara », *Casa de las Américas*, La Habana, enero-febrero 1968.

Rojas, Marta : Entretien, 25 septiembre 1995.

Rojas, Marta : « Ernesto, médico en México », *Granma*, 4 junio 1989.

Rojas, Marta : « La muerte del Che en la prensa internacional », *Granma*, 8 octubre 1990.

Rojas, Marta : « ¡Che vive ! », *Granma*, 12 diciembre 1987.

Rojas, Marta y Mirta Rodríguez Calderón : *Tania, la guerrillera inolvidable*, Instituto Cubano del Libro, La Habana, 1974.

Rojas, Marta, compiladora *Testimonios sobre el Che*, Editorial Pablo de la Torriente, La Habana, 1990.

Rojas, Marta : « El Che Guevara bajo el cielo de La Higuera », *Granma*, 11 octubre 1987.

Rojo, Ricardo : *Mi amigo el Che*, Editorial Jorge Àlvarez, Buenos Aires 1968.

Rojo del Rio, Manuel : *La historia cambio en la Sierra*, Editorial Texto, San José, 1981.

Roque, Leonardo : « Rescate en medio del mar », *Verde Olivo*, 1 diciembre 1963.

Rosado Eiró, Luis : « Güinía de Miranda », *Verde Olivo*, 9 octubre 1987.

Rosado Eiró, Luis : « Una proeza militar : la batalla de Santa Clara », suplemento especial *Granma*, diciembre 1988.

Rosado Eiró, Luis : « Batalla victoriosa Santa Clara », *Verde Olivo*, 29 diciembre 1983.

Rosado Eiró, Luis : « Rasgos del pensamiento militar del comandante Ernesto Che Guevara », *El oficial*, octubre 1982.

Rosado Eiró, Luis : « Estrategia del Che en Las Villas », *Granma*, 18 octubre 1981.

Rosales : José Natividad, *¿Qué hizo el Che en México ?,* Editorial Posada, México DF, 1973.

Rosales, José Natividad : « En exclusiva mundial Antonio Arguedas revela a *Siempre* como y porqué entregó a Fidel Castro el diario del Che », *Siempre*, México DF, 2 julio 1969.

Rosendi, Estreberto : « Cabaiguán : tradición revolucionaria y desarrollo », *Vangardia*, 22 diciembre 1978.
Roth, Andrew : « I was arrested with Debray », *Evergreen*, février 1968.
Rothsthuch, Guillermo : *Che Guevara poeta y guerrillero*, Managua, 1980.
Ruiz, Fernando, *Cable de EPE*, s/titulo, 8 octubre 1987.
Ruiz, Jaime : *El Che no murió en Bolivia*, Santa Magdalena, Lima, 1970.
Sáenz, Tirso W ; García Capote, Emilio : « Ernesto Che Guevara y el progreso cientifico técnico en Cuba », *Interciencia*, enero-febrero 1983.
Saint George, Andrew : « La verdadera historia de comó murió el Che Guevara », *Visión*, 25 abril 1960.
Saint George, Andrew : « Secrets of the Che Guevara diaries », *Sunday Telegraph*, 1, 14, 21 y 28 july 1968.
Salado, Minerva : *Cuba, revolución en la mernoria*, IPN, México DF, 1994.
Saldívar, Dasso : « El Che en el mito » (entrevista a Roberto Guevara), *Alternativa*, Colombia, 30 enero 1971.
Salgado, Enrique : *Radiografia del Che*, Dopesa, Barcelona 1971.
Sánchez, Antonio (Pinares) : « El Che y Pinares hablan de Camillo », *Verde Olivo*, 27 octuber 1974.
Sánchez, Juan : « El Pedrero en el Camino, reportaje en dos tiempos », *Bohemia*, 3 octubre 1969.
Sánchez, Universo : Entretien avec Luis Adrían Betancourt, inédit, 20 feuillets.
Sánchez, Vásquez, Adolfo : « El socialismo y el Che », *Casa de las Américas*, La Habana, enero-febrero 1968.
Santamaría, Haydée : Prólogo a la edición de *Casa de las Américas*, La Habana, enero-febrero 1968.
Santamaría, Haydée : Prólogo a la edicióne special de *Casa de las Américas,* La Habana, enero-febrero 1968.
Santamaría, Haydée : « Vamos a caminar por casa », *Casa de las Américas*, La Habana, enero-febrero 1981.
Sanz Fals, Enrique : « La expedición de Nuevitas », *Granma*, 10 février 1988.
Sarabia, Nydia : « Ernesto Guevara, fundador del cubano libre », *Bohemia*, 20 octubre 1967.
Sarabia, Nydia : « La mujer villareña en la lucha patria », *Bohemia*, 26 julio 1968.
Sarmiento, Raúl : « Un episodio en la batalla de Santa Clara, el combate del escuadrón 31 », *Vanguardia*, 28 diciembre 1980.
Sartre, Jean-Paul : « Vengan temprano, a media noche, me dijo el director del Banco Nacional », *Revolución*, 3 agosto 1960.

Sartre, Jean-Paul, *Huracán sobre el azúcar*, Ediciones Prometeo, La Habana, 1960.

Saucedo Parada, Arnaldo : *No disparen : soy el Che*, Santa Cruz de la Sierra, Bolivia, Talleres Gráficos de Editorial Oriente, 1988.

Sauvage, Léo : *Che Guevara, the failure of a revolutionary*, Prentice-Hall, NJ, 1973.

Scauzillo, Robert James : « Ernesto Che Guevara, a historiography », *Latin American Research Review*, summer 1970.

Scheer, Ribert y Maurice Zeitlin : *Cuba an american tragedy*, Harmondsworth, 1964.

Schlachter, Alexis : « Che inovador, técnico », *Granma*, 10 octubre 1989.

Schleshinger, Stephen y Stephen Kinzer : *Fruta amarga, la CIA en Guatemala*, Siglo XXI, México DF, 1982.

Sección de Historia de las FAR : *Granma*. Recuento en el XX aniversario, *El oficial*, noviembre-diciembre 1976.

Selser, Gregorio : *Bolivia El cuartelazo de los cocadólares*, Mex-sur Editorial, México DF, 1982.

Selser, Gregorio : CIA, *de Dulles a Raborn*, Ediciones de Política Americana, s/f. spi.

Sexto, Luis : « El pacto reiterado » *Bohemia*, 2 diciembre 1988.

Silva, José R., Alfonso Zayas y Rogelio Acevedo : « Che, un gran jefe », *Juventud Rebelde*, 20 octubre 1967.

Sinclair, Andrew : *Che Guevara*, Editorial Grijalbo, Barcelona, 1972. (Sinclair, Andrew : *Che Guevara*, Viking Press, NY, 1970.)

Siquitrilla : « Cinco temas breves », *Diario de la Tarde*, 11 noviembre 1964.

Smith, Earl T. : *The fourth floor;* Random House, New York 1962.

Solano, Rafael : « Con el capitán descalzo : guía del Che en La Sierra », *Granma*, 22 octubre 1986.

Sondern, F. : « Sinister man behind Fidel Castro », *Reader's Digest*, septiembre 1960.

Soria Galvarro, Carlos, ed : *El Che en Bolivia, documentos y testimonios*, CEDOUIN, La Paz, 1992.

Sorrentino, Lamberti : *Che Guevara e morto a Cuba ?,* Palazzi, Milano, 1971.

Sosa, José, José A. Rodríguez de Armas y otros : *Algunas consideraciones acerca de las conceptiones del comandante Ernesto Che Guevara sobre la guerra commo fenómeno politico-social*, Conferencia científica sobre el pensamiento militar del Comandante Ernesto Che Guevara, s/f.

Soto, Angela : « Che ministro, Che funcionario », *Juventud Rebelde*, 7 octubre 1968.

Soto Acosta, Jesús : *Che, una vida y un ejemplo*, Comisión de Asuntos Históricos de la UJC, La Habana 1968.

Sotonavarro, Arístides : « Antes de la gran batalla », *Moncada*, septiembre 1975.

Sotonavarro, Arístides : « Che, el valor insuperable del ejemplo », *Moncada*, octubre 1977.

Sotonavarro, Arístides : « Tavito, médico de la guerrilla », *Moncada*, octubre 1982.

Stanton, John : « Un rebelde en busca de una causa », *Life* en español, 21 octubre 68.

Stone, I. F. : « The legacy of Che Guevara », *Ramparts*, recorte s/f.

Study of the « Diary of Che Guevara in Bolivia, Special Consultative Committee on Security, Washington, Pan American Union, 1968.

Suárez, Andrés : *Castroism and communism*, MIT Press, Cambridge, 1967.

Suárez, Felipa : « Conmemorarán aniversario 30 del primer trabajo voluntario », *Granma*, 23 noviembre 1989.

Suárez, Luis : *Entre el fusil y la palabra*, Universidad Nacional Autónoma de México, México DF, 1980.

Suárez, Luis : « Tania la guerrillera », *Siempre*, México DF, s/f, recorte de prensa.

Suárez, Rogelio, Valentín Purón, Francisco Machado : *Conferencia cientifica sobre densamiento del Che*, Escuela Nacional de Tropa Guardafronteras del MINIMT, Cuba, s/f.

Suárez Pérez : *Ideas del comandante Ernesto Che Guevara acerca del trabajo politico educativo en el éjercito revoluciónario*, Conferencia cientifica sobre el pensamiento militar del comandante Ernesto Che Guevara, s/f.

Suárez Pérez : *Algunas concepciones d'el Che acerca del la guerra popular,* Conferencia cientifica sobre el pensamiento militar del comandante Ernesto Che Guevara, s/f.

Suri, Emilio : *El mejor hombre de la guerrilla*, Letras Cubanas, La Habana, 1980.

Suri Emilio y Manuel González Bello : *Los últimos días del Che*, manuscrito inédito.

Sweezy, Paul M. : « La planificación economica », *Monthly Review,* selecciones en castellano, noviembre 1965.

Szulc, Tad : *Fidel. Un retrato critico*, Crijalbo, Barcelona, 1987. *Castro, trente ans de pouvoir absolu*, Payot, Paris, 1991.

Szulc, Tad : « Shadowy power behind Castro », *New York Times Magazine*, 19 junio 1960.

Tabares del Real, José : « El Che, revolución y economía », *Bohemia*, 17 octubre 1986

Taber, Robert : *M26, Biography of a revolution*, L. Stuart, NY, 1961.

Tablada, Carlos : « Che y el control. La contabilidad y la disciplina financiera », *Bohemia*, 2 octubre 1987.

Tablada, Carlos : « Che y los comités de calidad », *Juventud Rebelde*, 7 octubre 1987.

Tablada, Carlos : « Acerca del pensamiento económico del comandante Ernesto Che Guevara de la Serna », *Cuba Interrnacional*, septiembre 1987.

Tablada, Carlos : « Las cualidades de un dirigente revoluciónario », *El Oficial*, mayo 1988.

Tablada, Carlos : « El pensamiento económico de Ernesto Che Guevara », *Casa de las Américas*, julio-agosto 1987.

Tablada, Carlos : « El pensamiento económico de Ernesto Che Guevara », *Casa de las Americas*, La Habana, 1987.

Taibo II, Paco Ignacio : *La batalla del Che*, *Santa Clara*, Planeta, México DF, 1989.

Taibo II, Paco Ignacio : « La batalla del Che, Santa Clara », *Verde Olivo*, diciembre 1988-enero 1989.

Taibo II, Paco Ignacio : « En la línea de fuego », *Juventud Rebelde*, 30 diciembre 1988.

Taibo II, Paco Ignacio, con Froilán Escobar y Félix Guerra : *El ano en que estuvimos en ninguna parte*, Mortiz, México DF, 1994. *L'Année où nous n'étions nulle part*, Métailié, Paris, 1995.

Taibo II, Paco Ignacio : « Estaciones de paso, el Che Guevara en México », *El Universal*, 2-11 enero 1996.

Taibo II, Paco Ignacio : « Hoy sabemos », serie de tres reportajes, *Moncada*, México DF, diciembre 1995.

Tamayo, Leonardo : « Luchar junto al Che », *Moncada*, diciembre 1970.

Tamayo, Leonardo : *Entretien*, février 1995.

Tamayo, Leonardo : « El Vaquero y el peloton suicida », *Verde Olivo*, 5 enero 1964.

Thomas, Hugh : *Cuba, la lucha por la libertad*, Crijalbo, 1973 (original *Guba or the poursuit of freedom*, Eyre and Spottiswoode, Londres, 1971).

Tavora, Arakim : *Onde esta Guevara*, Editora do reporter, Rio Janeiro, 1966.

Thomas : *Cuba, la lucha por la libertad*, Crijalbo, Barcelona, 1973-1974.

Toledo Batard, Tomás : *La toma del poder ;* Editora Política, la Habana, 1989.

Torres, Eduardo (Nane) : Entretien pour *L'année où nous n'étions...*, novembre 1991.

Torres Herández, Lázaro : « Lidia y Clodmira. Dos-heroínas de la Sierra y el llano », *Bohemia*, octubre 1978.

Torriente, Loló de la : « Después de la gran batalla de Santa Clara », *Carteles*, 9 noviembre 1959.

Torriente, Loló de la : « Memoria y experiencia de un guerrillero », *Bohemia*, 10 junio 1988.

Totti, Giani : « El Che ha vencido », *Casa de las Américas*, La Habana, enero-febrero 1968.

« Traducido al polaco el diaro del Che in Bolivia », *Granma*, 31 diciembre 1969.

Travieso, Roberto : « Mi papá el Che » (entrevista Hilda Guevara), *Verde Olivo*, junio 1988.

Tullis, Richard : « Informe a la seguridad batistiana », *manuscrito*, julio 1958.

Tunjiba Selemani, Alexis : Entretien pour *L'année où nous n'etions...*, novembre 1991.

Tutino, Saverio : « La hechura de Guevara », *Casa de las Américas*, La Habana, enero-febrero 1968.

Tutino, Saverio : *L'ottobre cubano*, Einaudi, Milán, 1968.

Tutino, Saverio : *L'occhio del barracuda*, Feltrinelli, Milán, 1995.

Ubeda, Luis : « Una cueva con historia », *Juventud Rebelde*, junio 1988.

« Un dictador clandestino », *Presencia*, La Paz, 1 de marzo 1989.

« Un personaje de leyenda, el Che Guevara », edición especial de *Alarma*, México DF, 30 mayo 1968.

Una revolución que comienza. Antologia de narraciones de la revista *Santiago*, Editorial Oriente, Santiago de Cuba, 1983.

Uribe, Hernán : *Operación Tia Victona*, Editorial Villicaña, México DF, 1987.

Urondo, Francisco : « Descarga », *Casa de las Américas*, La Habana, enero-febrero 1968.

Urondo, Francisco : *Todos los poemas*, La Flor, Buenos Aires 1972.

Urrutia Lleó, Manuel : *Fidel Castro and Company*, F. A. Praeger, New York, 1964.

Vacaflor, Humberto : « 29 años después aún duele a los campesinos la muerte del Che », *Proceso*, 12 octubre 1987.

Vacaflor, Humberto : « Encuentran páginas perdidas del diario del Che Guevara », *Miami Herald*, 14 junio 1984 y *L'Espreso*, 24 junio 1984.

Vacaflor, Humberto : « El diario del Che fue robado por una banda de nazis y traficantes de drogas », 11 julio 1984.

Valdés, Katia : « Che Guevara, facetas de un jefe militar » (entrevista con Leonardo Tamayo), *Verde Olivo*, 12 octubre 1980.

Valdés, Katia : « Hombre que inspira amor », *Bohemia*, 7 agosto 1987.

Valdés, Teresa : « Recuerdos de una combatiente », (entrevista con Zobeida Rodríguez), *Moncada*, octubre 1969.

Valdés, Teresa : « Trabajador incansable », *Moncada*, agosto 1987.

Valdés, Teresa : « Donde surgió la victoria », *Moncada*, octubre 1987.

Valdés, Teresa : « Al lado de cada rebelde un maestro », *Moncada*, octubre 1982.

Valdés, Teresa : « De su espontánea sencillez », *Moncada*, octubre 1982.

Valdés, Teresa : « Consecuente con sus principios », *Moncada*, octubre 1987.

Valdés, Teresa : « Si, comandante », *Moncada*, octubre 1987.

Valdés, Ramiro : « Discurso », *Bohemia*, 20 octubre 1978.

Valdés Fugueroa, Juan : « Sus primeras medallas en combate », *Verde Oliva*, 22 marzo 1981.

Valdés Gravalosa, Jaime : Interview, février 1995.

Valdivieso, Jaime : « Presencia del Che Guevara », *Casa de las Américas*, septiembre-octubre 1977.

Valenzuela, Lidice : « Tania la guerrillera », Cuba, *Recorte de prensa*, archivo Luis A. Betancourt.

Varlin, Thomas : « La mort de Che Guevara. Les problèmes du choix d'un théâtre des opérations en Bolivie », *Herodote*, 5, 1977.

Vargas Salinas, Mario : *El Che, mito y realidad*, Editorial Los Amigos del libro, La Paz, Bolivia, 1988.

Vásquez Díaz, Rubén : *Bolivia a la hora del Che*, Siglo XXI, Mexico DF, 1968.

Vázquez Auld, José Enrique y Antonio Jesús Acero : *La campaña de Las Villas. Batalla de Santa Clara*, Conferencia Científica sobre el pensamiento militar del Comandante Ernesto Che Guevara, s/f.

Vazquez-Viaña, Humberto : *Antecedentes de la guerilla del Che en Bolivia*, University of Stockholm, Institute of Latin American Studies, Research paper series, n° 46, 1986.

Vega Díaz, José y René Ruallo : « Cabairién, presencia en la historia », *Vanguardia*, 20 diciembre 1978.

Velázquez, José Sergio : « La batalla de Santa Clara », *El Mundo Dominical*, 20 septiembre 1962.

Velis, Clara : « Che y una vieja cámara », *Opina*, 1 noviembre 1987.

Vicente, Walfredo : « Comedido y sobrio llamaba a las cosas por su nombre », *El Mundo*, 18 octubre 1967.

Vicente, Walfredo : « De la Sierra Maestra a La Cabaña », *El Mundo*, 30 enero 1959.

Videaux, Erasmo (Kisua) : Entretien pour *L'année où nous n'étions...*, février 1992.

Vilela, J. F. : « Aquí dejo lo más puro de mis esperanzas de constructor », *Bohemia*, 11 octubre 1974.

Vilaseca Forné, Salvador : Entretien, 13 février 1995.

Villares, Ricardo : « Voluntad pulida con delectación de artista », *Bohemia*, 10 junio del 1977.

Villaronda, Cuillermo : « Esto fue lo que ocurrió en Columbia después de la caída del régimen », *Bohemia*, 11 enero 1959.

Villegas, Harry : « Recuerdos de Che », *Verde Olivo*, 10 octubre 1971.
Villegas, Harry y otros : *Che, teoría y accion*, Extemporáneos, México DF, 1972.
Villegas, René : « Fantasma del Che rondó por Brasil antes de por Ñancahuazú », *cable Reuter*, 7 octubre 1988.
Virtue, John : « Cuba today », *cable de UPI*, 26 noviembre 1965.
Vitale, Luis : *Che, una pasion latino-américana*, ediciones Al Frente, Buenos Aires, 1987.
Vitier, Helio : « Che en Buey arriba », *Verde Olivo*, junio 1988.
Vo, Nguyên Giáp : *Guerra del pueblo, éjército del pueolo. Dien Bien Fu*. Prólogo de Ernesto Che Guevara, Ediciones Era, México DF, 1971.
Vuskovic, Pedro y Belarmino Elgueta : Che Guevara en el presente de América Latina, *Casa de las Américas*, La Habana, 1987.
Walsh, Rodolfo : « Guevara », *Casa de las Américas*, La Habana, enero-febrero 1968.
Winocur, Marcos : *Historia social de la revolución cubana*, UNAM, México DF, 1989.
Wollaston, Nicholas : *Red rumba*, Londres, 1962.
Wright Mills, C. : *Escucha yanqui*, FCE, México DF, 1961.
Wyden, Peter : *Bay of Pigs*, Simon and Schuster, New York, 1979.
Xiqués, Delfin : « El Vaquerito, simpatia, valor, inteligencia », *Granma*, 30 diciembre 1976.
Young, Crawford y Turner, Thomas : *The Rise and decline of the Zairian state*, University of Wisconsin Press, 1985.
Yu, Winifred : « A revolutionary glamour », *American Photographer*, mayo 1989.
Zavala, Betsy : *cable UPI*, 15 julio 1967.
Zavaleta, René : « A diez años de la muerte del Che », *Proceso*, México DF, 3 octubre 1977.
Zayas, Alfonso : « Cumpliendo la mision del comandante en jefe », *Verde Olivo*, 26 agosto 196S.
Zayas, Alfonso : « Nuestra estancia junto al Che », *Verde Olivo*, 8 octubre 1968.
Zayas, Alfonso : « Para poder conocerlo de verdad se necesitan unos cuantos años », *Juventud Rebelde*, 8 octubre 1971.
Zeballos, Juan Javier : « 20 años después el cadáver del Che es aún un misterio », *cable Reuter*, 7 octubre 1987.
Zerquera Palacio, Rafael Santiago (Kumi) : Entrctien pour *L'année où nous n'étions...*, février-mars 1992.
Zuazo, Alberto : « No hablar, no especulsr, recuerda la única boliviana en la guerrilla del Che », recorte de prensa, *archivo*, L. A. Betancourt.
Zuazo, Alberto : « 20 años después sigue siendo un misterio qué pasó con el cadáver del Che Guevara », *cable UPI*, 3 octubre 1987.

Zuñiga, Francisco : « Johnson planeó la muerte del Che », *Sucesos para Todos*, México DF, *recorte de prensa,* s/f.

5) *Documentation de la Bibliothque LBJ*

Early February 1964. Intelligence Information cable, NSF, Country File, Intelligence, Vol. 1.

December 30, 1963. « Implications of Cuba's renewed campaign of incitattion to violent revolution in Latin America », intelligence memorandum, NSF, Country File, Gordon Chase file, Vol. Department of State.

January 5, 1965. Thomas Hughes US Dpt of Stat. Directorate of Intelligence and Research memo al secretario, inr. reports c24.

January 31, 1965. Memorandum of conversation, Savoy Hotel, London, Prime minister Tshombé and senator US Dodd, NSF, CF, Congo, vol. XII.

February 26, 1965. Thomas Hugues US Dpt. of State. Directorate of Intelligence and Research, memo.

August 10, 1965. Director of Intelligence and Research. US Dpt of State. Memo.

November 5, 1965. CIA. Office of Current Intelligence. Special report. « The Cuban Communist Party », W. Bowdler file, vol 1, NSF, Country Cuba.

February 4, 1966. Godley a Sec State, Intelligence Memorandum. « The situation in the Congo », NSF, CF, Congo, vol. XII.

October 9, 1967. Memo de Bowdler a Rostow, NSF, Country File. Bolivia. C8, vol. 4, Memos.

October 9, 1967. Telegrama de Henderson a ScState. NSF, Country File. Bolivia. C8, vol. 4, Memos.

September 26, 1966. NSF, Country File, Cuba, W.C. Bowdler file, vol. 2.

CIA. Directorate de Intelligence. Intelligence Memorandum : « The Bolivian Guerrilla movement. An Interim assessment.

« Cuba in Africa ». US Dpt of State. Directorate of Intelligence and Research, NSF, Cuba Country, vol V.

F. A. Dwight B. Heath : « Guerrillas vs the bolivian metaphor », NSF, Country File. Bolivia. C8, vol. 4. Memos.

« Intelligence handbook on Cuba. CIA. Directorate of intelligence, 1 enero 1965. NSF, Country File. Cuba. Intelligence, vol. 2.

« Havana's response to the death of president Kennedy and comment on the new administration ». Foreign Broadeast info service, report on Cuba propaganda 12, 31 dic 63. NSF, Country File, Gordon Chase file, vol. A.

Hughes, Thomas, US Dpt of State. Director of Intelligence and Research. Memorandums to Secretary of State, 5 enero, 26 février y 15 mayo de 1965. Inr. reports c24.

NSF memo, Bowdler a Rostow. Country File. Bolivia. C8, vol. 4, Memos.

CIA. Directorate de Intelligence. Intelligence Memorandum :

« The bolivian Guerrilla movement. An Interim assessment », NSF, Country File. Bolivia. C8, vol. 4, Memos.

NSF Country File. Bolivia. C8, vol. 4. Cables.

« The Castro regime in Cuba ». LBJ Library. NSF Country File, Cordon Chase file, vol. A.

« The Cuban Communist Party. CIA. Office of Current Intelligence. Special report. W. Bowdler file, vol. 1, NSF, Country Cuba.

« The fall of Che Guevara and the changing face of the cuban revolution ». CIA. Intelligence memorandum. 18 octubre 1965. W. C. Bowdler file, vol. 1.

« The trial of Marcos Rodríguez Exposure of factionalism in the Cuban Party ». Foreign Broadcast into service, report on Cuba propaganda 15, NSF, Country File, Gordon Chase file, vol. A.

6) *Films, documentaires, émissions de télévision*

Che, dirigé par Enrique Pineda pour l'IRT, 1967, b/n, 16 mm, 29 mill.

Hasta la victona siempre, documentaire de Santiago Àlvarez pour l'ICAIC 1967, b/n, 35 mm, 35 min.

El llamado de la hora, documentaire de Manuel Herrera pour l'ICAIC, 1969, b/n, 35 mm, 35 mill.

Che, long métrage de fiction mis en scène par Richard Fleisher pour la 20th Century Fox, scénario de Wilson et Bartlet, avec Jack Palance (Fidel Castro) et Omar Sharif (Che), 1969.

Un relato sobre la columna cuatro, documentaire de Sergio Giral pour l'ICIAC, 1972, b/n, 35 mm, 45 min.

Che comandante amigo, documentaire de Bernabé Hernández pour l'ICIAC, 1977, couleur, 35 mm, 17 min.

Viento del pueblo, documentaire de Orlando Rojas pour l'ICIAC, 1979, couleur, 35 mm, 17 min.

Una foto recorre el mundo, de Pedro Chaskel pour l'ICIAC, 1981, couleur, 35 mm, 13 min.

Che, hoy y siempre, documentaire de Pedro Chaskel pour l'ICIAC, 1982, couleur, 35 mm, 11 min.

Mi hijo el Che, documentaire de Fernando Birri pour l'ICIAC, 1985, couleur, 35 mm, 70 min.

Constructor cada día, compañero, documentaire de Pedro Chaskel.

El Che Guevara, long métrage de fiction mis en scène par Paolo Heusch, avec Paco Rabal dans le rôle du Che.

Ernesto Che Guevara, Hombre, compañero, amigo..., documentaire vidéo de Roberto Massari pour Eme emme Edizioni, Editorial Abril, Etabeta, Roma-La Habana, 1993, 90 min.

Cuando pienso en el Che, documentaire vidéo de Gianni Minna produit par la Oficina de Publicaciones del Consejo de Estado, La Habana, Cuba, 46 min.

Ernesto Che Guevara, le journal de Bolivie, documentaire de Richard Dindo, 35 mm, couleur, produit par Cine Manufacture SA, Paris, 1994.

Ernesto Che Guevara, el regreso de un mito, programme de Miguel Bonasso, Canal 40, México DF, mars 1996.

TABLE DES MATIÈRES

Achevé d'imprimier en avril 2008
par Novoprint (Barcelone)

Dépôt légal : Avril 2005

Imprimé en Espagne